D' JEAN CHARCOT

LE
POURQUOI-PAS ?
dans l'Antarctique

JOURNAL DE LA DEUXIÈME EXPÉDITION AU POLE SUD

1908-1910

SUIVI DES RAPPORTS SCIENTIFIQUES DES MEMBRES DE L'ÉTAT-MAJOR

PRÉFACE DE M. PAUL DOUMER

PARIS
ERNEST FLAMMARION, ÉDITEUR
26, RUE RACINE, 26

LE
POURQUOI-PAS ?
dans l'Antarctique

La station au printemps.

INTRODUCTION

La distance qui sépare l'Antarctique de l'Europe est la cause principale de l'indifférence manifestée pendant si longtemps à l'égard de l'exploration de ces régions, tandis qu'au contraire, les explorations s'étaient multipliées autour du Pôle Nord.

Mais, dans ces dernières années, le Pôle Sud est sorti de l'oubli, les navigateurs et les savants de ces deux derniers siècles ont compris que la connaissance des conditions physiques et naturelles du globe resterait forcément incomplète, tant qu'il persisterait une zone d'inconnu aussi considérable que celle représentée par la grande tache blanche qui recouvre l'extrémité sud du monde, plus vaste que deux fois la superficie de l'Europe.

Le public lui-même s'est ému et s'intéresse passionnément à cette question. Elle le mérite, car il n'existe pas de région dont l'étude offre plus de satisfactions aux explorateurs et également aux savants qui s'occupent des observations et des collections que ceux-ci rapportent. Tout, en effet, y est nouveau, souvent inattendu et celui qui se décide à partir est certain que ses efforts seront récompensés par des découvertes importantes.

Les voyages de circumnavigation et les expéditions des anglais J. Cook et Ross, du russe Bellingshausen, de l'américain Wilkes, du français Dumont-d'Urville ; les pointes hardies des phoquiers anglais et américains Biscoe, Morrell, Weddell, Palmer, Pendleton, Balleny, de l'allemand Dallmann, des norvégiens Larsen et Evensen, ont singulièrement rétréci la limite de la grande Terra Incognita dont on supposait l'existence, et permettaient déjà de considérer que si la calotte polaire arctique est constituée par une mer glacée entourée des côtes septentrionales de l'Europe, de l'Asie et de l'Amérique, la calotte antarctique est au contraire une terre ou tout au moins un vaste Archipel glacé entouré de mer.

C'est au commandant belge De Gerlache, à bord de la *Belgica*, en 1897, que revient l'honneur d'avoir passé le premier hiver dans les glaces de l'Antarctique, accomplissant à tous points de vue une belle et remarquable exploration. Cette exploration eut également le mérite d'éveiller l'attention du public et c'est incontestablement à son initiative que l'on doit les si fructueuses odyssées antarctiques de ces dernières années. En effet, après l'hivernage de l'expédition anglo-norvégienne de Borchegrevinck sur la Terre de Ross, un siège en règle de l'Antarctique fut organisé par l'Europe. En 1902, on voit le capitaine anglais Scott, celui-là même qui vient de repartir et qui avait alors comme collaborateur Shackleton, explorer la Mer de Ross et la Terre Victoria, accomplissant un raid

Dʳ JEAN CHARCOT

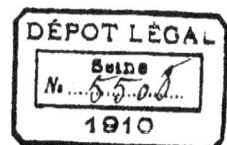

LE
POURQUOI-PAS ?
dans l'Antarctique

JOURNAL DE LA DEUXIÈME EXPÉDITION AU POLE SUD

1908-1910

SUIVI DES RAPPORTS SCIENTIFIQUES DES MEMBRES DE L'ÉTAT-MAJOR

PRÉFACE DE M. PAUL DOUMER

PARIS

ERNEST FLAMMARION, ÉDITEUR

26, RUE RACINE, 26

Droits de reproduction et de traduction réservés pour tous les pays,
y compris la Suède et la Norvège.

DU MÊME AUTEUR

Le « Français » au Pôle Sud

Un fort volume grand in-8° jésus.

OUVRAGE COURONNÉ PAR L'ACADÉMIE DES SCIENCES

Orné de 300 illustrations d'après les photographies de l'expédition.

Prix : Broché. . . . . **15 fr.** — Relié amateur. . . . . **20 fr.**

Droits de traduction et de reproduction réservés pour tous les pays.
Copyright 1910,
by ERNEST FLAMMARION.

PRÉFACE

M. le Dr Jean Charcot rend compte ici, pour le grand public, de sa seconde campagne dans l'Antarctique. Il exposera, en d'autres publications et avec l'aide de ses collaborateurs, quels sont les travaux poursuivis, les résultats géographiques, maritimes, scientifiques, obtenus pendant les deux années de labeur et de danger passées loin des hommes et des terres habitables.

Le présent livre est, en quelque sorte, le journal de l'expédition dans sa simplicité et sa vérité saisissantes. Il conte, au fur et à mesure qu'elles se déroulent, les péripéties de la rude existence 'explorateurs des régions polaires, autour desquelles la mort rôde sans cesse, les effleurant de son aile plus glacée que la glace éternelle du pôle.

La mort a épargné Charcot et ses compagnons. Elle a reculé devant la tranquille assurance, l'entrain, la bonne humeur de ces jeunes hommes qui allaient à elle avec une sérénité et une gaieté dont on aura l'exacte impression dans les pages qu'on va lire. Nous avons pu, il y a quelques semaines, les fêter tous joyeusement, au retour, comme nous les avions salués au départ. Ils étaient saufs, et l'œuvre était accomplie.

Ce qu'est cette œuvre, les savants qui compulsent les innombrables documents, les mémoires, les collections de la mission Charcot seront seuls à même de nous le dire avec certitude et précision.

Nous en savons assez, toutefois, pour être sûr que la mission a pleinement réussi, qu'elle a fait une ample moisson de choses nouvelles, qu'elle a reculé les bornes de l'inconnu qui couvre l'étendue immense des terres antarctiques. Quelques-uns des voiles du grand mystère en seront levés; la science humaine possédera un peu plus de vérité.

A quoi bon tant d'efforts, tant de dangers courus, dira-t-on, pour connaître une portion de la planète où l'homme ne saurait subsister, dont il ne tirera aucun parti? Il n'est pas de bénéfice réel à espérer en compensation de tant de sacrifices!

Qui le sait? qui peut dire qu'aucune richesse à jamais exploitable n'existe dans ces contrées désolées? qui peut affirmer surtout que les observations, les découvertes faites là-bas ne seront pas fructueuses pour la science, n'auront pas des conséquences profitables à la conquête par l'homme des forces de la nature? Ne peut-on supposer, par exemple, que la connaissance des lois, sinon du principe même du magnétisme terrestre, résultera des études faites là où passe l'axe du monde?

Et puis, quand-même? quand il n'y aurait pas d'utilité pratique aux expéditions polaires, les trouverait-on pour cela sans objet? Ce serait nier la pure science, la science désintéressée, qui poursuit la vérité partout où ses investigations peuvent s'étendre, sans savoir si l'humanité en tirera profit. Va-t-on donc tenir pour vaines et superflues les recherches de l'astronomie qui plonge dans les étendues dont nous pouvons à peine concevoir l'immensité, les mesure de son infime base terrestre, montrant l'homme si petit, et le faisant si grand!

Il est bien naturel aussi que nous entendions ne rien ignorer de la planète que nous habitons. C'est le domaine de l'humanité; nous voulons le posséder tout entier, le faire nôtre jusqu'à ses limites extrêmes.

Nous le voulons, avant que d'en avoir apprécié l'intérêt pratique, par une noble curiosité, par la passion de connaître, qui est généreuse et belle entre toutes. Et nous allons ainsi à la découverte des continents jusqu'alors impénétrables, des montagnes et des plateaux inaccessibles...

Nous marchons vers les pôles, à travers les mers inhospitalières et dangereuses, sur les terres désertes, gelées, où tout repousse l'homme et lui est ennemi.

L'Europe est dans l'hémisphère septentrional. C'est à l'inconnu le plus voisin, au pôle nord, que les Européens sont tout d'abord allés. Ils lui ont arraché, un à un, beaucoup de ses secrets, en jonchant de leurs ossements ses routes de glace.

Puis, tout récemment, ils se sont tournés vers le Sud; ils se sont attaqués à l'immense étendue des régions polaires méridionales.

L'Europe du vingtième siècle, l'Europe maritime et scientifique, fait le siège de l'Antarctique. Anglais, Suédois, Norvégiens, Belges, Allemands, Américains, entrent successivement dans la lutte. Les Français aussi y prennent leur part. Deux fois de suite, et pendant quatre années, le pavillon tricolore a flotté dans les mers et sur les terres australes, aux mains de Charcot et de ses intrépides compagnons.

C'est grâce à eux que la France n'a pas été absente de ce combat de la civilisation. Nous leur en avons une gratitude profonde.

Le pays se doit de les en remercier, de leur témoigner la reconnaissance et l'admiration qui vont à ses fils vaillants et glorieux.

Jean Charcot, qui a conçu, organisé, conduit l'une et l'autre expéditions, tout modeste qu'il soit, est un bon et grand Français. Jeune, universellement aimé, choyé, heureux, portant un nom illustre, il pouvait jouir de l'existence facile, douce et brillante de la société parisienne où une place de choix lui appartenait. Il a quitté tout cela; il a sacrifié son temps et une bonne part de sa fortune; il a offert sa vie pour ajouter quelque chose à la renommée de son nom, et à la gloire de son pays.

Grâces lui en soient rendues! Saluons-le bien bas, nous qui demeurons sur cette terre de France où il fait si bon vivre; saluons tous ceux qui ont passé avec lui ces années d'isolement, de dangers et de misères, loin des êtres chers, loin de tout réconfort autre que la lutte incessante, le fructueux travail, le sentiment d'un haut devoir.

Ils ont fait œuvre bonne, et ils peuvent inscrire fièrement en devise à leur mission :

Pour la Science! pour la Patrie!

Paul DOUMER.

AVANT-PROPOS

Tout comme l'expédition du *Pourquoi-Pas?* a été la suite et le complément de l'expédition du *Français*, ce livre est la suite et le complément du *Français au Pôle Sud* (1), dont il constitue le second volume. Ainsi que le précédent, il n'a aucune prétention littéraire; il n'est pas non plus l'exposé des travaux scientifiques de l'expédition; ceux-ci, qui ont été exécutés par les membres de l'état-major, et qui constituent le véritable succès de la mission, seront publiés ultérieurement par le ministère de l'Instruction publique (2) et formeront un ouvrage en plusieurs gros volumes. Ce livre est tout simplement mon journal de bord personnel, presque textuellement transcrit, et je ne puis répéter que ce que j'écrivais au début du premier volume, il a été écrit pour ceux qui veulent revivre au jour le jour, avec nous, les treize mois passés dans l'Antarctique. J'ai dû cependant m'efforcer d'éviter autant que possible les redites et passer ainsi volontairement sous silence, des descriptions et des détails qui se retrouveront dans le journal de l'expédition de 1903-1905.

Le « *Pourquoi-Pas?* » *dans l'Antarctique*, a été rédigé rapidement dans les deux mois qui ont suivi le retour; cette hâte nuira peut-être à la forme, mais garantira la fidélité des faits et des impressions.

Je n'ai pas cru devoir non plus consacrer un chapitre spécial à l'histoire des expéditions dans cette région de l'Antarctique, qui n'aurait été que la copie de celui qui précède le journal du *Français;* cependant au cours du récit, pour la compréhension même de nos travaux, j'expose aussi longuement que je le crois nécessaire, les découvertes et les efforts de nos devanciers.

J'insiste un peu au début sur la préparation même de l'expédition,

---

(1) *Le Français au Pôle Sud*, par J.-B. CHARCOT. E. Flammarion, éditeur.
(2) L'Académie des Sciences, dans le mois qui suivit le retour de la mission, nous a fait le grand honneur de publier les rapports mensuels que je lui avais envoyés dès notre arrivée en Amérique du Sud. C'est un résumé de nos travaux et j'ai cru qu'il pourrait être intéressant pour certains lecteurs de retrouver dans l'appendice les rapports de mes collaborateurs, qui sont extraits des *Rapports préliminaires sur les Travaux exécutés dans l'Antarctique par la Mission commandée par le Dr Charcot, de 1908 à 1910*. Paris, Gauthier-Villars, éditeur.

parce que je juge qu'il est indispensable au lecteur qui veut revivre notre vie de connaître les conditions dans lesquelles nous sommes partis, le but que nous nous proposions d'atteindre, les moyens dont nous disposions et le milieu dans lequel nous avons vécu, mais ceux qui voudront pénétrer plus à fond dans la préparation d'une semblable expédition, devront encore s'adresser aux publications officielles, où tous les détails trop arides pour la moyenne des lecteurs simplement curieux, seront minutieusement et fidèlement transcrits.

Malgré le succès des expéditions récentes, la zone d'inconnu de l'Antarctique reste et restera pendant longtemps encore très vaste, cachant de réels trésors scientifiques; si ces récits peuvent encourager quelqu'un de mes jeunes compatriotes à se lancer dans la voie de ces explorations si fructueuses, mes efforts n'auront point été vains, et j'aurai ainsi réalisé un de mes plus chers désirs.

M. E. Flammarion a bien voulu se charger d'éditer cet ouvrage; il a compris surtout en acceptant cette tâche, l'intérêt qu'il y avait à faire connaître une expédition maritime française; le soin qu'il a apporté dans tous les détails de cette publication, ainsi que les sacrifices qu'il a consentis, lui donnent une valeur que je ne pouvais espérer.

L'amiral Fournier avait accepté d'écrire la préface du *Français au Pôle Sud*, c'est lui, dont l'affectueuse sympathie à notre œuvre ne s'est pas démentie un instant, qui nous a accueilli à notre retour par des paroles que je n'oublierai jamais; cette fois c'est M. Paul Doumer qui a consenti à honorer notre livre d'une préface. Ce nouveau témoignage d'intérêt et d'affection, portant sa signature, est la preuve même que le but de cette expédition était essentiellement patriotique. Il a acquis un nouveau titre à une reconnaissance que je ne saurai jamais suffisamment lui exprimer.

Ce mot de reconnaissance revient fréquemment sous ma plume; ces répétitions prouvent, non seulement la sympathie effective dont notre œuvre a bénéficié, en France et à l'étranger, tant à l'aller qu'au retour, mais encore le plaisir que je ressens à rappeler et à reconnaître les bienfaits qui m'ont permis de chercher à faire mon devoir, et qui ont récompensé mes efforts.

Il me faudrait un chapitre entier qui me serait certes le plus agréable à écrire, pour remercier tous ceux qui ont contribué à l'expédition, mais je sais que je blesserais la modestie de beaucoup et je dois me contenter de leur dire ici un seul mot qui vient du fond du cœur : « Merci ! »

J.-B. CHARCOT.

Neuilly-sur-Seine. — Août 1910.

magnifique sur la grande barrière de glace, le professeur allemand Van Drygalski avec le *Gauss* hivernant dans la banquise dans le secteur si difficile au sud de Kerguelen et y découvrant de nouvelles terres, le professeur suédois Otto Nordenskjöld accompagné du capitaine norvégien Larsen hivernant dans des conditions dramatiques, mais si fructueuses pour la Science, à l'Est de la Terre de Graham, d'où il fut rapatrié par le raid audacieux du capitaine argentin Irizar, le docteur écossais W. Bruce à bord de la *Scotia*, découvrant dans la Mer de Weddell la Terre de Coates et accomplissant une des plus belles campagnes océanographiques, enfin, en 1904 le petit navire le *Français*, commandé par moi-même s'efforçant de préciser et de continuer les découvertes de De Gerlache, en hivernant sur la côte Ouest de la Terre de Graham.

Dans ce grand effort commun, on est agréablement frappé par l'entente absolue des chefs d'expédition et des savants qui ont organisé celles-ci et par l'esprit vraiment scientifique dont ils sont animés. Il est à souhaiter que dans la conquête de l'Antarctique les choses se passent toujours ainsi, pour le plus grand bien de la Science universelle, et je suis persuadé qu'à notre époque éclairée la petite gloire que les explorateurs peuvent jeter sur leur pays n'aura pas à en souffrir.

En 1908, Sir Ernest Shackleton accomplit l'audacieuse et superbe exploration, trop connue de tous pour qu'il soit nécessaire d'y insister, qui l'amena à 179 kilomètres du Pôle! Et nous-mêmes à bord du *Pourquoi-Pas?* faisions de notre mieux, sans cependant chercher à établir de comparaison, dans la région au S.-O. de l'Amérique du Sud, rapportant grâce au zèle et au travail de mes collaborateurs des résultats que le monde savant a bien voulu considérer comme importants.

L'exploration de l'Antarctique est donc mise en mouvement et ce mouvement ne semble devoir s'arrêter que lorsque les conquêtes — encore vastes et longues à accomplir — seront définitives. Le capitaine Scott, en effet, vient de repartir pour la conquête du Pôle Sud même et on parle de grandes expéditions en préparation en Allemagne et en Amérique. Enfin, la République Argentine qui, depuis plusieurs années, entretient un observatoire permanent aux Orcades, veut en établir un autre sur la côte ouest de la Terre de Graham, au point où nous avons hiverné.

C'est le journal de notre dernière expédition qui fait le sujet de ce nouveau volume, mais je crois tout d'abord devoir expliquer pourquoi j'ai choisi comme point de travail cette région inhospitalière, souvent ingrate et si éloignée du Pôle lui-même.

En longeant dans le secteur de l'Antarctique, au sud de l'Australie, une ligne de côtes se dirigeant au Sud et qu'il appela Terre Victoria, James Ross découvrit en 1841 une immense falaise de glace absolument verticale se continuant à l'Est, connue depuis sous le nom de « grande barrière ».

Borchegrevinck, en 1900, monta sur cette falaise et constata la présence d'une plaine de glace s'étendant à perte de vue. L'expédition de la *Discovery* enfin en 1902, après avoir longé la grande barrière, découvrit la Terre Edouard-VII qui la limitait à l'est, puis pendant l'hivernage à la Terre Victoria, s'avança sur la barrière dans un magnifique raid jusqu'au 82°17'. Il était tout naturel que Shackleton revînt vers ces mêmes régions appartenant réellement à l'exploration de son pays et il était également tout naturel, puisqu'il avait annoncé son

INTRODUCTION 5

intention de s'y rendre, que je m'abstinsse de me diriger vers cette région, quelque séduisante qu'elle apparaissait, puisque le bateau déjà vous amène à 78° de latitude et qu'une grande plaine horizontale semblait alors s'étendre jusqu'à l'axe de la terre. Mais forcément, deux expéditions de nationalité étrangère,

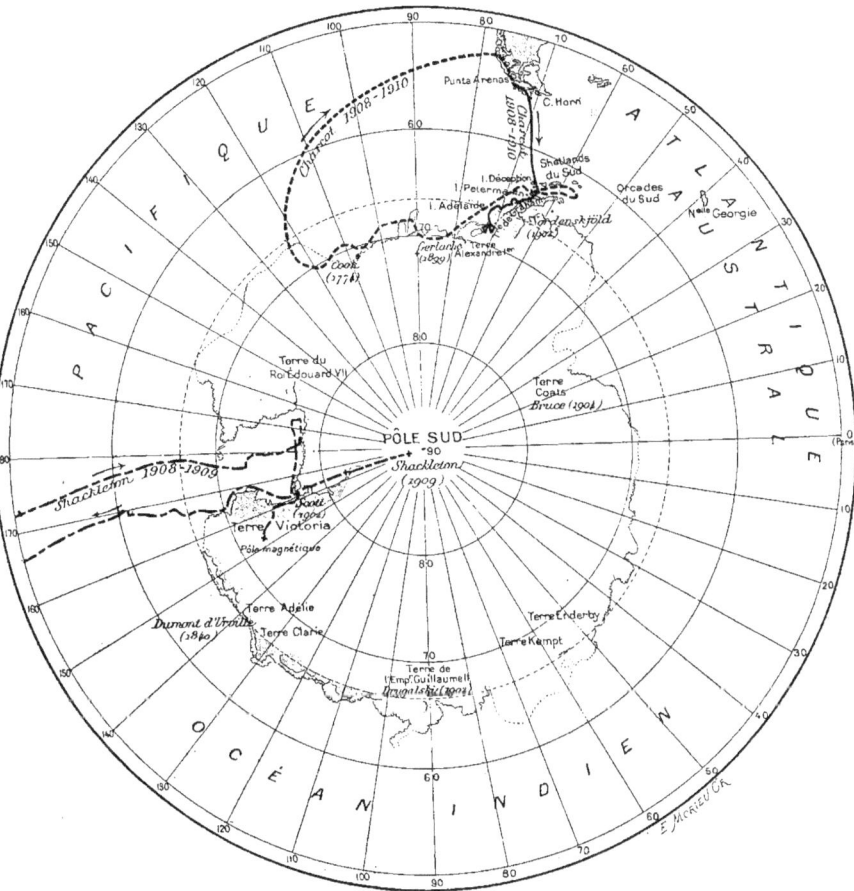

malgré les meilleures intentions du monde, douées même du meilleur esprit, se seraient laissé entraîner à lutter pour la conquête glorieuse de la plus basse latitude et bien que cette lutte eût présenté un haut intérêt sportif, elle aurait eu lieu forcément au détriment absolu des observations et peut-être même du résultat définitif. Je m'empresse d'ailleurs d'ajouter très sincèrement que rien ne permet de supposer que nous serions parvenus au magnifique résultat de mon ami Sir Ernest Shackleton et ainsi les sacrifices pécuniers consentis par mon pays l'auraient été en pure perte.

L'Antarctique est d'ailleurs assez vaste pour permettre à de nombreuses expéditions d'y travailler ensemble et avec fruit et je résolus de retourner dans la région que j'avais commencé à parcourir avec le *Français*, en 1903-1905, c'est-à-dire au sud même du cap Horn, dans cette partie avancée et montagneuse qui semble avoir été la continuation de l'Amérique et qui est improprement connue sous le nom général de Terre de Graham. Là je pourrais dans toutes les branches de la Science continuer les recherches du *Français*, considérées comme déjà si fructueuses, les vérifier, les compléter et les amplifier. Au Sud, la Terre de Graham cessait brusquement au 67° de latitude, puis se dressait au milieu des glaces la Terre Alexandre-Ier à peine entrevue, jamais approchée, île isolée ou portion de continent? Enfin, à l'Ouest de celle-ci une zone s'étendait avec un grand point d'interrogation jusqu'à la Terre Edouard-VII. Dans la partie Est de cette zone, la *Belgica* avait pu, entraînée par la dérive, faire d'intéressants sondages, mais son œuvre méritait d'être continuée et poussée aussi loin que possible vers l'Ouest, où seule une petite île mise en doute par certains géographes, avait été signalée par Bellingshausen. Avait-on le droit de continuer à désigner sous le nom de continent Antarctique cette partie de notre monde où comme toute indication de terre, on n'avait relevé que deux sommets isolés et éloignés l'un de l'autre ?

Mon but bien précis était d'étudier à tous points de vue et en détail la zone la plus étendue possible de l'Antarctique dans ce secteur, sans préoccupation de la latitude ; je savais avoir choisi la région où les glaces se dressent déjà devant le navire à 61° de latitude, où la mer est parsemée d'innombrables icebergs et où la côte est bordée de hautes montagnes d'un aspect infranchissable, je n'avais donc aucun espoir de me rapprocher du Pôle. Et cependant, je m'empresse de le dire, pour que l'on ne puisse m'accuser d'avoir trouvé les raisins trop verts, si j'avais eu la chance de tomber sur un chemin me permettant d'avancer vers ce rêve de tout explorateur polaire, je m'y serais précipité avec enthousiasme et je n'aurais certes rien ménagé pour m'en rapprocher.

Mais rien ne me permettait de prévoir ce que nous trouverions et l'inconnu même dans lequel je m'engageais en choisissant ce secteur rendait d'autant plus difficile l'organisation de l'Expédition, car il fallait être prêt à toute éventualité et il était impossible, comme d'autres qui se dirigent vers un terrain connu, de concentrer toute sa préparation pour une lutte contre des éléments prévus.

J'avais nourri ce projet d'un nouveau départ avant même la fin de ma dernière expédition et, dès mon retour en France, encouragé par les savants satisfaits des résultats acquis, je cherchai à trouver les moyens pour le réaliser.

Je présentai mon programme à l'Académie des Sciences qui réunit une Commission chargée de l'étudier et, après un examen favorable, elle décida d'accorder son haut patronage à cette nouvelle expédition et publia des instructions détaillées sur les travaux qu'elle désirait lui voir entreprendre (1).

(1) Institut de France. *Instructions pour l'Expédition Antarctique organisée par le Dr Jean Charcot*, édité par Gauthier-Villars. Paris 1907.
Ces instructions sont signées A. Bouquet de la Grye, A. Lacroix, A. de Lapparent, Albert Gaudry, Mangin, L. Joubin, E. Roux, A. Muntz.

Le Muséum et l'Institut Océanographique lui accordèrent également leur patronage.

Avec de semblables appuis, il fallait réussir.

Cependant je mis de longs mois avant d'entrevoir la possibilité de pouvoir réunir la somme nécessaire, et pourtant ni les sympathies, ni les encouragements ne me furent ménagés. La presse parisienne ne manqua jamais de m'aider de sa voix puissante, des amis dévoués, comme MM. Joubin et Rabot, ma famille elle-même, malgré la perspective d'une longue et pénible séparation, ne me permirent pas de me décourager.

Mes efforts devaient aboutir enfin ; j'eus la chance d'intéresser à mon œuvre MM. Berteaux, Doumer et Etienne, auxquels se joignirent MM. J. Dupuy et R. Poincaré, puis M. Briand, ministre de l'Instruction publique et M. G. Thomson, ministre de la Marine.

Bientôt, après un rapport favorable de la Commission des Missions, j'eus l'assurance que la Commission du budget présenterait aux Chambres la demande d'une très importante subvention.

Les Chambres en effet, sur la proposition de M. Doumer, votèrent sur le budget du ministère de l'Instruction publique 600.000 francs de crédits (1) et cette confiance de notre Gouvernement, ainsi que le patronage de nos grandes Sociétés savantes furent pour moi la plus belle récompense de mes efforts précédents. A cette somme se joignirent dans la suite 100.000 francs souscrits par de généreux donateurs, comprenant une somme de 10.000 francs de la Société de Géographie de Paris, des subventions du Muséum, du Conseil municipal de Paris, et des Chambres de Commerce des grandes villes françaises.

Le ministère de la Marine mit à la disposition de la Mission trois officiers de Marine et me promit 250 tonnes de charbon, le matériel de dragage qui avait été déjà utilisé sur le *Français* et tous les instruments, cartes et documents nécessaires à l'Expédition dont pouvaient disposer le service hydrographique et les arsenaux.

Le Prince de Monaco, qui a donné l'essor à l'océanographie par ses propres recherches et par sa grande générosité, offrit à la Mission un matériel océanographique des plus complets.

Le Muséum, le Bureau des longitudes, l'Observatoire de Montsouris, des observatoires particuliers, le Service météorologique, l'Institut agronomique, l'Institut Pasteur et quelques personnalités scientifiques enrichirent par des prêts et des dons notre arsenal scientifique, augmenté encore par des achats pris sur le budget de la Mission et qui devint ainsi un des plus complets et des plus riches emporté par une expédition polaire (2).

Malgré l'importance de notre budget s'élevant finalement à 800.000 francs, cette somme reste de beaucoup inférieure à celles dont ont disposé la plupart des expéditions au Pôle Sud, envoyées par les nations étrangères et cela n'est pas une de mes moindres fiertés, d'être parvenu à organiser la nôtre, dans des conditions cependant parfaites, avec une dépense aussi faible, surtout si l'on

---

(1) M. Doumer, pendant que l'Expédition travaillait dans l'Antarctique, fit par deux fois voter aux Chambres la somme de 50.000 francs, ce qui porta à 700.000 francs la subvention du Gouvernement.

(2) A notre passage à Buenos-Aires, le Service météorologique de la République Argentine, dirigé par M. Davis, nous prêta encore quelques instruments scientifiques.

considère que le bateau qui à lui seul a coûté 400.000 francs a été ramené avec la plus grande partie du matériel en bon état. Il faut en effet envisager les dépenses nécessitées par les gages de l'équipage pendant deux années, les instruments scientifiques coûteux auxquels je viens de faire allusion, les vivres pour trois années et trente hommes et tout le matériel dont il va être question. Si j'ai pu atteindre ce résultat, c'est grâce au généreux intérêt qui m'a été témoigné par des particuliers, même étrangers, par les gouvernements du Brésil, de la République Argentine et du Chili, ainsi que par la grande majorité de nos fournisseurs nationaux et le dévouement du secrétaire de l'expédition, M. Manoury.

Dès que l'état-major scientifique fut définitivement constitué, mes futurs collaborateurs purent pendant plusieurs mois se perfectionner dans les travaux qu'ils devaient poursuivre en profitant de la large hospitalité qui leur fut offerte par le Prince de Monaco sur ses yachts, l'Observatoire de Montsouris, l'Observatoire de Paris, le Service météorologique et les laboratoires du Muséum.

Qu'il me soit permis d'insister ici tout particulièrement sur les relations excellentes qui ont toujours existé entre moi et les autres explorateurs de l'Antarctique ; voulant mettre tous les atouts dans mon jeu, j'ai fréquemment eu l'occasion de m'adresser à MM. De Gerlache, Bruce, Scott, Shackleton, Otto Nordenskjöld, Van Drygalski, et tous ont bien voulu me prodiguer largement les précieux conseils de leur expérience.

Le bateau était non seulement l'élément le plus important de l'Expédition, mais encore celui dont il fallait se préoccuper tout d'abord.

Ma première pensée avait été de tâcher de racheter mon ancien bateau le *Français*, et je fis faire des démarches dans ce sens auprès du gouvernement de la République Argentine. Mais il me fut répondu que cet excellent petit navire, devenu l'*Austral*, devait être utilisé pour le ravitaillement du poste des Orcades et pour l'installation d'un nouvel observatoire à l'île Wandel (1). Nous cherchâmes alors avec mon ami M. Charles Boyn, ancien commissaire de la Marine, directeur de l'Agence générale maritime, tant en Écosse qu'en Norvège, à acheter un baleinier, mais nos recherches furent vaines car tous les navires qui nous étaient présentés étaient déjà de construction ancienne et nécessitaient des réparations assez importantes. De plus, notre programme comportait un hivernage dans le bateau même, ce qui exigeait des dispositions d'aménagements spéciales, et toutes ces modifications et améliorations auraient fini par atteindre un prix très élevé qui aurait été presque équivalent à celui d'un bateau neuf.

Après avoir recueilli, dans les pays qui se sont le plus occupés d'exploration polaires et auprès des hommes compétents tous les renseignements nécessaires, nous avons décidé avec M. Boyn de soumettre nos desiderata au père Gautier, l'habile constructeur de Saint-Malo, qui avait su si bien réussir le *Français*. Mes exigences étaient considérables, et d'autant plus difficiles à réaliser, que mes moyens pécuniaires étaient limités. Il me fallait en effet un navire très marin pour la navigation dans les mers de l'Antarctique, assez puissant en même temps pour résister aux chocs contre les glaces et aux pressions qu'il pourrait en subir, avec des soutes pouvant contenir 250 tonnes de charbon, 100 tonnes environ de vivres et de matériel, des aménagements confortables pour les

---

(1) Au mois de décembre 1907, en sortant de Buenos-Aires pour aller accomplir cette double mission, l'*Austral* s'échoua sur un banc du Rio de La Plata, où il se perdit avec tous les instruments qu'il portait, l'équipage ayant été recueilli par le paquebot français *Magellan*.

22 hommes d'équipage et les 8 membres de l'état-major et enfin des laboratoires.

Le père Gautier, n'envisageant que l'intérêt qu'il y avait à construire un beau bateau en solutionnant un problème difficile, accepta d'enthousiasme, et nous présenta un devis des plus modestes. La construction du *Pourquoi-Pas?* sous la surveillance de M. Boyn, fut donc confiée aux chantiers Gautier père et fils, de Saint-Malo, et le résultat prouve, une fois de plus, l'habileté, la conscience et le désintéressement du doyen des constructeurs français.

La machine devait être robuste, puissante et économique ; nous avons choisi une machine compound de 450 chevaux qui a été construite par la maison Labrosse et Fouché, de Nantes, sous la surveillance de M. Laubeuf, ingénieur en chef de la marine.

Le *Pourquoi-Pas?* mis en chantier en septembre 1907, fut lancé le 18 mai 1908 ; la robustesse de sa construction, le soin qui y avait été apporté, ses formes puissantes et élégantes à la fois, avaient fait l'admiration de tous les connaisseurs.

Le « père » Gautier.

Le ministre de la Marine s'était fait représenter au lancement par l'amiral

M. Doumer remet à Mme Charcot la bouteille qui doit être cassée sur l'avant du *Pourquoi-Pas?*

Nény, et le ministre de l'Instruction publique par M. Rabot ; ma femme, la marraine du bateau, assistée de M. Doumer son parrain, lança la classique bouteille de Mumm sur l'étrave, et comme elle se brisa du premier coup, d'avance paraît-il, une heureuse carrière était assurée au *Pourquoi-Pas ?*

Quelques semaines après, la machine montée et le gréement terminé,

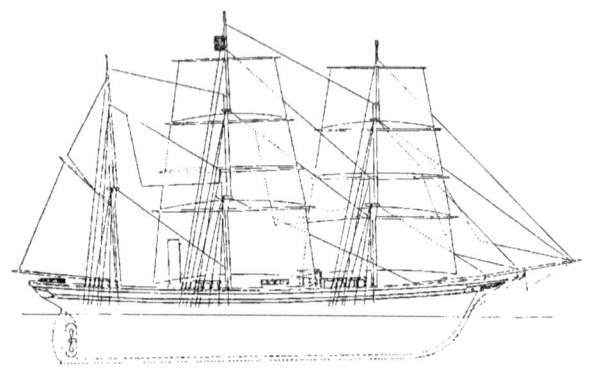

Plan de voilure du *Pourquoi-Pas ?*

Mgr Riou vint à Saint-Malo baptiser le *Pourquoi-Pas?* comme il avait baptisé autrefois le *Français*.

Les dimensions de ce navire qui a obtenu les plus hautes cotes du bureau Veritas sont :

Longueur à la flottaison	40^m
Bau	9^m,20
Creux sur quille	5^m,10
Tirant d'eau en charge	4^m,30

Son gréement est celui de trois-mâts barque, sa mâture solide mais courte avait été choisie à grands frais, parmi les plus belles pièces de l'arsenal de Brest ; pour les échantillons de bois, de même que pour les ancres et les chaînes tout avait été prévu environ trois fois plus robuste que pour un navire ordinaire de même tonnage. Les membrures d'une force considérable sont très rapprochées et à l'avant comme dans les petits fonds la maille est remplie de pièces de bois. Deux bordés très épais recouvrent la membrure protégés eux-mêmes contre l'usure des glaces par un soufflage extérieur. Un vaigrage intérieur calfaté et coaltaré forme pour ainsi dire une coque supplémentaire. Le bateau, sauf les petits fonds en orme est construit avec le meilleur bois de chêne.

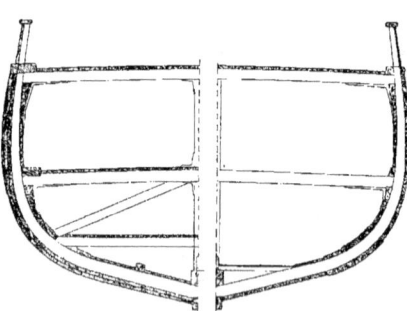

A gauche, la coupe du *Pourquoi-Pas ?* — A droite, celle d'un navire ordinaire de même tonnage.

De tous côtés il est renforcé par des dispositifs spéciaux. L'avant qui doit

Le lancement du *Pourquoi-Pas ?* à Saint-Malo.

supporter les chocs les plus considérables, a été particulièrement soigné ; tout à fait compact dans son ensemble, il est garni à l'intérieur de puissantes guirlandes, à l'extérieur par des armatures de fer et d'épaisse tôle zinguée. Ses formes sont arrondies pour pouvoir mieux monter sur la glace et la briser par le poids du bateau.

Le *Pourquoi-Pas ?* forme ainsi un superbe bloc d'une robustesse remarquable, qui seule lui a permis, comme on le verra dans la suite, de sortir des rudes épreuves auxquelles il a été soumis.

La machine avait été montée avec le même soin et la même solidité que la coque, et munie de pièces de rechange nécessaires et d'un outillage complet, permettant par les moyens du bord d'exécuter toutes les réparations qui pourraient être utiles.

Un treuil-guindeau à vapeur, avait été fourni par la maison Libaudière et Mafra de Nantes, servant à la fois aux manœuvres des chaînes d'ancres et des amarres, aux dragages et aux diverses pêches.

Les aménagements devaient répondre aux nécessités du travail et de l'hiver-

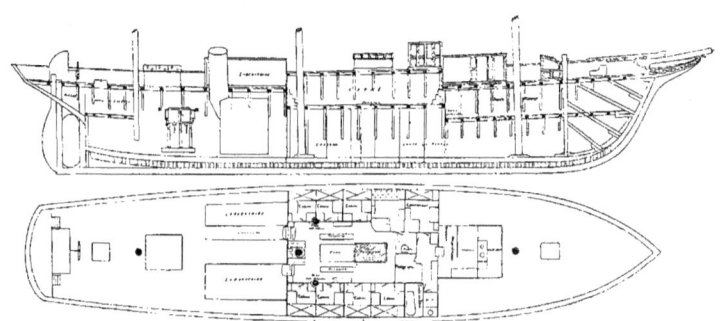

Plan d'aménagement du *Pourquoi-Pas ?*

nage et assurer le maximum de confort. Je crois pouvoir dire que les dispositions adoptées ont, dans leurs grandes lignes, donné d'excellents résultats. A l'avant, sous le pont, se trouve un poste très spacieux contenant 18 couchettes, des caissons, tables, etc., la hauteur sous barrots, comme dans tous les logements d'ailleurs, est de 2 mètres. En arrière du poste et communiquant avec lui, se trouve un petit carré pour les sous-officiers dans lequel s'ouvrent les deux cabines du patron et du chef mécanicien et la cabine à deux lits du quartier-maître et du second mécanicien.

Afin de donner le plus d'amplitude possible aux soutes, j'avais fait élever le pont de la partie centrale du bateau, qui forme ainsi une dunette. C'est sous cette dunette que se trouvent les logements de l'état-major. Sur le carré central très vaste, s'ouvrent six cabines de 2 mètres de superficie et deux autres un peu plus grandes ; celle de tribord était occupée par l'officier en second, celle de bâbord, qui fut habitée par ma femme jusqu'à Punta-Arenas, communiquait avec la mienne, et dans l'Antarctique servait à la fois de laboratoire de bactériologie, d'infirmerie et de débarras. Ma propre cabine donne sur la coursive avant, sur laquelle ouvrent également un grand laboratoire de photographie, une salle de bains et les water-closets, qui sont éclairés et aérés par un hublot percé dans la paroi antérieure de la dunette et qui même à la mer a pu rester presque constamment ouvert. En bas, deux petits escaliers de quatre marches font communiquer le carré avec le laboratoire de zoologie à tribord arrière et à bâbord avec une coursive donnant sur le pont arrière où s'ouvre le laboratoire des sciences physiques et d'hydrographie. Ces deux laboratoires sont construits comme des roofs sur le pont. Cette disposition permet à tous nos appartements d'être chauffés par un poêle unique installé dans le carré, et qui, allumé, a toujours donné une température de 12° à 14°.

Sous un roof sur le pont avant se trouvent la cuisine, l'office et un passage qui s'ouvre à tribord sur un escalier utilisé par mauvais temps à la mer qui donne sur le pont de la dunette, à bâbord par une porte facile à condamner donnant sur le pont avant, uniquement utilisée pendant l'hivernage lorsque le bateau était recouvert de son taud. Les logements de l'état-major communiquent avec l'extérieur soit par ce roof avant, soit par l'arrière et sont éclairés par une grande claire-voie et un hublot dans chaque cabine. En arrière de la machine se trouve une soute garnie de plomb, destinée aux caisses d'essence et deux soutes à voiles. Sur le pont à l'extrémité arrière, une grande tortue contenait du matériel varié et en particulier les appareils océanographiques.

Les poulaines de l'équipage se trouvent sur le pont à l'avant.

Tous les logements, tant de l'équipage que de l'état-major, ainsi que la cuisine et les laboratoires sont entièrement doublés sous le vaigrage d'une lame de feutre de 2 centimètres d'épaisseur. Ce feutrage est indispensable pour prévenir la formation de glace à l'intérieur qui, sans cette précaution, serait inévitable quelle que soit l'épaisseur des parois. Pour la même raison, tous les morceaux de métal en communication avec l'extérieur sont recouverts de peinture au liège.

Les soutes à charbon sont au nombre de trois, deux latérales de chaque côté de la chaudière, et une grande centrale en avant de celle-ci ; elles peuvent contenir 250 tonnes de charbon en briquettes bien arrimées.

La grande soute à vivres n'avait d'autre communication qu'un panneau donnant sur le carré, de sorte que rien ne pouvait en sortir sans passer sous nos yeux. Au-dessous du poste d'équipage, se trouvent les caisses à eau d'une contenance de 18 tonnes et une assez vaste soute pour du matériel.

J'avais fourni à chaque membre de l'état-major l'ameublement de sa cabine, dont les pièces principales consistaient en un lit-commode, un bureau et une toilette que chacun pouvait disposer à sa guise, étant libre également de faire faire toutes les armoires et étagères qu'il jugeait nécessaires. Partout où cela avait été possible, j'avais disposé dans le carré et dans les coursives des armoires et des caissons. En plus de deux bibliothèques montées dans le carré, une étagère courait autour de tous les logements, où nous avons pu ranger près de 2.000 livres.

Les laboratoires avaient été disposés d'après les indications de ceux qui devaient y travailler.

A l'avant de la dunette s'élève une timonerie, abritant une des deux roues du gouvernail, la table à cartes et les instruments usuels de navigation. Enfin, en haut du grand mât, se trouve la marque distinctive de tout bateau polaire, le tonneau classique et indispensable pour la navigation dans les glaces, connu sous le nom de *nid de corbeau*. On y parvient par une échelle de corde, partant des barres de perroquet. Généralement la voix est suffisante pour envoyer les ordres sur le pont, mais par excès de précaution, nous y avons installé un téléphone haut-parleur Le Las, aimablement offert par son inventeur, et qui a fonctionné admirablement pendant toute la durée de la campagne. Le *Pourquoi-Pas?* possédait même une véritable œuvre d'art. Le Père de Guebriant, un de nos courageux missionnaires de Chine auquel j'avais autrefois rendu un service sans m'en douter, avait tenu à offrir à notre navire la devise de la marine française. Cette pièce magnifique en argent et cuivre avait été dessinée par le comte de Chabannes La Palice et exécutée par R. Linzeler (voir page 370).

L'éclairage d'une expédition appelée à passer plusieurs mois dans une nuit presque complète mérite d'appeler particulièrement l'attention. Partout à profusion, et en particulier dans chaque cabine, j'avais placé d'excellentes petites lampes à pétrole, d'une faible consommation, et enfin sur le conseil du marquis de Dion, j'avais fait installer un groupe électrogène de Dion-Bouton, actionné par un moteur de huit chevaux et des accumulateurs provenant de la même maison; pour éviter que ceux-ci ne gèlent, ils avaient été placés sous le roof avant, contre la paroi de l'office chauffée par la cuisine. J'avais jugé au départ que cet éclairage devait être considéré comme un luxe, dont on ne profiterait que deux fois par semaine et dans des circonstances exceptionnelles. De fait, sous l'habile surveillance de Bongrain, secondé par l'ex-matelot torpilleur Lerebourg et le mécanicien de moteurs Frachat, cette installation jusqu'à présent inusitée dans les expéditions polaires, a fonctionné constamment pendant deux ans, pour ainsi dire sans un moment d'arrêt, prouvant l'excellence du moteur et des accumulateurs et je ne saurais trop insister sur les services inappréciables qu'elle nous a rendus.

Dans les régions polaires, où la plupart du temps on n'obtient d'eau douce que par la fonte de la neige ou de la glace, il faut songer aux moyens pratiques de se la procurer. Pour y parvenir, j'avais fait disposer en communication avec le fourneau de la cuisine un grand bain-marie d'une contenance de 250 litres, dans lequel on pouvait jeter des morceaux de glace par un trou percé dans le toit du roof, au fur et à mesure de la consommation. Grâce à cet appareil, nous avons eu, économiquement et sans ennui, autant d'eau que cela nous était nécessaire. Tant que la chaudière de la machine était allumée, un serpentin en communication avec elle nous permettait, de plus, de faire fondre rapidement la glace, pour l'alimentation des caisses à eau et de la chaudière elle-même.

Les embarcations étaient nombreuses, car mon expérience précédente m'avait prouvé, qu'en dehors de celles indispensables au service du bord, il pouvait être utile d'en avoir, non seulement pour les différents travaux de chacun, mais encore pour le transport sur la glace et même au besoin pour installer des postes de secours ou de ravitaillement éventuel. Toutes étaient à franc bord pour éviter que les clins ne soient arrachés par la glace. Nous avions un grand canot, un you-you, deux solides baleinières comme en emportent les phoquiers norvégiens et dont l'une avait fait sur le *Français* la première expédition, deux petites norvégiennes, connues sous le nom de prams, quatre doris, ces embarcations plates et légères dont se servent les pêcheurs du banc de Terre-Neuve et qui se mettent les unes dans les autres, deux berthons, et une petite embarcation pliante système Williamson. Enfin, le père Gautier nous avait construit une solide vedette, spécialement adaptée à la navigation dans les glaces, avec un avant arrondi renforcé par une armature de fer. Cette excellente embarcation de mer était actionnée par un moteur de Dion-Bouton de 8 chevaux qui a admirablement bien fonctionné malgré un travail prolongé et des plus durs, rendant à l'expédition des services considérables.

En dehors des instruments et du matériel habituel à tout navire naviguant au long cours, nous emportions une dizaine de scies à glace et autant de ciseaux, douze ancres à glace petites et grandes et quantité de pieux, de gaffes à glace, de pelles, pioches, leviers et bêches.

L'excellent appareil Lucas, si peu encombrant et qui permet de sonder jusqu'à 6.000 mètres, était placé sur le gaillard arrière et actionné au début par une dynamo avantageusement remplacée dans la suite par une petite machine à vapeur.

Sur l'avant à tribord, se trouvait la bobine d'enroulement à vapeur du câble en fil d'acier de la drague que nous pouvions envoyer jusqu'à 4.000 mètres de profondeur.

J'avais préparé le matériel de raid avec le plus grand soin et prenant pour exemple l'expédition de la *Discovery* j'avais tout organisé pour des groupes indépendants de trois personnes. J'avais fait faire six tentes pour trois personnes, six cuisines Nansen légèrement modifiées par moi-même également pour trois, six services de gamelles, etc. ; les provisions pour ces raids dont j'aurai l'occasion de parler dans la suite comme de tout ce matériel, étaient groupés par paquets d'un repas pour trois, de sorte qu'on n'avait qu'à en verser le contenu dans la casserole, évitant ainsi une manipulation rendue pénible par les basses températures et la fatigue des marches.

Les vêtements étaient en abondance à bord, consistant surtout en lainages de toutes sortes et les tricots, bas et mitaines se comptaient par centaines. Nous nous étions précautionnés de pièces d'étoffe et d'une machine à coudre. D'importants cadeaux de MM. Linzeler, Vimont et Deniau sont venus s'ajouter aux fournitures du bord. Par précaution, au cas surtout ou un accident nous aurait obligés à hiverner sans l'abri du bateau, j'avais cru devoir emporter des vêtements en peau de renne et un lit-sac en même matière pour chaque homme. En dehors des lits-sacs indispensables pour les raids, les circonstances ne nous ont pas permis d'utiliser ces fourrures. En général, nous étions relativement peu couverts, mais une pièce de vêtement indispensable est l'anorak, sorte de surtout en toile souple mais serrée muni d'un capuchon, qui se passe par-dessus l'habillement ordinaire et garantit admirablement du froid en empêchant le vent de pénétrer ; pour le travail ordinaire une solide toile cachou était suffisante, mais pendant les raids, l'étoffe, connue sous le nom de burberry, par sa légèreté et par son imperméabilité absolue au vent et à la neige, est certainement ce que l'on peut désirer de mieux.

Ma précédente expérience m'avait fait envisager très sérieusement, la question si importante des chaussures et nous emportions un approvisionnement considérable et varié de bottes ordinaires, de bottes en cuir avec semelle de bois dont 70 paires offertes par un ami M. Perchot, de sabots munis de tiges en toile goudronnée à la mode des pêcheurs d'Islande, de fortes bottines de montagne, de chaussons de chasseurs alpins fabriqués pour nous par le tailleur d'un de ces bataillons, de finskoes et de komagers norvégiens. Ces dernières chaussures, sortes de mocassins en peau de renne, bien connues depuis les expéditions modernes et sur lesquelles je me suis déjà longuement étendu, sont les seules utilisables pour la marche dans les grands froids, dès qu'on se trouve éloigné du bateau ; leur inconvénient est d'être très glissantes sur la glace dure, créant ainsi un réel danger sur les glaciers; pour y remédier j'avais fait faire d'après le modèle de ceux préconisés par le capitaine Scott, des espèces d'espadrilles en toile munies de forts crampons que nous pouvions passer par-dessus et qui furent extrêmement pratiques.

Pour protéger les yeux contre l'ophtalmie des neiges, j'avais fait préparer des lunettes munies de verres jaunes ou d'écrans percés d'entailles en croix; on verra dans le récit de l'expédition que, grâce à ces précautions, il n'y a pas eu un seul cas de cette ophtalmie.

Nous emportions douze traîneaux du modèle universellement adopté par les expéditions polaires, plusieurs paires de skis pour chaque homme, devant servir non seulement aux marches, mais encore à leur amusement, ainsi que quelques luges, des raquettes et le matériel habituel de montagnes et de raids, cordes, piolets, sacs à dos, lanternes, etc., sans oublier les bouteilles thermos qui rendent les plus grands services dans ces pays, où l'on souffre de la soif presque autant que dans les pays chauds et où les gourdes sont inutilisables.

Pour toutes les fournitures venant de Norvège tant en vêtements et fourrures qu'en matériel polaire skis, traîneaux, etc., M. Crichton Somerville, résident à Christiania, a bien voulu se charger avec un soin extrême et une grande compétence de les choisir ou de les faire fabriquer.

La possibilité de rencontrer une plaine de glace, comme celle qui constitue la barrière de Ross, m'avait fait envisager l'intérêt qu'il y aurait à emporter des traîneaux automobiles. Le marquis de Dion et M. Bouton, avec leur habituelle générosité et leur enthousiasme pour toute idée nouvelle, me proposèrent de faire don à l'expédition des véhicules désirés. Le capitaine Scott travaillait la même question; nous décidâmes de faire nos expériences en commun et je me souviendrai toujours des moments si agréables et si utiles que nous avons passés avec lui et ses collaborateurs, MM. Skelton et Barne. Elles eurent lieu en plein hiver au Lautaret avec le concours du lieutenant de La Besse qui s'occupe depuis longtemps de traîneaux automobiles. Le ministre de la Guerre le général Picquart, mit à notre disposition, pendant les huit jours qu'elles durèrent une dizaine d'hommes de nos garnisons alpines. Les résultats parurent des plus encourageants; M. Coursier, ingénieur des Établissements de Dion-Bouton qui avait assisté aux expériences, se mit au travail avec ardeur et nous avons pu, grâce à lui, emporter trois traîneaux automobiles sur lesquels nous fondions de grandes espérances, malheureusement nous n'avons jamais rencontré dans la région parcourue, un terrain nous permettant de les utiliser. MM. de Dion, Bouton et Coursier peuvent se consoler de ce contretemps par les services que la vedette et le groupe électrogène ont rendus à l'Expédition.

Nous emportions pour près de trois années de vivres et pour cette importante fourniture je me suis adressé à de grandes maisons françaises, anglaises, allemandes, norvégiennes et américaines. Les progrès de l'industrie des conserves ne rendent véritablement difficile l'approvisionnement d'une expédition comme la nôtre, que par le choix, non seulement au point de vue de la variété, mais encore de l'encombrement. L'énumération de ce qui a été emmagasiné dans nos soutes, tiendrait plusieurs pages de ce volume, je puis simplement indiquer ici, que nous avions à peu près tout ce qu'il est possible d'emporter et que le choix en avait été fait avec la plus scrupuleuse attention en nous limitant aux toutes premières qualités. Les conserves et les produits alimentaires qui peuvent voyager sont maintenant généralement bien connus et une description en serait fastidieuse, cependant je dois insister sur la commodité et le très bon rendement des comprimés de toutes sortes, potages, lait, viandes, etc.... Il en est de même pour les légumes desséchés, dont quelques-uns donnent de remarquables résultats, en particulier les choux et les pommes de terre. D'ailleurs forcément, dans le courant du récit, il sera fréquemment question de la nourriture. D'une façon générale, les vivres étaient divisés : en vivres journaliers, en vivres de raids, en vivres destinés à des dépôts ou devant être débarqués en cas d'urgence et enfin en vivres de luxe.

J'aurai ultérieurement l'occasion de parler des vivres de raids. Quant aux vivres de dépôts, ils consistaient surtout en caisses de biscuits légères; en effet, on peut toujours espérer trouver dans l'Antarctique des pingouins ou des phoques, qui fournissent une excellente viande fraîche et même au besoin la graisse qui peut servir de combustible. Ce n'est pas tout à fait une plaisanterie d'assurer qu'avec du biscuit, un couteau pour tuer et dépecer les animaux, des allumettes pour allumer la graisse, on peut vivre, tout au moins sur la plupart des côtes de l'Antarctique.

Aux approvisionnements de l'Expédition même sont venus s'ajouter de très nombreux et très agréables cadeaux offerts non seulement en France, mais encore à l'étranger, à Rio de Janeiro, à Buenos-Aires, à Punta-Arenas.

Pendant toutes les escales, tant à l'aller qu'au retour, il n'était consommé que des vivres frais.

A la longue on se fatigue des conserves, même les meilleures, surtout de celles de viande, et il est fort probable que la plupart des repas composés exclusivement de celles-ci n'auront laissé dans la mémoire des membres de l'expédition qu'un médiocre souvenir. Cependant, je me crois en droit d'affirmer qu'aucune expédition n'a été mieux approvisionnée que la nôtre, tant en qualité qu'en quantité et, jamais à bord, nous n'avons manqué de quoi que ce soit.

Le vin de cambuse était en quantités telles que l'équipage, pendant toute la durée de l'expédition, a pu avoir tous les jours la ration habituelle et fréquemment *la double*; au carré le même vin était à discrétion pour ceux qui en buvaient et si bon que, pendant plusieurs semaines, j'ai pu m'amuser, en le faisant servir dans des bouteilles ornées de beaux cachets verts, à le faire passer pour du vin fin. Cette innocente plaisanterie était d'ailleurs inutile, car notre cave était fournie, grâce à de très grandes générosités, des meilleurs crus, et ceux qui avaient ainsi pensé à notre bien-être auraient été récompensés s'ils avaient vu le plaisir avec lequel nous débouchions *la bonne bouteille*.

La question de la consommation de l'alcool dans les expéditions a été fréquemment traitée et résolue de différentes façons ; personnellement, je le crois ni plus ni moins dangereux dans une expédition polaire qu'ailleurs, à condition d'en user avec modération ; je considère même que le rhum, dans certains cas, est un médicament des plus utiles, mais dès le début, j'avais cru devoir faire une guerre acharnée à l'apéritif qui est le grand fléau de notre pays.

Nous possédions à bord une ample provision d'antiscorbutiques, choucroute, tomates, jus de citron, et qui, joints aux légumes, fruits desséchés ou en compote, etc., étaient évidemment plus que suffisants pour nous prémunir du scorbut tel qu'il se présentait dans les expéditions d'autrefois, mais on verra que ces moyens habituels étaient inefficaces contre ce que l'on pourrait appeler le scorbut moderne, ou plus exactement « la maladie des conserves. »

D'une importance presque égale au choix des vivres, se pose la question des boîtes les contenant qui, bien faites, assurent leur conservation ; j'avais formulé à ce sujet des exigences qui malheureusement ne furent pas toujours scrupuleusement remplies par nos maisons françaises ; c'est à leur propre détriment d'ailleurs car, plus tard, si des expéditions retrouvent nos dépôts, elles pourront juger du plus ou moins bon état de conservation des différentes marques. J'avais voulu en principe que tout fût contenu dans des caisses faciles à manipuler, d'un poids n'excédant pas 30 kilos, mais pour beaucoup de produits, la nécessité d'emporter de grandes quantités et l'exiguïté relative des soutes, nous obligea à les arrimer en supprimant l'encombrement de l'emballage, qui avait été cependant conservé aux vivres de dépôts. Une expédition favorisée par un budget très large aurait grand avantage à faire emballer ses provisions dans des caisses en Venesta, matière solide, étanche et légère.

Les allumettes, sur l'utilité desquelles il est inutile d'insister, étaient emballées dans des petites boîtes zinguées commodes à ouvrir et faciles à transporter sur traîneaux et même dans des sacs d'excursion.

Je passe sous silence les objets nécessaires à la vie ordinaire, les mille petits riens cependant indispensables pour les réparations, l'entretien de notre matériel si varié, les fabrications éventuelles, etc., la pharmacie, les instruments de chirurgie ; à la vérité la suite démontra que peu de choses avaient été oubliées, puisque nous n'avons jamais manqué de rien d'essentiel.

Le véritable nerf de l'expédition était le charbon ; le ministre de la Marine nous donna 250 tonnes de briquettes au départ, à Madère, M. Gordon-Bennett, avec son habituelle générosité, télégraphia spontanément à ses correspondants de nous remplir nos soutes à ses frais ; le Gouvernement du Brésil nous donna 100 tonnes à notre passage à Rio, et à notre retour remplit nos soutes tant à Rio qu'à Pernambouc ; enfin, à notre retour, le Gouvernement chilien nous en donna 70 tonnes. J'avais fait moi-même envoyer à Punta Arenas 300 tonnes de briquettes offertes par des Sociétés minières françaises et, avec une remarquable obligeance, le Gouvernement chilien emmagasina jusqu'à notre arrivée cet important approvisionnement dans son ponton et nous aida à embarquer le nécessaire, conservant le surplus pour notre retour. Nous avons pu ainsi partir, avec nos soutes absolument pleines d'un combustible de premier choix et l'on verra comment, dans l'Antarctique même, nous avons eu la chance de pouvoir nous approvisionner de nouveau.

Nos nombreux moteurs à essence exigeaient que nous ayions à bord 11 tonnes de ce chargement, considéré comme d'un transport si dangereux. Dans ce but nous avions fait garnir de plomb une soute située à l'arrière du bateau, dans laquelle des bidons de 18 litres de Motricine, enfermés deux par deux dans des caisses de bois, furent soigneusement arrimés. Un ventilateur à main aérait le fond de cette soute pour en chasser les vapeurs dangereuses qui sont plus lourdes que l'air ; à chaque changement de quart ce ventilateur était mis en mouvement et c'est ainsi que, sans accident, nous avons pu effectuer ce délicat transport.

En ce qui concerne le choix de l'état-major du *Pourquoi-Pas?* je ne puis que répéter ce que je disais à ce sujet pour le *Français*, il est extrêmement facile dans notre pays de réunir de savants collaborateurs disposés à donner leur temps, à exposer même leur vie sans espoir de la moindre rémunération.

Plusieurs de mes camarades de l'ancienne expédition auraient voulu de nouveau faire partie de celle-ci, et un de mes plus chers désirs aurait été ainsi réalisé ; mais, le lieutenant de vaisseau A. Matha, après sa longue absence, se devait à la confiance justifiée que lui témoignait la Marine nationale et l'ingénieur P. Pléneau à la Société industrielle qui l'avait si bien choisi pour une entreprise difficile en Sibérie et en Mongolie : mon amitié pour eux m'obligea même à leur conseiller d'abandonner pour cette fois tout projet de ce genre. J'eus cependant

L'état-major avant le départ.

BONGRAIN   LIOUVILLE   GAIN
GOURDON   ROUCH   CHARCOT   SENOUQUE   GODFROY

la chance de revoir à côté de moi l'ami dévoué et le précieux collaborateur de la première heure E. Gourdon.

L'état-major définitivement constitué se composa de trois officiers de marine, d'un géologue, de deux naturalistes, d'un physicien et de moi-même. Les différents travaux faisant partie de notre programme furent répartis entre ces messieurs de la façon suivante :

M. Bongrain, enseigne de vaisseau. Second de l'expédition. (Observations astronomiques, hydrographie, sismographie, gravitation terrestre.)

J. Rouch, enseigne de vaisseau. (Météorologie, électricité atmosphérique, océanographie physique.)

R. Godfroy, enseigne de vaisseau. (Étude des marées, chimie de l'air.)

E. Gourdon, docteur ès sciences. (Géologie et glaciologie.)

J. Liouville, docteur en médecine. (Médecin en second de l'expédition, zoologie.)

L. Gain, licencié ès sciences. (Zoologie et botanique.)

A. Senouque. (Magnétisme, actinométrie, photographie scientifique.)

J.-B. Charcot, chef de l'expédition, commandant du *Pourquoi-Pas?*. (Bactériologie.)

En dehors des travaux dont ils étaient chargés, les officiers de marine assuraient avec moi la navigation et le service du bord.

Je suis heureux de pouvoir affirmer que c'est grâce à l'ardeur, au travail et au savoir de mes collaborateurs, que l'expédition a pu réussir et les remerciments que je leur adresse sont d'autant plus chaleureux qu'ils m'ont permis ainsi d'affirmer notre succès, sans que je puisse être taxé de vanité personnelle.

J'ai eu pour recruter l'équipage les mêmes facilités et j'ai eu à choisir parmi plus de 250 demandes. Presque tout l'ancien équipage du *Français* embarqua de nouveau sur le *Pourquoi-Pas?* m'assurant un noyau d'hommes aguerris et dévoués. E. Chollet naviguait sous mes ordres depuis 24 ans, J. Guegen avait fait quatre campagnes avec moi, J. Jabet et F. Libois, trois. Doués d'un excellent esprit, matelots dans toute la meilleure acception du mot et entraînés par l'exemple des anciens, les nouveaux surent montrer les mêmes qualités.

L'équipage définitif du *Pourquoi-Pas?* était ainsi constitué : (1)

*Chollet (E.), patron.	Rosselin (F.), chef mécanicien.
*Jabet, maître d'équipage.	*Poste, second mécanicien.
*Besnard, 2ᵉ maître.	*Guégen (F.), chauffeur.
*Guégen (J.), matelot.	Monzimet —
Hervé, —	Lhostis —
Thomas, —	*Libois, chauffeur et charpentier.
Dufrèche, —	Frachat, mécanicien des moteurs à essence.
Lerebourg, —	Modaine, cuisinier.
Aveline, —	*Paumelle, maître d'hôtel.
Denais, —	Van Acken, 2ᵉ maître d'hôtel (de nationalité belge, a été embarqué à Punta-Arenas, où il est établi.)
Nozal, —	
Boland, —	

Il serait difficile de trouver un meilleur équipage que le nôtre, plus énergique, plus dévoué, plus courageux, plus endurant et plus débrouillard. Tous ne demandaient qu'à bien faire et ils n'ont jamais hésité à accomplir leur devoir gaiment et avec enthousiasme. Il n'y avait pas de cahier de punition à bord et le besoin ne s'en est jamais fait sentir.

Dès que le *Pourquoi-Pas?* a été lancé, état-major et équipage se sont mis au travail pour les installations définitives et pour l'embarquement et l'arrimage des vivres et du matériel. Cette dernière opération commencée pour ne pas perdre de temps à Saint-Malo, tandis qu'on montait la machine et qu'on terminait le gréement, a été achevée au Havre.

---

(1) Les noms précédés d'un astérisque sont ceux des hommes ayant fait partie de l'expédition du *Français*. Boland et Nozal, qui se sont engagés comme matelots, étaient officiers élèves de la marine marchande. D'après leurs conditions d'engagement, ils étaient traités à bord comme les autres marins et travaillaient comme eux, mais, par leur instruction très supérieure, ils ont été pour MM. Bongrain et Rouch de précieux et excellents auxiliaires, et j'ai cru devoir dans la suite les élever au grade de lieutenant.

DU HAVRE A PUNTA ARENAS

Confiante dans notre bonne volonté et notre désir de bien faire, la ville du Havre nous témoigna sa sympathie d'une façon touchante, le 15 août 1908 ; amis et parents, au milieu d'un public ému, accouru de toutes parts pour nous prouver que la France ne reste jamais insensible aux efforts de ses enfants, nous

Le départ du Havre (15 août 1908).

souhaitaient bon voyage et réussite, tandis que la *Marseillaise* répondait au salut d'adieu du *Pourquoi-Pas?*

Le même jour nous arrivions à Cherbourg, où nous fûmes aimablement reçus par l'amiral Belluc, préfet maritime. Par son empressement à faciliter l'embarquement du charbon et du matériel que le ministre de la Marine mettait à notre disposition, il nous montra une fois de plus tout l'intérêt que la Marine nationale prenait à notre œuvre.

Le mauvais temps persistant, nous obligea à rester à Cherbourg jusqu'au 31 août ; impatients d'être en route, nous appareillions à la première éclaircie, mais nous fûmes assaillis à la hauteur des Casquets par une des plus fortes tempêtes de l'année qui occasionna de nombreux désastres maritimes. Le *Pourquoi-Pas?* pour ses débuts fit preuve de ces excellentes qualités qui nous furent si précieuses dans la suite, mais après vingt-quatre heures de lutte, pour ne pas dépenser inutilement notre charbon et revenir sur nos pas, nous relâchions à Guernesey, d'où nous repartions le 5 septembre pour arriver en rade de Madère le 12 ; nous en repartions trois jours après et le 22 nous faisions à Porto Grande (île de Saint-Vincent), une escale de vingt-quatre heures.

Le 12 octobre nous étions à Rio de Janeiro, où un accueil inattendu nous était réservé de la part du peuple brésilien, du Gouvernement, et de la colonie française ayant à sa tête notre vice-consul M. Châlart. Le baron de Rio Branco ministre des Affaires étrangères, reçut toute la Mission au Palais d'Itamaraty et le ministre de la Marine, l'amiral Alexandrino de Alcucar, nous fit le grand honneur de venir à bord du *Pourquoi-Pas ?* L'arsenal fut mis entièrement à notre disposition avec une générosité telle que nous n'osions plus formuler un désir de peur de paraître indiscrets. Les cadeaux et les amabilités des particuliers affluèrent de tous côtés, se joignant aux dons du Gouvernement, Mme de Barros Cobra, la femme du capitaine de corvette qui devint et resta un des amis les plus dévoués de l'Expédition, nous fit l'honneur de nous remettre un pavillon particulier du *Pourquoi-Pas ?* en soie brodé de ses mains.

Le 20, nous quittions ce magnifique et prospère pays pour arriver à Buenos-Aires.

Les relations que j'avais conservées avec la République Argentine depuis l'inoubliable accueil qu'elle fit à l'expédition du *Français*, tant à son départ, qu'à son retour, m'avaient permis de prévoir que nous y serions les bienvenus, mais la République Argentine tenait à me prouver qu'elle est toujours capable de faire mieux. Sur la proposition du Dr Pinero, les Chambres avaient décidé de voter des crédits illimités pour subvenir aux besoins quels qu'ils soient de notre Mission. Le *Pourquoi-Pas ?* passa en cale sèche, subit toutes les améliorations possibles. Avec une générosité des plus larges, il lui fut donné tout le matériel qui pouvait lui manquer. J'eus l'honneur d'être présenté au Président de la République par notre Ministre, M. Thiébaut et la collectivité française lutta avec le peuple argentin pour nous rendre cette escale à la fois utile et agréable. J'y retrouvai mes amis si chers et si dévoués, le Dr Fernando Perez et son frère Manuel, le professeur Lignières, le colonel Nunez, le Dr Pinero, les amiraux Garcia et Barilari, l'ingénieur en chef Sumblad Rosetti, MM. Lainez, Py, Thays, Davis, Lahille, le Père Sola et tant d'autres dont les années passées n'avaient fait que raffermir l'amitié.

Pl. Lumière.   Cap au Sud.   Cl. Godfroy

Le 23 novembre, nous quittions Buenos-Aires, et le 1er décembre nous mouillions en rade de Punta-Arenas. C'était notre dernière escale en pays civilisé, mais elle ne fut point celle où l'on nous témoigna le moins de sympathie.

Le Gouvernement chilien avait mis à notre disposition toutes les ressources de cette ville et le ministre de France à Santiago, M. Desprez, par ses aimables dépêches tant au départ qu'au retour, sut nous prouver que dans ce pays avancé vers les régions où nous allions disparaître pendant de longs mois, la France veillait sur nous. La petite colonie française et les habitants nous fêtaient et nous choyaient et j'espère que je saurai, dans le récit qui va suivre, faire comprendre tout le bénéfice que l'Expédition tira de cette escale et la profonde et reconnaissante amitié qui me lie désormais à ceux de ses habitants dont j'aurai à citer les noms.

A Punta-Arenas, ma femme, qui m'avait courageusement accompagné jusque-là, me quitta, pour retourner veiller pendant mon absence sur notre foyer. Cette séparation prévue et inévitable fut néanmoins un déchirement que seule nous permit de supporter notre haute idée du devoir.

Quelques personnes ont pu sourire de la présence d'une femme à bord pendant cette traversée et chercher même à y trouver un prétexte pour diminuer le côté grave et sérieux de notre œuvre, mais d'autres, et c'est heureusement la majorité, n'y ont vu qu'une preuve touchante de tendresse, de courage et d'intérêt même pour le but que je poursuivais ; c'est l'opinion de ceux-là seuls qui m'importe. Mon unique souci était de travailler pour mon pays et pour l'honneur d'un nom illustré par mon père et qui m'était rendu encore plus cher par celle qui a voulu, en le faisant sien, m'aider à en supporter le poids.

Le Pourquoi-Pas ?
dans l'Antarctique

JOURNAL DE L'EXPÉDITION

PREMIÈRE PARTIE

ÉTÉ 1908-1909

16 décembre 1908. — Par beau temps calme, nous appareillons de Punta-Arenas à 9 heures du soir. M. Blanchard, le si aimable consul de France, venu à bord de son launch la *Laurita* à 8 h. 30, amenait M. le gouverneur Chaigneau, M. Henkes, un des directeurs norvégiens de la Sociedad Ballenera Magellanes, M. Grossi, négociant italien et nos compatriotes, MM. Poivre, Beaulier, Detaille, Rocca. Nous buvons un verre de champagne, avec émotion nous serrons la main de toutes ces personnes si charmantes pour nous et qui sont devenues nos amis, et en route ! La *Laurita* nous salue de trois coups de sifflet, tandis que ses passagers poussent des hourras et des cris de : « Vive la France ! » L'équipage du ponton du gouvernement chilien en fait autant et tout au bout de la rade sur un grand vapeur, l'homme de veille, tout seul, nous crie un formidable : « Bon viage ! »

17 décembre. — La nuit a été calme et claire, mais le matin, au jour, les sommets des montagnes sont dans les nuages et il y a un peu de vent de Sud, qui ne nous empêche cependant pas de marcher rapidement. Nous quittons le détroit de Magellan pour prendre Magdalena Sound, puis le canal Cockburn, et vers une heure de l'après-midi, nous sommes entre les écueils des Furies, mais la mer est grosse, le vent fort de l'Ouest et le baromètre baisse. Nous risquons en prenant cette passe de perdre, et au delà, les heures que nous comptions gagner, si nous sommes surpris par un coup de vent nous obligeant à capeyer ou à chercher un abri, d'autant plus que notre bateau est surchargé et que le pont est encombré de briquettes de charbon, dont les morceaux bouchent les dallots. Aussi, n'hésitons-nous pas à virer de bord pour sortir par le chenal de Murray, et nous enfilons le Brecknock. Grâce à une très bonne carte chilienne, nous mouillons à 8 heures du soir dans la petite baie pittoresque et bien abritée de Port-Edwards à l'entrée du Whale Boat Sound.

18 décembre. — A 7 heures du matin, nous appareillons, et malgré la brume et la pluie, nous gagnons facilement le chenal du Beagle. Toute la matinée le temps reste bouché et il pleut à verse, mais l'après-midi il y a de belles éclaircies qui nous permettent d'admirer le merveilleux paysage que nous traversons. Le vent souffle très fort du S.-O. Nous croisons un petit vapeur chilien de Punta-Arenas, avec lequel nous échangeons des saluts et, à 9 heures du soir, nous mouillons dans la baie de Lapataia. Les rafales sont très fortes, mais notre ancre tient bon.

19 décembre. — A 3 heures du matin, nous sommes de nouveau en route. Il eut été tentant de toucher à Ushuaia, dont nous distinguons les maisons et où nous étions sûrs de retrouver les amis de 1904, qui nous réservaient un sympathique accueil, mais toute escale est du temps perdu et nous devons profiter de la belle saison. Les rafales sont encore fortes, mais bientôt le calme leur succède avec un temps très clair et un ciel absolument dégagé. Un fort courant nous entraîne rapidement dans l'étroit et pittoresque chenal de Murray, et bientôt nous distinguons la baie Orange, séjour de la mission de *l'Arromanche*, où nous fîmes escale nous-mêmes en 1904 avec le *Français*. A midi, nous sommes par le travers du faux Cap Horn et la houle du S.-O. devient très grosse. Elle augmente encore lorsqu'à 2 heures nous dépassons le vrai Cap Horn, qui se présente avec ce magnifique temps d'été sous un riant aspect. Il n'y a pas un souffle d'air, et le bateau qu'on ne peut appuyer avec sa voilure, surchargé dans ses hauts, a des réactions très dures. Dans la soirée, nous passons sur l'arrière d'un grand trois-mâts barque, faisant route vers l'Est, avec lequel nous échangeons des signaux. La chance veut que ce soit un français, le *Michelet*, de Nantes, qui nous signale « bon voyage ». A dix heures nous voyons à l'horizon un autre trois-mâts, faisant route à l'Est.

20 décembre. — Depuis minuit, le vent souffle très fort du N.-E. avec tourmente de neige, c'est le salut de bienvenue de l'Antarctique. La mer hachée devient très grosse et nous prend par le travers. Nous établissons le petit foc et les deux fixes, mais nous embarquons d'une façon dangereuse pour la machine, aussi à 8 heures du matin, nous laissons arriver de 25° et tout va bien, sauf pour ceux, très nombreux à bord, qui paient leur tribut au mal de mer. L'eau coule d'une façon désagréable, par le pont, dans le carré et les cabines.

Kodak. Le premier iceberg. Cl. Charcot.

Le vent calmit dans la matinée du lendemain, et il fait clair et froid avec 0°. Le soir calme, mais avec très grosse houle ; nous carguons partout, et faisons route pour atterrir sur l'île Smith, connue autrefois par les phoquiers américains sous le nom de Mount Pisgah Island, mais mieux désignée actuellement du nom de celui qui, en 1819, découvrit les Shetlands du Sud.

22 décembre. — A 7 heures du matin, un cap qui ne peut appartenir qu'à l'île Smith se montre à nous dans la brumaille et, le temps se dégageant complètement, l'île imposante et toute couverte de neige apparaît en entier à 30 milles. Nous prenons le détroit de Boyd, où nous ren-

Pl. As-de-Trèfle.   Le *Raun* à l'entrée de Déception.   Cl. Gain.

controns notre premier iceberg complètement isolé d'ailleurs (1), et nous sortons un peu de la route pour l'élonger, afin d'amuser les hommes et ceux de nos camarades pour lesquels ce spectacle est nouveau. La houle est tombée, le temps est remarquablement clair, et nous distinguons la plus grande partie de l'archipel des Shetlands du Sud. Deux sondages sont effectués dans le détroit de Boyd qui donnent l'un 2.800 mètres et l'autre 690.

Nous avons le cap sur l'île Déception, et au moment où l'entrée étroite de son bassin central s'ouvre devant nous, nous voyons deux petits baleiniers dont l'un rentre, remorquant une baleine. Le second fait route sur nous ; c'est le *Raun*, battant pavillon norvégien ; bientôt nous sommes

(1) Voir le *Français au pôle Sud*, par J.-B. Charcot. E. Flammarion, édit. Paris 1906.

par le travers l'un de l'autre, l'équipage du baleinier pousse des hourras en notre honneur, et son capitaine en excellent anglais, nous offre de nous précéder pour nous conduire à l'intérieur de l'île. Croyant qu'ils revenaient de la pêche, nous acceptâmes, mais nous apprîmes plus tard que ces braves gens sortaient, au contraire, et avaient tenu à honneur de nous piloter malgré la perte de temps que cela leur occasionnait.

Bien que prévue, pour ceux d'entre nous, déjà venus dans l'Antarctique en 1904, où nous savions que nous étions alors les seuls êtres humains, la rencontre de bateaux dans cette région, se livrant tranquillement à leur travail, avait quelque chose d'impressionnant et presque d'inquiétant et cette sensation, nous devions l'éprouver encore bien plus forte

Pl. As-de-Trèfle. Cl. Godfroy.
La passe d'entrée de Déception.

lorsque nous nous trouvâmes dans le bassin de Déception, au milieu d'une véritable escadrille installée comme dans un centre industriel de la Norvège. Notre convoyeur nous fait ranger de très près la paroi lisse et à pic de la haute falaise noire de l'ouest de la passe et, après un tournant brusque, la station des baleiniers se montre merveilleusement abritée dans une assez grande baie, faisant encoche dans le grand bassin de cratère de cette île pittoresque et bizarre.

Kodak. L'anse des Baleiniers. Cl. Charcot.

Deux trois-mâts et deux grands vapeurs sont là, entourés de plusieurs petits baleiniers à vapeur. Toute cette flottille appartient à trois compagnies différentes.

Des morceaux de baleines flottent de tous côtés, et des cadavres en train d'être dépecés ou attendant de l'être sont accostés aux différents bateaux. L'odeur est insupportable.

Le capitaine du *Raun* me demande de venir visiter son petit vapeur, que je trouve, malgré le métier qu'il fait, étonnamment propre et me conduit dans un petit carré bien tenu, confortable et presque élégant, où brûle dans un poêle un beau feu de charbon. Nous allons ensuite à bord du plus grand des vapeurs, le *Gobernador Bories*, où se trouve le manager de la « Sociedad Ballenera Magallanes », M. Andresen. Avec grand'peine nous nous frayons un chemin à travers les cadavres de baleines et je suis introduit dans un carré grand et extrêmement propre, même luxueusement décoré. Un perroquet, qui doit être bien dépaysé dans l'Antarctique, se parle gravement et là aussi un beau feu brûle dans le poêle. Comme sur le *Raun*, je regarde celui-ci avec un peu d'envie, car à bord du *Pourquoi-Pas?* nous souffrons de l'humidité sans allumer de feu afin d'économiser notre charbon.

M. Andresen est couché, mais le capitaine du *Raun* n'hésite pas à aller le réveiller et je le laisse faire, car j'apporte le courrier et je suppose que cette surprise inattendue me fera pardonner l'heure avancée de ma visite. M. Andresen se montre tout de suite comme un norvégien aimable, cordial et désireux de nous rendre service. Je lui communique la lettre des directeurs de sa Compagnie, que j'ai obtenue par l'aimable intermédiaire de MM. Detaille et Blanchard, le priant de nous donner, s'il le peut, une trentaine de tonnes de charbon et, immédiatement, il me dit que, malgré la pénurie du combustible, il s'arrangera pour nous satisfaire. Enchanté de recevoir un courrier sur lequel il ne comptait pas et qui fera plaisir à toute la petite colonie, il me remercie avec une effusion qui me gêne, d'avoir bien voulu m'en charger et je le laisse se recoucher, après avoir pris rendez-vous avec lui pour le lendemain. J'emmène le capitaine du *Raun* sur le *Pourquoi-Pas?* où nous buvons ensemble un verre de porto. Il nous fait alors un petit discours admirablement bien tourné et fort touchant, nous souhaitant un bon voyage et beaucoup de succès, puis rentre à son bord et appareille tout de suite pour continuer sa chasse.

Les très relativement bons mouillages de la baie sont occupés par les navires baleiniers et nous cherchons vainement à mouiller par très grands fonds de mauvaise tenue. Comme, d'autre part, l'odeur est vraiment insupportable, nous n'hésitons pas à repartir et à nous diriger plus au fond de la baie vers ce qui fut Pendulum Cove. Avec difficulté nous trouvons cette anse qui n'existe pour ainsi dire plus et nous laissons tomber l'ancre à 2 heures du matin à peu près à l'endroit où mouilla, en 1905, la corvette l'*Uruguay*. Il n'y a pas eu de nuit, et le temps est magnifique et calme.

Aucun document ne m'a permis de retrouver qui avait découvert à proprement parler cette île où nous sommes, ni qui l'a baptisée du nom impropre à mon avis de Déception, car elle fut loin d'en être une pour nous, ainsi que pour tous les navigateurs de cette région qui étaient sûrs d'y trouver un bon abri si rare dans l'Antarctique ; cela ne peut être ni par Smith qui ne parcourut que les côtes nord des Shetland du Sud en 1819, ni par Bransfield qui, revenant avec Smith dans ces régions, quelque temps après, n'en avait pu faire le tour et les considéra encore comme des terres faisant partie d'un continent. Je ne serais pas éloigné de croire, qu'elle était connue des Espagnols, ou pour parler plus justement des ancêtres des Argentins actuels ; l'incident historique que j'emprunte comme beaucoup d'autres, aux jolis travaux si documentés du savant chercheur Américain Edwin Swift Balch, de Philadelphie (1), nous conduit probablement à l'île Déception. Mme R. Fanning Loper, nièce du capitaine Nathaniel Brown Palmer qui joua un si grand rôle dans la connaissance de cette portion de l'Antarctique a communiqué à M. E. S. Balch, des livres de bord, des lettres et divers manuscrits ayant appartenu à son oncle. On y trouve notamment le récit suivant :
« En 1818, Nathaniel Brown Palmer était second à bord du brick phoquier *Hersilia*, capitaine Sheffield qui allait chasser le phoque autour du cap Horn. Au cours de ce voyage, il fut laissé avec un homme sur l'une des îles Malouines pour obtenir des provisions, tandis que le brick allait à la recherche des légendaires *Auroras*. Peu après le départ du brick, l'*Esprito Santo* de Buenos-Aires arriva en vue de l'île et le jeune Palmer en pilotant ce navire jusqu'au mouillage apprit qu'il avait comme destination un endroit où l'on trouvait des milliers de phoques, mais que son capitaine ne voulut pas divulguer. Trois jour plus tard, l'*Hersilia* revint et, Palmer, racontant le fait à son capitaine, se fit fort de suivre l'*Esprito Santo* et de trouver son lieu de chasse. Le capitaine Sheffield, qui avait la plus grande confiance en son second, l'écouta, et peu de jours après découvrit les Shetland du Sud, inconnues à cette époque dans l'Amérique du Nord. L'*Esprito Santo* était au mouillage et son équipage ne fut pas peu surpris de voir arriver le brick, mais leur admiration pour l'habileté de Palmer fut telle qu'ils aidèrent même au chargement du brick qui revint à Stonington avec 10.000 des plus belles peaux ».

Or, ce qui me fait supposer que ce mouillage n'était autre que celui de Déception, c'est que pendant l'été suivant (1820-1821), on retrouve dans cette île une escadrille de cinq phoquiers américains, commandée par B. Pendleton, avec Palmer comme capitaine de l'un d'eux, le sloop *Hero* et aucun ne semble s'étonner du merveilleux et étrange abri où ils paraissent être arrivés à coup sûr. Cette escadrille armée à Stonington (Connecticut), centre phoquier alors des plus importants, était composée du brick *Frederick*, capitaine B. Pendleton et *Hersilia*, capitaine J.-P. Sheffield, des goélettes *Express*, capitaine E. Williams et *Free Gift*, capitaine F. Dunbar et du petit sloop *Hero*, capitaine N.-B. Palmer. C'est pendant le séjour de cette flottille à Yankee Harbour, qui plus tard fut rebaptisé Port Foster que Pendleton vit avec Palmer, du haut d'un sommet de l'île, des

---

(1) *Antarctica Addenda*, by Edwin Swift Balch from the *Journal of the Franklin Institute*, February 1904.

terres, dans l'Ouest, et y envoya Palmer en reconnaissance sur son *Hero* de 40 tonneaux. Palmer, qui continua avec succès ses recherches l'année suivante, découvrit dans cette sortie, soit la côte Nord de la Terre de Graham aux environs de Trinité, soit l'archipel auquel de Gerlache, très justement, a donné le nom qui restera d'*Archipel Palmer* et dont l'hydrographie de la côte N.-O. fut faite par le *Français*, en 1904-1905. E. Fanning (1) raconte : « que pendant la traversée de retour du *Hero* à Yankee Harbour, le sloop fut acalminé dans un épais brouillard entre les Shetland du Sud et le continent qui venait d'être découvert, mais un peu plus près des premières. Quand le brouillard commença à se dissiper, le capitaine Palmer fut surpris de trouver son petit bateau entre une frégate et un *sloop de guerre*, il aborda immédiatement le pavillon des États-Unis ; la frégate et le sloop hissèrent le pavillon russe. Peu après, une embarcation vint de la frégate à bord du *Hero* et un lieutenant invita au nom de son commandant le capitaine Palmer à se rendre à son bord, ce qu'il fit, bien entendu. Il apprit alors que ces navires appartenaient à une expédition de circum-navigation envoyée par le tsar Alexandre de Russie. Interrogé par le commandant qui lui demanda s'il connaissait les terres en vue, et en quoi elles consistaient, le capitaine Palmer répondit qu'il les connaissait bien, qu'elles étaient les Shetland du Sud, et il offrit de servir de pilote et de conduire les navires dans un beau port (l'île Déception), où l'on pouvait obtenir de l'eau et les quelques ressources de ces régions. Il informa aussi l'officier russe que son navire faisait partie d'une flottille de cinq phoquiers attachés à Stonington sous le commandement du capitaine B. Pendleton actuellement mouillée à Yankee Harbour et qui rendrait avec plaisir aux nouveaux venus tous les services qui seraient en son pouvoir. Le commandant le remercia chaleureusement. « Mais avant d'être pris dans la brume, dit-il, nous avions vu ces îles et croyions avoir fait une découverte, quand tout à coup le brouillard se levant, à ma grande surprise, je vois un navire américain aussi bien tenu que s'il quittait d'hier les États-Unis ; et plus encore, son capitaine est prêt à conduire mes vaisseaux dans un port ; à vous Américains, nous devons donner la palme », continua-t-il d'une façon très flatteuse. Son étonnement fut encore plus grand, quand Palmer lui apprit l'existence d'une étendue considérable de terres au Sud, visible de la mâture, quand la brume serait entièrement dissipée... »

Personnellement, je veux croire à ce joli récit qui n'a rien d'improbable, d'autant plus que l'aimable accueil réservé par les phoquiers américains à une expédition étrangère, ressemblait singulièrement à celui dont nous bénéficions 87 ans plus tard de la part des baleiniers norvégiens. Cependant, H.-R. Mill en même temps qu'il fait remarquer que Bellingshausen lors de son passage à Sydney Harbour en mars 1820, fut informé par le Consul russe de la découverte qu'avait faite W. Smith des Shetland du Sud, en 1819, ajoute dans le récit de son arrivée à l'île Yaroslaw (c'est ainsi qu'il baptisa Déception), que la rencontre avec Palmer n'est mentionnée qu'en peu de mots. « Le capitaine américain Palmer, que nous invitâmes à bord, nous dit la récolte prodigieusement riche de peaux de phoques qui était faite ici (2) ». Toutefois, comme le dit Fanning, qui prétend que Bellingshausen par admiration pour le jeune capitaine, appela

(1) Fanning Edmund. *Voyages round the World*, etc., p. 434-440, citation prise dans « *Antarctica* » Edwin Swift Balch, Philadelphia 1902.
(2) *The Siege of the South Pole*, by Hugh Robert Mill. London 1905.

Terre de Palmer, les côtes visibles au Sud, ce nom fut adopté par les cartes récentes russes et anglaises publiées depuis le retour des navires russes, ce qui semble en faveur de la version américaine.

Il est certain, en tout cas, que les flottilles de phoquiers tant Américains qu'Anglais, firent de l'île Déception un de leurs centres le plus important jusqu'à l'extermination presque totale du phoque à fourrure dans les Shetland du Sud et il est plus que probable que les petites goélettes chiliennes, qui venaient encore il y a quelques années chercher ce précieux butin dans cet archipel, devaient y relâcher. Des expéditions scientifiques y vinrent également en dehors de celle de Bellingshausen, qui n'y pénétra d'ailleurs pas. En 1829, le *Chanticleer*, commandé par Foster, envoyé par le Gouvernement anglais pour des observations pendulaires et magnétiques, séjourna dans Pendulum Cove, nom qui resta à ce mouillage par suite des expériences pendulaires qui y furent faites du 9 janvier au 4 mars de la même année. Foster mourut accidentellement au retour de l'expédition, mais son récit a été transmis par le lieutenant Kendall et par le Dr Webster auquel nous devons une description détaillée de l'île. Nous en devons une également au lieutenant américain Johnson commandant le *Sea Gull*, faisant partie de l'expédition de Wilkes qui y relâcha avec son navire en mars 1839.

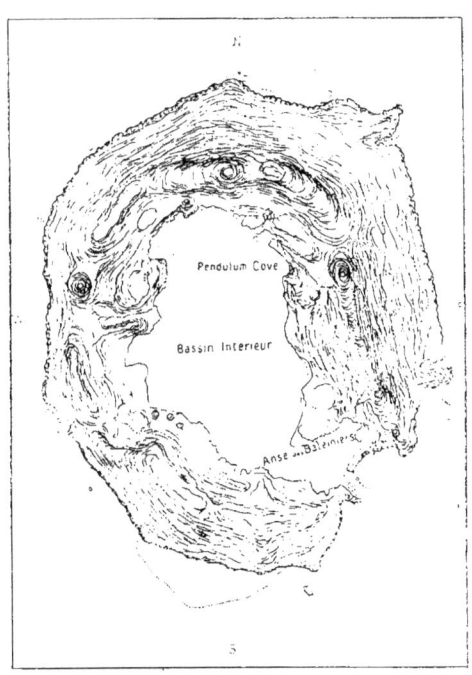

Plan de Déception, d'après la carte de l'Amirauté anglaise.

Dumont d'Urville, au retour de sa première expédition au Pôle Sud en 1838, passa devant la côte S.-O. de Déception dont il publia une excellente vue de côte due au crayon habile de Goupil, grand-oncle de ma femme, artiste embarqué à bord de la *Zélée*. Enfin, la corvette argentine *Uruguay* dont le nom est universellement connu par le sauvetage magnifique qu'elle fit de l'expédition Nordenskjöld en novembre 1903, vint à Déception le 9 janvier 1905, généreusement envoyée par le Gouvernement argentin à la recherche du *Français*, sur le sort duquel on avait des craintes, heureusement mal fondées.

D'après les descriptions de Webster et de Johnson (1), la superficie de

(1) *Friker's Antarktis*.

l'île, dont le centre se trouve par 65° 56′ Sud et 60° 40′ Ouest (Greenwich), est d'environ 50 kilomètres carrés, le diamètre N.-S. étant d'environ 19 kilomètres et l'E.-O. de 15 kilomètres. Dans l'intérieur de cet espace se trouve un grand lac marin produit très probablement par l'effondrement d'un cratère au-dessous du niveau de la mer. Ce bassin intérieur a une forme à peu près elliptique, dont le diamètre est de 9 à 10 kilomètres, et la superficie d'environ 22 kilomètres carrés; il communique avec la mer par une passe très étroite d'environ 180 mètres, qui se trouve dans le S.-O. de l'île. Sa profondeur, qui n'est que de 5 à 6 mètres dans l'entrée, tombe rapidement au centre, d'après Kendall, à 177 mètres. (Nous verrons qu'un sondage pratiqué par nous au même endroit prouve un comblement du bassin ou un exhaussement du fond de sa cuvette.) Les rives intérieures de l'île sont, en général, plus plates que les bords extérieurs; cependant, à l'entrée de la baie cratériforme s'élève une falaise escarpée aux parois perpendiculaires de 240 mètres de hauteur. Sur les bords se trouvent plusieurs lacs semblables à des ruines de petits cratères; d'autres se trouvent dans la plage même, sans communication visible avec le grand bassin central. C'est ainsi que le lieutenant Johnson trouva dans le fond de la baie un petit cratère de 450 mètres de diamètre, qui était séparé du grand bassin par un mur de 120 mètres de large, montant graduellement à 6 mètres de hauteur; dans le lac lui-même le mur descendait perpendiculairement et sa surface se trouvait au même niveau que celle du grand bassin. (Voir plan page 33).

La description faite par ces explorateurs ne diffère guère de celle que nous pourrions donner nous-mêmes, tout au moins dans les grandes lignes, mais lorsqu'on examine la carte de Foster, qui est de beaucoup la plus complète et la plus détaillée, on s'aperçoit que d'assez grandes modifications de détail se sont produites, en ce qui concerne les petits lacs, certaines hauteurs de sommets et les rives du bassin intérieur. Des anses se sont comblées, des caps se sont modifiés, d'anciens lacs se sont taris ou de nouveaux se sont formés. Mais la modification la plus importante et la plus intéressante, je pourrais même ajouter la plus déplorable, est celle qui s'est produite pour Pendulum Cove qui n'existe pour ainsi dire plus. Du temps de Foster et des baleiniers américains, Pendulum Cove formait, comme le montre le plan du *Chanticleer*, un fjord étroit, en virgule, admirablement protégé, avec peu de fonds et une très bonne tenue constituant de fait le seul véritablement bon mouillage de l'île. Lorsque l'*Uruguay* est venu en 1905, Pendulum Cove avait disparu. Le fjord était comblé, soit par des éboulements, soit par des soulèvements, et il ne restait juste à l'entrée qu'une plage basse en croissant, tout près de laquelle on trouve des fonds d'assez bonne tenue. C'est ce que nous avons retrouvé nous-mêmes et le plan que nous avons relevé ne diffère guère que par quelques détails insignifiants de celui qu'a publié notre ami le lieutenant Jallour, second de l'*Uruguay*.

Foster, pendant son séjour à Déception, ne vit pas d'éruption volcanique, mais il vit sur les bords du bassin de nombreuses fumerolles avec des projections violentes de vapeur d'eau et beaucoup de sources d'eau chaude, dont la température montait à 88° centigrades. Celles-ci sont les seules manifestations volcaniques actives que nous ayons également constatées. L'eau de ces nombreuses sources était sulfureuse et à une température de 68°. Smiley, phoquier américain, qui vint à Pendulum Cove, en février 1842, où il retrouva un thermomètre à minima laissé par Foster en 1829, rapporte que « certainement l'île était en train de subir de grands changements », que tout le côté Sud était en manifestation volcanique, « en feu » et qu'il ne vit « pas moins de treize éruptions ».

Webster, Johnson et Dumont d'Urville sont d'accord pour dire que fort peu de neige séjournait sur Déception, ce dernier racontant que non seulement les bords en étaient dépourvus, mais également plusieurs des hauts sommets. En ce qui nous concerne, nous en avons trouvé beaucoup descendant jusque sur les plages, mais il est vrai que nous y séjournions en décembre, tandis que les autres navigateurs y ont passé en mars, sauf Webster, cependant, qui resta de janvier à mars.

Les phoques à fourrure, pourchassés sans répit et sans précaution par les phoquiers américains et anglais, ont totalement disparu. Ceci fut la cause de l'abandon de Déception pendant de si longues années, mais les procédés relativement nouveaux, employés avec tant de succès dans le Nord pour la chasse aux baleinoptères, les bénéfices considérables assurés par cette industrie et, en même temps, par la grande concurrence dans les mers du Nord, ont redonné à cette île antarctique un peu de son activité d'autrefois.

Au point de vue chasseur de baleines, il existe deux sortes de baleines, la baleine dite *franche* et les baleines dites *foncières*, qui, d'ailleurs, coïncident avec des espèces zoologiques, la première étant, à proprement parler, une baleine « Balœna Australis », pour les mers australes, « Balœna Groenlandis » pour les mers boréales, et les autres, des « baleinoptères ».

La valeur commerciale des baleines est de beaucoup supérieure à celle des baleinoptères, non seulement par la quantité et la qualité de leur huile, mais encore, et peut-être surtout, par les dimensions et la qualité des fanons, dont le prix sur le marché est considérable, au contraire, les fanons des baleinoptères, étant extrêmement courts, n'ont presque pas d'utilisation et l'huile que l'on peut extraire de leur graisse est relativement peu abondante. Cependant, ayant forcément été respectés jusqu'en ces dernières années, la valeur inférieure de ces cétacés est largement compensée par le nombre des captures. Pourchassée sans répit, la baleine franche, au contraire, est devenue généralement très rare. Peut-être vient-elle dans l'Antarctique, puisque Ross dit en avoir vu une, Larsen également, mais tous les autres explorateurs sont d'accord pour affirmer n'en avoir jamais rencontré plus au sud que les régions dites sub-antarctiques.

Les baleiniers d'autrefois allaient en embarcation « piquer » leur proie au moyen d'un harpon amarré à une longue ligne qui se déroulait à mesure que l'animal fuyait; ils se faisaient ainsi remorquer par lui jusqu'à ce que, épuisé, ils pussent l'achever avec d'autres harpons; mais ils ne s'attaquaient qu'à la baleine franche qui, blessée, fuit *franchement* et une fois morte flotte à la surface et n'avaient garde de s'adresser aux baleines dites foncières qui, blessées, plongent profondément, foncent sur leur ennemi ou décrivent en tout cas des zigzags, et dont les corps coulent presque toujours, risquant ainsi non seulement de se dérober à la prise, mais encore d'être une cause de pertes d'engins. C'est à un baleinier norvégien, Swen Foyn, mort millionnaire grâce à son invention, que l'on doit un procédé de chasse spécial, actuellement la source de grosses fortunes, et qui fait vivre toute une population d'ouvriers et de hardis marins. A l'avant d'un vapeur d'une quarantaine de tonneaux, est monté un canon qui, tout comme un canon porte-amarre, lance un harpon attaché à un solide câblot; (voir page 323) lorsque l'animal est touché, les deux branches du harpon s'écartent, font exploser un petit obus et le cadavre est ramené au moyen d'un treuil à vapeur. Il est alors amarré le long du bord, gonflé au moyen d'un gros trocart en communication avec la machine pour l'empêcher de couler, et remorqué jusqu'à la fonderie.

On voit parfois, ainsi que cela nous est arrivé aux Feroé et à Déception, un seul de ces petits bateaux revenant avec trois baleinoptères, quelquefois même six.

Les expéditions antarctiques modernes, depuis celle de De Gerlache, jusqu'à celle du *Français* ont été certainement pour beaucoup dans la reprise de ce mouvement dans l'Antarctique et le sub-Antarctique, et j'ai personnellement la prétention d'y avoir contribué pour ma petite part, bien que j'eusse préféré voir nos nationaux souvent si durement éprouvés par la pêche à la morue essayer d'en profiter.

Cependant, la hardie initiative de mon ancien compagnon d'expédition, le jeune capitaine au long cours Rallier du Baty, parti pour tenter fortune avec son frère et trois matelots, sur un dundee de 40 tonneaux, aux îles Kerguelen et la si louable persévérance de MM. Bossière, concessionnaires de ces îles, qui sont parvenus dernièrement à envoyer dans cet archipel français une société de baleiniers, me permet d'espérer qu'un jour mes efforts aboutiront. Peut-être les hommes qui composent l'équipage du *Pourquoi-Pas?* et qui ont été si vivement impressionnés par ce qu'ils ont pu voir à Déception, auront à leur retour une excellente influence sur leurs camarades pêcheurs. Quoi qu'il en soit, depuis le retour de l'expédition Nordenskjöld, une Compagnie argentine ayant comme directeur actif, le fameux et habile capitaine norvégien Larsen, s'est établie à la Géorgie du Sud et réalise chaque année de gros bénéfices. C'est depuis trois ans que, dans notre secteur d'exploration, la pêche aux baleinoptères a commencé, et aux Shetland du Sud, lors de notre passage, une Compagnie chilienne et deux norvégiennes se trouvaient à Déception, tandis qu'une autre avait pris la baie de l'Amirauté dans l'île George-Ier, comme centre d'opération. En ce qui concerne ces baleiniers, j'ai été heureux de constater combien l'expédition du *Français* leur avait été utile, en ajoutant ses découvertes à celles de la *Belgica*, puisque nous avons pu pour notre part seul, leur fournir la carte de la côte nord-ouest de l'archipel de Palmer qui n'existait pas auparavant, celle de l'estuaire de Bismarck, leur indiquer un bon mouillage à Port-Lockroy et un abri éventuel à l'île Wandel, sans compter des renseignements sur le nombre et les espèces de baleinoptères, sur les mouvements des glaces, les coups de vent, etc...

23 décembre. — Malgré l'heure tardive à laquelle nous avons mouillé, de très bon matin tout le monde est debout pour profiter du beau temps et se mettre au travail. Bongrain dresse une tente dans laquelle il va faire des observations pendulaires, Rouch, tout en continuant ses observations météorologiques, entreprend des observations d'électricité atmosphérique, Godfroy relève les contours de notre mouillage et y effectue des sondages qui diffèrent fort peu de ceux de l'*Uruguay*. Gourdon ramasse des échantillons géologiques, Senouque fait des observations de magnétisme et d'actinométrie, tandis que nos zoologues Liouville et Gain fouillent les environs, ramassant et classant ce qu'ils trouvent. L'équipage aide à ces différentes observations et recherches, ou s'occupe aux travaux du bord.

Moi-même je commence la rédaction des rapports sur les débuts de notre Expédition, que nous allons pouvoir envoyer en France grâce aux baleiniers, ainsi que notre courrier. Entre temps, chacun trouve quelques instants pour s'initier aux skis, en glissant sur des pentes de neige épaisse admirablement appropriées, qui, au fond de ce qui fut Pendulum Cove, aboutissent à un petit lac couvert de glace et de neige et la bonne humeur provoquée par ce sport nouveau pour beaucoup de mes compagnons retentit bruyamment dans la vallée.

L'anse dans laquelle nous sommes mouillés présente une plage basse et noire, dégarnie de neige jusqu'à la laisse de haute mer d'où s'échappent les vapeurs produites par les sources d'eau chaude et sulfureuse. A la jonction de la neige et de la plage, se trouve comme une haie formée de squelettes de baleinoptères qui, bien qu'en majeure partie dégarnis de chairs, dégagent une forte et écœurante odeur. Beaucoup des détritus proviennent évidemment des pêcheries actuelles et des masses sanglantes se détachent en rouge sur le bleu des eaux du bassin. Une station de baleiniers a certainement séjourné ici l'année dernière ou l'année précédente, car sur une grande planche soutenue par deux montants se lit : « Sobroan Harbour ». De hautes montagnes escarpées et couvertes de neige se dressent au fond et au bord de notre mouillage, tandis qu'au Sud se trouve une colline noire aux parois escarpées, élevée de 80 mètres, au sommet de laquelle se voit le cairn laissé par l'*Uruguay*. Deux hommes vont chercher la bouteille qu'il contient; celle-ci est cassée, mais le document est intact. Il était alors destiné au *Français* qui, sans son accident, serait probablement revenu par Déception; je devais finir quatre ans plus tard, par l'avoir quand même. Voici sa teneur :

Kodak.   Le cairn de l'*Uruguay*.   Cl. Charcot.

« Isla Decepcion. Enéro 8 de 1905.

« En la fecha he estado en esta bahia con la corbeta *Uruguay* con objeto de tener noticias de la expedicion que dirige el Dr Charcot y non habiendo encontrado ninguna me dirigo à la isla Wiencke adonde dejare mis noticias.

Signé : Ismael F. Galindez. »

Je lis ce document avec émotion; quelle reconnaissance, en effet, ne dois-je pas à ce peuple argentin, généreux et accueillant, qui non seulement a permis à ma première expédition, arrivée si misérable et si pauvre à Buenos Aires, d'en repartir dans les meilleures conditions possibles, qui nous a envoyé à Ushuaia un bateau avec notre charbon, a laissé à notre retour un dépôt à la baie Orange, mais de plus, s'inquiétant de nous pendant notre absence, a expédié l'*Uruguay* à notre recherche?

On sait que l'*Uruguay*, en quittant Déception, se rendit à l'île Wiencke, où nous avions dit que nous laisserions un cairn que nous avions, en effet, dressé dans le chenal de Roosen, sur l'îlot Casabianca. Arrêtée par les glaces et surprise par un coup de vent de N.-E., la corvette argentine ne put faire le tour de l'île et annonça au retour qu'elle n'avait pas trouvé notre cairn; on en déduisit immédiatement que nous nous étions perdus probablement avant d'avoir pu parvenir dans l'Antarctique. C'est la première nouvelle que nous apprîmes en arrivant à Puerto Madryn, le 5 mars 1905.

Après le déjeuner, je pars dans la vedette avec Liouville pour me rendre à la station des baleiniers.

Kodak.   Glacier fossile de Déception.   Cl. Charcot.

Presque en quittant le mouillage, nous côtoyons une falaise d'une dizaine de mètres de hauteur, à l'aspect bizarre, noire avec des taches blanches. C'est une falaise de glace où se trouve mélangées de la lave et des poussières de lave, formation connue sous le nom de glace fossile. Une heure après environ, nous sommes dans l'anse des Baleiniers. A grand'peine, car il faut que l'équipage du *Gobernador Bories* déplace, pour que nous puissions accoster, cinq ou six cadavres de baleinoptères, dont quelques-uns éclatent avec un bruit de canon, nous arrivons sur ce grand vapeur-usine, où nous sommes reçus par le capitaine Stolhani et par M. Andresen, notre aimable connaissance de la veille.

M. Andresen, pour nous éviter de venir avec le *Pourquoi-Pas?* le long du *Gobernador Bories*, forcément dégouttant d'huile et de séjourner dans le voisinage immédiat et peu agréable des cadavres de baleinoptères, m'offre, avec une courtoisie charmante, d'envoyer en deux fois trente tonnes de charbon sur un des petits vapeurs. La chasse a été si active et si bonne que le charbon commence à manquer, mais un charbonnier de

Hambourg (1) est attendu incessamment, et si celui-ci tardait trop, un des petits baleiniers irait à Punta-Arenas demander que l'on envoie le précieux combustible. Je demande de mon côté à M. Andresen si je puis lui être de quelque utilité; il m'apprend alors que Mme Andresen, qui l'accompagne, et qui est probablement la première et la seule femme qui soit jamais venue dans l'Antarctique, est un peu malade, et qu'un des ouvriers du bord, un coupeur de baleines, vient d'être victime d'un grave accident. Or, il n'y a pas de médecin à la station, et le blessé est de retour sur un des baleiniers de la station de la baie de l'Amirauté, où l'on avait espéré en trouver un, mais en vain. Tout en déplorant que le service que nous pouvons rendre soit d'aussi triste nature, je suis heureux de pouvoir être de quelque utilité à ces excellentes gens et tout de suite, avec Liouville, nous examinons Mme Andresen, dont l'indisposition est, très heureusement, de peu d'importance. Pour le blessé, il en est autrement; le malheureux a eu quatre doigts sectionnés en biseau par un couperet à vapeur, et une amputation régulière est absolument nécessaire pour lui sauver non seulement la main, mais fort probablement la vie. Liouville lui fait un pansement provisoire, mais il est décidé que demain matin il reviendra pratiquer l'opération.

Longuement, je cause avec M. Andresen, qui me donne des renseignements intéressants et utiles. Il y a ici, à Déception, trois Compagnies de baleiniers : une chilienne et deux norvégiennes, mais à part quelques chauffeurs chiliens, les 200 habitants actuels de la station sont norvégiens. Une des Compagnies norvégiennes a, comme ponton-usine, un vapeur de 2.000 tonneaux environ et arrive des Malouines, l'autre possède les deux trois-mâts, vieux voiliers qui sont venus du Cap de Bonne-Espérance remorqués par leurs petits chasseurs à vapeur, enfin la « Sociedad Ballenera Magallanes », la mieux montée, a comme ponton-usine le vapeur de 3.000 tonneaux sur lequel nous sommes. Toutes ces usines flottantes sont alimentées par de petits baleiniers en fer, comme le *Raun*, venu au-devant de nous; ce sont d'admirables navires, malgré leurs faibles dimensions et qui se jouent, paraît-il, des mers si terribles de ces parages.

Une autre Société est établie, comme je disais précédemment, à la baie de l'Amirauté, dans l'île du Roi Georges-Ier. Les prises sont si abondantes que tous ces navires ne peuvent suffire et, pour soutenir la concurrence entre eux, ils n'utilisent que les parties les plus rémunératrices des cadavres, abandonnant au moins 40 p. 100 de leur valeur.

Depuis trois ans la chasse se continue ici, de la fin novembre à la fin

(1) On verra plus tard que ce navire le *Telefon* fit naufrage à l'entrée de la baie de l'Amirauté.

février, puis les Compagnies se séparent, les unes allant chasser sur la côte du Chili ou dans les canaux magellaniques, d'autres dans les mers du Cap de Bonne-Espérance. L'Angleterre, qui prétend que les Shetland du Sud, les Orcades et une partie de la Terre de Graham lui appartiennent au même titre que les Malouines, oblige les baleiniers à lui payer une redevance, assez faible d'ailleurs, qui est versée entre les mains du Gouverneur des Malouines.

Au point de vue des glaces, l'été 1906-1907, nous dit M. Andresen, fut mauvais, tandis que pendant ces deux derniers étés il semble qu'il y en ait fort peu, tout au moins dans la région parcourue par les baleiniers. Ces bateaux, d'ailleurs, n'étant pas construits pour lutter avec les glaces, les évitent soigneusement, bien qu'ils parviennent, lorsqu'elles sont lâches, à se faufiler entre elles assez facilement. La fin de novembre, le mois de décembre et le commencement de février sont, en général, des périodes de beau temps, les coups de vent à craindre venant du S.-O. Cette dernière affirmation, que je ne puis mettre en doute, puisqu'elle m'a a été renouvelée par tous les baleiniers de la station que j'ai interrogés m'étonne, car lors de nos deux campagnes d'été 1904 et 1904-1905, nos coups de vent d'ailleurs fréquents et très durs, ont toujours été du N.-E. (1) et cela en des régions peu éloignées de Déception. Les baleinoptères passent ici en nombre très considérable, pendant décembre et janvier, mais commencent à descendre vers le Sud à la fin de ce dernier mois; aussi mes hôtes écoutent-ils avec le plus grand intérêt les renseignements que je puis leur donner sur la navigation en février, dans le détroit de De Gerlache, si propice à la chasse à la baleine, dans l'estuaire de Bismarck où je ne leur conseille guère d'aller à cause des récifs et des glaces, et enfin sur Port-Lockroy, le seul bon mouillage que nous ayons découvert et que, dès le premier jour, j'ai préconisé comme abri pour des pêcheurs de baleines, car pouvant y parvenir par trois chenaux différents, ils ne risquent pas d'être arrêtés par les glaces. Je leur déconseille au contraire Port-Charcot, dans l'île Wandel, qui ne peut recevoir que deux tout petits bateaux ou un seul de moyenne taille et qui devient dangereux avec les vents de N.-E. Un séjour à Port-Lockroy semble, d'après mes indications, leur sourire, et M. Andresen me paraît décidé à tenter la chose en février.

Après nous être donné rendez-vous à bord du *Pourquoi-Pas?* pour le surlendemain, je quitte mes excellents hôtes. Le mouillage choisi par les baleiniers a l'avantage d'être tout près de la passe d'entrée et d'offrir un

---

(1) Il semble qu'il y ait eu là un fait mal observé des baleiniers ou une mauvaise interprétation de notre part, car, à notre retour à Déception, nous avons pu constater que les coups de vent fréquents venaient du N.-E. M. Andresen a dû vouloir dire que les coups de vent du S.-O. étaient les seuls dangereux au mouillage.

excellent abri contre la mer ; son seul défaut provient des grands fonds et de la mauvaise tenue, aussi par forts coups de vent, arrive-t-il parfois aux navires de chasser et l'un d'eux a, paraît-il, été s'échouer de l'autre côté du bassin. Le *Gobernador Bories*, probablement arrivé le premier, est mouillé avec l'arrière tout près d'une grande plage basse, comme celle de Pendulum Cove, ce qui lui permet, au moyen d'une manche, d'amener immédiatement à bord, et en abondance, l'eau douce qui lui est nécessaire. Sur la plage se dresse un petit monument en granit gris nouvellement érigé en mémoire du prédécesseur de M. Andresen qui, l'année dernière, a été enlevé en mer pendant une chasse à la baleine.

Pl. As-de-Trèfle.   Troupeau de phoques à Déception.   Cliché Gain.

Nous rentrons à bord pour le dîner ; durant mon absence les travaux ont continué ; Gain et Gourdon, partis en excursion, ont rencontré sur une plage avoisinante, couverte de neige et de glace, 155 phoques crabiers et Weddells mélangés, et qui, paraît-il, leur ont donné un concert vocalisé, comme nous en avons entendu quelquefois à bord du *Français*.

Jusqu'à une heure du matin j'écris mon courrier, puis je vais chercher Bongrain et Boland qui font une série d'observations pendulaires sous la tente et je leur apporte pour les réchauffer des gâteaux et du vin Mariani.

24 décembre. — Même temps radieux. Liouville va opérer le malheureux ouvrier baleinier, et Gourdon l'accompagne pour donner le chloroforme. Ils ne rentrent que tard, car l'opération a été longue, mais tous

Kodak. Embarquement du chariot à Pendulum Cove. Cliché Charcot.

deux espèrent qu'elle aura réussi; nous aurons pu rendre ainsi un réel service à ces braves gens, car sans notre intervention, le blessé serait mort de gangrène. M. Andresen était bien décidé à l'envoyer sur un baleinier à Punta-Arenas si nous n'étions pas survenus, mais on peut se demander s'il serait arrivé à temps.

Pl. Lumière. La tente du pendule. Cl. Senouque.

Les travaux commencés la veille continuent; Rouch a fait avec la vedette des dragages dans le bassin qui ont rapporté une importante moisson zoologique; il a en outre sondé et, là où la carte de Foster indique 97 brasses, il n'en a trouvé que 63, ce qui semble prouver que les comblements ne se limitent pas aux rives, mais que le bassin cratériforme subit aussi des modifications graduelles; les baleiniers d'ailleurs, qui possèdent la carte anglaise s'en sont fréquemment aperçus.

Un baleinier nous apporte en vrac sur son pont 16 tonnes de Newcastle le matin, et, pour ne pas perdre de temps, un autre nous en apporte 14 le soir; nos hommes, aidés d'ailleurs par les Norvégiens, travaillent avec ardeur, et à 6 heures du soir nos soutes sont pleines.

J'ai une longue conversation avec un des capitaines baleiniers, lui aussi homme sérieux, instruit et intelligent; il me confirme tout ce que M. Andresen et les autres m'ont dit la veille, puis il me donne quelques détails sur la chasse et entre autres, les moyens pratiques que les baleiniers emploient pour reconnaître à distance les différents baleinoptères. Le Humpback whale (mégaptère), qui a une faible valeur commerciale lance un jet très bas et a une bosse sur le dos. Le Fin whale (baleinoptère ordinaire) dont la valeur est moyenne, a une nageoire dorsale assez grande et lance très haut un jet droit et unique. La Blue whale (jubarte), dont la valeur est supérieure aux deux précédentes, a une nageoire dorsale moyenne et lance un jet bifide qui donne l'illusion d'un jet unique de hauteur moyenne se terminant par un panache.

La soirée, tous nos travaux étant terminés, se passe à faire du ski et à minuit la cloche sonne à toute volée, et nous réveillonnons. Le poste est décoré et égayé par un arbre de Noël, chargé de bibelots et de petites bougies, cadeau fait par Mme Gourdon aux hommes et qui les met en joie. De notre côté, nous soupons et distribuons les cadeaux que beaucoup de nos parents, dans une touchante pensée qui produit chez moi une émotion que je dissimule difficilement, nous ont fait réserver pour ce « jour de famille » par excellence.

25 décembre. — Noël. — On termine les travaux à terre et on met de l'ordre à bord, tandis que je classe l'important courrier du *Pourquoi-Pas?* que les baleiniers se chargeront de remettre à Punta-Arenas à leur retour en mars. On aura donc de nos nouvelles en France au mois d'avril. Bien des choses se seront passées d'ici là, tandis que nos lettres n'auront été écrites que peu de jours après celles envoyées d'Amérique, mais ce seront toujours des nouvelles qui feront peut-être paraître l'absence plus courte et annonceront en tout cas, non seulement l'heureuse issue de notre première étape, mais encore les bonnes conditions dans lesquelles nous partons.

Vers 3 heures, quelques capitaines baleiniers des compagnies norvégiennes viennent visiter le *Pourquoi-Pas?*. Noël est pendant toute la saison le seul jour où ils se reposent. Je leur montre le bateau dans tous ses détails et j'avoue que je ne suis pas peu fier de l'appréciation flatteuse que ces connaisseurs portent sur les formes et la construction de ce navire qui est bien un peu mon enfant, et qui fut si souvent critiqué par ceux qui n'ont aucune autorité en la matière. Tous me répètent que les glaces sont beaucoup plus rares cette année que les années précédentes et si je rapproche cette constatation du fait que les long-courriers (ainsi que nous l'avons appris pendant la traversée et comme le prouve d'ailleurs l'étrave défoncée d'un voilier allemand rencontré à Rio de Janeiro) ont trouvé des glaces abondantes cet hiver, à des latitudes beaucoup plus nord que cela n'est habituel, nous pouvons espérer qu'il y a eu un hiver doux permettant une débâcle presque constante, ou tout au moins des vents favorables prédominants, chassant les glaces vers le large, et je veux croire que c'est de bon augure pour notre Expédition.

Une demi-heure plus tard arrive M. Andresen, accompagné de sa femme dévouée et aimable, heureusement remise de son indisposition et qui nous donne les meilleures nouvelles de l'opéré d'hier. Nous échangeons des souhaits de bon Noël, et je puis offrir à tous les Norvégiens présents des cartes postales de leur pays, que mon ami Crichton-Sommerville m'avait envoyées de Norvège en quantité pour l'équipage avec un : « Merry Christmas and a happy New-Year » sur chacune d'elles.

M. Andresen, dont l'obligeance et la sollicitude sont inépuisables, m'annonce qu'il fera tout son possible pour venir à Port-Lockroy cette année même et que nous pourrons donc y laisser un courrier. Il m'assure d'autre part qu'en janvier 1910 il viendra sûrement à Port-Lockroy, et si les glaces le permettent, même à Wandel chercher de nos nouvelles.

Est-il nécessaire d'insister sur l'importance de cette proposition si généreuse? En cas d'accident, c'est sur Wandel et Port-Lockroy que nous chercherons à nous rabattre. On m'a reproché vivement lors de la dernière expédition, de ne pas m'être assuré un secours éventuel, cette fois on ne pourra pas en dire autant. M. Andresen ajoute que nous serons sûrs également de trouver à notre retour du charbon à Déception.

Nous buvons une coupe de champagne. Avec une réelle émotion, nous nous serrons les mains, nos hôtes rembarquent sur leur petit bateau, et nous échangeons saluts et coups de sifflet. A 4 h. 45, nous appareillons; le vent est frais du N.-E., mais le baromètre monte, et l'horizon est clair.

Avant de prendre la passe, devant la station des baleiniers, nous diminuons de vitesse; pavillons chiliens et norvégiens s'abaissent, les sifflets déchirent l'air, et nous rendons leur salut à ces si accueillantes et si braves gens.

A 8 heures, par bonne brise de N.-E., nous faisons route sur l'entrée nord du détroit de De Gerlache, et le temps est si clair que nous pouvons relever à la fois Déception, Low-Island et Hoseason et que nous apercevons les hautes terres couvertes de neige dans le sud et le sud-ouest. Des baleinoptères en quantité innombrable plongent autour de nous.

Notre but actuellement, est de gagner Port-Lockroy en passant par les eaux généralement calmes et relativement dégagées du détroit, qui, à si juste titre, porte le nom de De Gerlache.

Croyant, en 1898, entrer dans ce que les cartes jusqu'alors considéraient comme une baie portée sous le nom de baie Hughes, il s'engagea à son grand étonnement dans ce détroit, y séjourna en en faisant l'hydrographie et en y effectuant de nombreux débarquements, enfin, le traversa et gagna ainsi le Pacifique, où pris dans la banquise, il resta jusqu'en mars 1899, ayant la gloire et l'honneur d'avoir été le premier à hiverner dans l'Antarctique et à rapporter à la science une série inestimable de renseignements et d'observations.

Sans discussion possible, la découverte de ce détroit revient à De Gerlache, mais il est d'autre part incontestable que les nombreux phoquiers américains et anglais qui fréquentaient assidûment ces régions dans la première moitié du xixe siècle en savaient, tant sur ces parages que sur ceux parcourus par nous-mêmes à bord du *Français*, beaucoup plus long qu'ils ne le dirent, soit volontairement pour éviter la concurrence, soit par indifférence pour les découvertes géographiques qu'ils étaient la plupart du temps incapables d'apprécier et de consigner avec un semblant d'exactitude. Il est aussi fort probable que le capitaine W.-H. Smiley fait allusion en 1842 au détroit de De Gerlache dans sa lettre à l'explorateur Wilkes, lorsqu'il dit « Beaucoup de personnes supposent que la Terre de Palmer est un continent et la considèrent comme la continuation de la Terre relevée par Wilkes; cependant ceci n'est pas le cas, car j'ai navigué *autour de la Terre de Palmer...* » En tout cas, en 1874, le capitaine allemand

Dallmann, de Hambourg, qui le premier apparaît avec un navire à vapeur dans ces régions, a découvert l'entrée S.-O. de ce détroit auquel il donna le nom de détroit de Bismarck. Le *Groenland*, navire mixte, appartenait à la Société allemande des bateaux polaires et était armé pour la chasse aux phoques. Après avoir atterri à la Terre de la Trinité, Dallmann se dirigea le long de la côte N.-O. de l'Archipel de Palmer et en particulier du côté O. de ce qui s'appelle maintenant l'île Anvers. Le 8 janvier il passa entre rochers et récifs sur un point qu'il nomma Havre de Hambourg et sa description de cet endroit coïncide remarquablement avec celle donnée par l'expédition du *Français* (1).

Il descendit ensuite vers le Sud, et découvrit, au milieu « d'une foule de rochers qui étaient près de la côte en quantité surprenante » d'îles basses et de rochers à fleur d'eau, un vaste estuaire qu'il a affirmé devoir être un détroit, et auquel il donna le nom de détroit de Bismarck. Le *Groenland* se trouvait alors « environ » par 64°55′ de latitude sud. Il découvrit l'archipel des îles Kaiser-Wilhelm, composé principalement des îles Booth, Krogmann et Petermann que la *Belgica* rebaptisa Wandel, Hovgaard et Lund, où nous avons hiverné. Il indique nettement l'entrée du chenal de Roosen, chenal de Neumayer de De Gerlache et le cap S.-O. de ce qui devint plus tard l'île Wiencke. Remontant ensuite vers le Nord, puis le N.-E. après avoir passé près des récifs Paul-Ier, il doubla le cap Groenland, et pénétra dans une baie, qui à juste titre, doit porter son nom ; mais les glaces l'ont empêché de « pénétrer assez loin pour savoir si la baie se terminait par un détroit ». Il s'agissait en effet d'un chenal, que la *Belgica* vit du détroit de De Gerlache et qu'elle nomma chenal de Scholaert. Le *Français* le parcourut deux fois et en fit l'hydrographie, retrouvant les deux petits fjords indiqués par le capitaine Dallmann. Dallmann, qui, il ne faut pas l'oublier, n'était qu'un simple capitaine phoquier, et qui ne possédait comme il l'avoue lui-même que des chronomètres défectueux, ne pouvait guère faire que des observations de longitude inexactes. Ses découvertes ont été utilisées pour la première fois dans la carte du Pôle Sud de A. Petermann en 1875 (atlas de Stieler 1894, n° 7), puis dans une carte établie par L. Frederichsen en 1895, d'après l'esquisse originale du capitaine allemand. Voulant être trop complet, ce dernier savant géographe, a eu le tort de réunir sur une simple supposition l'entrée du détroit relevé par Dallmann avec l'entrée d'un enfoncement vu par Larsen en 1893-94 sur la côte Est de la Terre de Graham et c'est la seule raison qui ait pu faire naître plus tard des doutes sur l'identification du détroit de Bismarck avec l'entrée Pacifique du détroit relevé par la *Belgica*.

Notre expédition à bord du *Français* (1903-1905), trancha la question ; après avoir atterri à l'île Smith, nous fîmes l'hydrographie si importante pour les navigateurs de ces régions de la côte N.-O. de l'Archipel de Palmer, puis pénétrant dans le détroit par le S.-O. nous parcourûmes le chenal de Roosen découvrant Port-Lockroy, le chenal Peltier et l'île Doumer. Après une pointe vers le Sud, le *Français* revint hiverner en mars à l'île Booth-Wandel, où il resta neuf mois ; mais pendant ce temps des raids permirent, non seulement de compléter et d'étendre l'hydrographie de cette région, mais encore d'affirmer qu'un autre

---

(1) *Le « Français » au Pôle Sud*, par J.-B. Charcot, p. 29 et 17. Paris, 1906.
L. Frederichsen. *Mittheilungen der Geographischen Gesellschaft in Hamburg 1891-1892.* Heft II.
Verhandlung des Vereins für Naturwissenschaftliche Unterhaltung. Journal du bord du *Groenland* publié par le capitaine Schuck. Hambourg.

détroit supposé, situé un peu plus au Sud n'existait pas. Pendant la campagne d'été suivante, le *Français* fit l'hydrographie du chenal de Scholaert qui s'abouche avec la baie de Dallmann et descendit vers le Sud. Un échouage grave l'obligea à revenir en février, risquant de couler bas à Port-Lockroy, où l'équipage put se reposer. Il remonta ensuite le détroit de De Gerlache, modifiant quelques points de détails, concernant tout d'abord le chenal qui sépare l'île Liége de l'île Brabant et puis l'île Hoseason, où nous ne pûmes retrouver le cairn laissé par Foster, bien que nous ayions débarqué au même point. Dans la carte, due au lieutenant de vaisseau Matha, second de l'Expédition, nous avons tenu, sans nous inquiéter de la petite gloriole que cela pouvait nous enlever et de l'extension moindre que cela donnait à nos propres découvertes, à remettre tous les noms donnés par Dallmann et à rendre pleine justice à ce modeste capitaine phoquier de Hambourg; les Allemands d'ailleurs, ont rendu la même justice à l'explorateur français Bouvet, lorsqu'en 1899 la *Valdivia* a retrouvé l'île qui porte son nom et dont l'existence avait été si longtemps contestée à la suite des voyages d'exploration de Cook et de Ross.

En 1903, l'expédition Nordenskjöld parcourut la partie nord du détroit de De Gerlache avant de se rendre sur la côte Est de la Terre de Graham, et l'*Uruguay*, venant à la recherche du *Français* en janvier 1905, descendit jusqu'au cap de l'extrémité sud de l'île Wiencke, sans pouvoir faire le tour de celle-ci. Rappelons enfin, que c'est le célèbre phoquier anglais Biscoe, qui, le premier, en 1832 découvrit et nomma le mont William, situé dans l'île Anvers à l'entrée du détroit et qu'il débarqua sur un point de cette île, où nous fîmes de même en février 1905.

26 décembre. — Par le travers de l'île Hoseason, hier soir, Rouch a fait un sondage, le poids est descendu à 1.400 mètres sans trouver le fond, la température à cette profondeur était de — 0°,5.

Au matin, nous sommes par le travers de l'île des Deux-Hummocks au S.-O. de laquelle en février 1905, le *Français* a trouvé un abri relatif contre un coup de vent de N.-E.; le temps, comme hier, est remarquablement beau et clair, nous naviguons sur une eau absolument plate, plus rapprochés de la côte de l'Archipel de Palmer, mais nous voyons très nettement la rive opposée. Nous devons de temps à autre éviter quelques icebergs et iceblocs, mais si espacés qu'ils ne sont pas gênants; il y a beaucoup moins de glace évidemment que lorsque nous étions ici en 1904 et en 1905, il semble même qu'il y en ait moins que lors de l'expédition de la *Belgica*. Nous ne trouvons aucune glace de mer et aucune banquise côtière ou débris de cette dernière.

A l'ouverture du canal de Scholaert, nouveau sondage, mais une avarie du sondeur ne permet pas l'affirmation d'une grande exactitude, il semble cependant que le fond est à 300 mètres environ.

Nous entrons par son extrémité nord dans le chenal de Roosen où il nous faut traverser quelques débris d'icebergs accumulés assez lâchement d'ailleurs, et bientôt le superbe Mont du Français nous apparaît dans toute sa splendide grandeur. Les approches de Port-Lockroy, aux contours qui nous sont si familiers, se montrent à leur tour, et nous arrivons par le travers de l'îlot Casabianca où se dresse fièrement le long espar surmonté d'un voyant que nous avions placé en 1904 et où nous avions laissé de nos nouvelles (1). Je vais en youyou avec Gourdon jusqu'à notre boîte aux lettres, et pendant ce temps, à bord, on effectue un sondage de 126 mètres et un dragage avec la grande bobine à vapeur

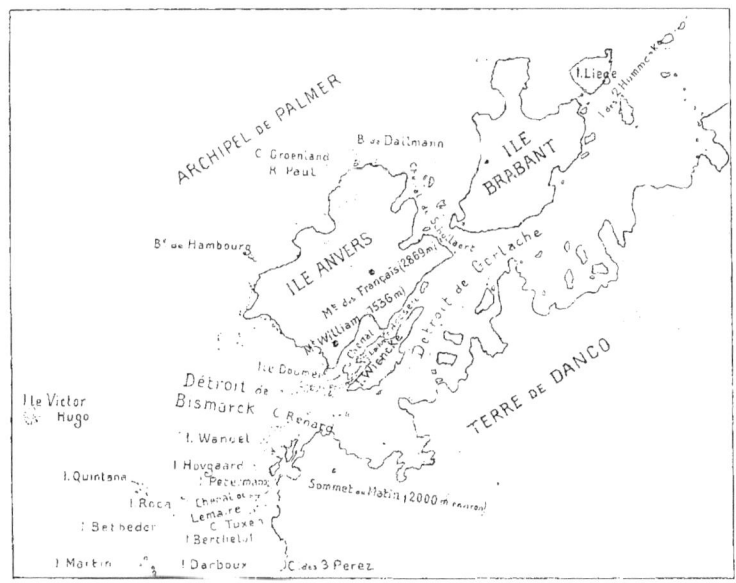

Carte schématique du détroit de De Gerlache.

essayée pour la première fois et qui fonctionne très bien ; ce dragage est extrêmement fructueux et donnera du travail aux naturalistes.

Nous retrouvons notre cairn intact et solide, seul un des haubans en fil de fer est cassé. Le mât, extrêmement sec, est recouvert d'une mince couche blanche que je prends d'abord pour des moisissures semblables à celles que j'avais trouvées à Jan Mayen sur les constructions en bois laissées par l'expédition de la *Pola*, mais à un examen ultérieur, j'ai reconnu qu'il ne s'agissait que de duvet d'oiseaux provenant évidemment des nombreuses rookeries avoisinantes. La bouteille attachée au mât et contenant elle-même une fiole cachetée est intacte, et nous retrouvons

---

(1) Voir *Le « Français » au Pôle Sud*.

aussi clair et aussi net que s'il y avait été déposé la veille le document que nous y avions placé en février 1905. C'est avec une certaine émotion bien compréhensible que nous le parcourons et nous le remplaçons par un mot provisoire indiquant simplement que nous allons passer un jour ou deux à Port-Lockroy. Cette boîte aux lettres est relevée bien irrégulièrement, et jusqu'à présent nous en avons été les seuls facteurs !

Nous revenons à bord et rentrons sans difficulté à Port-Lockroy où nous laissons tomber l'ancre à peu près à la place où mouillait habituellement le *Français*. Rien ne paraît changé, les rookeries sont toujours habitées par les pingouins Adélie et Papous et les mouettes sont sur leur petit îlot isolé où se dresse une vieille pompe à vin jouant l'office de cairn et indiquant la présence d'un document semblable à celui de l'îlot Casabianca. La falaise de glace qui forme le fond du port a le même aspect qu'auparavant, et ceux d'entre nous qui faisaient partie de la première expédition peuvent se croire rajeunis de quatre ans. Les nouveaux débarquent tout de suite et parcourent la rookerie de pingouins y trouvant le même amusement et le même intérêt que nous y avions trouvés nous-mêmes (1).

Le soir, chaussés de raquettes nécessitées par l'épaisse couche de neige, avec Godfroy, Senouque et Jabet, nous montons sur le plateau qui traverse l'île au pied du magnifique pic Louis-de-Savoie, toujours couronné de sa curieuse couronne ducale de glace au sommet de laquelle parvinrent avec tant de hardiesse, en 1905, le guide Dayné et le quartier-maître Jabet. Il semble que la neige ait augmenté, transformant en un grand dôme le plateau autrefois horizontal. Nous voyons très distinctement le cap Renard et l'île Wandel, mais notre but réel n'est pas atteint, car nous voulions surtout nous rendre compte si la traversée d'ici à l'île Wandel était libre de glaces, contrairement à ce que nous trouvâmes en février 1904 et fin décembre et février 1905, mais l'île Doumer nous cache la vue de la mer.

27 décembre. — Le temps est toujours beau, quoique un peu menaçant dans l'Ouest ; nos camarades travaillent et observent à terre. Je fais préparer la vedette pour aller à l'île Wandel, c'est évidemment une traversée un peu risquée, car il y a 20 milles à parcourir dont 15 en mer ouverte, mais cela doit nous permettre, non seulement de voir si le chemin est ouvert d'ici à Wandel et si Port-Charcot n'est pas bloqué comme il le fut en décembre 1905, mais encore quel est l'état des glaces au Sud et au large de cette île. En dépensant une vingtaine de litres d'essence dont nous avons une grosse provision, nous économiserons une journée de charbon, peut-être même davantage.

(1) Voir *Le « Français » au Pôle Sud*.

Plaque Lumière
Observations maternelles. (Pingouin Adélie et son petit.)
Liobt Gain.

A 2 heures, nous partons, Godfroy, Gourdon, Besnard, Frachat et moi, emportant nos lits-sacs, une tente et quatre jours de vivres. Nous prenons le chenal Peltier, découvert par le *Français*, et à son entrée nous stoppons pendant quelques instants pour faire des sondages au pied d'une falaise de glace qui ne repose pas, comme les avoisinantes, sur une ligne de rochers, et qui est usée par la houle comme le sont les icebergs. A toucher le mur perpendiculaire de la falaise, nous laissons tomber la sonde jusqu'à 50 mètres sans trouver de fond; c'est un point que notre glaciologue Gourdon se réserve d'étudier avec soin, car il s'agit peut-être là d'une « barrière de glace » en miniature.

Pl. Lumière. Cl. Senouque.
Falaise de glace dans le chenal Peltier.

Tout marche bien; même sortie de l'abri du chenal, la vedette file ses 5 nœuds; le vent est frais du S.-O., c'est-à-dire un peu de l'avant, mais en gagnant les icebergs et les îles, pour en passer sous le vent, nous ne sommes pas trop gênés par le clapotis qui devient cependant assez fort. Les glaces sont peu abondantes, certainement beaucoup moins que pendant notre dernière campagne à quelque époque que cela soit. Le vent fraîchit au fur et à mesure que nous avançons, le clapotis devient très dur et nous sommes trempés. Wandel n'est plus qu'à deux milles et nous voyions déjà notre grand cairn sur la colline, lorsque l'allumage mal protégé est noyé et le moteur stoppe. En vain nous cherchons à le remettre en route. Finalement nous mâtons et hissons la voile pour tirer des bords, mais la mer est trop grosse, le courant contre nous et des iceblocs qui nous obligent à laisser porter, nous font perdre le peu que nous arrivons à gagner. Nous sommes dépallés sur le cap Renard qui nous domine de sa masse imposante; que le vent tombe, qu'il forcisse ou qu'il change, et nous nous trouverons en mauvaise situation. A notre grand regret, si près de toucher au but, il faut virer de bord et grand largue cette fois, nous mettons le cap sur l'île Wiencke. Nous avons maille à partir avec quelques glaces qui nous barrent la route, mais nous parvenons à les franchir et nous entrons après quelques heures dans le chenal Peltier, où nous sommes accalminés. Il va falloir se résoudre à faire cinq milles à la godille dans cette lourde embarcation, quand le moteur, peut-être sensible à nos injures, ou dont l'allumage plutôt a pu sécher depuis que nous avons viré de bord, veut bien repartir et nous rentrons transis de froid à Port-Lockroy à 11 heures du soir. Le but de notre excursion n'est qu'en partie rempli, mais si nous n'avons recueilli aucune indication sur l'état des glaces au sud de Wandel, en tout cas nous sommes sûrs de pouvoir arriver sans difficultés à cette île.

28 décembre. — Le temps est mou et gris, les nuages bas dépassant à peine la hauteur de la falaise de glace. Les hommes remplissent le grand canot de glace d'iceberg pour faire le plein de la chaudière au moyen du serpentin installé à cet effet, et l'opération marche vite et bien.

Bongrain continue ses observations pendulaires sur l'îlot Goudier, Rouch et Gourdon vont avec la vedette draguer et ensuite sonder sous la falaise de glace que nous avions commencé à étudier la veille et trouvent le fond à 150 mètres; puis il vont chercher des échantillons de roches à l'îlot Casabianca et faire des fouilles sur la plage dans l'espoir de trouver des fossiles, mais malheureusement sans résultat. Gain et Liouville rangent et classent les nombreux échantillons déjà récoltés et Godfroy fait des prises d'air. Je m'occupe de différents détails du bord et prépare les documents et le courrier que nous laisserons au cairn pour les baleiniers. S'ils viennent cette année, ce sont encore des nouvelles qui pourront parvenir en France. C'est probablement la dernière lettre que d'ici bien longtemps j'écris à ma chère femme. Cette possibilité de lui écrire, pour ainsi dire journellement, me donnait l'illusion d'être moins loin d'elle, maintenant la séparation va m'apparaître réelle. Cependant, je n'ai pas encore la sensation de la rupture complète avec le monde civilisé malgré ce grandiose isolement, probablement parce que je suis toujours dans des régions bien connues de moi et peut-être aussi à cause de la rapidité et de la facilité avec lesquelles nous sommes venus de Punta-Arenas ici.

En 1905, pendant notre séjour, nous prenions chaque jour de trente à cinquante poissons au filet, aujourd'hui le trois-mailles ne nous en a rapporté que deux, mais de fort belle dimension.

29 décembre. — Dès le matin, le temps est clair et calme, avec un beau soleil chaud. Tandis que Bongrain terminait ses observations, que Gourdon et Senouque allaient mesurer la profondeur des crevasses de la falaise, au pied de laquelle nous avions sondé et trouvaient 35 mètres, et que les hommes mettaient tout en ordre pour le départ, j'allais en vedette avec Godfroy changer le document des deux cairns. Beaucoup de petites glaces encombrent l'entrée du port, mais la vedette navigue très bien au milieu d'elles; cependant, au retour nous avons eu un long échouage sur l'éperon d'un petit icebloc.

A 1 h. 30 nous appareillons et nous nous engageons dans le chenal Peltier sans trop de difficulté, malgré les floes nombreux et assez importants qui l'ont envahi. Le bateau les écarte ou les brise facilement, et chaque fois qu'une friction un peu dure se produit, la peinture rouge de notre flottaison se répand dans la glace qui a l'air ainsi de saigner sous nos coups.

Par le travers de l'îlot Goetschy, Gourdon débarque en norvégienne pour chercher des échantillons géologiques et Rouch fait un sondage de 90 mètres avec l'eau à 0°,1, puis un dragage rendu difficile par l'espace restreint et la présence des glaces, mais qui est néanmoins très fructueux. Nous dépassons l'île Doumer, en dehors du chenal. l'estuaire est libre et notre carte, surtout par le temps clair, est suffisante pour nous permettre d'arriver sans hésitation à Port-Charcot.

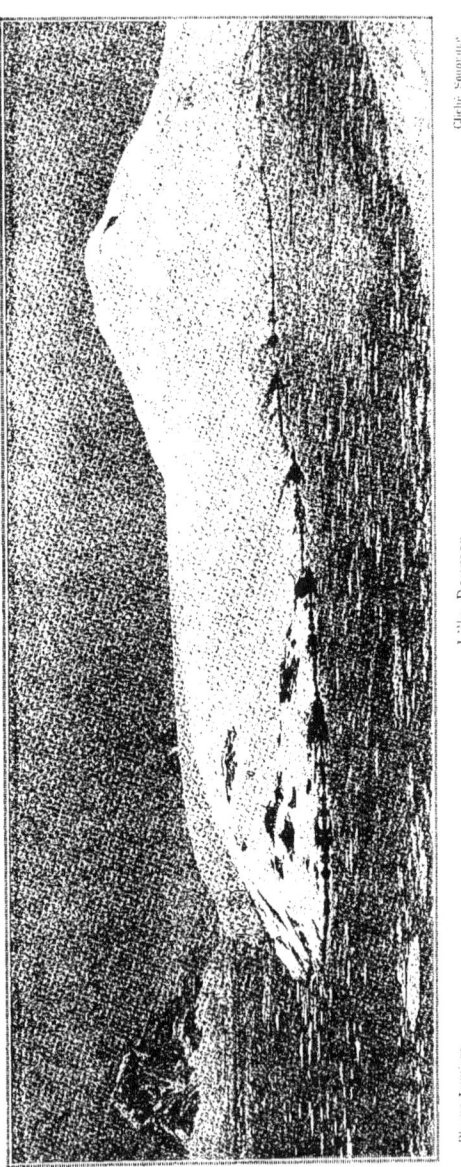

Cliché Senouque.
L'île Doumer.
Phototypie Lumière.

Malheureusement, au moment même où nous atteignons l'entrée. le fameux N.-E., si dangereux dans cet endroit, commence à souffler. Il faut cependant que nous y séjournions, pour y laisser un dépôt de vivres. Le *Français* avait pu étaler ici pendant neuf mois, en risquant beaucoup il est vrai, mais enfin sans avarie sérieuse; je sais bien que le *Pourquoi-Pas?* est de 10 mètres plus long, que son plus grand tirant d'eau ne lui permet pas de s'enfoncer autant dans l'anse et, par conséquent, d'y être aussi bien abrité; mais retourner à Port-Lockroy ou rester sous vapeur à faire des ronds à l'abri de l'île serait perdre du temps et dépenser du charbon, car je ne connais pas d'autre endroit dans le voisinage où l'on puisse s'amarrer ou mouiller et éteindre les feux. Aussi je n'hésite pas à entrer, et pour casser notre erre occasionnée par le vent, nous carambolons doucement sur les cailloux ronds de l'îlot Sögen et nous échouons légèrement de l'avant. Nous portons rapidement à terre, trois ancres à glace tribord arrière, trois bâbord arrière et six devant. Enfin, nous tendons en travers de l'anse pour former barrage contre les glaces, quelques doubles du câble d'acier de la drague. Comme toutes nos amarres sont neuves, j'espère qu'elles tiendront.

Kodak. L'arrivée à Wandel la vedette abandonnée. Ch. Charcot.

Me voici donc de nouveau à Wandel où pendant neuf mois, nous avons vécu, travaillé, espéré, presque désespéré quelquefois et souvent peiné. Je m'y retrouve maintenant dans de bien meilleures conditions, avec un bateau, des instruments, des moyens qui ne peuvent être comparés à ceux de la dernière expédition, j'ai aussi l'expérience, et ce qui est moins avantageux, quatre années de plus. A côté de moi, je retrouve Gourdon et huit hommes de l'ancien équipage, et une pensée émue va à notre brave et petit *Français* qui cependant, avec sa machine défectueuse et insuffisante, nous a donné tant de mal, aux si bons et si précieux camarades Matha et Pléneau, qui eussent bien voulu m'accompagner encore, mais que l'inexorable devoir a retenus.

Rien en apparence n'est changé, et je pourrais croire que je n'ai jamais quitté cet endroit. Mes yeux s'arrêtent sur les mêmes formes familières, sur les mêmes constructions, mes oreilles sont frappées des mêmes sons provenant des rookeries de pingouins et de cormorans, d'où partent aussi les mêmes émanations odorantes.

Sur le rocher où aboutissait la passerelle du *Français*, se trouvent un amas de vieilles boîtes de conserves vides et rouillées, une pile de bouteilles rangées et une tête de phoque. Bien entendu, l'avenue Victor-Hugo comblée de neige n'existe plus, mais elle serait facile à rétablir. L'heure n'est cependant pas aux rêveries, et je grimpe tout de suite avec Gourdon sur le sommet Jeanne inspecter les environs et le large. Notre signal hydrographique est toujours sur son cairn, et sous un caillou je trouve la petite bouteille de rhum où Dayné avait mis un mot le 25 décembre 1904, lorsque nous sommes montés ensemble dire adieu, ou plutôt au revoir à Wandel. L'estuaire, sauf pour quelques iceblocs et icebergs, est libre de glaces, mais au large elles semblent s'étendre (d'ailleurs assez lâches) jusqu'à l'horizon. Du côté du sud, l'eau est libre jusqu'aux îlots Jallour, et il ne semble pas que les glaces, qui cependant couvrent tout, soient très compactes. J'ai grande envie de chercher à suivre la côte et de m'engager entre elle et les îles Biscoe. Avec les récifs si nombreux, souvent cachés par les glaces et les icebergs innombrables, c'est une navigation périlleuse, mais elle serait du plus haut intérêt; aussi suis-je en tout cas décidé à pousser une reconnaissance de ce côté. Mais actuellement il n'y a qu'à attendre la fin du coup de vent du N.-E., et nous redescendons visiter les coins familiers.

La vedette laissée ici en 1904 est en bon état, mais elle est remplie d'une glace compacte; son taud, ses avirons et ses bordés, dont la peinture est tombée, sont tout blancs comme s'ils avaient été fréquemment et énergiquement briqués. La cabane magnétique en bois où travaillait Rey est absolument intacte comme si on venait de la quitter, et sa solidité fait le plus grand honneur à son constructeur, notre charpentier Libois. Nous y retrouvons quelques objets laissés ou oubliés, notamment une boîte d'allumettes et sur le pied en poterie vernissée, surmonté d'une tablette de marbre, le bocal contenant le rapport de l'expédition que j'y avais placé quelques instants avant de partir. La cabane magnétique en pierre et son pied d'observation sont également dans le même état qu'au moment de notre départ et j'y retrouve quelques pages d'un carnet.

Kodak.   Cliché Charcot.
État dans lequel nous avons retrouvé la maison démontable.

Plaque Lumière Cormorans sur leurs nids. Cliché Senoque.

Quant à la maison démontable, elle est presque entièrement enfoncée sous la neige avec ce qu'elle contient, assez fortement inclinée vers le nord, ayant probablement glissé sur la glace en pente douce de ce côté; son toit en tôle ondulée a été enlevé par le vent et est parti, Dieu sait où; mais à part cela, ce qu'on peut voir paraît en bon état. Ce serait néanmoins un trop long et dur travail de la dégager entièrement. Le grand cairn, sur la colline de 60 mètres qui surplombe notre anse, n'a subi aucune avarie; monument imposant, il domine notre ancienne station et la boîte aux documents, ainsi que la plaque de plomb où sont gravés tous les noms des membres de l'expédition du *Français*, y sont toujours attachés.

Le N.-E. heureusement, ne souffle encore qu'avec une force moyenne, la houle n'est pas très forte et nos ancres à glace ainsi que nos amarres, tiennent bon.

30 décembre. — Un assez gros glaçon est retenu par l'aussière en fil de fer; malheureusement, et ceci prouve que l'homme n'est jamais content, je trouve pour le moment qu'il n'y a pas en dehors des icebergs et des iceblocs, assez de glaces de dérive ou de floes qui, comme cela arrivait pour le *Français,* en venant boucher l'anse, nous protégeraient non seulement de la houle, mais encore de nos dangereux voisins. Nous n'avons pas le temps de nous livrer au gros travail effectué en 1904, consistant à tendre une chaîne d'ancre en travers, et j'ai peur que les glaçons ne finissent par avoir raison de notre faible aussière en fil d'acier.

Les uns pour se promener, les autres pour travailler, se répandent dans l'île. Je vais avec quelques hommes armés de pelles et de pioches, chercher à dégager l'intérieur de la maison démontable. L'arbre de Noël que nous y avons laissé le jour de notre départ sort en morceaux, mais nous retrouvons intacts différents objets, tels qu'un panier à pain, des boîtes de conserves, de lait en poudre, etc...

De pauvres pingouins ont dû être tués ce soir pour la cuisine, pourquoi l'homme est-il forcé de faire du mal dès qu'il arrive quelque part?

Jusqu'à présent le N.-E. a soufflé avec un temps clair, mais maintenant le temps est couvert et bouché. Le gros glaçon accroché à l'aussière en chavirant, passe en dessous et vient sur le bateau; nous le dégageons et l'envoyons dans le fond de l'anse.

31 décembre. — Toujours le N.-E. accompagné le matin d'une petite pluie fine, mais l'après-midi le ciel claircit et le soleil se montre. La température, qui depuis notre arrivée dans l'Antarctique était de 1° ou 2° au-dessous de zéro est maintenant à $+ 2°$.

On dégage les soutes pour établir à Wandel un dépôt consistant en caisses de biscuits, pétrole, une lampe Primus, quelques outils, des allu-

Plaque As-de-Trèfle. La cabane magnétique de Wendel après cinq années d'abandon. Cliché Senouque.

mettes. Avec ceci, les phoques, les pingouins et les cormorans, qui ne quittent pas l'île, même pendant l'hiver, on ne risquerait pas de mourir de faim tout de suite.

Tandis que nous achevons de déjeuner, la houle augmente, et subitement la barre du gouvernail au-dessus de nos têtes, se met à tourner ; un gros icebloc qui a franchi l'aussière, est venu frapper le gouvernail : il n'a heureusement pas subi d'avaries, mais c'est avec difficultés qu'au moyen de perches, nous débordons son agresseur. Nous sommes maintenant entourés d'iceblocs importants qui frappent violemment contre le bateau et qu'il faut continuellement dépousser.

Plaque As-de-Trèfle.   Cliché Godfroy.
Nous établissons un dépôt de vivres à Wandel.

L'aussière est de nouveau tendue en travers, mais j'avoue que j'ai peu de confiance dans son efficacité. Je suis plus inquiet que je ne veux le paraître, car des avaries à notre hélice ou à notre gouvernail, les seules que j'appréhende, nous immobiliseraient ici, et ce serait stupide. Cette campagne, sur laquelle je compte tant, se terminerait avant même d'avoir réellement commencé. Mais, petit à petit le ciel claircit du côté de l'île Wiencke, c'est un symptôme favorable que je connais bien ; et en effet, le soir vers 8 heures, il fait calme plat. Il n'était que temps ! car un icebloc tout hérissé de pointes s'avançait vers notre anse, et je ne sais comment nous aurions pu nous défendre contre lui.

Quelques-uns de mes camarades s'énervent, émettent des opinions pessimistes sur la solidité du bateau et affirment que nous allons être bloqués par les iceblocs qui actuellement bouchent l'anse et nous empêcheraient de sortir si nous le voulions. J'ai beau leur assurer que dès qu'il fera calme, le courant nord permanent aura vite fait en quelques heures d'entraîner tout cela, le désir probablement de voir continuer l'Expédition, les fait difficilement s'incliner devant une expérience de neuf mois acquise en cet endroit. Pour faire passer le temps, tout le monde descend à terre faire du ski, et je reste seul à bord pour classer les petits paquets réservés par nos familles au premier de l'an.

Haute Lumière.   Les icebergs nous menacent.   Cliché Gai

Guéguen, suivant nos anciens procédés, a creusé un trou, pour profiter du dégel, dans la colline de neige à côté de nous, d'où l'eau coule en abondance, de sorte qu'avec la manche tendue sur une aussière, nous pouvons sans fatigue faire le plein de la chaudière et des caisses à eau.

Quelques hommes quittant leurs skis, cherchent en vain dans la neige de l'îlot Sögen, nom du brave chien mort ici de vieillesse, à retrouver son cadavre, ainsi que celui de notre cochon Toby qui vécut pendant onze mois avec nous, et qui fit la joie de tout l'équipage. Kiki et Polaire, chiens de luxe, dont on nous fit cadeau à Buenos Aires, jouent sur leurs tombes sans le moindre respect pour la mémoire de leurs prédécesseurs.

1er janvier 1909. — A minuit sonnant, tout ce qu'il y a de cloches à bord, de cornets de brume, de phonographes, ont émis leurs sons dans une cacophonie assourdissante, pour saluer la nouvelle année. Nous mangeons, suivant la coutume qui veut que cela porte bonheur, du raisin frais qui nous a été offert pour cette occasion par M. Blanchard, à Punta-Arenas. Conservé dans de la sciure de bois, il a déjà fait le voyage de Malaga, ce qui lui donne un certain âge, et il semble cependant qu'il vient d'être cueilli.

Chollet, le vieux compagnon de toutes mes navigations, vient le premier, comme en 1905 à Port-Lockroy, me serrer la main ; puis Libois, le doyen d'âge, également un serviteur de date ancienne, m'apporte une fort gentille note signée de tout l'équipage. De son côté, l'état-major va serrer la main à nos braves et dévoués auxiliaires. Puis, devant comme derrière, on arrose avec de généreux vins de France un plantureux souper.

Ma première pensée de l'année a été vers les miens, vers la femme si courageuse, si dévouée, qui non seulement m'a permis de faire mon devoir, mais encore m'y a encouragé et aidé. Je lui avais dit pour ne pas l'émouvoir, un jour où elle me parlait avec tristesse des anniversaires où nous serions séparés, que tous les jours se ressemblent. C'était faux, et je ne le pensais pas ; trop de souvenirs des réunions de famille, les unes joyeuses, les autres attristées par la disparition d'un être chéri, sont remués par ces dates pour qu'elles ne soient pas comme des paliers du grand escalier de la vie où la pensée s'arrête et regarde le chemin déjà parcouru, appréhendant avec la crainte de l'inconnu de gagner le suivant.

Le vent du N.-E. s'est remis à souffler, de gros glaçons rentrent et ma nuit s'achève avec l'homme de quart, à les dépousser et à protéger le bateau au moyen des défenses. Dans la grande solitude emplie par le mugissement du vent et le bruit des heurts des glaçons, je prie Dieu en cette matinée du premier jour de l'année, de me donner la force et les

Bloqué par les glaces.

Kodak.   Cl. de Chéret.

moyens d'être à la hauteur de la tâche que j'ai volontairement entreprise uniquement pour essayer d'être un peu utile à mon pays.

Kodak. Cl. Charcot.
Gueguen cherche à briser un icebloc qui nous menace.

Le vent calmit vers midi, rapidement nous mettons la vedette à l'eau, et à 3 heures, nous faufilant entre les glaçons qui se sont un peu décollés, nous partons en reconnaissance vers le sud, Gourdon, Godfroy, Liouville et moi. En passant par la baie de la Salpêtrière, entre de nombreux icebergs, nous gagnons facilement Hovgaard, où se trouve toujours le signal hydrographique que nous y avions placé en 1904 à peu de distance de la fente, entre deux rochers, qui nous servit de maison pendant plusieurs semaines. Vainement, autour de cette île que nous n'avions vue précédemment qu'entourée par la banquise, nous cherchons un abri pour le bateau, et nous poussons jusqu'à l'île Lund-Petermann. Nous accostons à l'endroit où, après des mois d'efforts inutiles, nous avions fini par arriver en skis pendant l'hivernage précédent. Je grimpe avec Gourdon au sommet, d'où la vue est belle et étendue, tandis que Liouville récolte des mousses et des lichens qui abondent ici, tout en se défendant des attaques d'innombrables mégalestris, oiseaux marrons, superbes et hardis qui croient qu'on en veut à leur nid.

Plaque Lumière. Mégalestris. Cliché Godfroy.

Bien des fois, presque à chaque débarquement, nous avons à subir les attaques des mégalestris, et une appréhension est justifiée par leur bec aigu et leur vol puissant ; pourtant, je dois dire que jamais aucun de nous, hommes ou chiens, n'a été blessé par l'un d'eux, bien que quelques-uns prétendent avoir été touchés à la tête. Généralement détestés par tout le monde, j'avoue que je ne puis avoir, moi, que de l'admiration pour ces bêtes courageuses.

Du sommet, nous voyons du côté du large les glaces à faible distance, mais de peu d'étendue ; le long de terre l'eau est libre jusqu'aux îlots Jallour ; mais plus loin existe une banquise plate, parsemée de grandes fentes. De notre observatoire, nous voyons une assez grande anse à l'est de l'île, près d'une pointe où deux fois de suite nous avons campé pendant notre raid en décembre 1904. A cette époque, nous traînions notre baleinière sur la glace épaisse en cet endroit. Actuellement, l'anse est complètement dégagée et, si les fonds sont suffisants, elle constituerait pour le bateau un excellent abri que nous allons explorer. Nous descendons et rembarquons dans la vedette sur laquelle pendant notre absence, Godfroy a très ingénieusement installé une tente avec un prélart ; cette précaution n'est pas excessive, car il pleut à verse.

Malgré quelques bas-fonds à l'entrée de l'anse entre lesquels le bateau pourra passer, et qui d'ailleurs empêcheront des iceblocs à grand tirant d'eau d'entrer, cet enfoncement constitue un excellent port, où deux navires comme le nôtre pourraient au besoin s'amarrer très probablement à l'abri de tous les vents, et en tout cas seraient protégés de ceux soufflant de l'E.-N.-E. au S.-E. en passant par l'ouest. En souvenir de la date où nous l'avons trouvé, nous baptisons en riant ce port « Port-Circoncision », nom qui lui restera. Bouvet, le grand navigateur français, nomma ainsi, et pour la même raison, l'île et le cap remarquables qu'il venait de découvrir.

Dès que le temps sera favorable, nous amènerons le *Pourquoi-Pas ?* ici, et nous verrons si nous pouvons continuer vers le sud, le long de terre, ou si au contraire nous devons prendre le large ; mon désir serait d'avancer par escales successives, ce qui assurerait une étude approfondie de cette région, mais glaces et récifs nous le permettront-ils, et trouverons-nous toujours des abris suffisants ? C'est ce que l'avenir décidera.

A 10 heures du soir, nous rentrons trempés à bord et mangeons de bon appétit. A Wandel, les iceblocs sont toujours à la même place et le vent du N.-E. recommence à souffler.

2 janvier. — L'ancre à glace qui tendait l'aussière, en travers de l'anse, a cédé et déjà un des iceblocs a fortement entamé notre tableau arrière. Décidément Port-Charcot, sans petites glaces, est un endroit dangereux par vents de N.-E., surtout pour un bateau de la taille du nôtre. La situation est grave, et il faut aviser rapidement. Un gros ice-

bloc menace notre arrière, qu'il aurait vite fait d'écraser, un autre, à tribord, bat contre les flancs du bateau et un troisième, encore plus volumineux, s'approche de nous à bâbord. Je fais amarrer solidement les deux derniers à terre, l'un à droite, l'autre à gauche et, comme le premier s'arc-boute sur eux, nous serons protégés tant que les amarres tiendront et résisteront.

Il fait chaud avec un beau soleil, mais le N.-E. souffle toujours fort. Nous ne pourrons sortir que lorsqu'il aura fait calme pendant quelque

Pl. As-de-Trèfle. Situation ennuyeuse. Cl. Gain.

temps, ou si le vent vient à changer; néanmoins, je fais tout préparer pour l'appareillage et j'écris en français et en anglais, langue connue de tous les norvégiens, les documents pour les cairns. Dans l'après-midi, nous subissons le classique coup de vent du N.-E., temps complètement bouché, grandes rafales, neige aveuglante alternant avec le grésil ou avec une pluie fine.

Pour le moment, nos iceblocs sont tranquilles, ils nous protègent même contre la houle et les autres glaces, mais il vaut mieux ne pas penser à ce qui arriverait, s'ils parvenaient à recouvrer leur liberté. L'homme de quart a la consigne de ne pas quitter l'arrière et de prévenir à la moindre modification.

3 janvier. — A minuit le baromètre cesse de baisser et le vent tombe graduellement; il neige et il pleut abondamment. Les iceblocs, derrière, se décollent lentement, millimètre par millimètre. Cette attente est terri-

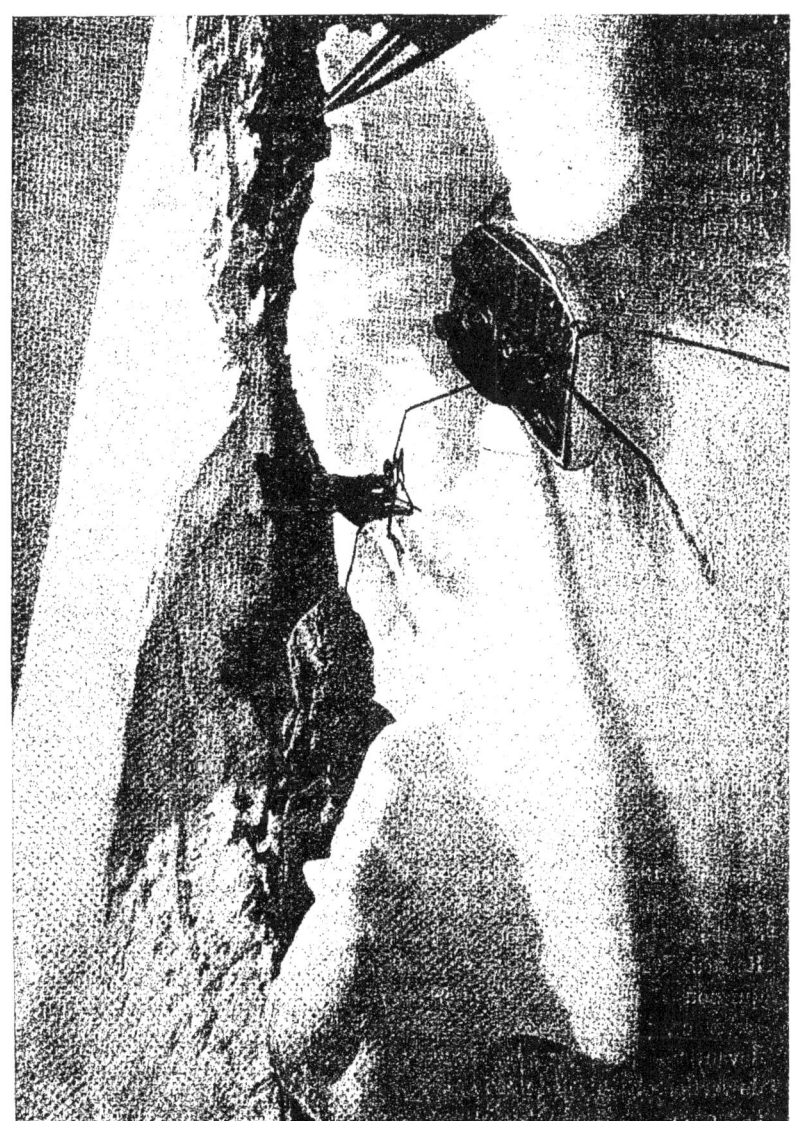

Kodak. La lutte contre les glaces à Wandel. Cliché Charcot.

blement énervante. Pour être débloqués rapidement, il faudrait que le vent vienne du Sud, mais il souffle toujours, quoique faiblement, du N.-E. Je n'ose d'ailleurs pas délivrer nos prisonniers, de crainte que l'accalmie actuelle ne soit trompeuse.

Le soir la neige cesse, mais le temps est toujours très couvert; je fais délivrer l'icebloc de bâbord qui tire sur ses amarres, et comme à 11 heures il y a juste un passage suffisant pour le bateau, je donne l'ordre d'allumer les feux et de rentrer toutes les amarres inutiles pour l'évitage, tandis que je vais déposer les documents dans les cairns.

A 1 h. 30 nous commençons notre mouvement et parvenons tout

Plaque Lumière.   Le cap Renard et le faux cap Renard.   Cliché Gain.

juste à éviter, notre anse étant moins large que ne l'indique ma propre carte; enfin, nous parons tout sans accroc et nous nous dirigeons vers le chenal de Lemaire, laissant à notre gauche le cap Renard et le faux cap Renard. Il nous faut traverser deux bandes serrées de débris d'icebergs qui nous donnent quelques chocs assez durs. La neige tombe en flocons serrés et, par le travers de Hovgard, ne voyant pas à quelques mètres devant nous, il nous faut stopper. Du bout de la passerelle, la sensation de vertige produite par la neige qui tombe sur l'eau calme et noire est très curieuse, il semble que nous montons dans un ballon et que la mer et les icebergs s'enfoncent rapidement dans un gouffre sans fin au-dessous de nous.

Grâce à une éclaircie, nous entrons facilement à Port-Circoncision, où nous nous amarrons solidement à quatre, presque comme le long d'un quai. Ici, je crois que le bateau ne risque rien.

4 janvier. — Il fait beau et chaud et tout le monde s'éparpille dans l'île pour se livrer aux recherches et aux observations habituelles. Nous retrouvons l'emplacement de nos anciens campements de 1904 et la boîte de cornedbeef renfermant un mot écrit au crayon.

Je fais mettre la vedette à l'eau et ins-

Plaque Lumière.   Cliché Godfroy.
Godfroy, Gourdon et Charcot dans la vedette.

taller plus solidement l'abri imaginé par Godfroy, car je veux partir aujourd'hui même en reconnaissance du côté du cap Tuxen et des îles Berthelot qui sont libres de glaces et du sommet desquelles nous aurons une belle vue.

A 5 heures du soir, par un temps magnifique, nous partons, Gourdon, Godfroy et moi, et, croyant que notre absence ne devait être que de quelques heures, nous n'emportons que de quoi faire un repas et les seuls vêtements que nous avons sur nous.

Jusqu'à Tuxen, la mer est libre et nous voyons, en passant, les cairns dressés en 1904. Il y a, au delà du cap, un large chenal entre terre et banquise, où nous nous engageons. Nous débarquons avec Gourdon au pied d'une falaise de glace reposant sur éboulis et dominée par le mur imposant et perpendiculaire de diorite verte, atteignant 800 mètres de hauteur, qui forme le cap Tuxen. Gourdon ramasse

Plaque As-de-Trèfle.   Cliché Godfroy.
Les îles Berthelot et la vedette accostée près de Tuxen.

des échantillons zoologiques et nous faisons un tour d'une heure sur le plateau de la falaise. Les îles Berthelot sont en eau libre et le chenal semble se continuer du côté du cap des Trois-Perez; le temps, très clair, nous permet de distinguer les montagnes élevées et merveilleuses qui se trouvent à l'ouest de ce cap. Une fois rembarqués, nous cherchons, par le chenal, à nous enfoncer dans la grande baie que De Gerlache avait supposé pouvoir être un détroit et qui n'est que le front d'un énorme glacier, mais nous sommes au milieu des icebergs tassés et colossaux, et la banquise devient tout à fait compacte. Elle est même tellement épaisse que, fort probablement, elle doit passer plusieurs hivers de suite sans se disloquer. Deux fois nous échappons de très près à un assez gros danger, car, après être passés entre un iceberg et la banquise, l'iceberg, en se rapprochant, risque de nous écraser; une fois même la vedette est coincée, ses membrures craquent et à grand'peine nous nous dégageons à temps, trouvant, pour ressortir, un chenal étroit que nous ne franchissons qu'en allégeant l'embarcation et en sautant sur la glace qui se referme aussitôt que nous avons passé. Persister dans cette direction serait ridicule et nous gagnons directement et sans difficulté les îles Berthelot. Ainsi, en quelques heures, nous sommes parvenus à l'endroit que nous avions mis six jours à atteindre en 1904, au prix des plus grandes fatigues, en traînant à cinq, sur la glace, une embarcation pesant 850 kilos.

Tout de suite nous faisons la longue et assez fatigante ascension de la grande île pour inspecter le Sud. Toute la côte est engagée; essayer quoi que ce soit de ce côté avec le bateau serait impossible, mais le large, à peu de distance, paraît libre, c'est donc par là que le *Pourquoi-Pas?* tentera la chance.

Il est 10 heures du soir quand nous rembarquons dans la vedette et, d'après le temps mis pour venir, nous comptons être rentrés à bord vers 1 ou 2 heures du matin. Nous mangeons du cassoulet, du foie gras, du chocolat, de la confiture et deux de nos cinq biscuits, repas luxueux que nous regretterons bientôt. Il fait calme, mais il commence à neiger.

Quand nous arrivons au pied de la terre, en vain nous cherchons un passage, une épaisse banquise est maintenant appuyée contre la falaise et, malgré tous nos efforts, nous ne trouvons aucune issue. Je monte alors sur un îlot voisin afin de voir l'état des glaces d'un point élevé, mais sa hauteur n'est pas suffisante et nous retournons aux îles Berthelot, sur le sommet d'une desquelles je grimpe et d'où il me semble voir vers le large un chenal étroit et tortueux, conduisant à un espace libre qui doit mener à Tuxen, où la mer est libre. Je relève bien les icebergs qui balisent le chenal et, comme nous n'avons pas d'autre parti à prendre, nous nous y engageons.

A partir de ce moment, la neige ne cesse de tomber, alternant avec une pluie glaciale. Nous n'avons pas de nuit et le soleil reste caché dans les nuages; ceci, joint au travail intense auquel nous nous livrons et à l'absence des points de repère tels que les repas, nous empêche de savoir, quand nous regardons par hasard nos montres, si nous lisons les heures du jour ou celles de la nuit.

Dans la nouvelle route où nous nous engageons, tout marche très bien au début, la vedette force bien les petites glaces, grimpe même quelquefois sur elles et les brise. Godfroy s'occupe du moteur, je suis à la barre, lui criant alternativement : « stop, avant, arrière, ou doucement » et Gourdon, armé d'une gaffe, tantôt à l'avant, tantôt à l'arrière, dégage et écarte les glaçons. Mais bientôt notre misère commence. Le chenal que j'avais relevé s'est fermé, d'autres se sont ouverts, qui aboutissent à des lacs d'où nous ne pouvons plus sortir, un petit vent d'ouest pénétrant modifie à chaque instant la banquise. Nous voyons un chenal qui se forme, mais pour y parvenir il faut franchir un large espace de banquise. Lorsqu'elle n'est pas trop épaisse, en allant alternativement à toute vi-

Plaque As-de-Trèfle.   Bloqués par la banquise.   Cliché Godfroy.

tesse en avant, puis en arrière, la vedette arrive à se tailler très lentement une route, mais bientôt il n'y a plus moyen. Nous montons alors sur la glace fragile, et nous cherchons avec une pelle et les gaffes à tailler un chenal. C'est un travail lent et éreintant. La pelle est notre meilleur outil; malheureusement elle échappe des mains de Godfroy, engourdies par le froid, et coule! Nous rions de l'accident et de la mine déconfite de notre excellent camarade, mais nos efforts déjà peu efficaces, deviennent alors presque stériles. D'ailleurs la banquise devient si épaisse, que même avec la pelle, nous n'aurions rien pu faire. Nous sommes engagés dans une fente de pression, une grande nappe d'eau libre est devant nous, mais nous sommes totalement immobilisés.

Nous nous arrêtons quelques instants pour nous reposer, quand un pingouin, passant par un trou, se dresse tout à côté de nous. Nous hésitons quelques instants à le tuer pour nous procurer de la nourriture, mais aucun de nous n'est sanguinaire et nous décidons de l'épargner. Comme une bonne fée qui voudrait nous récompenser, il se tourne vers la glace, agite ses ailerons et subitement la banquise s'ouvre, formant un large chenal où la vedette est à flot et par lequel nous passons rapidement. Mais hélas, notre joie est de courte durée, car si ce chenal s'est ouvert, les autres que nous voulions gagner se referment au moment même où nous allions les franchir et retrouver peut-être la liberté !

J'ignore complètement depuis combien de temps nous luttons, mais je m'aperçois que Gourdon, dès qu'il s'assied s'endort, et nous amarrons quelques instants notre embarcation à la glace pour tâcher de nous reposer un peu. Nous commençons à chercher à nous installer, lorsqu'un chenal s'ouvre de nouveau. Vite en avant, mais c'est une nouvelle déception, et finalement à grand peine nous gagnons un récif élevé où nous nous amarrons tant bien que mal. Je grimpe au sommet de ce récif noir et sinistre habité par un couple de mégalestris qui, malgré mon affirmation de ne leur faire aucun mal, tant que nous ne mourrons pas littéralement de faim, persistent à se précipiter sur moi. Je constate avec navrement que toute la banquise est modifiée et que nous sommes bel et bien bloqués. Il n'y a rien à faire qu'à attendre. Un des bordés de la vedette est enfoncé, d'autres sont mâchés et usés par la glace au point que quelques millimètres à peine empêchent l'eau de pénétrer. Il vaut mieux ne pas y penser.

Nous voulons nous étendre pour nous reposer, mais nous n'en n'avons guère la place et, sans couvertures, sans vêtements de rechange, mouillés jusqu'à la chemise, nos bas trempés, nous sommes transis de froid. Il nous reste une boîte d'endaubage et Gourdon a retrouvé quelques bâtons de chocolat qui, avec deux biscuits et une gourde de rhum, constituent toutes nos provisions. Nous décidons d'un commun accord de ne pas y toucher pour le moment.

Tant bien que mal, nous nous casons, plutôt très mal que bien dans l'espace restreint à l'abri de la tente de l'avant qui est percée en plusieurs endroits et cherchons à dormir, mais l'affreux froid aux pieds nous réveille à chaque instant, et mon désir de nous tirer de cette situation me pousse une dizaine de fois à me lever pour courir au sommet du rocher. Au bout de trois heures de ce manège, j'aperçois un chenal aboutissant à de la glace mince qui, une fois franchie, nous permettra de regagner les îles Berthelot où il y avait en 1904 une rookerie de cormorans. Peut-être même retrouverons-nous le chenal praticable le long de terre. Mais pour arriver à cette glace mince, il y a un espace couvert par un amas d'icebergs, et là je ne puis voir ce qui nous est réservé. Tant pis, nous ne pouvons rester ici exposés comme nous le sommes, au moindre choc d'un glaçon, il faut agir ; je réveille mes compagnons et de nouveau en route ! Après bien du mal, des détours et des chocs, nous franchissons la zone d'icebergs, puis la glace mince. Un peu d'eau libre, à laquelle nous ne sommes plus habitués, et nous voici à Berthelot. Les cormorans sont toujours à côté d'un ancien cairn à nous ; à la dernière extrémité nous pourrons en manger crus ou flambés à l'essence, car nous n'avons pas vu un seul phoque dont la graisse aurait pu nous servir de combustible et nous aurait permis de nous sécher un peu. Aujourd'hui, nous nous contenterons d'une tablette de chocolat et d'un biscuit, partatagés entre trois. Nous affirmons d'ailleurs que nous n'avons pas trop faim, peut-être pour nous le faire croire à nous-mêmes. Je monte au sommet de cette île couverte de mousses épaisses, et nous décidons d'aller revoir notre ancien chenal le long de terre. Il est toujours hermétiquement clos, et nos efforts sont vains.

Nous tentons alors de revenir aux îles Berthelot pour chercher un coin où la vedette serait abritée et où nous pourrions attendre, mais, en voulant éviter un icebloc, nous nous échouons sur un caillou. La mer baisse et déjà la vedette donne une gîte dangereuse ; notre situation est critique, car la mer marne d'environ deux mètres, et nous sommes loin de terre et de notre île à cormorans. Nous béquillons l'embarcation avec les avirons solidement attachés au mât mis en travers et appuyé sur le glaçon qui lui aussi heureusement est échoué, et comme il n'y a qu'une seule marée par jour, nous attendons ainsi de longues heures. Mes camarades attrapent quelques bribes de sommeil, mais je ne puis faire comme eux, car ma responsabilité me pèse ; je me reproche de les avoir entraînés dans cette aventure, en n'emportant pas davantage de vivres et de vêtements, moi si prudent d'habitude. Je suis inquiet non seulement pour eux, mais encore pour le *Pourquoi-Pas?* car il doit y avoir près de trois jours que nous sommes partis et les camarades doivent se tourmenter à bord. Ils chercheront certainement à nous secourir, soit avec des embarcations, soit avec le bateau lui-même, et que de risques ne vont-ils pas courir, surtout avec ce temps bouché, sans compter la dépense inutile de charbon !

Enfin, nous voici à flot, et nous revenons à notre rookerie de cormorans, où nous décidons d'attendre une éclaircie ou un changement de vent. Pendant les heures que nous avons passées là, je ne sais combien de fois je suis monté au sommet, et il est probable que si j'additionnais les ascensions faites durant cette malheureuse excursion, j'arriverais facilement à dépasser plusieurs milliers de mètres.

Il me semble voir un relâchement dans les glaces, le long de terre, en tout cas, l'espace à franchir, pour gagner l'eau libre au delà du cap Tuxen s'est rétréci et nous partons pleins d'espoir.

Nous luttons de nouveau avec la glace, allant et venant d'une fente à l'autre; il semble que nous allons pouvoir avancer, quand tout à coup le moteur stoppe et, malgré les efforts, les encouragements aimables, les gros mots, il est impossible de le remettre en route. Tandis que Godfroy le démonte, je prends la godille et, à grand'peine, nous gagnons une pointe rocheuse qui émerge de la falaise de glace de la côte. Si nous n'y étions pas parvenus, nous étions infailliblement entraînés au fond de la baie remplie d'icebergs se heurtant, et alors, que serait devenue notre frêle embarcation dans ce titanique chaos ! Ici déjà, des glaces énormes passent et repassent, suivant les changements de marée, mais un bienheureux remous semble nous protéger.

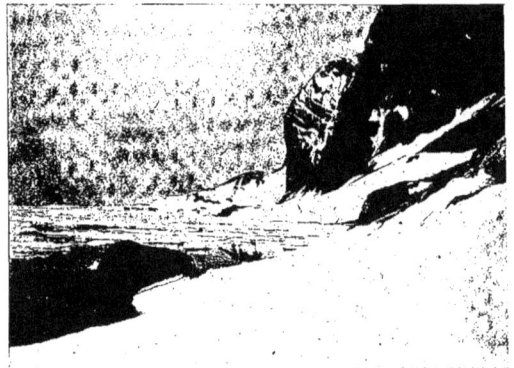

Plaque As-de-Trèfle.   Les glaces barrent la route.   Cliché Godfroy.

Pendant que Godfroy, inlassable, cherche à trouver un remède à la panne, aidé de Gourdon, j'examine notre rocher; je n'y trouve que quelques bernicles, assez rares, et au sommet un seul mégalestris. A mon retour, j'entends le bruit réconfortant du moteur qui a bien voulu repartir. Nous allons nous reposer un peu en attendant une occasion favorable pour tenter de nouveau la chance.

Mes ascensions recommencent, et, vers 3 heures du matin, les glaces s'écartent très nettement de la côte; en quelques instants, nous sommes au pied de la falaise, nous faufilant tant bien que mal, risquant à chaque instant qu'un débris ne nous tombe sur la tête et nous échouant fréquemment, mais le moteur stoppe de nouveau et il n'y a plus rien à faire cette fois, le différentiel est grippé. Nous n'avons même pas la consolation de maudire le pauvre moteur, il a travaillé d'une façon irréprochable et c'est déjà merveille qu'il ait pu résister aux efforts que nous avons dû lui imposer. Nous essayons de continuer avec les avirons, la godille, les gaffes, mais c'est inutile, d'autant plus que les glaces se referment sur nous et tout ce que nous pouvons faire, est de revenir à notre pointe rocheuse. Il nous est impossible de retourner aux îles

Berthelot et là, d'ailleurs, nos camarades n'auraient aucune chance de nous retrouver, le cas échéant; mais, comme nous ne pouvons rester à mourir de faim et de froid ici, que nous ne pouvons non plus faire courir aux autres le risque de nous chercher au milieu des récifs et des glaces, nous décidons d'abandonner la vedette et de tâcher de gagner le cap Tuxen par le sommet de la falaise de glace et les éboulis; nous ne savons pas au juste si cela est même possible, mais nous n'avons pas d'autre parti à prendre et une fois au cap, lorsqu'une éclaircie se produira, on pourra peut-être, de Port-Circoncision, apercevoir nos signaux. Gourdon offre d'aller seul à Tuxen, mais, naturellement, je refuse. Nous comptons qu'il nous faudra huit ou dix heures de marche, dans la neige, et nous fixons à 10 heures du soir le moment de notre départ.

C'est avec chagrin que je me vois obligé d'abandonner la vedette que j'ai essayée à Bougival avec ma femme, que M. Doumer a baptisée « Monique », faisant ainsi de mon bébé sa marraine et qui nous a si vaillamment et si loyalement servis. Bien que pour les autres elle ne réveille pas de semblables souvenirs, ils sont également attristés de cet abandon et nous cherchons vainement à nous consoler en supputant les avantages que nous aurons à avoir sans elle, un pont plus dégagé, moins de poids dans les hauts du bateau, etc., etc.

Nous préparons nos sacs, qui ne sont guère lourds, puis, pour nous donner des forces, nous entamons notre boîte de conserves et mangeons un peu de chocolat. J'écris au crayon le récit de nos aventures, que je laisserai dans la vedette et nous attendons l'heure fixée tandis que la neige tombe toujours en gros flocons serrés et drus. Sous la tente du bateau, nous avons l'air de contrebandiers attendant l'heure de faire un mauvais coup. Nous plaisantons et, d'ailleurs, dès le début, nous n'avons cessé de le faire, mais les figures sont tirées et deviennent graves dès que la conversation tombe. Nous ne

Plaque As-de-Trèfle.   La pointe de la Délivrance.   Cliché Godfroy.

voulons pas avouer que nous avons faim, nous nous émerveillons même d'avoir pu nous contenter de si peu sans souffrir, mais mon pantalon est devenu tellement lâche, que j'ai beau serrer la ceinture, les hanches le portent à peine et mes deux compagnons m'ont avoué depuis qu'il en était de même pour eux.

Dix heures moins dix ! dans quelques minutes, comme nous l'avons décidé, malgré le temps bouché, malgré la neige qui tombe plus fort que jamais, nous allons partir, tenter notre dernière chance ; nous donnons un coup d'œil à ce que nous emportons et, tristement aussi, à ce que nous laissons. Déjà nous empoignons nos sacs, quand tout à coup, du côté du cap Tuxen, vient à nous nettement, sans erreur possible, le son prolongé et bien connu de la sirène du *Pourquoi-Pas*? En un instant, nous gravissons le rocher et, tous les trois ensemble, de toutes nos forces, nous poussons un cri, puis, comme je sais que j'ai une forte voix, trois fois de suite, je hurle à me crever les poumons. A bord, on nous a entendu, car la sirène, par trois coups, aussi bien espacés, nous répond et enfin un grand cri qui nous paraît joyeux, poussé par tout l'équipage à la fois arrive à nos oreilles. Mais nos angoisses, qui se portent maintenant au *Pourquoi-Pas*? recommencent ; la brume est intense, la neige tombe toujours, comment va-t-il arriver jusqu'ici au milieu des glaces et des récifs ?

La chance a tourné pour nous, la neige cesse de tomber et, dans une éclaircie apparaît un gros nuage de fumée noire, puis, bientôt, nous distinguons coque et mâture. Qu'il est beau, notre *Pourquoi-Pas*? dans la neige et la brume, élégant et fort, tanguant, dans sa lutte avec la glace qu'il brise lentement mais sûrement, et nous l'admirons avec le cœur battant ! Nous agitons notre pavillon au bout d'une gaffe et, majestueusement, le grand pavillon national monte en haut du mât. La neige, de nouveau, cache tout, puis le bateau réapparaît plus près, luttant toujours. Jamais je n'oublierai ce spectacle émouvant dans ce décor sinistre.

Il reste peu de glaces à franchir, nous redescendons dans la vedette qui est comme un ami retrouvé et mangeons gloutonnement ce que nous possédons encore de provisions ; la bouche pleine, nous baptisons notre rocher la Pointe de la Délivrance. Maintenant, le bateau est tout près ; déjà nous distinguons les hommes qui se préparent à mettre une embarcation à la mer, mais nous désirons rallier le bord dignement, par nos propres moyens. Pendant que j'installe le pavillon à l'arrière, Godfroy, dans un effort désespéré, parvient à remettre le moteur en marche et nous filons rapidement pour stopper bientôt ; je fais alors les derniers mètres à la godille en y mettant toute mon énergie ; ils verront ainsi, à bord, que nous ne sommes pas à bout de forces.

État-major et équipage sont à la coupée, nous attendant sous leurs suroîts dégouttants d'eau; oh! les bonnes et braves figures où se lit une sincère émotion et la joie de la réussite! J'embrasse les camarades, je serre vigoureusement la main de tous, et à ce moment ce n'est pas à moi-même que je pense, au poids de moins que j'ai sur le cœur, mais à eux. Quelle réception! Un bon feu, des vêtements, surtout des bas secs étalés sur nos couchettes, un bon souper nous attendant et, ce qui fait le plus de plaisir encore, ce sont les bonnes figures heureuses!

Comme je le craignais, l'émoi, à bord, a été grand; au bout de vingt-quatre heures, sachant combien peu nous avions de provisions, ils ont commencé à s'inquiéter. A peine savaient-ils de quel côté nous nous étions dirigés. Rouch partit en baleinière avec Besnard, Dufreche, Boland et Hervé, emportant lits-sacs et provisions. Ils ont abordé d'abord aux îles Jallour, où ils ont laissé un cairn et des provisions, puis au cap Tuxen, où ils ont passé la nuit. Ils tentèrent alors, mais vainement, de porter la baleinière sur la glace. A leur retour, Liouville, Gain et Senouque ont proposé de partir à leur tour en norvégienne, mais, très sagement, Bongrain a décidé d'appareiller, après avoir laissé à Port-Circoncision, une tente, une doris, des lits-sacs, des vêtements, des provisions en abondance, un poêle et une tonne de charbon.

En sortant de l'anse, une amarre s'engage dans l'hélice, puis le bateau s'échoue assez violemment de l'arrière, mais malgré le temps bouché et la neige ils parviennent au cap Tuxen, passant, sans les voir, au milieu des récifs, et nous rejoignent enfin. La réussite de cette tentative hardie fait le plus grand honneur à Bongrain, admirablement secondé par Rouch et, d'ailleurs, aidé par tous.

Plaque Lumière.   Le *Pourquoi pas?* échoué.   Cliché Godfroy.

Nous changeons de vêtements, puis nous nous mettons à table tandis que je laisse à Bongrain, qui avait si bien amené le bateau ici, la charge de le ramener. Nous racontions gaiement nos aventures, quand un grand choc se produit, les verres sont renversés et les portes du carré battent avec violence. Nous venons de nous échouer brutalement. Trompés, probablement sur les distances, par la neige, nous avons passé extrêmement près de terre et, sous la haute falaise noire du cap Tuxen, nous avons donné sur une roche à fleur d'eau. Malgré la machine mise tout de suite en arrière, le bateau ne bouge pas. La mer est pleine et nous sommes déjà déjaugés à l'avant de 80 centimètres ! Toute notre gaîté tombe et, tristement, nous attendons la basse mer, peut-être alors le bateau glissera-t-il sur le caillou qui se dresse, isolé, avec d'assez grands fonds tout autour ? Vain espoir, à marée basse, le bateau est déjaugé de $2^m,80$ à l'avant et la roche est à fleur d'eau. L'étrave en fer est tordue et cassée, la fausse quille doit être arrachée sur une longue étendue, car de gros morceaux se détachent et remontent à la surface, il y a même quelques débris de quille. Notre pont arrière est sous l'eau.

Nous venons, en somme, de subir le même accident que le *Français*, mais si la blessure de celui-ci a été grave au point de nous obliger à pomper nuit et jour, il s'est déséchoué sur l'heure. Rien ne peut nous faire deviner actuellement si nous avons une voie d'eau et nous aurons en tout cas fort à faire pour nous tirer de là.

Toute la journée nous travaillons à délester l'avant et à porter des poids sur l'arrière, les ancres et les chaînes sont mouillées sur le rocher, nos caisses à eau sont vidées, nos embarcations mises à l'eau et remplies de tous les poids enlevés à l'avant et que nous ne pouvons pas mettre derrière. En vain nous cherchons à porter une ancre à jet, le fond est rocheux et sans la moindre tenue.

Ai-je besoin de dire par quelles heures terribles, presque de désespoir, je passe ? Momentanément, l'équipage ne risque rien, la mer est heureusement calme et près de nous, par hasard, il n'y a pas d'icebergs ; la terre est toute proche et, avec ce que nous sauverions du bateau, nous pourrions hiverner là dans des conditions acceptables en attendant qu'on vienne nous secourir ; nous pourrions même, à quelques-uns, tenter d'aller en embarcation à Déception, demander du secours aux baleiniers. Mais l'expédition, à peine commencée, serait terminée ; tous mes efforts pour l'organiser, la préparer, l'amener ici, resteraient stériles et la page que je rêve d'ajouter aux explorations françaises ne verrait jamais le jour ! Je ne veux pas croire que nous n'arriverons pas à nous dégager, au besoin nous viderons entièrement le bateau, mais dans quel état sera-t-il ? et déjà, comme il faut prévoir le pire, j'entrevois la possibilité de revenir cahin-caha à Punta-Arenas, de nous y faire réparer à tout prix, dussé-je y dépenser tout ce qui me reste de fortune personnelle et à repartir. Il n'y a pas que mon honneur qui soit en jeu, il y a celui de mon pays.

A minuit, à marée haute, nous mettons la machine en arrière à toute vitesse, le malheureux bateau vibre, comme s'il voulait se rompre, mais rien ne vient. Enfin, en faisant machine en avant, nous évitons un peu sur tribord, puis après quelques minutes d'attente, en arrière à toute puissance! Des chocs violents, des craquements inquiétants se produisent. Nous recommençons et, tout à coup, un long grincement, le bateau part!... Nous sommes à flot. Quel soupir de délivrance s'échappe de toutes les poitrines, quel hourra nous avons tous poussé! littéralement nous avons arraché le *Pourquoi-Pas?* de son fatal rocher.

Malgré la fatigue excessive, pour tous, de ces six derniers jours et sans sommeil pour quelques-uns, nous nous remettons au travail et refaisons l'arrimage du bateau. Fort adroitement, ancres et chaînes sont rentrées et, à 3 heures du matin, nous sommes prêts à repartir. Actuellement, le navire ne fait pas d'eau (il en fera un peu plus tard), mais désormais, si je suis obligé, moi, de ne pas oublier que nous avons à l'avant une avarie, évidemment importante si j'en juge par la quantité de bois qui a été arrachée par les chocs et secousses donnés au bateau, et si d'autres, en silence, y pensent probablement, nous ferons tous comme si nous l'ignorions totalement.

Pour retourner à Port-Circoncision, il nous faut traverser une glace de dérive épaisse, formée surtout de débris d'icebergs, c'est-à-dire de glaces très compactes et très dures; un moment le bateau donne un fort coup de roulis, nous ne saurons jamais si nous avons touché sur un bas-fond, sur un éperon de glace, peut-être même sur une baleine imprudente (1).

Le temps s'est remis au beau et nous avons été gratifiés d'un superbe lever de soleil, depuis six jours, nous avions pu oublier qu'il existait. Deux assez gros icebergs encombrent notre port, nous les déplaçons, puis quand le bateau est amarré, je fais hisser les couleurs, je félicite l'équipage de son dévouement et de son entrain, et je remercie les camarades qui sont venus à notre secours. On soupe gaiement devant et derrière et nous nous couchons, pour ne nous réveiller qu'à une heure de l'après-midi.

Je retrouve, à Petermann, toute l'installation laissée pour nous; rien n'avait été oublié, depuis la pharmacie jusqu'au tabac.

Les deux jours suivants sont gris et couverts, avec quelques chutes de neige. Nous les passons à mettre de l'ordre dans le bateau, qui en a grandement besoin et à remplir les caisses à eau. Deux cairns jumeaux sont construits dans lesquels nous laissons des documents, racontant les travaux accomplis jusqu'à présent et nos projets d'avenir.

---

(1) Lorsque au retour le bateau a été mis en cale sèche à Montevideo, nous avons constaté une profonde éraflure de 13 mètres à bâbord qui a pu être faite ce jour-là : il serait alors évident que nous avons passé sur une tête de roche.

Par une pente neigeuse à pic, je monte à diverses reprises au sommet de l'île et je constate qu'il nous faudra franchir peu de glaces pour parvenir à la mer libre, mais notre route est semée d'écueils et de grands icebergs.

Enfin, le 12, je monte une dernière fois à mon observatoire avec Bongrain, le temps est calme et clair, nous relevons soigneusement la passe et je crie d'en haut, pour ne pas perdre de temps, d'allumer les feux.

Plaque As-de-Trèfle.   Cliché Gain.
Les îles Le Myre de Vilers et le large vus du sommet de Petermann.

Quatre-vingt-dix infortunés pingouins et un phoque ont dû être tués pour nous fournir une provision de viande fraîche. Gain a mis des bagues de celluloïd diversement coloriées, comme celles dont on se sert pour les poules, aux pattes de nombreux pingouins jeunes et adultes et à des cormorans. De cette façon, on pourra peut-être, un jour, avoir des renseignements précis sur les émigrations de ces animaux. Quelques auteurs prétendent en effet, mais j'ignore sur quelles observations ils fondent leurs affirmations, que les parents ne reviennent pas à l'ancienne rookerie l'année suivante et que celle-ci n'est occupée que par les jeunes qui y sont nés (1).

A 5 heures du soir, nous commençons à appareiller, mais les iceblocs nous obligent à une manœuvre délicate et nous ne sommes sortis que deux heures après.

(1) Les observations de M. Gain ont pu prouver, dans la suite, que c'est justement le contraire qui se produit. (Voir page 415).

La glace que nous devons traverser est plus épaisse que nous ne croyions. Des plaques de banquise s'appuyant sur de gros icebergs nous opposent une barrière qu'il faut franchir de vive force et les écueils dont les têtes noires surgissent de l'étendue blanche ne nous laissent pas notre liberté de manœuvre. Maintenant, c'est entre les murailles perpendiculaires des icebergs que nous avançons à toute petite vitesse, mais la mer est libre et il fait heureusement clair et calme car, sans cela, nous n'aurions pu nous tirer de cette dangereuse impasse. Godfroy, dans le nid de corbeau, veille les bas-fonds que la surface unie et la transparence de l'eau permettent de très bien distinguer de cette hauteur.

Le paysage est superbe ; la côte sauvage et élevée dont les roches tranchent en noir sur le blanc de la neige et le bleu des glaciers est magnifiquement éclairée et nous voyons, se dessinant sur le ciel, les deux dômes arrondis du Mont du Matin, nom que j'avais donné en souvenir reconnaissant pour le journal qui par sa générosité m'a permis de faire ma première expédition et qui ne nous a jamais depuis ménagé son concours, et d'autres sommets qui leur succèdent. A 10 heures, le soleil se couche et les terres se teintent délicatement en rose. Autour de nous, entre les icebergs s'ébattent de nombreux mégaptères ; deux d'entre eux, pendant plus de dix minutes, frappent violemment la mer de leur queue, qu'ils laissent retomber bien à plat avec un bruit assourdissant. C'est peut-être une démonstration amoureuse, car il n'y a, dans ces mouvements, ni le désordre, ni la brutalité qui résulterait par exemple d'une attaque d'orcques, les ennemis si redoutables des baleines.

A 11 heures, nous pouvons nous mettre en route en mer libre: le large est tout à fait dégagé, même d'icebergs et, en apparence, tout au moins, de cailloux.

Nous gouvernons pour relever l'île Victor-Hugo et la contourner par le nord car, plus au sud, nous avons à redouter les îlots Betbeder et des écueils sur lesquels nous avions vu du *Français* la mer briser avec violence.

13 janvier. — Lorsque je prends le quart à minuit, il fait froid, bien qu'il n'y ait que quelques dixièmes de degrés au-dessous de zéro, car la bise est pénétrante; la houle est assez forte du S.-O. Bientôt la neige tombe très serrée, bouchant complètement la vue, mais, à trois heures du matin, le vent se lève fort du S.-S.-O., dissipant les nuées et je vois très nettement l'île Victor-Hugo à bâbord, ainsi que quatre icebergs et un icebloc. Cette île isolée en mer et qui est la plus nord du chapelet des îles Biscoe, est une île en calotte typique de dimensions moyennes, formant un segment de sphère en glace couverte de névé; quelques récifs, les seules taches noires de la formation, la prolongent à l'est et à l'ouest, ainsi qu'une autre petite île de dimensions très inférieures qui semble être réunie à la grande par une ligne de récifs. Il est presque évident que lorsque Evensen dit qu'il a navigué entre les terres et le groupe le plus nord des îles Biscoe, c'est de celles-ci qu'il veut parler, car jamais nous n'avons vu la mer libre entre les autres et la terre, en admettant même que les récifs permettent d'y passer.

Il y a une grande différence entre l'état des glaces actuellement et ce que nous avons trouvé en 1904 et 1905. En février 1904, pour arriver à

Plaque As-de-Trèfle.   Ile en calotte.   Cliché Senouque.

l'île Victor-Hugo, il nous a fallu pendant une quinzaine d'heures lutter de toutes nos forces dans le pack-ice qui arrivait alors presque jusqu'à elle et qui, en décembre 1905, l'englobait totalement.

Nous contournons l'île par le N.-O., puis nous gouvernons pour atterrir sur la terre Loubet. La brise est assez forte du S.-O., la mer clapoteuse et désagréable. Le temps est couvert, mais nous voyons bientôt très distinctement, éclairées par l'ice-blinck, le chapelet continu des îles en calotte de Biscoe et au-dessus ou entre elles, des masses noires qui semblent bien appartenir à la grande terre. Les icebergs autour de nous sont extrêmement nombreux.

A une heure de l'après-midi, nous donnons un grand tour à une accumulation d'icebergs tabulaires entre lesquels apparaissent quatre ou cinq têtes de roches. Cette région est dangereuse, car dans la brume ou la neige, qui sont si fréquentes, on court le risque perpétuel, si on échappe aux icebergs, de se jeter sur un écueil qui n'est même pas toujours indiqué par des brisants. En tout cas, chaque fois que l'on voit des icebergs concentrés sur un point, il est prudent de s'en écarter, car j'ai remarqué que presque toujours ils balisent un haut-fond ou une ligne de récifs. C'est une grosse erreur, de la part de certains explorateurs, de dire que l'on peut toujours passer sans crainte près des icebergs, étant donné l'énorme pied qu'ils ont dans l'eau (1), car le récif a des parois

---

(1) LECOINTE. *Rapports scientifiques de la* Belgica.

souvent si perpendiculaires que l'iceberg est accoté à lui. C'est d'ailleurs en nous faisant ce raisonnement erroné, faute d'expérience, que nous avons failli jeter le *Français* sur un récif dans la baie Fournier et dans la baie de Biscoe et que, finalement, il s'est échoué d'une façon si grave sur la côte de l'île Adélaïde. Maintes fois nous avons pu vérifier le fait, en naviguant dans la région qui nous occupe actuellement. Je ne veux pas dire par là que tout groupe d'icebergs indique forcément la présence d'un récif ou d'un bas-fond, mais à moins qu'on ne soit très au large, il peut les faire craindre et il vaut mieux naviguer dans son voisinage avec précaution.

Le vent tombe, mais la mer reste très houleuse et nous roulons bord sur bord. Vers 4 heures de l'après-midi, un espace assez large apparaît entre deux des grandes îles en calotte qui, depuis que nous avons quitté l'île Victor-Hugo, se suivent presque sans solution de continuité, se chevauchant même les unes les autres. Ces deux îles-ci sont vraisemblablement celles que nous avons marquées sur la carte du *Français* sous le nom d'île Rabot et d'île Nansen. La mer semble libre entre elles, mais pour gagner le détroit qui les sépare il faut passer entre deux lignes d'énormes icebergs aux formes étranges ; l'un d'eux ressemble à un colossal fauteuil de géant dont le dossier aurait une quarantaine de mètres de hauteur.

Le temps claircit et nous voyons la terre formant une très vaste baie bordée de hautes montagnes, que nous reconnaissons pour être le cap Waldeck-Rousseau et le cap Marie. Un peu de glace de dérive est en travers de notre route et du pack lui succède, formé de floes larges et très épais.

A 6 heures, nous nous engageons dans le pack et nous pourrions avancer assez profondément dans la baie, en naviguant avec précaution, mais c'est vers le Sud que nous avons à faire et je considère qu'en persistant nous perdrions le bénéfice du beau temps dont il faut savoir profiter ici et que nous brûlerions beaucoup de charbon sans grand avantage. Nous stoppons donc au milieu des floes pour prendre des relevés de côtes et pour effectuer un sondage, qui nous donne 400 mètres sans fond. Le temps est splendide avec un beau soleil, mais la houle est toujours très forte et autour de nous les grandes plaques de glace s'entre-choquent avec fracas, la mer venant se briser entre elles en tourbillons. Un phoque de Weddell, étendu sur un floe, dort tranquillement en s'étirant voluptueusement de temps à autre sans s'inquiéter du roulis et du tangage qui le bercent.

Le grand enfoncement à l'entrée duquel nous sommes est situé par 66° 15, de latitude sud. Bien qu'il ne soit pas porté sur les cartes de l'Amirauté anglaise, il me semble très vraisemblable qu'il a été vu et peut-être même visité par le capitaine phoquier B. Pendleton, dont nous avons déjà parlé à propos de l'île Deception et qui commandait la flottille dont faisait partie N. Palmer. J. N. Reynolds dit en effet (1) : « Sur la partie nord de la Terre de Palmer, par latitude 66°5, et environ par 63° de longitude ouest, le capitaine Pendleton a découvert une baie, libre de glaces, qu'il parcourut sur une longue distance, mais sans vérifier son étendue vers le Sud. Dans ces mers, les vents prédominants sont du O.-N.-O. au O.-S.-O., et tous les coups de vent du N.-E. Un coup de vent ne dure guère plus de six heures. Le temps clair vient du S.-S.-O. et du S.-S.-E., ce qui n'a pas lieu pendant beaucoup de jours

Kodak.   Prenant une vue de côte.   Cliché Charcot.

dans un mois..... » Ces dernières constatations prouvent bien que Pendleton a au moins navigué dans ces régions, quoique cependant, d'après notre expérience, même pendant la belle saison il arrive fréquemment que les coups de vent du N.-E. durent plus de six heures.

Je crois qu'il est de toute justice de donner à cette baie, dont nous avons placé définitivement l'entrée sur la carte, le nom de Pendleton. Cette dénomination rappellera en tout cas un hardi capitaine américain qui fréquenta ces régions et mérite d'y voir attacher son nom.

En manœuvrant pour sortir du pack, notre gouvernail aborda brutalement un grand floe et un des maillons de la drosse fut cassé ; un amarrage de fortune fut immédiatement fait et, en nous aidant de perches, nous sortons de la partie épaisse des floes. Mais, pendant notre court séjour, beaucoup de drift, venant d'on ne sait où, s'est accumulé sur notre route et ce n'est qu'à 10 heures du soir que nous sommes dégagés. Nous stoppons pendant deux heures pour ressouder un maillon à la drosse et profitons de cet arrêt forcé pour effectuer un sondage.

---

(1) *Executive documents; 23ᵈ Congress 2ⁿᵈ Session doc. N° 105 January 27, 1835. A report of J.-N. Reynolds in relation to Islands, reefs and shoals in the Pacific Ocean*, etc., dated New-York September 24, 1828, p. 26-27. (Cité par Edwin Swift Balch-*Antarctica-Philadelphia*, 1902.)

Le 14 janvier, de très bon matin, nous sommes à la hauteur de l'extrémité nord de ce que nous avions appelé en 1905 la Terre Loubet. Le temps qui était embrumé, claircit d'une façon remarquable, la vue est superbe et devant nous s'ouvre un large passage conduisant à une très vaste baie. Au nord, l'entrée du détroit dans lequel nous nous engageons est limitée par une des grandes îles en calotte et au sud par l'extrémité nord de la soi-disant Terre Loubet. Je dis soi-disant Terre Loubet, car avec le temps clair dont nous bénéficions, il me paraît que celle-ci est en réalité ce que Biscoe a découvert et appelé l'île Adélaïde ; la brume seule, le mauvais temps et notre échouage nous ont empêché de le reconnaître précédemment sur le *Français*. Le Président Loubet, si sympathique à notre première expédition n'y perdra rien, car son nom sera transféré aux terres bien autrement importantes situées à l'Est de l'île.

Nous étions d'ailleurs absolument de bonne foi en persistant dans notre erreur, même au retour de l'Expédition avec les documents sous les yeux et voici pourquoi. Je m'étais rendu à la Royal Geographical Society de Londres où nous avons avec mon ami Matha, consulté par excès de précaution le Journal de Bord original de Biscoe et les différentes cartes anglaises où l'île Adélaïde est portée d'après les renseignements de ce navigateur.

Nous avons alors trouvé sur la carte de l'Amirauté 1238, publiée en 1905 et qui résumait toutes les autres, que l'île Adélaïde a 7 milles dans la direction N.-S. et 8 milles dans la direction E.-O. Elle est placée par 67° 15′ latitude Sud et 68° 20′ de longitude O., de Greenwich. J'ignore pour quelles raisons l'Amirauté n'a pas adopté la longitude de Biscoe qui est, comme nous l'avons dit, de 69° 26′ O. de Greenwich ; probablement a-t-elle suivi les indications erronées en ce point de la *Belgica*.

Or, notre tracé de côte de la Terre Loubet est compris entre 66° 40′ et 67° 5′ de latitude passant par 68° O. de Greenwich, ce qui laisse parfaitement la place à la découverte de Biscoe dont il affirme l'exactitude de la position en latitude et donne déjà à la côte parcourue par nous en 1905, 35 milles, c'est-à-dire au moins 27 milles de plus que les limites assignées par la description de ce navigateur. Biscoe, et nous le constaterons encore mieux plus tard, a certainement vu cette région de beaucoup plus loin qu'il ne le supposait, ce qui l'a forcément trompé sur ses dimensions et il serait probablement fort étonné de connaître les détails inattendus que nous sommes à même de donner sur sa découverte en l'amplifiant considérablement. La description de ce qu'il a pu voir est tout à fait remarquable par son exactitude et doit être intégralement transcrite ici.

John Biscoe, capitaine phoquier anglais, dont le nom mérite d'être placé parmi ceux des plus réputés explorateurs antarctiques, et qui reçut la médaille d'or de la Société de Géographie de Paris, naviguait pour le compte de l'entreprenante firme d'Enderby frères à bord du brick *Tula* accompagné du côtre *Lively* ; il découvrit en 1831, la Terre d'Enderby. Il retourna dans l'Antarctique l'année suivante, venant de la Nouvelle-Zélande. Le 14 février 1832, se trouvant par 66° 30′ Sud et 78° 04′ O., il rencontra des groupes serrés d'icebergs et beaucoup de pack ; il ne compta « pas moins de 4 à 500 icebergs autour de lui ». « Le 15 février, fort coup de vent du S.-O., écrit-il, dans son journal. Mer plate, latitude à midi 67°01′ S., longitude 71°48′ O. A 5 heures du soir, aperçu la terre à l'E.-S.-E. qui semble à une grande distance. Gouverné dessus pendant toute la nuit avec une brise du S.-O. A midi notre latitude est 67°15′, longitude 69°29′ O. Le corps de l'île est à environ 3 milles. Température de l'air 33° (fahr), eau 33° 1/2, pas de fond à 250 brasses. Baromètre 29.30°. Cette ile étant la terre la plus Sud connue, je l'ai honorée du nom de S. G. M. la Reine Adélaïde. Elle présente un aspect des plus importants et des plus beaux, ayant un très haut sommet s'élevant dans les nuages, apparaissant tantôt au-dessus, tantôt au-dessous d'eux. Environ un tiers des montagnes qui ont à peu près 4 milles d'étendue dans la direction N.-S. n'ont qu'une légère couche de neige sur leur sommet. Vers leur base les deux autres tiers sont enfoncés dans un champ de neige et de glace aux reflets éblouissants. Cette terrasse de neige et de glace qui a environ 4 milles, descend jusqu'à sa terminaison par une pente douce ; une falaise de 10 à 12 pieds de haut crevassée dans toutes les directions pendant 3 ou 400 yards de son bord vers l'intérieur, semble former des icebergs qui n'attendent que de forts coups de vent ou toute autre cause pour être mis à flot. Étant donnée la grande profondeur de l'eau, je considère que cette île a été primitivement un amas de roches perpendiculaires et je suis persuadé que j'aurai trouvé la terre que j'ai découverte l'année dernière, si j'avais pu l'atteindre, en tout semblable à celle-ci et de même toutes autres terres dans les hautes latitudes sud (1) ».

Ce passage du journal de Biscoe prouve qu'il a vu très nettement et très distinctement l'île ou plutôt la terre que nous avons suivie et dont nous avons pu faire l'hydrographie, mais il en était, je le répète, beaucoup plus éloigné qu'il ne le supposait, probablement à au moins 23 milles au lieu de 3. Le récit ultérieur de notre exploration prouvera qu'autrement rien n'aurait pu lui permettre d'affirmer qu'il avait une île devant lui et de lui assigner les si modestes dimensions de 8 milles, alors qu'en réalité elle a une longueur de 70 milles ! Son éloignement est encore prouvé par la hauteur de 3 yards qu'il donne aux falaises de glace. Je puis en effet affirmer que la hauteur moyenne de ces falaises, que nous avons suivies deux fois en 1909 et sous lesquelles à moins d'un mille nous nous sommes échoués avec le *Français* en 1905, est d'au moins 30 mètres : elles dominaient alors notre mâture. Enfin les sondages que nous avons effectués à plus de 5 milles de la côte comparés à celui de Biscoe tendraient également à le prouver. Il est fort probable aussi que Biscoe n'a pas vu les plus hauts pics de l'île Adélaïde, comme cela nous est arrivé d'ailleurs en 1905 et qu'il a vu « tantôt dessous, tantôt au-dessus des nuages », ceux qui sont relativement les moins élevés ou bien qu'il a pris pour des sommets les assises rocheuses, car, bien que le dégel ait été considérable pendant notre campagne d'été de 1909, les deux pics tout à fait remarquables et très élevés qui dominent la Terre Adélaïde étaient couverts d'un grand manteau de neige immuable ; les contreforts au contraire en étaient dégarnis, et il est exact de dire que, vus du large, « les deux tiers de leur base sont enfouis dans un champ de neige et de glace aux reflets éblouissants ».

Mais, je ne voudrais pas que l'on se méprenne sur la discussion que je crois devoir faire du passage de Biscoe et que l'on suppose de ma part un désir de critique. Je l'ai cité au contraire avant de continuer mon récit parce que je le con-

(1) *The Antarctic Manual*. London Royal Geographical Society 1901. *The Journal of John Biscoe*, p. 331.

sidère comme devant être la base fondamentale de mes propres descriptions et je professe pour Biscoe comme pour tous ceux qui, par leur énergie et leur ténacité, ont su faire de grandes choses avec de simples moyens, la plus sincère admiration. Il ne faut pas oublier, d'une part, que les méthodes d'observation, en ce qui concerne la détermination de la longitude en 1832, n'avaient rien de la rigueur de celles en pratique de nos jours et que les chronomètres ne pouvaient être comparés aux nôtres, surtout après la longue et très pénible navigation que Biscoe venait de leur faire subir sur un bateau de faible tonnage ne possédant vraisemblablement d'autre officier des montres, que lui-même. Enfin, d'autre part, rien n'induit en erreur comme la vue dans les régions polaires : le moindre changement de temps modifie les appréciations d'une façon véritablement fantastique et la différence de plans disparait complètement ; aucun explorateur polaire, j'en suis persuadé, ne me contredira quand j'affirme qu'il est impossible sans point de repère, d'évaluer à l'œil seul une distance dans l'Antarctique avec une prétention de précision. J'éprouve, je l'avoue, un plaisir infiniment plus grand à vérifier l'exactitude des découvertes d'un de mes devanciers de bonne foi comme l'était Biscoe qu'à relever ses erreurs ou à prouver l'inexactitude de ses assertions.

Dans un même ordre d'idées, il est évidemment fort satisfaisant d'être le premier à nommer un point géographique et de voir sur les cartes des désignations qui rappellent le pays auquel on appartient, mais j'ai considéré dans cette expédition, ainsi que lors de la précédente, comme un point d'honneur, de conserver et même de remettre aux places qui leur étaient dues les noms par lesquels nos prédécesseurs ont désigné leurs découvertes.

Les noms adoptés par les uns et par les autres, ont toujours été et seront toujours la cause de nombreux ergotages et de polémiques souvent violentes, l'esprit nationaliste intervenant là quelquefois dans son acceptation la plus étroite. Cependant, au fur et à mesure que les découvertes se multiplient, cette question me parait devenue de plus en plus facile à solutionner et en tout cas, elle ne présente aucune difficulté en ce qui concerne la région qui nous occupe, où il est des plus aisés de rendre à César ce qui appartient à César. Toutefois, je ne puis passer sous silence, après avoir lu le propre Journal de Bord de Biscoe, et refait avec soin ses routes, la phrase suivante de H.-R. Mill dans son livre si intéressant *The Siege of the South Pole*, p. 162. « Le nom de Graham Land pourrait bien être limité à la partie méridionale (de la Terre) au *sud de l'île Adélaïde* (1)... » Or, Biscoe dit, textuellement « *cette île* (île Adélaïde), *étant la terre la plus sud connue* », et je ne sais

L'île Adélaïde relevée de l'Ouest. Vue de côte de M. Bongrain.

(1) « *Graham Land might well be restricted to the Southern part South of Adelaid Island* ».

pas que quiconque ait jamais même prétendu, avant le voyage du *Pourquoi-Pas?*, avoir aperçu en dehors de la terre Alexandre 1er une terre *au sud* de l'île Adélaïde! D'ailleurs, la terre entrevue par Biscoe, et à laquelle on a donné le nom de Terre de Graham est, dit-il lui-même, en « *arrière plan* » du chapelet des îles Biscoe, et il me semble seule doit porter ce nom. A ce propos, les Américains de leur côté pourraient réclamer et dire que Pendleton a vu cette terre avant Biscoe, ce qui est vraisemblable, mais ce capitaine a eu le tort de n'en pas donner de description et ne propose aucun nom ; la baie de Pendleton rappellera en tout cas son passage dans cette région.

Pour remettre les choses au point, il me semble que le nom d'Archipel de Palmer a été fort bien donné par la *Belgica* aux groupes d'îles situées au nord du détroit de De Gerlache et pourrait être étendu aux îles *Deux Hummocks*, *Christiania* et même *Trinité*. Enfin, comme d'ailleurs l'indique la carte de l'Amirauté anglaise, la Terre de Danco désignerait la côte sud du détroit de De Gerlache, la terre de Graham s'étendant du 65° au 67° de latitude sud. Il nous appartient maintenant de nommer celles découvertes par le *Pourquoi-Pas?* au sud et à l'est de l'île Adélaïde.

L'île Adélaïde, avant le *Français* et le *Pourquoi-Pas?* n'a été « aperçue » depuis Biscoe que par Evensen et de Gerlache. Evensen qui n'a donné aucune description écrite m'a simplement dit que le 10 novembre 1893, il aperçut ce qu'il pensa être l'île Adélaïde et rencontra les premières glaces qui l'obligèrent à faire dévier sa route vers l'ouest. Quant à de Gerlache, il écrit seulement, que le 16 février 1898, après avoir quitté le détroit le 13 et navigué sans voir les îles Biscoe à cause de la brume, « nous voyons une terre dans le S.-E. environ, l'île Adélaïde entrevue par Biscoe sans doute (1) ». Lecointe, hydrographe de l'expédition, dit dans son récit (2), que du 13 au 16 février « parfois au loin vaguement nous apercevions une terre dont les glaces nous isolaient ...» et dans le fascicule hydrographic du rapport scientifique il ne consacre à cette terre que les lignes suivantes : « Pendant la nuit du 15 au 16 février, nous apercevons par bâbord une terre qui paraît être une île et dont l'emplacement correspond à celui donné par Biscoe à l'île Adélaïde. Les parties élevées de cette terre sont peut-être cachées dans la brume. L'île nous présente une ligne de faîte dirigée du N.-E. au S.-O., la distance qui nous en sépare et le manque de clarté de l'atmosphère nous empêchent d'en distinguer les détails (3) ». La route d'ailleurs, entièrement à l'estime qu'il donne sur la carte est vraisemblablement un peu erronée, ce qui est fort excusable dans de telles conditions de navigation, car il est impossible que la *Belgica* ait pu passer à 3 milles à peine de cette côte sans s'échouer, et sans que l'état-major se rende compte qu'ils suivaient une falaise de plus de 30 mètres de hauteur.

Ils ont eu en tout cas, une grande chance, car sur leur route, ils marquent à l'endroit même où nous les avons rencontrés et à peu près en aussi grand nombre, une accumulation de 85 icebergs ; or, ces icebergs, nous avons pu nous en assurer, balisent une ligne d'écueils des plus dangereux.

En somme, rien de précis depuis Biscoe.

---

(1) *Quinze mois dans l'Antarctique*, par A. DE GERLACHE, p. 161.
(2) *Au pays des Manchots*, par G. LECOINTE, p. 189.
(3) *Rapports scientifiques de la* Belgica. *Travaux hydrographiques et Instructions nautiques*, par G. LECOINTE, p. 96.

La baie devant nous est bordée de tous côtés de hautes montagnes dont les sommets affectent des formes variées ; leur base se termine, comme pour tout ce que nous avons vu d'ailleurs des Terres de Danco et de Graham, en falaises de glace coupées quelquefois par une avancée rocheuse à pic formant souvent un cap. Entre ces caps, les grands glaciers crevassés, débitant d'innombrables iceblocs sont nombreux. Vers le sud surtout, la falaise de glace est la terminaison d'une grande terrasse couverte de neige venant des montagnes en pente douce et ondulée, d'où s'élèvent, majestueux et étranges, des cônes de granit formant nunataks comme des ongles ou des dents monolithiques de monstres colossaux.

Vers le nord, un chenal large mais actuellement encombré de glaces et d'icebergs, sépare la terre des îles Biscoe qui, de ce côté, présentent le même aspect en calotte que vues du large avec des falaises peut-être plus élevées et à pic, et se chevauchant les unes les autres. Au sud, la Terre Adélaïde, terminée par une petite île en calotte, se présente de même ; mais elle est plus vaste et plus élevée. Près de son extrémité, se dresse un pic isolé et triangulaire, le « pic Vélain », qui s'aperçoit de très loin en mer, se détachant en triangle noir sur le fond blanc. La grande calotte monte lentement et graduellement vers le sud, jusqu'aux imposants massifs montagneux qui dominent l'île et qui, nous le verrons plus tard, la terminent au sud. La Terre Adélaïde est une énorme île en calotte, la dernière de la chaîne des si nombreuses îles Biscoe ; mais, comme le remarque l'explorateur anglais, elle est la seule qui soit couronnée de montagnes, et nous pouvons ajouter que ses dimensions sont telles que, morphologiquement, elle ne fait presque pas partie du groupe. C'est ainsi également que sa côte Est, que nous voyons distinctement, maintenant que le bateau a pénétré de quelques milles dans la baie, présente des falaises de glace très élevées comme des clivages de la calotte qui lui font perdre son aspect géométrique ; elle ne présente plus d'ailleurs sa forme de segment de sphère, une concavité se creusant de ce côté. Un fiord, en forme générale de virgule, la sépare des terres. Totalement encombré de glaces, il est impossible actuellement d'y naviguer ; impossible également de dire, les montagnes se chevauchant, si au fond du fiord, la Terre Adélaïde se réunit à la grande Terre, formant ainsi un promontoire, ou si elle en est séparée par un chenal qui ne peut être qu'étroit (1).

Quelques-unes des montagnes qui occupent le bord et le fond de la baie, paraissent constituer des îles ; dans tous les cas, elles sont découpées par de profonds enfoncements. Tout au fond s'élève un massif rocheux

---

(1) Cette question fut solutionnée plus tard par un raid pendant notre séjour dans la baie Marguerite.

dont la silhouette se détache sur le ciel comme celle d'un lion accroupi. Il limite la vue de ce côté, et nous empêche de constater si nous ne sommes pas dans l'amorce d'un détroit. Cependant, en avançant un peu, du haut du nid-de-corbeau, je vois un grand glacier derrière le lion, qui semble bien rejoindre les chaînes latérales, et j'acquiers ainsi la presque certitude que notre baie se termine là.

Pour avancer, nous devons écarter ou éviter de grands floes et naviguer entre des icebergs de très grande taille encombrant littéralement la baie et ses ramifications. Les icebergs et les iceblocs sont décidément la plaie de la région que nous avons choisie pour notre expédition. Grands ou petits, ils constituent un danger perpétuel pour le navire; que celui-ci soit en marche, stoppé ou amarré le long d'une banquise ou dans une anse, il n'est jamais en sécurité. Presque toujours en mouvement, changeant de route avec une rapidité surprenante d'après le vent et les courants, naviguant parfois l'un contre l'autre, ils ne laissent aucun repos, même par les temps les plus calmes et, il faut le don de philosophie et d'insouciance que l'on acquiert par l'habitude, pour oser s'amarrer quelque part. Je peux dire sans risquer d'exagérer, que si nous avions pu compter ceux que nous avons vus, simplement pendant la campagne d'été, le chiffre s'élèverait facilement à plus de 10.000. En dehors du danger provenant de leur masse, il leur arrive de se briser, déterminant de grandes vagues de houle qui peuvent être dangereuses, et ils parsèment ainsi le pack-ice de leurs fragments de glace bleue, dure comme un rocher, sur lesquels le navire risque de sérieuses avaries surtout lorsqu'il navigue avec un semblant de sécurité dans de la glace de mer beaucoup plus molle qui dissimule cet ennemi redoutable.

A peu de distance, derrière les grands floes, nous voyons la banquise côtière d'où ceux-ci se sont détachés.

Flâner dans cette baie serait une impardonnable erreur avec le temps magnifique dont nous avons la chance de bénéficier. Les beaux jours clairs sont si rares dans l'Antarctique qu'il faut savoir en profiter, car en quelques heures on peut effectuer un travail rendu totalement impossible, avec un temps simplement couvert, et la réussite d'une expédition dépend en principe de la rapidité avec laquelle on sait profiter des circonstances favorables. C'est pour cela que j'ai tenu à avoir un bateau de bonne marche relative, et je n'ai pas eu à m'en repentir.

Nous stoppons pour faire une station hydrographique et effectuer un sondage, et nous nous remettons en route pour gagner de nouveau le large et suivre vers le sud la Terre Adélaïde; mais nous faisons un crochet pour voir si celle-ci est vraiment une île. Nous élongeons un superbe iceberg tabulaire et dans le nid-de-corbeau, je suis juste à la hauteur de son plan supérieur que rase de son vol élégant un joli pétrel des neiges.

De mon observatoire, il me parut que la chaîne de montagnes d'Adélaïde continuait par un col neigeux celle de la grande terre et, qu'un nunatack ressemblant à un chalet suisse occupait son milieu. Plus tard je dus reconnaître que j'avais été trompé par les apparences, comme cela arrive si souvent.

A la grande baie que nous quittons, je donne le nom de « baie Matha », en souvenir du distingué lieutenant de vaisseau Matha, le savant et sympathique commandant en second de l'expédition du *Français*. Chargé lui-même de l'hydrographie, par une modestie excessive, il n'avait jamais voulu consentir à me laisser mettre son nom sur une de nos découvertes d'alors.

Il est 10 h. 30 du matin, lorsque nous repassons entre notre double ligne d'icebergs. Nous suivons la côte de la Terre Adélaïde, que nous

Kodak.   Dans la baie Matha.   Cliché Charcot.

conservons à 4 ou 5 milles de nous. La mer est libre, sans trace ni de glace de dérive, ni de floes, mais elle est encombrée d'énormes icebergs vers le large, tandis que la côte est hérissée d'une sorte de rempart d'iceblocs qui semblent bien provenir de la falaise. Biscoe n'a certainement pas exagéré, en évaluant à plus de 500 les icebergs en vue, et rien n'a changé depuis son temps. De même, ainsi qu'il l'a remarqué, les animaux sont très rares; c'est un pays sinistre; à peine de temps à autre une baleine rompt-elle le silence de son souffle puissant et apparaît-elle quelques instants à la surface.

Nous repassons au large du récif du *Français* où, le 15 janvier 1905, il y a exactement quatre ans et un jour, nous avions éprouvé tant de légitime anxiété et de désespoir à ne pouvoir continuer nos recherches. A cette époque, pour parvenir où nous sommes, il nous avait fallu traverser de vive force un pack épais, qui ne nous ménageait entre lui et la côte qu'un chenal d'une largeur d'un mille et demi à peine. Il nous donnait cependant l'espoir de pouvoir avancer et il nous aurait mené sûrement à la découverte de la baie Matha, si, en passant entre deux icebergs, de grandes dimensions, dont le tirant d'eau pouvait nous permettre de croire, dans notre ignorance, que nous n'avions rien à risquer, nous ne nous étions échoué si brutalement en faisant à notre avant de telles avaries que, pendant trois mois, il nous fallut pomper 23 heures sur 24 pour maintenir le navire à flot. Que de tribulations ensuite, provenant d'une machine donnant difficilement 5 nœuds par calme plat, en avaries perpétuelles, avec un bateau gouvernant à peine à la voile ! Tout cela par coups de vent succédant aux coups de vent, tourmentes de neige et brumes intenses !

Quelle différence maintenant ! Une machine robuste et fiable, nous donnant facilement nos 8 nœuds, le confort même pour les quarts, grâce à la timonerie sur la dunette et jusqu'à présent de longues heures de beau temps. Néanmoins, c'est avec émotion que nous parlons avec son ancien équipage de notre vaillant petit bateau, sur lequel, ne pensant qu'au but à atteindre, nous avons tant lutté et qui a su nous ramener épuisés, mais sains et saufs. Avec quelle tristesse, en repassant dans le Rio de la Plata, n'avons-nous pas salué son épave ! (1)

Il fait calme, avec une longue houle d'Ouest, les sommets au-dessus de la terrasse de glace sont noyés dans les nuées, mais le ciel présente de grandes éclaircies bleues du N.-E. au Sud, tandis qu'il est très sombre et d'un noir violacé dans l'Ouest. Pour fêter la traversée du cercle polaire, on hisse les couleurs et la « double » est distribuée à l'équipage.

Nous passons près d'un superbe iceberg tabulaire d'une classique régularité et qui mesure 40 mètres de hauteur avec une longueur de 2 milles. C'est ici que la *Hertha*, la *Belgica* et le *Français* ont rencontré le pack-ice, et repoussés par lui, ont dû s'écarter de la terre. Nous sommes les premiers à pénétrer dans cette région ; l'inconnu, l'inattendu sont devant nous, jusqu'où allons-nous pouvoir avancer ?

Depuis longtemps les 8 milles de Biscoe sont franchis et cependant, la côte, en présentant une longue et immuable convexité, nous fait toujours croire que nous allons atteindre et doubler un cap, qui recule de plus en plus. Notre direction générale est S.-O., puis, à 8 h. 30 du soir, nous avons le cap au Sud 30° Ouest, sans que rien soit changé dans l'aspect général malgré nos 7 nœuds soutenus depuis dix heures ! Les deux pointes de la grande calotte blanche sphérique semblent toujours à la même distance devant et derrière nous, comme si le *Pourquoi-Pas ?*

---

(1) Au retour de l'Expédition, le gouvernement argentin avait demandé à acheter le *Français* rebaptisé l'*Austral*. Son gréement modifié, ses chaudières et sa machine changées, il fit une campagne aux Orcades du Sud. Repartant de nouveau au printemps de 1907, il s'échoua dans le Rio de la Plata, sur le Banco-Chico et se perdit, tandis que son équipage était heureusement sauvé par le vapeur français *Magellan*.

était immobile, et cette navigation fantastique eût été digne de trouver sa place dans l'*Arthur Gordon Pym*, d'Edgard Poe.

Nous marchons cependant, car les icebergs succèdent aux icebergs; au large, dans l'Ouest, l'un d'eux, un peu isolé, nous apparaît comme un navire vu de trois quarts par l'avant, avec une cheminée et un mât de misaine. L'illusion est telle, que les hommes d'équipage affirment que c'est une épave, et il faut que je leur passe la longue-vue pour les convaincre de leur erreur.

Au S.-O., à la limite de l'horizon, remontant vers l'Ouest, apparaît

Plaque As-de-Trèfle.   Icebergs au large de l'île Adélaïde.   Cliché Gain.

maintenant une clarté qui est, vraisemblablement, un iceblink. Nous naviguerions donc entre la terre et la banquise. Dans le Sud et le S.-E., le ciel est devenu au contraire très sombre. Le vent se met à souffler assez fort du S.-S.-O., mais sans soulever beaucoup de mer, ce qui me confirme dans l'impression que la banquise n'est pas loin de ce côté. Le baromètre est en baisse continue depuis ce matin.

Un amas d'icebergs de grandes dimensions barre notre route; en veillant avec soin aux cailloux nous passons entre eux. L'un est découpé en arches et en grottes, tandis qu'une tête admirablement sculptée se détache d'un promontoire sous-marin.

Toute la nuit nous naviguons ainsi, attendant anxieusement la terminaison de la calotte. La monotonie est enfin momentanément rompue par une grosse roche qui émerge de la falaise et qui se détache très noire sur la surface blanche. Un haut-fond doit exister vers le large, car une ligne d'icebergs s'étend assez loin dans le prolongement du rocher. Par prudence, nous donnons un grand tour et nous nous en félicitons, car, plus tard, nous retrouvions les mêmes icebergs et, entre eux, des têtes de roches à fleur d'eau. Puis la calotte reprend son aspect primitif.

Vers 11 heures il y a de féeriques effets de lumière. La terre, par notre travers, est d'un blanc étincelant, tandis que la pointe Sud, qui fuit toujours, est d'un vert métallique difficile à décrire. L'horizon Sud est doré, tranchant sur un fond de ciel noir, alors que l'Ouest est rouge

Plaque As-de-Trèfle.   L'île Adélaïde et l'île Jenny.   Cliché Gain.

pourpre. Quelques icebergs se détachent en bleu foncé, tandis que d'autres, au contraire, sont colorés d'un rouge plus brillant comme s'ils étaient éclairés par un feu intérieur. Nous avons le cap au Sud 10° O.

Enfin, vers minuit, une longue pointe rocheuse sort de la falaise de glace, quelques récifs isolés se montrent également au milieu d'innombrables icebergs. Notre route s'incurve au Sud 40° Est et une énorme falaise noire se découvre, dont le sommet est noyé dans la brume. C'est presque par un soupir de soulagement que nous saluons avec l'officier de quart la fin de cette interminable calotte de glace (1).

(1) Nous avons donné à ce cap le nom de S. M. la reine Alexandra. Il nous a semblé que cet hommage était dû à l'épouse royale d'Edouard VII, qui a pris tant d'intérêt aux expéditions antarctiques. Ce cap, situé à l'extrémité de l'île de la reine Adélaïde, marque l'extrémité d'une terre découverte par un marin anglais et qui fut, pendant quelques années, la terre la plus sud connue.

15 janvier. — La terminaison de la calotte se fait brusquement et sans que sa pente se modifie, par une toute petite anse circulaire creusée dans la falaise de glace, au pied d'une muraille rocheuse, perpendiculaire contrefort de deux superbes pics que nous verrons bientôt sortir de la brume et qui eux-mêmes couronnent la chaîne de montagnes aperçue hier. Ce contrefort forme un beau cap élevé, après lequel s'ouvre une sorte de baie ou plutôt de golfe dont nous devinons à peine le fond et dont l'entrée paraît, d'où nous sommes, occupée en son milieu par une île de couleur noire, qui s'élève toute droite à 600 mètres environ de

Plaque As-de-Trèfle.   Le cap de la reine Alexandra.   Cliché Gain.

hauteur et présentant un sommet découpé en dents de scie. Un autre cap éloigné, mais certainement élevé, limite le golfe dans l'Est. Toute une ligne de côtes lui fait suite légèrement embrumée, mais dans laquelle on distingue des sommets de glaciers et d'autres promontoires rocheux. Elle s'étend à perte de vue vers le Sud.

J'éprouve, je l'avoue sincèrement, une réelle émotion devant ces terres que nous sommes les premiers à contempler, après la longue lutte qu'il m'a fallu soutenir pendant des années pour atteindre ce but.

Nous gouvernons pour entrer dans le golfe et notre route moyenne devient Nord 60° Est, mais nous sommes obligés à de perpétuels détours, car les récifs se dressent menaçants de tous côtés. Les icebergs sont nombreux et de grands floes de glace côtière, évidemment détachés depuis peu, encombrent notre route.

Depuis deux heures il ventait assez frais du N.-O., le ciel avait une vilaine apparence et le baromètre baissait de façon à me faire craindre un coup de vent, quand presque subitement le vent tombe, le ciel devient remarquablement pur et clair sur toutes les terres en vue et le soleil brille. Dans le S.-O. et l'Ouest seulement, le ciel reste très chargé. Grâce à ce temps inespéré, nous allons pouvoir faire en quelques heures un travail d'hydrographie considérable.

Nous constatons déjà par un simple coup d'œil que la terre se continue au delà de la latitude assignée par Biscoe à l'île Adélaïde, comme on était en droit de le supposer, mais jusqu'à aujourd'hui, sans la moindre preuve. Nous voyons aussi qu'elle ne prend pas, comme on l'indique en général (et j'ignore d'ailleurs pourquoi), une direction S.-O., mais qu'elle s'incurve au contraire, après la vaste Terre Adélaïde, au S.-E., puis au Sud 20° Est environ.

Nous devons être à une douzaine de milles de la côte et au fur et à mesure que nous avançons les floes deviennent plus nombreux, quelques têtes de roches se montrent et nous marchons à toute petite vitesse, en veillant avec soin.

L'île vers laquelle nous nous dirigeons n'occupe pas le milieu de la baie, comme on pouvait le croire d'abord, mais elle est beaucoup plus rapprochée du cap ouest, dont elle n'est séparée que par un passage de 4 milles de large. Après avoir éprouvé quelques chocs un peu durs contre la glace récalcitrante, nous franchissons sans accident ce passage et tout de suite, ce que nous prenions pour une baie d'étendue moyenne nous apparaît comme un énorme enfoncement qui mérite plutôt le nom de golfe. Il est actuellement comblé par une banquise côtière épaisse et plate

Kodak.   L'île Jenny.   Cliché Charcot.

s'appuyant sur la côte Nord de l'île et présentant du côté où nous sommes un front se dirigeant avec une légère concavité vers le Nord, où elle rejoint à environ 6 milles la Terre Adélaïde, formant ainsi une petite

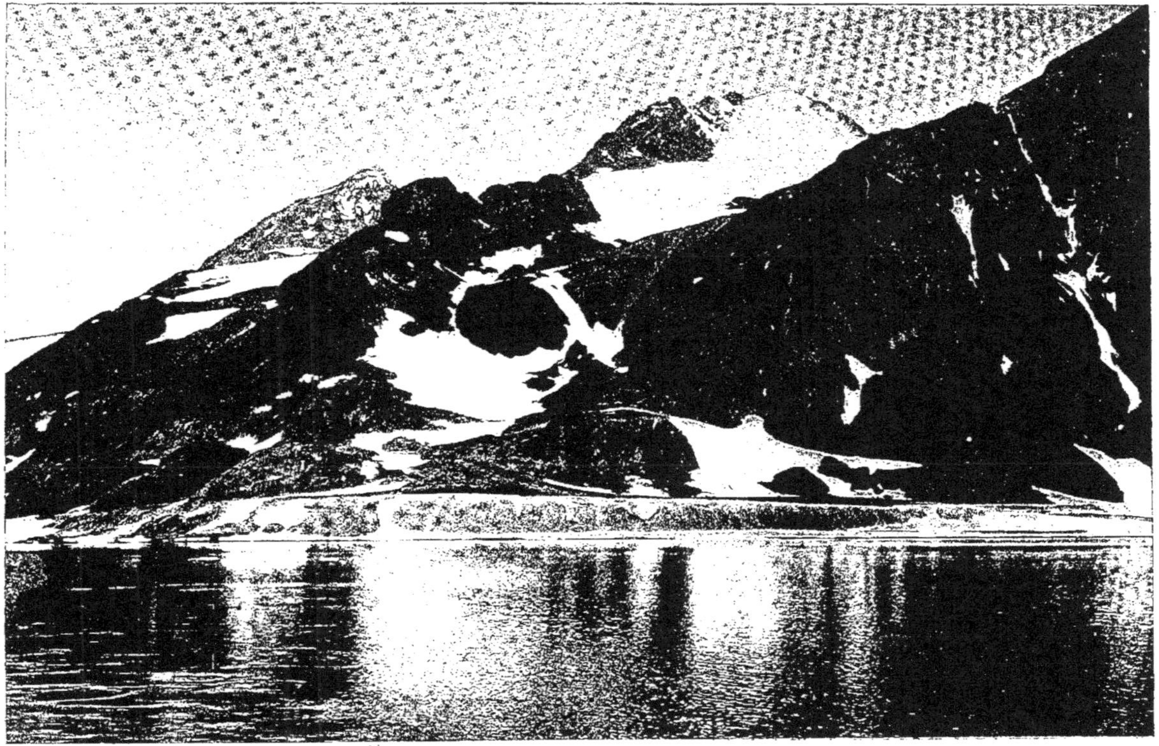

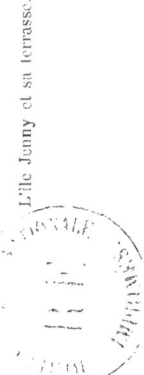

Plaque Lumière. L'île Jenny et sa terrasse. Cliché Senouque.

BIBL. NATIONALE RF IMPRIMÉS

baie, où il me semble que nous devons être en sécurité. Malheureusement, tout près de l'île, il y a des roches à fleur d'eau, et dès qu'on s'en éloigne, la sonde donne tout de suite 80, 100, 250 mètres fond de roche. Mouiller est donc impossible et il faut nous contenter de nous amarrer à la banquise, le plus près possible de l'île. De grands morceaux se détachant du bord de la banquise, nos ancres à glace doivent donc être portées aussi loin que nos amarres nous le permettent, c'est-à-dire à près de 150 mètres, car autrement nous risquerions de partir en dérive, et dans tous les cas favorisant par le tiraillement la rupture de la glace, nous serions obligés à chaque instant de déplacer nos ancres et de les porter plus avant.

Ici les traîneaux remplacent les embarcations et c'est sur eux qu'aussières et ancres à glace sont transportées à côté des pioches et des pelles qui servent aux hommes, une fois parvenus à la distance voulue, à enfouir et à fixer solidement les ancres.

A 5 heures du matin nous sommes amarrés et presque tout le monde se met au travail aussitôt, car j'ai décidé, toujours pour profiter du beau temps, de repartir aujourd'hui même, dès que j'aurai inspecté le large du haut de l'île et relevé les terres et glaces en vue.

Au golfe je donne le nom de Marguerite, prénom de ma femme, et à l'île le nom de Jenny, prénom de Mme Bongrain.

La face sud de l'île Jenny présente des parois très à pic et perpendiculaires, même dans leurs deux tiers supérieurs, par conséquent totalement dégarnies de neige, celle-ci n'apparaissant qu'à la base. La crête de l'île est extrêmement déchiquetée, couronnée de trois sommets rocheux aigus qui la font ressembler du large à une dent de phoque.

Sa face nord présente au contraire une pente assez régulière, montant jusqu'au sommet formé de roches très délitées par les gelées. Exposée au soleil, la plus grande partie en est dépourvue de neige, qui ne se montre que par grandes plaques donnant naissance à de véritables petits torrents. Cette face est légèrement concave dans son ensemble, sa coloration noire ou rougeâtre, sa réunion avec les parois perpendiculaires des autres côtés donne à première vue l'impression d'un cratère en grande partie effondré, mais un examen même superficiel écarte toute idée de volcan.

L'île est formée uniquement de roches éruptives granitiques traversées par de nombreux filons. Une de ses particularités les plus remarquables se trouve à l'Ouest, sous forme d'un grand talus de pierres s'élevant de la mer, à une dizaine de mètres de hauteur, et présentant un vaste plateau absolument horizontal qui semble avoir été patiemment et

Pingouins Adélies sur la banquise de la baie Marguerite. (Au fond, l'île Adélaïde.)

habilement construit par des terrassiers. Cette formation est évidemment le reste d'anciens rivages.

A l'Est on trouve de grands amoncellements de galets formant par endroits des plages coupées par des éboulis, provenant de la montagne qui est en effritement perpétuel et dont les parois se dressent déchiquetées en ruines énormes et branlantes.

En face de la côte ouest de l'île Jenny se trouve le massif montagneux, le noyau, si l'on peut s'exprimer ainsi, de la Terre Adélaïde, d'où se dressent dans un superbe paysage alpestre deux pics, dont l'élévation, quand nous les verrons plus tard du Sud, nous paraîtra encore plus considérable. Ils dépassent 2.000 mètres. De beaux glaciers viennent se déverser dans la mer et toute la côte, d'ailleurs, sauf le promontoire lui-même, est bordée de l'habituelle et peu hospitalière falaise de glace de ces régions. A perte de vue, dans un fiord qui semble se rétrécir et qui sépare la Terre Adélaïde des Grandes Terres, la banquise s'étend dans le N.-E., se continuant avec celle de la côte qui, elle, se dirige vers le S.-E. Dans la baie Marguerite, on distingue vers le Nord-Est une île contenue dans la banquise, ressemblant à l'île Jenny, et tout près de la Terre Adélaïde, presque à la lisière, un petit cône noir formant îlot. Dans l'arrière-plan, il y a quelques taches noires, aussi des îles, récifs ou dépendances de terres.

A 9 heures du matin, je pars avec Godfroy et Gourdon pour la crête de l'île, où nous avons été précédés par Gain et Senouque. Il nous faut franchir deux bons kilomètres avant d'arriver au pied de la terre et si cette nuit, avec -2°, le vent était pénétrant et froid, maintenant avec le soleil brillant dans un ciel presque sans nuages, la chaleur est vraiment très forte. L'ascension, qui se fait tout entière sur des éboulis de pierres aux arêtes vives, coupés de temps à autre par quelques plaques de neige ou de glace, est fastidieuse et déplorable pour les chaussures.

Mouettes et megalestris, en grand nombre, défendant leurs nids, tourbillonnent autour de nous. Un glacier accroché au flanc de la montagne forme un petit lac, d'où coule avec un joli murmure un torrent, dont une cascade est élégamment décorée de stalactites qui étincellent au soleil. Nous arrivons, entre deux des sommets, à environ 450 mètres sur la crête qui, sans transition aucune, forme, avec la paroi perpendiculaire nord de l'île et la pente que nous venons de gravir, un angle aigu. La vue est magnifique et nous permet de voir avec plus de détails ces terres vierges encore de tout regard humain ; mais c'est le large surtout qui m'intéresse pour le moment. Les glaces en mer, iceblocs et floes, sont assez abondantes, mais franchissables, les récifs sont très nombreux, formant une ligne oblique s'étendant fort loin au large et variant en

Au sommet de l'île Jenny.

Kodak. Cliché Charcot.

dimensions de la tête de roche à l'îlot ; environ à 45 milles dans le S.-E. il me semble voir la banquise qui va rejoindre la glace côtière. De la terre Alexandre-I{er}, pas de trace, et cependant, plus tard, nous la verrons fort bien du pied même de l'île, par un temps en apparence beaucoup moins clair. Elle était donc cachée, aujourd'hui, dans une brume évidemment locale, se confondant avec le ciel, noir de l'Ouest au S.-E. Ceci prouve, une fois de plus, combien toute affirmation dans l'Antarctique est sujette à erreur; par ce temps si beau, nous permettant de voir à des distances considérables d'autres terres, la Terre Alexandre-I{er}, importante cependant et à quelques milles, était invisible sans que rien ne puisse nous faire croire que notre vue était limitée. Nous aurions donc été de la meilleure foi du monde en affirmant, au retour, sans la moindre réticence, qu'aucune terre se trouvait, au S.-O., dans la limite de la visibilité de 450 mètres de hauteur.

Plaque As-de-Trèfle. Suivez-moi ! Cliché Godfroy.

La chaleur n'a fait qu'accroître pendant notre ascension et c'est en nage, après avoir peiné dans la neige ramollie et épaisse de la banquise, que nous arrivons à bord. A l'ombre, il y a —1°, mais au soleil il fait si bon, qu'après avoir pris un tub d'eau froide sur le pont, deux d'entre nous restent pendant une bonne demi-heure dans une absence complète de vêtements, à se sécher à ses bienfaisants rayons.

A 2 h. 30, nous appareillons et faisons un dragage par 250 mètres; pendant ce temps, Gourdon va en you-you établir un cairn sur l'étrange plateau de l'Ouest. Nous le reprenons en sortant et nous nous dirigeons vers le S.-O., côtoyant deux petites îles rocheuses qui sont séparées de l'île Jenny par une passe de 3 milles de large. Il fait toujours très beau et très clair, nous n'avons pas encore eu le moindre aperçu de la terre Alexandre-I{er}, mais la terre qui continue la Terre Loubet et à laquelle nous donnons le nom du président actuel, M. Fallières, est magnifiquement éclairée. Elle semble formée surtout de masses rocheuses coniques, se détachant en grands triangles noirs des glaciers qu'elles séparent et être découpée par des baies profondes; des îlots s'étendent au large dont beaucoup étrangement conformés. Un cap très rouge, ressemblant à une grande tour défoncée et inclinée faisant suite à une série de pitons triangulaires, est très remarquable.

La glace autour de nous, formée de floes, d'iceblocs et de débris d'iceblocs est assez abondante et, comme les rochers et îlots sont nombreux, nous devons marcher lentement et avec de grandes précautions.

La neige se met à tomber abondamment et, masquant la vue, vient compliquer les choses. Il est curieux de remarquer que pendant les courts moments où la neige cesse, le vent est du S.-E. par petites brises et que les grains de neige eux-mêmes viennent du N.-O., c'est-à-dire à contre-vent.

A minuit, le bateau est couvert de neige et le ciel est très clair sauf au Sud, où, dans une éclaircie, nous voyons distinctement une haute terre qui ne peut être que la Terre Alexandre-Ier. Nous venons de franchir une longue ligne de récifs et nous sommes au bord de la banquise formée de pack-ice très dense parsemé d'icebergs en grand nombre. Du haut de la mâture je

Pl. Lumière. Dans la banquise en vue d'Alexandre-Ier. Cl. Godfroy.

distingue un vaste chenal qui s'avance dans la mer libre, à quelques milles de nous dans l'Est, et semble pénétrer obliquement assez loin dans les glaces. Nous gagnons ce chenal et nous nous y engageons. Une brise assez fraîche se lève du S.-E., amenant bientôt un temps très clair. Il faut profiter de cette chance inespérée dans ces régions et nous avançons aussi rapidement que nous le permet un pack qui devient de plus en plus épais.

La Terre Alexandre-Ier que nous voyons à une distance et d'une direction d'où elle n'a jamais été vue, apparaît très nettement éclairée d'une teinte dorée par le soleil. Toute la côte sud de la Terre Fallières apparaît aussi, se profilant sur un ciel bleu qui ne doit rien nous cacher. Entre elle et la Terre Alexandre-Ier, sont deux îles relativement petites aux sommets arrondis, puis, très rapproché de la Terre Alexandre-Ier, s'élève ce que je prends alors pour une grande île montagneuse, mais que nous reconnaîtrons plus tard, pour n'être qu'une partie de la Terre Alexandre-Ier elle-même.

Cette terre a les mêmes caractères que la Terre de Graham; l'aspect de ses montagnes est identique à celui de la Terre Adélaïde et comme elle, du côté où nous la voyons, sa base est formée par une énorme terrasse de neige arrondie, dont je distingue déjà la falaise de glace du haut du nid-de-corbeau. Les sommets sont élevés, formant une crête dentelée. Les deux extrémités Est et Ouest se terminent par des promontoires rocheux qui semblent, d'où nous sommes, descendre directement dans la mer. Entre la Terre Alexandre-Ier et les îles qui se trouvent à l'Est, la banquise s'étale à perte de vue, comme d'ailleurs entre celles-ci et l'extrémité la plus sud de la Terre Fallières. Il en est de même à l'Ouest où elle limite tout l'horizon rompu dans sa monotonie par'de grands et nombreux icebergs.

Les glaces, devant nous, deviennent de plus en plus serrées et compactes; nous avançons quand même, mais difficilement. Les floes sont énormes d'étendue et de hauteur, quelques-uns ayant plus de deux mètres au-dessus du niveau de la mer. Il faut pousser ou remorquer les grands, briser les petits, manœuvrer à chaque instant et l'homme de barre, comme les mécaniciens, n'ont pas un instant de repos. Les chocs sont souvent formidables, mais mètre par mètre nous avançons. De nombreux sondages sont effectués qui donnent des fonds de roche et des profondeurs variant très rapidement entre 108 et 477 mètres.

A 11 heures, nous sommes à une quinzaine de milles de la falaise, la glace devient alors tout à fait compacte, formée de grands floes serrés qui s'appuient sur le côté et semblent déterminer des hummocks de pression. Du haut du nid-de-corbeau, je n'aperçois aucun chenal, aucune solution de continuité nous permettant de pouvoir espérer d'avancer encore. Force nous est donc de stopper, et profitant d'un petit espace d'eau libre, nous faisons un dragage par 144 mètres. De nombreux levés ont pu être faits, appuyés sur des observations prises dans les meilleures conditions. Aux photographies enregistrées par tous nos appareils, je ne puis céder au désir de joindre celle du bateau et je descends en canot la prendre d'un grand floe voisin. La vie animale est peu intense; deux ou trois phoques, quelques pingouins et c'est tout.

Nous restons là une partie de la journée, mais sans pouvoir approcher davantage; par une chance exceptionnelle, nous avons pu pénétrer dans cette vaste encoche que jusqu'alors on avait toujours trouvé fermée par d'impénétrables glaces. Pour ne pas revenir en arrière, j'ai songé un instant à rester où nous étions et à attendre les événements, mais un peu de réflexion me fait revenir sur cette intention. Nous avons, du

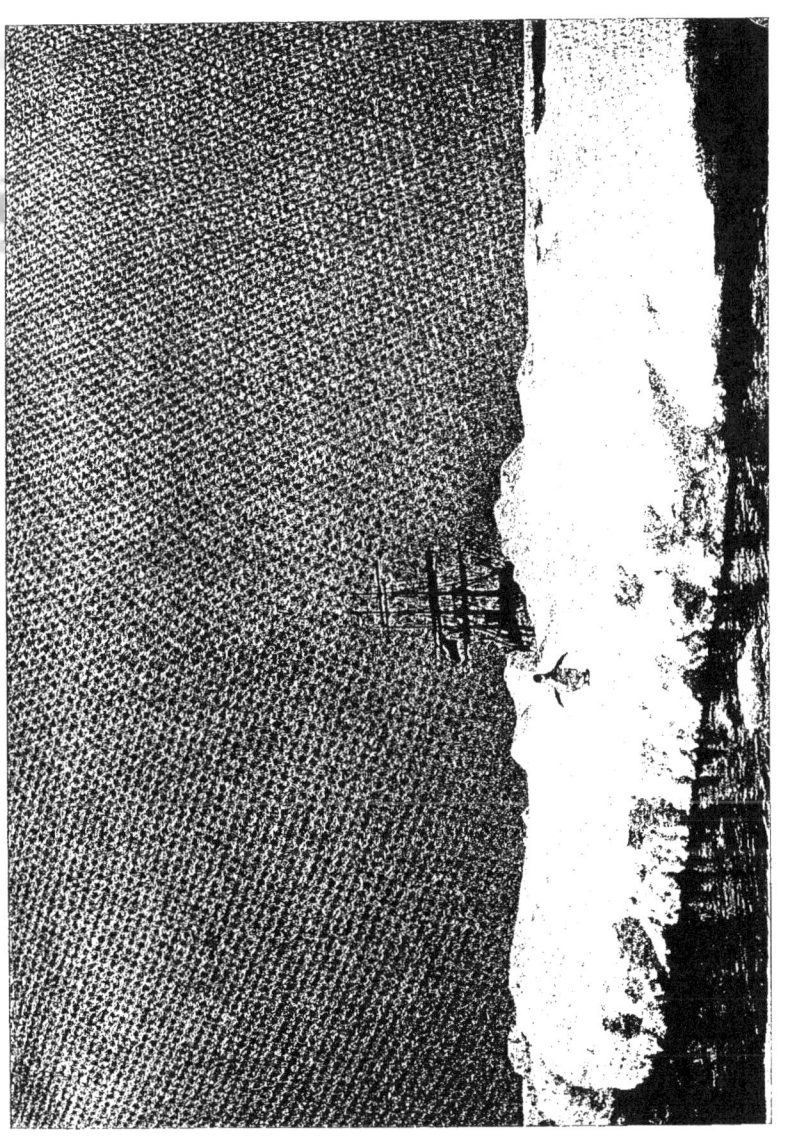

Les floes au large de la Terre Alexandre-1er.

Cliché Charcot.

point atteint par ce temps superbe et inespéré, relevé et noté tout ce qui était possible ; l'état des glaces ne nous permet guère de compter actuellement avancer beaucoup plus dans une direction nous permettant de relever de nouveaux détails importants, et quant à débarquer sur cette terrasse de glace, cela ne pourrait se faire qu'avec les plus grandes difficultés. D'ailleurs, la parcourir ne serait intéressant qu'avec plusieurs semaines devant soi, ce qui est impossible avec le bateau en dérive et de nombreuses chances de ne pouvoir revenir à une date désignée, même approximativement. Nous risquons de plus d'être entraînés par la glace en dérive, loin d'une région si intéressante à étudier, ou d'être bloqués et forcés d'hiverner sans profit dans une banquise mobile, ou encore, par suite de la proximité de la côte, d'être écrasés par les pressions qui, à en

Plaque Lumière.   La Terre Alexandre-Ier.   Cliché Senouque.

juger par l'état des glaces, doivent être formidables si le mauvais temps survenait. Je considère donc qu'à tous points de vue il est préférable d'essayer d'avancer dans l'Est où après la banquise que nous avons traversée, se montre un peu d'eau libre, puis si nous ne trouvons pas d'issue de ce côté, de retourner à la baie Marguerite, l'île Jenny constituant un magnifique observatoire d'où nous pourrons guetter une occasion favorable pour nous avancer dans une direction ou une autre. C'est encore de cette façon que nous économiserons le plus de charbon, qui est pour nous le nerf de la guerre.

Mais gagner l'eau libre n'est pas chose facile ; les glaces se sont resserrées sur nous et il faut engager un travail long, pénible et méticuleux. Du haut de la mâture, d'où je cherche les chenaux les plus navigables, secoué par les vibrations résultant des chocs que nous donnons malgré toutes les précautions, je ne puis m'empêcher de songer que nous naviguons ainsi avec un avant peut-être gravement avarié. Mais tout semble tenir bon, la machine fait son devoir et trois clapets de pompe seulement sont cassés.

Dans la soirée, la glace devient si compacte et si serrée, que nous ne pouvons plus bouger. Au bout de quelques heures un relâchement se produit et nous nous remettons en marche, poussant lentement la glace devant nous. Ainsi nous parvenons à la lisière du pack ; nous traversons un peu de glace de dérive et enfin nous naviguons en eau libre.

Nous cherchons à aller vers l'Est, rejoindre la Terre Fallières, mais bientôt la glace, plus compacte encore que devant la Terre Alexandre-Ier, barre la route et nous ne revenons à la baie Marguerite qu'après avoir eu à soutenir une nouvelle et longue lutte avec les glaces, qui, depuis que nous avons quitté notre anse, sont venues obstruer son entrée.

Il est 6 heures du matin, et l'apparence du ciel est maintenant mena-

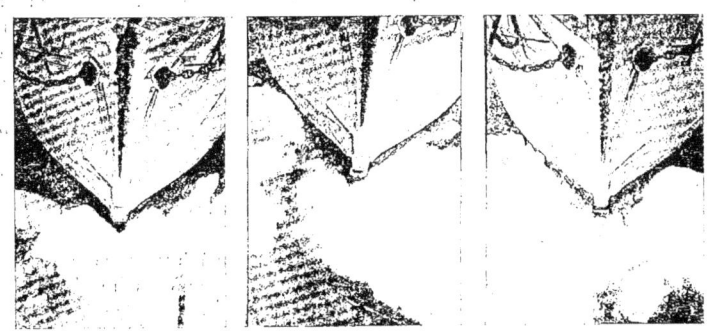

Plaque Lumière.　　L'étrave du *Pourquoi-Pas ?* brisant un petit floe.　　Cliché Godfroy.

çante ; mais pendant toute cette navigation nous avons bénéficié du temps le plus beau que l'on puisse rêver et pas un instant nous n'avons cessé de voir simultanément et avec une grande netteté la Terre Alexandre-Ier, toute la côte, avec le cap que nous considérons comme l'extrémité sud de la Terre Fallières et la Terre Adélaïde, dont les deux magnifiques sommets se dressent dans le ciel en aiguilles pointues surmontant des dômes au style byzantin. Un temps semblable est d'ailleurs presque indispensable pour naviguer dans cette région infestée de récifs et d'icebergs et j'avoue que je ne vois pas très bien comment on s'en tirerait avec un coup de vent et du temps bouché.

Nous sommes déjà en mesure de rapporter des renseignements précis sur les terres du sud de l'île Adélaïde, où cessent les cartes actuelles et sur la Terre Alexandre-Ier qui, jusqu'à présent aperçue seulement à de grandes distances et du même côté, paraissait un peu comme une terre légendaire.

Bellingshausen venant de l'Est, découvrit le 21 janvier 1821 l'île Pierre-Ier, et longeant la banquise vit à 40 milles environ, entourée de glaces *infranchis-*

sables, une grande terre s'étendant loin vers le S.-O. à laquelle il donna ;le nom d'Alexandre-Ier et dont il publia une excellente vue de côte.

Les glaces forcèrent ensuite Bellingshausen à remonter vers le N.-O.

Lorsque plus tard, grâce à Biscoe, la Terre de Graham put être vaguement tracée jusqu'à l'île Adélaïde, les géographes considérèrent comme un des importants problèmes de l'Antarctique de savoir si la terre découverte par Bellingshausen était ou non un prolongement de cette Terre de Graham. Les trois « aperçus » de la Terre Alexandre-Ier depuis Bellingshausen, jusqu'à l'expédition du *Pourquoi-Pas ?* n'apportèrent aucun renseignement pouvant s'ajouter à la description du navigateur russe, qui restait même, de beaucoup, la plus complète.

Le capitaine phoquier norvégien, Evensen atteignait bien le 20 novembre 1893 le 69° 10′ Sud par 76° 12′ Ouest (Greenwich). Les jours suivants, et surtout le 22 novembre, remontant vers le Nord, il aperçut la Terre Alexandre-Ier entourée d'une banquise infranchissable. Malheureusement, si Evensen, homme estimable et sympathique, est un hardi et habile capitaine, les questions géographiques semblent le préoccuper fort peu, car il ne donna aucun détail sur son voyage et, lorsque j'allai le voir à Sandejford, tout ce que je pus tirer de lui, concernant la terre Alexandre-1er, fut « *Very high and fine mountains, plenty of icebergs!* » De hautes et belles montagnes, quantités d'icebergs !

Le 16 février 1898, la *Belgica*, qui semble ignorer le voyage d'Evensen, vit pendant quelques heures la terre Alexandre-Ier, mais les différents membres de l'expédition ne sont pas d'accord, dans leur récit.

De Gerlache se contente d'écrire que, le 16 février à 4 heures, cette « Terre apparait superbe avec ses puissants glaciers, à peine séparés les uns des autres par quelques pics plus sombres, se détachant en blanc jaunâtre sur l'azur foncé du ciel » (1).

Lecointe, dit : « Nous n'apercevons la Terre Alexandre-Ier que de très loin, sans pouvoir nous faire une idée *même approximative* de la distance qui nous sépare » (2), ce qui ne l'empêche pas d'ailleurs de publier avec profusion une vue de côte de cette Terre et un plan, où sont nettement tracés des contours de côtes, des montagnes et des vallées. Je dois m'empresser de dire d'ailleurs, que vue de côte et plan se rapportent aussi peu aux descriptions d'Arctowski, membre de la même expédition et de Bellingshausen qu'à ce que nous sommes en mesure de décrire nous-mêmes.

F. Cook, médecin de la *Belgica*, n'hésite pas de son côté à donner, avec une grande prodigalité de chiffres et de mesures, une description détaillée absolument différente de celle de Lecointe de ce qu'il appelle « les iles Alexandre » (3), mais aussi se fait-il vivement relever par son camarade Arctowski, qui donne une quatrième et autre description, en avouant que « nous n'avons pris aucune mensuration et que nous avons peu à ajouter à la description donnée par Bel-

---

(1) De Gerlache, *Quinze mois dans l'Antarctique*, p. 162.

(2) Lecointe. *Rapport scientifique de la Belgica. Travaux hydrographiques*, p. 98. Dans son récit : « Au pays des Manchots », p. 189, le même auteur dit : « Le 16 février, nous apercevons la Terre Alexandre, découverte en 1821 par Bellingshausen. Nous en sommes si éloignés que nous ne pouvons même en apprécier la distance ». La vue de côte et le plan sont reproduits dans les deux ouvrages cités et également dans les cartes de l'expédition de la *Belgica*.

(3) Fr. A. Cook. *Vers le Pôle Sud. Adaptation française*, p. 135.

lingshausen » (1). Ce qu'en dit Arctowski d'ailleurs et que je reproduirai plus loin, jure singulièrement par son exactitude avec les publications de ses deux collègues et on doit féliciter ce savant d'avoir, lui, si bien vu, et d'avoir été le seul à donner des indications de quelque valeur en sachant rester dans les limites de l'observation sincère.

A bord du *Français*, les 11 et 13 janvier 1905, nous-mêmes apercevions la Terre Alexandre-Ier à plus de 60 milles; une banquise compacte rendit inutiles nos efforts pour en approcher, seulement, nous nous étions promis de ne pas en rester là et nous nous sommes tenus parole, puisque trois ans après nous arrivions en un point où personne d'autre n'avait pu parvenir, après avoir traversé des glaces, toujours qualifiées du même mot « infranchissables ».

Donc, lors de l'arrivée du *Pourquoi-Pas?*, en 1909, la question n'avait pas fait un pas en avant depuis 1821 et, puisque nous avons pu parvenir dans cet endroit favorable, nous devons faire tout notre possible pour en profiter.

Aussi, voudrais-je trouver un endroit où le bateau serait à peu près en sécurité, où nous pourrions peut-être hiverner et, en tout cas, séjourner sans dépenser de charbon, comme nous le faisons. Cette question me préoccupe tellement qu'à peine sommes-nous amarrés le long de la banquise et bien que je ne me sois pas reposé un instant depuis

Plaque Lumière.   Cliché Senouque
Sur les bords de l'île Jenny

quarante-huit heures, je prends mes skis, tandis qu'à bord tout sommeille, sauf l'homme de quart et je traverse la bande de banquise qui s'accote à l'île et divise le golfe en deux. Arrivé de l'autre côté, je quitte les skis et fais une longue promenade autour de l'île, tantôt sur des plages aux talus de galets, tantôt au milieu d'éboulis curieux et fantastiques, ou sur des banquettes de neige. Malheureusement, mes observations ne sont point rassurantes : de ce côté, la glace forme également une grande concavité, beaucoup moins abritée et qui s'étend plus loin que l'anse où est le *Pourquoi-Pas?* Les fonds sont rocheux et malsains le long de l'île et, enfin, la baie est remplie de grands icebergs. L'île elle-même ne présente aucune anse où on pourrait chercher à s'abriter des icebergs, ni

(1). HENRYK ARCTOWSKI. *Antarctic Manual 1901. Exploration of Antarctic Lands.* p. 495 et 496.

aucun récif sur lequel on pourrait s'amarrer; cette constatation m'inquiète et me navre, mais je ne veux pas me décourager avant d'avoir bien cherché et sondé de nouveau tout autour du bateau.

Il y a beaucoup de phoques sur la banquise, des crabiers et des Weddells; quelques mégalestris, comme si j'étais capable de faire du mal à leurs petits, fondent sur moi en criant et, enfin, quatre ou cinq pingouins Adélie, dépourvus de timidité, viennent bavarder à mes côtés. Je leur demande où se trouve leur rookerie, mais, malins, ils font semblant de ne pas comprendre, et, j'ai beau chercher, je ne la trouve pas; nous ne nous quittons pas moins très bons amis.

Pl. Lumière.   Aimables Pingouins.   Cl. Senouque.

L'après-midi, chacun travaille de son côté : les hommes vont chercher de la glace d'iceberg, que nous transformons en eau pour la chaudière; Gourdon, Senouque et Gain vont sur la banquise explorer le cône noir qui se trouve dans le N.-E. de notre anse. Trompés par la distance, comme cela arrive habituellement ici, ils ne rentrent que tard dans la soirée.

Le vent du N.-O. s'est levé fort; nous ne nous trouvons plus, fort heureusement, dans la banquise, le long de la Terre Alexandre-Ier ou dans les récifs; nous sommes, du moins je le supposais, en sécurité relative et dépensons le minimum de charbon restant à une demi-heure de pression, soit pour manœuvrer les amarres avec le treuil, soit pour faire tourner la machine au cas où nous partirions en dérive ou qu'un iceberg viendrait sur nous, ce qui n'est guère à craindre, avec le vent soufflant de cette région.

Le lendemain, le vent est toujours fort du N.-O. au Nord, mais la banquise semble tenir bon et nous avons quatre amarres dehors, trois devant, avec l'ancre d'une d'elles à 100 mètres et l'autre derrière.

Nous montons un de nos traîneaux automobiles et, le soir, nous pouvons l'essayer. Le moteur commence par nous donner quelques difficultés, puis il part, et arrive à traîner assez gaillardement ses cinq personnes, mais, pour pouvoir tenter quelque chose de sérieux, il faudra faire subir des modifications aux raquettes des roues et à certains détails. Le tout, je m'en rends bien compte, ne sera au point qu'après de nombreux essais et transformations, qui se feront pendant l'hivernage. D'ailleurs, j'ai considéré ces traîneaux automobiles comme un premier essai pour les expéditions futures, mais je ne compte vraiment que sur les traîneaux à bras.

19 janvier. — Le vent a soufflé très fort toute la nuit et forcit encore ce matin. La banquise, autour de nous, se détache par grandes plaques; une ancre à glace est portée encore plus loin que les autres, mais les fentes augmentent; je donne l'ordre de rentrer à bord tout le matériel qui traîne, de démonter le traîneau automobile et de pousser les feux.

Plaque As-de-Trèfle. Essai du traineau automobile (Baie Marguerite). Cliché Gain.

Avec les vents de la partie nord, nous n'avons évidemment rien à craindre de la mer, mais, sans la machine sous pression, si nos ancres à glace manquent ou, ce qui serait pire, si un gros morceau de la banquise se détache, nous entraînant avec elle, nous serions à la côte en quelques instants.

Vers 11 heures, le traîneau automobile a été en danger, une grande fente s'étant produite près de lui, mais il n'était, heureusement, pas complètement démonté et le moteur ayant bien voulu partir tout de suite, il s'est dégagé de lui-même, revenant gaillardement avec son chauffeur. Au moyen du treuil et des ancres à glace, nous avons pu rapprocher deux morceaux de banquise sur lesquels il a passé et le rehisser ensuite à bord sans accident.

A 2 heures, force nous est d'appareiller pour chercher un meilleur abri et une glace plus solide dans le fond de l'anse du N.-O.

A une encablure d'une falaise de glace et tout près d'un superbe glacier, dont le front flotte, chaotique et déchiqueté de crevasses, nous sommes un peu abrités du vent et ne ressentons aucun clapotis; à un ou deux milles de nous se dresse le cône semi-rocheux, semi-neigeux, but d'une excursion d'hier, englobé dans la banquise qui se continue avec le glacier et dont la limite est marquée par une ligne de hummocks et de crevasses. Deux sondages, à peu de distance l'un de l'autre, nous donnent 66 et 97 mètres, fond de vase fluide et verte. Donc, pas de mouillage

Plaque As-de-Trèfle.   Front de glacier (côte Est de l'île Adélaïde).   Cliché Senouque.

encore l'obligation de garder les feux allumés et de nous contenter des ancres à glace.

Le temps clair nous permet de voir distinctement la Terre Alexandre-Ier et la partie terminale de la Terre Fallières.

Le vent est fort, mais il est curieux de remarquer que nous n'avons pas encore éprouvé un de ces grands coups de vent de N.-E. qui ont rendu si pénibles et si difficiles, pour ne pas dire dangereuses, nos deux campagnes d'été de 1904 et 1905. Sauf à Wandel, où le vent a soufflé d'ailleurs relativement peu fort et où, pendant une journée, il y a eu de la boucaille de neige, les vents de cette région n'ont pas été véritablement violents et n'ont été accompagnés que de temps clair. Ou nous bénéficions d'un été exceptionnel, ou précédemment nous avions subi deux étés très durs.

Le coucher du soleil, ce soir, a été très beau, éclairant d'un rose féerique les sommets crénelés de notre glacier. Tout près de nous, un iceberg d'apparence tabulaire est échoué, à peine détaché de la falaise où l'on voit la place qu'il occupait encore, il y a évidemment fort peu de temps. L'étude glaciologique en est intéressante à faire et Gourdon commence tout de suite à le mesurer et à sonder à son pied. S'il se mettait à flot, cela serait la première fois que nous verrions un tabulaire même relativement petit comme celui-ci, provenant d'une falaise de glace. Jusqu'à présent, en effet, toutes les nombreuses falaises près desquelles nous avons séjourné se clivaient, envoyant ainsi sur la mer de grandes quantités de fragments de petites dimensions ou donnant naissance à des iceblocs dangereux pour le bateau,

Plaque Lumière.   Cliché Senouque.
L'iceberg qui a chaviré près de nous.

mais bien petits comparés aux icebergs qui se rencontrent si abondants et qui doivent provenir de formations dans le genre de la grande barrière de Ross.

Plaque Lumière.   Cliché Godfroy.
Sondant au pied de l'iceberg qui a chaviré quelques heures plus tard.

20 janvier. — Le vent ayant beaucoup molli, le baromètre montrant une tendance à monter et le temps étant clair, nous appareillons avec l'intention de suivre la côte, et avec le vague espoir d'y trouver un point d'hivernage. Nous nous écartons de la banquise sans difficulté, car il règne un courant Sud qui paraît permanent et nous stoppons devant l'île Jenny, où Senouque va reprendre un pied de théodolite qu'il y avait laissé ; pendant ce temps nous faisons un long dragage qui promet à Liouville et à Gain du bon travail.

Mais la neige se met à tomber en abondance et le vent forcit de nouveau ; n'ayant aucune raison de nous aventurer au milieu des cailloux, par ce temps, nous reprenons notre poste d'amarrage et mangeons, pour nous consoler, un excellent dîner de soupe aux choux de Bruxelles, de phoque à la Saint-Hubert et de purée de pois. Ce menu est fort apprécié, mais par contre, six crevettes antarctiques, abandonnées au cuisinier par les zoologues, n'obtiennent aucun succès.

A 10 heures du soir il neige toujours, l'entrée de la baie, les sommets avoisinants, l'île Jenny sont complètement masqués et cependant, à travers la neige qui tombe on voit, fait assez curieux, la Terre Fallières (beaucoup plus éloignée) très bien éclairée.

Je broie du noir, non pas tant à cause du retard que le mauvais temps apporte à nos projets, que par l'inquiétude où je suis concernant un point d'hivernage que j'aurais tant voulu trouver par ici et aussi par suite de la note de charbon qui m'est présentée. Évidemment, les dépenses journalières, quand nous sommes amarrés, sont faibles, mais s'ajoutant les unes aux autres, elles finissent par former un total appréciable.

A 11 heures du soir, je suis détourné de mes sombres réflexions par un phénomène qui me confirme dans le danger de notre situation actuelle. Nous nous trouvions, comme précédemment, à 300 ou 400 mètres de l'iceberg détaché de la falaise et que Gourdon avait été examiner à différentes reprises. J'écrivais dans ma cabine, lorsqu'un bruit, semblable à une forte pétarade de feu d'artifice, accompagné et suivi d'un grand roulement, m'amène en quelques enjambées sur le pont à temps pour voir le magnifique spectacle de l'iceberg qui s'entr'ouvre en chavirant. D'énormes éperons aux couleurs glauques sortent de l'eau, des roches même sont soulevées comme par une mine sous-marine; le bouillonnement est intense et, en quelques secondes, la surface de la mer, sur une grande étendue, est couverte de débris de toutes tailles. L'iceberg a perdu un bon tiers de son volume. La marée était haute au moment où le phénomène s'est produit, et il est probable que la masse de glace presque à flot a roulé, puis glissé sur le seuil où elle reposait, perdant finalement son équilibre, ce qui semble prouver, une fois de plus, que les tabulaires, si même cela arrive jamais, sont bien rarement formés par ces falaises étroites et élevées, dont le pied est baigné par des eaux relativement peu profondes.

Nous croyions le spectacle terminé, lorsque le même phénomène se produisit une seconde, puis une troisième fois, mais nous voyons alors le plus gros morceau restant, haut d'une quinzaine de mètres au-dessus de l'eau, venir droit sur nous en roulant, poussant heureusement devant lui quantités de débris.

La machine, par bonheur prête à tourner, part en arrière au premier commandement, tandis que nous filons les amarres par le bout et la

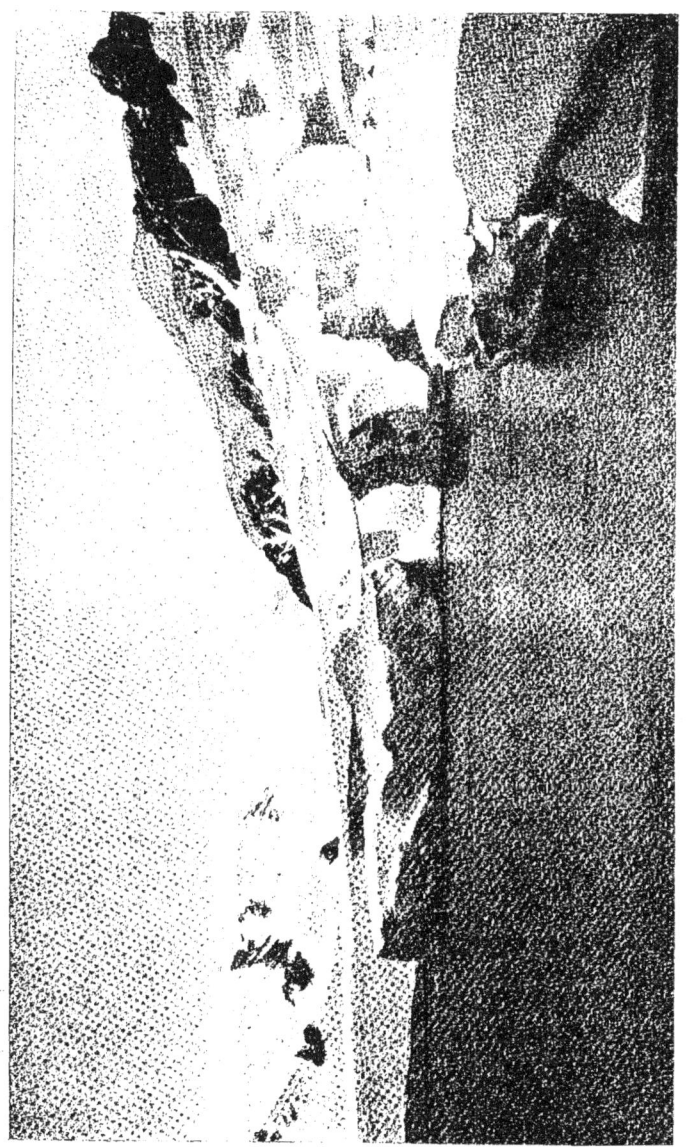

Front de glacier dans la baie Marguerite.

Plaque Lumière. Cliché Senouque.

chance veut que la masse de débris, frappant d'abord notre arrière, le fasse éviter, de sorte que l'iceberg, continuant sa marche imposante et terrible, trouve le bateau déjà en marche et au lieu de le frapper inerte par le milieu ou par l'arrière, l'atteint d'une façon relativement légère à bâbord et en mouvement. Notre malheureux you-you qui se trouvait à tribord, coincé par le choc entre la banquise et le *Pourquoi-Pas?* est rejeté sur la glace et aplati comme une punaise. Nous pouvons nous estimer très heureux de ne pas avoir subi son sort.

Doucement, sans toucher à ce qui reste de l'iceberg pour ne pas exciter sa susceptible instabilité, qui serait cette fois désastreuse, nous partons et allons nous amarrer plus loin. Un gros bloc de glace provenant de l'iceberg est resté fixé entre la sous-barbe et l'étrave, où nous le conserverons longtemps, mais nous n'avons subi aucune avarie et nous nous en tirons avec le you-you brisé et une amarre coupée par le seul homme qui a manqué de sang-froid et qui s'est servi de son couteau, au lieu de filer simplement, comme j'en avais donné l'ordre.

Grâce à l'ingéniosité et à l'adresse de Libois, secondé par Chollet, les morceaux du you-you constituaient, au bout d'une semaine, une embarcation peut-être encore plus solide qu'avant l'accident.

21 janvier. — Bien que le vent souffle toujours un peu du N.-E., je décide de sortir, après avoir effectué une série de sondages, pour nous mettre à la recherche d'un mouillage éventuel; malheureusement nous ne trouvons rien de bon et dans des endroits tout près de l'île Jenny, un peu abrités des vents du large, récemment débarrassés de glaces, nous avons 97 mètres fond de roche. A 1 heure nous passons au sud de l'île, entre elle et les deux gros îlots rocheux, où en vain nous cherchons une petite anse.

Bientôt nous sommes de l'autre côté de l'île, et bien que nous ayons toujours derrière nous les rafales du N.-E. et que nous n'ayons rien qui nous abrite de ce vent, nous traversons une zone de calme absolu. Nous nous dirigeons vers la côte en face et la brise reprend assez fraîche, mais cette fois de l'E.-S.-E., amenant un temps très clair et un ciel bleu. Nous longeons donc vers le Sud cette côte superbe formée de hautes montagnes, tantôt noires, tantôt rouges, aux silhouettes bizarres, entrecoupées de glaciers et de hauts sommets. De grands fiords s'y enfoncent, des îles s'en détachent : il y aurait certainement là de bons abris d'hivernage, malheureusement une banquise d'une douzaine de milles nous en sépare et pénètre dans tous les enfoncements.

Avec le vent qui règne, comme je m'y attendais, d'assez grandes plaques se détachent, s'éloignant vers le large et laissant un chenal où nous pouvons naviguer à toute vitesse. Nous côtoyons le bord de la banquise, à quelques mètres, de sorte que, malgré le vent qui forcit, il n'y a pas de mer. Fréquemment nous stoppons pour faire des stations d'hydrographie, car le temps est remarquablement clair et nous voyons, en même temps que la Terre Alexandre-Ier, toute la côte jusqu'à son cap terminal qui semble être sur une grande île. Nous pouvons rectifier quelques erreurs faites par nous-mêmes les jours précédents et c'est ainsi que nous reconnaissons que ce que nous avions pris pour une grande île à l'Est, fait partie de la Terre elle-même, mais par contre d'autres petites

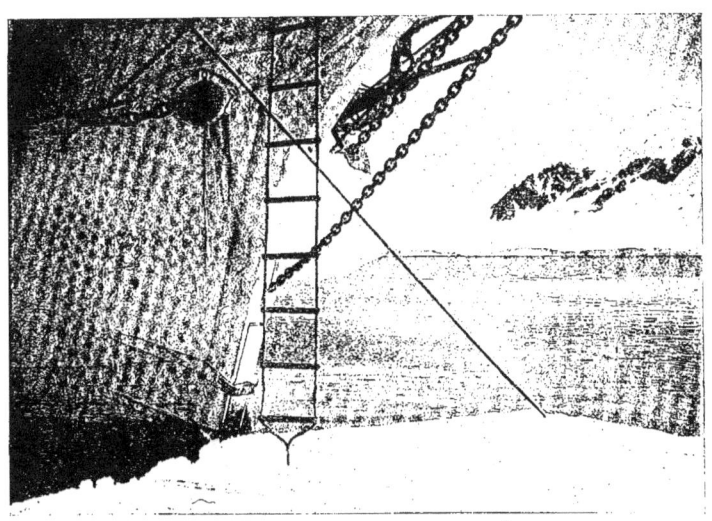

Plaque Lumière.   Cliché Gain.
Bloc de glace resté dans la sous-barbe après le chavirement de l'iceberg.

îles apparaissent, très loin dans le Sud. A chaque station hydrographique Rouch effectue un sondage.

Vers 7 heures du soir, la banquise s'incurve vers l'Ouest, s'écartant de la côte, et nous conduit dans un amas d'icebergs. Aller plus loin devient absolument impossible. Nous nous amarrons à la banquise, que j'ai bien pu examiner du nid-de-corbeau et où je vais faire un petit tour avec Gourdon. Elle est épaisse de 5 ou 6 mètres au moins, très dure dans sa partie inférieure, mais sa couche de neige supérieure est en fusion et on enfonce jusqu'aux genoux dans la saumure. Très plate, elle contient relativement peu d'icebergs vers le large, mais près de terre, au contraire, elle englobe des tabulaires si vastes que nous les avons pris tout d'abord pour des terrasses de glaces. Ces tabulaires, comme d'ailleurs quelques-uns auprès de nous, présentent des parois creusées en alvéoles, séparées par des sortes de colonnes qui leur donnent un aspect particulier.

La banquise se détachera-t-elle cette année complètement ? Actuellement les morceaux qui en partent sont insignifiants et pas une fente, pas une lagune n'indiquent qu'un travail de désagrégation se produit ; seules quelques grandes taches bleues prouvent que la chaleur du soleil fait fondre la couche superficielle de neige. D'autre part, la quantité considérable de glaces poussées par le vent actuel au large du petit chenal où nous sommes reviendra au premier changement de vent et empêchera la grande houle, c'est-à-dire le meilleur agent de débâcle, de venir

Plaque Lumière. — Le youyou écrasé. — Cliché Gain.

produire son effet. Ces constatations me navrent, car je ne songe plus qu'à l'hivernage.

Avant de repartir, nous faisons un dragage à 200 mètres environ ; malheureusement le treuil subit une avarie qui rend la remontée de la drague très longue. Cette avarie est ennuyeuse, car jusqu'à réparation complète le treuil ne pourra servir pour nos chaînes, et même difficilement pour nos amarres.

Dans la nuit, après avoir recueilli toutes les observations possibles et nous être assurés que nous ne pouvions plus avancer, nous repartons par la même route pour ne pas nous laisser bloquer dans notre chenal. En arrivant le lendemain matin au sud de l'île Jenny, le vent souffle de nouveau très fort du N.-E., mais comme le temps est clair, je décide de

Plaque Lumière. Pénétrant dans la banquise au large de la Terre Alexandre-Ier. Cliché Senouque

retourner vers la Terre Alexandre-Ier et de nous en approcher, si, comme je l'espère, le vent d'hier a écarté un peu les glaces, sinon d'aller l'examiner du côté S.-O.

A toute vitesse, vent arrière, cap au S.-O. vrai, nous faisons d'abord bonne route, sans être gênés par les glaces, mais au bout de deux heures nous entrons dans un vrai fouillis de cailloux où nous passons sans toucher, je ne sais trop comment. Quatre heures après seulement, nous rencontrons le pack-ice épais et nous nous y engageons carrément, recommençant la lutte habituelle pour gagner quelques milles dans le Sud, mais la Terre Alexandre-Ier est devant nous, toute grande, et le mal que nous nous donnons en vaut la peine.

Difficilement, lentement, nous approchons, les grands icebergs eux-mêmes se mettent de la partie, nous barrant la route et nous obligeant à multiplier nos détours. Nous dépoussons les floes un par un, gagnant à peine, mais nous avançons et du nid-de-corbeau il semble qu'une assez grande étendue d'eau libre vient baigner le pied de la falaise de glace. Nous y parvenons enfin et franchissons cette espèce de grand lac, en sondant fréquemment, trouvant des fonds très variables entre 66 et 180 mètres. A moins de deux milles de la falaise, nous sommes arrêtés par d'énormes floes de glace côtière de 1^m,60 de hauteur au-dessus de l'eau, séparés par de grandes crevasses, mais si serrés que le bateau ne peut y pénétrer. Les floes eux-mêmes sont trop grands pour que nous puissions les écarter ; ils se continuent par une banquise côtière qui s'arrête à la falaise. En traînant une norvégienne on arriverait certainement, sautant ou passant de floe en floe, à l'atteindre, mais les risques à courir, le temps qu'il faudrait ainsi dépenser, en laissant le bateau dans une situation qui peut d'un moment à l'autre devenir scabreuse, ne seraient nullement compensés par l'intérêt de l'aventure. En effet, nous voyons très nettement la configuration de cette falaise de glace; il faudrait, une fois que nous y serions parvenus, toute une expédition qui, peut-être encore n'aboutirait pas, pour franchir sa paroi perpendiculaire et crevassée, d'une trentaine de mètres de hauteur. Si nous réussissions cette escalade, il faudrait ensuite parcourir une énorme calotte de glace couverte d'un épais névé de 15 à 16 milles d'étendue pour arriver aux parois perpendiculaires des montagnes qui en sortent, et dont nous voyons d'ici admirablement les détails. Tout ceci ne serait vraiment utile que si nous pouvions débarquer pour plusieurs jours, ou plutôt même, plusieurs semaines. Au pied de la falaise, nous n'apercevons même pas un caillou, seulement, juste devant nous, deux petites îles s'en détachent qui ne paraissent guère plus élevées qu'elle et qui sont également couvertes d'une épaisse et uniforme couche de glace. Je ne veux donc pas céder à la vaine gloriole de toucher du doigt la falaise d'une terre que nous avons eu le bonheur d'atteindre les premiers, et sur laquelle nous n'apprendrions ainsi rien de plus. En sachant profiter du beau temps qui continue toujours à nous favoriser, nous pouvons accomplir un travail autrement utile.

Le vent de N.-E. a fait place, comme hier, à une jolie brise de S.-E., nous donnant un ciel absolument pur, qui nous permet de retrouver tous nos points de repère, depuis l'extrémité de la terre continentale jusqu'aux sommets de la Terre Adélaïde dont les neiges sont superbement teintées en vieil or mat par le soleil. Tous les appareils photographiques du bord fonctionnent sans arrêt, tandis que Bongrain fait une longue et complète station hydrographique. Celle-ci terminée, il est temps de nous dégager, car les grands floes nous ont traîtreusement encerclés et c'est avec difficulté que nous nous en débarrassons pour faire un dragage de 180 mètres qui, en dehors de spécimens zoologiques variés, nous permet de rapporter une pleine baille de cailloux petits et moyens dont une partie est généreusement abandonnée par notre géologue aux hommes avides de posséder un souvenir de cette terre dont ils parlent depuis si longtemps.

D'ici nous voyons la Terre Alexandre-Ier, à peu près de la même direction que la première fois, mais étant donnée sa proximité, nous complétons facilement tous nos précédents renseignements et pouvons confirmer ce que nous avions alors noté. Du Nord, cette île est bien formée d'une énorme calotte de glace comme celle de la Terre Adélaïde mais beaucoup plus grande et aux contours plus irréguliers. De hautes montagnes, escarpées et découpées, aux sommets dentelés, présentant d'ailleurs les mêmes caractères généraux que celles d'Adélaïde, forment une chaîne E.-O. On ne peut rêver contrée d'aspect plus rébarbatif et plus ingrat.

Comme toujours, il y a fort peu d'animaux, quelques très rares phoques dormant sur les floes, deux pétrels des neiges, autant de mégalestris et cinq ou six pingouins Adélie. Quant aux baleines, nous n'en avons point vu depuis longtemps.

Après avoir fait le tour de notre petit lac qui, d'ail-

La Terre Alexandre-Ier relevée du Nord. (Vue de côté de M. Bongrain.)

leurs, se rétrécit de minute en minute et avoir vainement cherché un chenal pour en sortir facilement, nous nous engageons carrément dans le pack, gouvernant d'abord au N.-O. pour profiter de la brise de S.-E. qui facilite beaucoup notre passage. A 9 h. 30 du soir, nous sommes dégagés et naviguons le long du drift qui borde la banquise, pour chercher à attaquer la Terre Alexandre-Ier par l'Ouest. Le drift nous fait gouverner en moyenne d'abord à l'Ouest, puis au S.-O. Nous ne quittons pas la terre de vue et nous voyons toujours les montagnes sortir

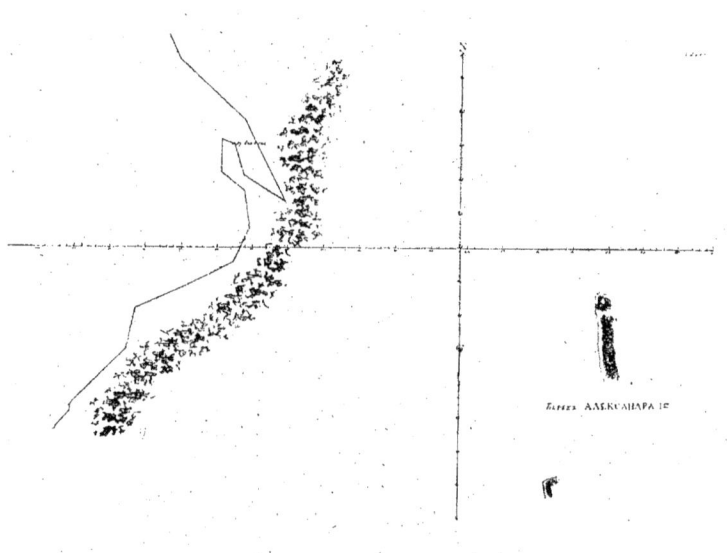

Route de Bellingshausen devant la Terre Alexandre-Ier (d'après son Atlas 1821).

de la calotte qui paarît former un segment de sphère. Nous apercevons bientôt une nouvelle chaîne qui se dessine, celle-là N.-S., mais qui, elle aussi, sort de la calotte; il ne paraît y avoir que l'extrémité Ouest de la chaîne qui descend directement à la mer ou sur une partie tout au moins très amincie de la calotte. Nous retrouvons facilement ce que Bellingshausen a dessiné avec grande exactitude, mais il devait être encore plus loin qu'il ne le supposait. Des dessins de Lecointe, tracés cependant avec tant de fermeté, nous ne retrouvons rien, malgré la bonne volonté que nous y mettons, mais ceux-ci sont rachetés par la description d'Arctowski (1).

(1) Je crois intéressant de citer les passages les plus exacts de la description d'Arctowski. Rapports scientifiques de la *Belgica. Géologie*, p. 42 : « La Terre Alexandre, qui est au Sud, a

A 10 h. 30 du soir, les glaces nous permettent de gouverner au sud 20° ouest vrai, ce qui nous fait pénétrer dans une grande indentation de la banquise, dont nous n'apercevons pas encore le fond ; il y a pas mal de drift-ice et quelques ice-blocs, mais qui ne nous empêchent pas de marcher à toute vitesse.

La partie de la banquise que nous laissons à tribord et qui se dirige vers le O.-N.-O. est balisée par dix grands icebergs tabulaires, très rapprochés, presque identiquement semblables de formes et de dimensions, ressemblant ainsi à un gigantesque train de wagons peint au ripolin. Avec de la brumaille, on prendrait facilement cette ligne d'icebergs pour une muraille de glace. De nombreux et très grands icebergs tabulaires se voient un peu partout également et, bien que rien ne me donne le droit de l'affirmer, je reste convaincu qu'une muraille de glace doit exister peut être au Sud de la Terre Alexandre-Ier. La partie Est de la banquise très serrée se continue après une vingtaine de milles avec la glace côtière de la terre d'Alexandre-Ier qui part du pied de la falaise. Cette terre est magnifiquement éclairée par le soleil presque tangent à l'horizon.

La nuit, si on peut à l'époque où nous sommes se servir de ce mot, est superbe et calme. Nous voyons maintenant la côte Est et l'on peut schématiser le tout à mon avis de la façon suivante : un grand segment sphérique de neige sur lequel est couché un T. Ce T, est formé par deux chaînes de montagnes, la petite branche orientée Est-Ouest, la longue à peu près Nord-Sud. La première est la plus élevée, la paroi Nord très verticale ; l'autre, la paroi de notre côté assez douce, s'abaisse graduellement vers le Sud depuis sa jonction avec la branche courte (V. page 124). Quelques petits contreforts se détachent de cette chaîne et presque à son extrémité Sud, qui se montre à nous comme un cône, se voient deux petits mamelons montés sur un plateau de couleur noire.

<small>des pics très élevés qui se dressent majestueusement au-dessus de tout un ensemble montagneux qui s'étend suivant la direction N.-S. et se perd vaguement à l'horizon. Devant nous se trouve un cap qui est l'extrémité d'une chaîne allant de l'Est vers l'Ouest et qui forme le côté Nord de cette terre,.... Plus loin vers le Sud, les montagnes semblent décroître en importance et le profil en est doux.

Un fait à remarquer, est qu'ici également se dessine très nettement une plaine de glace qui descend vers la mer en pente très douce, et c'est dans cette plaine que viennent se confondre les nombreux glaciers qui descendent des montagnes... »</small>

Nous sondons et trouvons 326 mètres ; une demi-heure plus tard, à 12 milles seulement de la côte, nous trouvons 574 mètres avec fond de vase et petits cailloux ; ici, comme dans toute cette région, les fonds sont donc très inégaux. A minuit, ayant atteint l'angle le plus sud de la grande indentation de la banquise, nous sommes arrêtés par les glaces. Du nid-de-corbeau je constate avec regret que cette banquise formée de floes épais presque soudés les uns aux autres, est pratiquement impénétrable et nous userions tout le reste de notre charbon pour gagner à peine quelques milles qui ne nous apprendraient pas grand'chose de plus, car avec ce temps si clair, qui ne peut durer éternellement, nous voyons à une distance très considérable.

Schéma de la Terre Alexandre-Ier.

Après ce que nous devons considérer comme le cap terminal, on ne voit pas d'autres terres, mais partout la banquise s'étend jusqu'à l'horizon borné par un ciel très pur. Pourquoi hélas, ne pouvons-nous pas continuer vers le Sud ! et cependant avons-nous le droit de nous plaindre, puisque nous sommes parvenus, là où personne n'est arrivé, que nous avons vu ce qu'aucun autre n'a pu voir ?

Pendant que nous faisons une station hydrographique, la branche N.-O. de la banquise lentement se rapproche de nous, il faut nous hâter de partir, sinon nous risquons d'être pris presque dans les mêmes parages que la *Belgica*, ou d'être écrasés au premier coup de vent d'Ouest, contre la banquise côtière. Nous repartons donc, mais alors que nous sommes déjà en route, depuis une heure, un mirage me fait croire qu'un chenal vient de s'ouvrir vers le Sud ; je vire immédiatement de bord, et revient sur mes pas pour constater mon erreur, après avoir failli aborder un iceberg et attrapé quelques bons coups contre les floes qui réveillent mes camarades auxquels j'avais fait prévoir une navigation tranquille. Il était temps de sortir de notre baie, car la glace venait de l'Ouest rapidement et la ligne des dix tabulaires, rejoignant presque la banquise de l'Est, ne nous ménageait qu'un étroit chenal qui a dû se fermer peu de temps après notre sortie.

A perte de vue la banquise s'étend vers le N.-O. et l'Ouest. En voulant aller de ce côté, nous risquerions fort d'être obligés de faire beaucoup de Nord et, si même nous pouvions redescendre Sud, en vue de la Terre Alexandre-Ier, de la voir d'une distance telle que nous n'ajouterions rien à la description de Bellingshausen. Je préfère donc revenir à la baie Marguerite observer un peu ce qui s'y passe et décider enfin si un hivernage y est possible, ou si, d'après la fragmentation de la banquise, nous pouvons espérer aller chercher ailleurs un endroit favorable.

Le temps est toujours très clair, et nous permet de bien voir toutes nos terres, mais le vent s'est élevé assez fort et très frais du S.-E. Nous faisons stations et sondages et, après avoir frisé de très près une tête de roche à fleur d'eau, simplement signalée pendant quelques instants, par un bienheureux remous, nous reprenons notre passe habituelle et à 10 heures, nous sommes amarrés à la banquise sous l'île Jenny. Il fait un temps vraiment inouï de clarté et de pureté d'air, avec un ciel sans nuage; le vent est tombé, et le soleil chauffe sérieusement; on a l'impression d'un très beau jour d'hiver à Nice.

Il est décidé que Bongrain, Gain et Boland partiront demain soir pour faire une excursion de deux jours dans le fiord du N.-E., afin de tâcher de se rendre compte si la Terre Adélaïde est une île ou si elle se rattache au continent.

24 janvier. — Bien que ce soit aujourd'hui dimanche, comme le vent qui souffle du Sud au S.-O., n'a pas l'air de nous gêner, je fais

Pl. Lumière.   Autopsie d'un phoque sur la banquise.   Cl. Godfroy.

démonter le treuil pour le réparer afin de ne pas perdre de temps. L'opération est difficile, mais on y parvient néanmoins et dans deux jours, il sera de nouveau en état de fonctionner.

A 8 h. 30 du soir, par un temps calme et délicieux, Bongrain, Gain et Boland sont partis. Je leur ai recommandé de marcher de préférence la nuit pour éviter les ophtalmies, et également pour bénéficier d'une neige durcie par la gelée, tandis que l'après-midi avec le soleil, on y enfonce jusqu'aux genoux.

Ils emportent cinq jours de vivres; la roue d'une vieille bicyclette (que j'avais oubliée de débarquer en partant), adaptée à l'arrière du traîneau avec un compteur de tours, constitue un excellent odomètre.

25 janvier. — Il fait calme, un peu brumeux, et une petite pluie fine, chose bien rare sous ces latitudes, ne cesse de tomber. On travaille à bord de tous côtés, avec la plus grande ardeur. Le treuil est presque fini de remonter, la vedette est réparée, le you-you est en réparation; l'excellente eau douce que l'on trouve en abondance à terre, est recueillie dans toutes nos embarcations et nous faisons ainsi, sans dépense de combustible, le plein de la chaudière et des caisses.

De grandes plaques de notre banquise, brisées par la houle du dernier coup de vent, s'en vont, entraînées par le courant Sud ; aussi la bande qui nous sépare de la partie Est de la baie, remplie d'icebergs, diminue-t-elle assez rapidement, ce qui ne manque pas d'être inquiétant.

Nous avons enfin revu deux baleines ; une dans l'Ouest de la baie, l'autre dans l'Est. Hervé, de plus, a trouvé hier sur la partie Nord de l'île, dans des éboulis de 8 mètres au-dessus de l'eau, un gros fragment d'os de baleine ; nous n'en avons pas trouvé d'autres, mais cela suffirait presque à prouver qu'il y a eu ici un soulèvement assez récent du sol.

Kodak.   Cliché Rosselin.
Le *Pourquoi-Pas ?* pavoisé dans la baie Marguerite.

Gourdon a rencontré un pingouin antarctique ; nous n'en avions pas revu depuis Wandel et je crois qu'ils doivent être rares aussi Sud. Enfin, dix-huit beaux poissons ont été pris au tramail.

26 janvier. — A mon réveil, je trouve le bateau orné de son grand pavois, les hommes ont voulu fêter ainsi l'anniversaire de mon mariage ; mal renseignés, ils sont de deux jours en retard, mais je ne détrompe pas ces braves gens dont l'attention spontanée me touche.

Parti de bonne heure à skis, j'ai voulu me rendre compte de l'état de la banquise ; la bande étroite qui nous sépare de la partie Est de la baie et nous protège contre les icebergs qui y sont accumulés et contre ceux qui y sont englobés est fort compromise. Minée par la houle qui vient des deux bords, elle présente de grandes fentes et de grandes flaques d'eau. Beaucoup de phoques dorment sur la glace ; je m'amuse à les approcher sans les réveiller, puis à frapper mes skis de mon bâton ; invariablement le dormeur ouvre un œil en clignotant, puis l'autre, regarde sans le moindre étonnement l'apparition étrange que je dois être pour lui et, si je ne bouge pas, s'étire, cherche une bonne position et se rendort. Cependant à côté d'une grosse mère phoque, sommeille un jeune de petite taille ;

je recommence mon manège, et si la mère manifeste la plus totale indifférence, son enfant, au contraire, est agité d'une grande frayeur, cherchant à se sauver en montrant les dents et en soufflant. J'ai remarqué que ce jeune phoque portait à la région caudale trois grandes cicatrices, dont une presque circulaire semblable à celle que l'on rencontre, on pourrait presque dire toujours, chez les adultes. D'origine très discutée, les blessures qui en sont cause, ont été attribuées par certains aux luttes qui peuvent avoir lieu entre phoques, à la saison des amours; mais il faudrait alors que celui que j'ai devant moi soit extrêmement précoce ! Il est fort probable que les causes de ces blessures sont multiples, beaucoup provenant évidemment d'attaques d'orques et même de léopards de mer.

Une pluie fine ne cesse de tomber, genre crachin de Brest, et il en est

Pl. Lumière.   Blessures que l'on rencontre fréquemment chez les phoques.   Cl. Gain.

ainsi jusqu'à 3 heures de l'après-midi. A ce moment le soleil se montre, mais presque en même temps le vent se met à souffler en tempête du N.-O. J'espérais, étant donnée l'étroitesse de la baie, que le vent des régions Ouest ne pourrait soulever ici de mer dangereuse, mais je me suis étrangement trompé, car en fort peu de temps, elle devient si forte que le pont est couvert par les embruns. De gros morceaux de banquise se détachent et viennent frapper violemment notre arrière et notre gouvernail, nous menaçant des plus graves avaries. Tout le monde, avec des perches, des avirons, se met à dépousser et à déborder les glaçons, et après deux heures de lutte, nous parvenons à en faire passer la plus dangereuse partie sur l'avant.

Mais le bateau continue à donner de grands chocs contre la banquise jusqu'à ce que des débris de flocs et d'icebergs, venant s'accumuler petit à petit autour de nous, forment une bordure d'une quarantaine de mètres qui arrête complètement la houle; le bateau ne bouge plus alors que par la gîte que lui impriment les grandes rafales. Notre ennemi habituel, la glace, est devenu cette fois encore notre allié protecteur. Il était temps, car nos forces commençaient à s'épuiser.

La mer brise violemment sur la lisière de cette bordure, et c'est un magnifique spectacle. Il doit faire dehors un temps épouvantable. Une grosse panne noire bouche toute l'entrée de la baie et les hautes montagnes en face de nous sont entourées comme d'une couche épaisse de ouate grise. Cette panne s'est formée avec une grande rapidité car le

Plaque As-de-Trèfle.   Coup de vent dans la baie Marguerite.   Cliché Gain.

ciel était tout bleu quand la tempête a commencé. De temps en temps s'en échappent des morceaux de nuages qui s'envolent avec une effrayante vitesse. Au fond du fiord, dans le N.-E., le temps est au contraire admirablement clair.

Un gros icebloc d'une dizaine de mètres de hauteur est venu s'insérer dans nos glaces par notre travers, heureusement il est arrêté à une quinzaine de mètres de nous, par quelques gros floes, qu'il ne pourra, j'espère, déplacer. Mais, l'avenir est peu rassurant; je ne vois vraiment pas comment nous pouvons espérer attendre ici que la mer se prenne autour de nous. Sans parler d'autres éventualités, il est certain que, si ce qui vient de se passer avait eu lieu à une époque où il y a des heures de nuit, même très courtes, il nous eût été impossible de protéger notre bateau et l'arrière en eût été démoli.

A 11 heures du soir, le vent augmente de violence, les nuées envahissent notre baie et derrière les sommets de l'île Jenny, roulent de gros nuages qui semblent de véritables masses solides. On distingue encore les montagnes dans le N.-E., l'Est et le S.-E., mais elles sont comme enveloppées d'une atmosphère bleu d'acier étrange et terrible. La mer est toute teintée de jaune par les diatomées qui recouvraient les roches et les glaces, maintenant lavées et brisées par la tempête.

Enfin, vers minuit, le baromètre qui avait sensiblement baissé, remonte un peu, le vent ne souffle plus que par grandes rafales séparées par des périodes de calme absolu ; puis les rafales vont en diminuant progressivement d'intensité et vers 2 heures au grand vent succède une petite brise.

A 3 heures du matin, l'homme de quart me prévient que l'on voit sur la banquise l'équipe Bongrain, Gain et Boland ; je donne des ordres pour qu'on leur prépare à souper et je pars au-devant d'eux avec Godfroy. Tout s'est heureusement passé sans incident, et ils sont fort étonnés d'apprendre que nous avons éprouvé du mauvais temps, n'en ayant eu que du beau et du calme. Ce fait ne m'étonne pas outre mesure ; il est en effet très fréquent dans les régions des fiords, et je l'ai observé personnellement dans ceux d'Islande et des Feroë.

Favorisés par une glace unie et excellente pour le traînage, surtout pendant l'aller, ils ont parcouru environ 60 kilomètres. Gain et Boland sont montés au sommet d'une petite île qui se trouve dans un fiord étroit rempli d'icebergs, qui, disent-ils, par leur forme arrondie semblent être là depuis plusieurs années ; ils sont persuadés qu'ils avaient un détroit devant eux mais il leur eût fallu quelques jours de plus pour trancher tout de suite la question. Cependant grâce aux relèvements et aux vues de côtes qui ont été prises, il nous a été possible plus tard, de la baie Matha, de reconnaître que leurs suppositions étaient fondées. La Terre Adélaïde reste donc une île, mais fort rapprochée du continent et de dimensions qui ne pouvaient jusqu'alors être soupçonnées.

Le calme étant aujourd'hui absolu, les glaces de dérive entraînées par le courant Sud sortent de notre baie. Le temps est gris, mou, et presque toutes les montagnes sont enveloppées dans des nuages bas qui les cachent à notre vue. Notre situation ici m'inquiète extrêmement et, bien que je n'aie pas de craintes exagérées pour la sécurité du bateau tant que nous aurons nos feux allumés et le jour continuel, je crois devoir prendre toutes les précautions pour le cas où le bateau devrait être évacué très rapidement. Je dresse donc des listes de vêtements qui devront être prêts dans les sacs individuels, de même que j'assigne à chacun un poste et une fonction spéciale, afin que nous ne soyions pas privés en cas d'accident, non seulement des objets de première nécessité, mais encore de ceux qui nous permettraient de faire quelques travaux scientifiques et de chercher, soit à regagner l'île Déception, soit à attendre du secours dans un endroit plus facile à atteindre que celui-ci pour une expédition partie à notre recherche. Mais je ne voulus point mettre en vigueur ces dispositions pessimistes sitôt après notre dernière alerte, craignant que cela n'ait une influence démoralisatrice sur l'esprit de certains hommes, et je me réservais de leur en faire part graduellement, par très beau temps et presque en plaisantant.

Bongrain est venu me trouver dans la soirée pour m'exprimer ses inquiétudes au sujet de l'endroit où nous sommes et me demander si je ne croyais pas devoir en partir rapidement. Je lui ai répondu que je ne partageais hélas ! que trop ses appréhensions, mais que je désirais tenir ici le plus longtemps possible, afin de permettre aux glaces de débloquer peut-être un endroit de la côte où nous pourrions trouver un abri, et que d'ailleurs sortir par le temps bouché et menaçant, actuel, n'était pas désirable. Nous ne pouvions nous risquer à partir qu'après avoir pu nous renseigner sur la route à suivre par une ascension du sommet de l'île en temps clair. J'espérais toujours contre toute apparence, je dois l'avouer, en gagnant du temps, voir se débloquer un des fiords de la côte et pouvoir hiverner ici ; je me serais contenté de bien peu, ne fût-ce même que d'une profonde fissure de la banquise côtière, nous mettant à l'abri des icebergs et où nous aurions pu nous faire prendre.

Pendant la nuit, le vent s'est remis à souffler de la même direction, sans beaucoup de force, mais amenant de gros iceblocs dont quelques-uns par leur taille méritaient presque le nom d'icebergs, et l'un d'eux qui m'inquiète particulièrement va s'échouer sur un bas-fond près de la pointe Ouest de l'île. Les dangereux voisins ne nous manquent pas et ne peuvent même pas diminuer en nombre, car la fabrique d'iceblocs est là juste en face de nous et au pied des glaciers toute une réserve semble n'attendre qu'un moment favorable pour venir de notre côté.

Je passe la plus grande partie de la nuit sur le pont, ce qui me permet de voir un rat, fort peu timide, qui se promène tranquillement à l'arrière de préférence dans les environs du laboratoire, où il y a des oiseaux à empailler. Elle est gentille, la pauvre petite bête et cependant il faudra que je donne l'ordre de la détruire, car un de ses congénères a été vu, et comme ils peuvent être de sexe différent, tout le bateau ne tarderait pas à être envahi et nos provisions, nos filets, nos fourrures risqueraient fort d'en pâtir ainsi que cela nous arriva sur le *Français*. Mais si je dois pousser à l'extermination des rats, je m'oppose absolument à la destruction sans aucune nécessité des mégalestris, qui en grand nombre viennent se repaître des restes de phoques abandonnés sur la glace. Cette défense me vaut des récriminations de la part des chasseurs, mais je ne cède pas, car en dehors de tout autre sentiment, dans le cas actuel, il est certain que si un accident nous obligeait à abandonner le bateau, nous serions bien heureux de trouver pour nous nourrir ces mêmes oiseaux, dont on laisse maintenant pourrir les cadavres. On tuera tant qu'il le faudra pour les collections et pour la cuisine, mais je m'opposerai toujours à ce qu'on le fasse pour l'unique plaisir de détruire.

Plaque As-de-Trèfle.   Sur la banquise à l'Est de l'île Adélaïde.   Cliché Gain.

Les glaces sont abondantes autour de nous, mais un grand floe d'un kilomètre et demi environ de longueur est parallèle au bateau, de sorte que nous sommes protégés du côté du large et que le vent assez fort du S.-O. qui souffle ne m'inquiète pas. Le temps est bouché et particulièrement noir dans le Sud; il neige abondamment.

La journée se passe pour tous à travailler; l'état-major continue ses observations. On profite dans la machine de l'accalmie pour faire un rapide démontage et l'équipage termine, d'une part, la réparation du youyou et, d'autre part, le montage d'une série de traîneaux, afin d'être prêts à toute éventualité.

Tandis que Bongrain revenait d'observer avec Boland, un pingouin Adélie saute sur la banquise, tenant dans son bec un très gros poisson;

Boland s'en empare et ce poisson, d'ailleurs nouveau pour nous, es
maintenant dans un bocal, mais la fureur assez compréhensible du pauvr
pingouin était comique et, manifestant avec violence sa colère, il
accompagné son voleur jusqu'au bateau, en protestant énergiquement

J'ai examiné à nouveau la languette de banquise à laquelle nou
sommes amarrés, elle diminue rapidement de largeur, ce qui ne contribu
pas à apaiser mes craintes.

29 janvier. — A 3 heures du matin, l'homme de quart vient me pré
venir qu'un iceberg arrive sur nous; il exagérait heureusement, mai
c'est, néanmoins, avec beaucoup de peine que tout l'équipage est par
venu à déborder et pousser sur l'arrière un très gros icebloc. Une demi-
heure plus tard, le vent se met à souffler très fort du S.-O., emmenan
malheureusement vers le fond de la baie toute la petite glace et les
floes qui nous servaient de protection.

A 1 heure de l'après-midi, un véritable iceberg, cette fois, que je
croyais solidement échoué à quelque distance de nous, se met en marche.
Par acquit de conscience, je fais pousser les feux, mais, coincés par
l'avant, dans une indentation de la banquise, nous n'aurions juste pu
faire qu'un peu en arrière, si même la force du vent nous l'avait permis.
Nous nous préparons avec tout ce qu'il y a de perches et de madriers à
bord, non pas à essayer de déborder cette masse énorme, mais tout au
moins à chercher à atténuer le choc. Majestueusement menaçant, il arrive
lentement sur nous, obliquant sur l'arrière et bouchant ainsi notre unique
chance de manœuvrer; toutes les perches sont en batterie, quand à une
dizaine de mètres de nous, comme par pitié, il change légèrement de
direction et se contente d'écraser la glace un peu sur notre arrière. Nous
creusons alors dans la banquise un petit bassin, que nous fermons avec
de grands floes amarrés avec des ancres à glace, afin de protéger notre
gouvernail et notre hélice et, tandis que le travail se poursuit, je cherche
s'il n'y aurait pas plus près de terre un meilleur poste pour le bateau. Je
reviens, décidé à la première accalmie à me rapprocher davantage de
l'île et à mettre le bateau dans une concavité de la glace où il devrait
être mieux abrité. A 5 heures de l'après-midi, le vent tombe presque
subitement, mais une heure plus tard, lorsque nous allions commencer
à manœuvrer, il se remet à souffler plus fort que jamais, en sautant au
N.-O., soulevant de suite une mer tourmentée qui nous fait donner de
grands chocs contre l'épaisse banquise. L'iceberg qui nous avait tant
inquiétés ce matin pendant la petite accalmie avait repris le large, mais,
de nouveau, il s'avance sur nous et, avec angoisse, nous nous apprêtons
à le recevoir. Cependant, la même intervention providentielle lui fait
effectuer en sens inverse une manœuvre identique à celle du matin et,

après nous avoir approchés encore de plus près, il passe cette fois sur notre avant et va se coller contre la banquise, juste à l'endroit où j'avais décidé d'amarrer le *Pourquoi-Pas?* Les hommes me demandent alors à

Pl. As-de-Trèfle. Tempête sur la lisière de la banquise (baie Marguerite). Cl. Godfroy.

l'amarrer lui-même par des ancres à glace pour l'empêcher de revenir et, bien que le moyen employé contre une masse semblable soit enfantin, je les laisse faire pour encourager leur zèle inventif. Peu de temps après, d'ailleurs, le monstre chavirait et se brisait, couvrant, en quelques secondes, une vaste étendue de nombreux blocs. Après nous avoir avertis du danger de notre position, sa carrière se termine ainsi.

La journée tout entière s'est passée à veiller les iceblocs et à dépousser ceux qui nous abordent. Les chocs que nous donnons sont formidables et dangereux par leur répétition, même pour un bateau aussi solide que le nôtre. Le bureau de ma cabine, qui est fixé à un des baux, reçoit de telles secousses, que tous les objets sont renversés et qu'il m'est impossible d'écrire, mais ce sont encore les abordages que je crains le plus.

Plaque Lumière. Cliché Senouque.
Nuages de coup de vent sur l'île Adélaïde.

Sauf les montagnes de la Terre Adélaïde, qui sont enveloppées d'une panne de gros nuages, le temps est très clair, surtout dans l'Est et le N.-E. ; au large, c'est-à-dire dans le Sud, le ciel est noir, bordé à l'horizon d'une lumineuse bande dorée, due probablement à l'ice-blink.

30 janvier. — A minuit, le vent cesse subitement, le thermomètre marque — 2° et baissera jusqu'à — 6° pour remonter l'après-midi à + 8°, nous donnant ainsi, dans la même journée, le minimum et le maximum de notre séjour actuel dans l'Antarctique. A 10 heures du matin, le temps est beau et clair, et j'en profite pour monter avec Gourdon au sommet de l'île ; ce que nous constatons n'est pas gai ; si la petite languette qui sépare notre bateau de la baie remplie d'icebergs diminue avec rapidité et est même sur le point de disparaître, par contre, la banquise côtière ne semble pas changer depuis que nous l'avons vue pour la première fois et s'étend toujours à 8 ou 10 milles.

La situation est donc des plus graves, et je me trouve à l'un de ces moments où la responsabilité d'un chef d'expédition est vraiment angoissante et pénible. Si notre Expédition était purement une expédition d'aventure, ayant pour but de battre un record ou d'accomplir uniquement un exploit sportif, j'aurais volontiers risqué le coup (bien que le résultat eût été presque infailliblement et à bref délai l'hivernage à terre et une retraite mouvementée dans le genre de celle du *Tegethoff*) et je serais resté ici, brûlant du charbon jusqu'à la dernière tonne ; mais je ne dois pas oublier que les sacrifices pécuniers avaient été consentis par mon pays à la demande de l'Académie des Sciences et qu'on attend de nous, avant tout, des résultats scientifiques. Notre arsenal d'instruments est des plus riches et pour pouvoir l'utiliser il faut une installation d'hivernage sûre et pratique. Or, ici nous n'avons pas de mouillage, aucune possibilité de nous amarrer à terre, contre laquelle le premier coup de vent nous briserait infailliblement. La bande de banquise qui nous protège du mauvais temps des régions Est et des grands et nombreux icebergs étant prête à se rompre, nous serions obligés, en admettant même que nous échappions à ceux-ci, de suivre la lisière de la banquise dans son recul, nous éloignant ainsi de plus en plus de l'île où seulement nos observatoires pouvaient être établis, et j'ai tout lieu de croire que nous ne pourrions pas longtemps soutenir la lutte nécessaire à la sécurité du bateau. Le mauvais temps que nous avons éprouvé n'est rien en comparaison de celui que nous aurons à éprouver dans les mois suivants ; cependant ces quelques heures de durée nécessitant un travail et une lutte continuels ont déjà éreinté un équipage vigoureux et plein d'enthousiasme, et je sais par expérience que des coups de vent de quinze jours à un mois de durée ne sont pas exceptionnels ici. Enfin, lutter le jour est encore possible, mais la nuit cela devient une impossibilité absolue et nous avons déjà vu nos deux premières étoiles qui nous annoncent la prochaine arrivée des heures de nuit. D'autre part, notre provision de charbon s'épuise graduellement. Or, il nous faut bien compter sur deux mois au moins, peut-être trois, soit pour que la côte débloquée nous permette de chercher un hypothétique abri, soit pour espérer être pris dans les glaces, et je crois que tout explorateur sérieux jugera, comme je fais, que vu les conditions où nous nous trouvons, mon devoir est de ne pas risquer une aventure où la majorité des chances est pour la perte du bateau et, en tout cas, nous entraînerait à un hivernage dans une situation telle que nous perdrions tous les bénéfices de nos travaux.

Ce fut pour moi un gros chagrin, presque un désespoir, d'avoir à quitter cette région où, plus favorisés, nous aurions pu faire un travail si intéressant, où j'espérais faire en traîneau des raids si importants ; ce n'est que la mort dans l'âme que je m'y suis résolu, mais je ne croyais véritablement pas avoir le droit de faire courir plus longtemps d'aussi gros risques à l'Expédition. Je crus cependant devoir réunir mes camarades de l'état-major et, leur exposant la situation, je leur demandai leur avis. Ils répondirent qu'il fallait partir le plus vite possible chercher un point d'hivernage dans la baie Matha et si nous n'en trouvions pas, remonter à Port-Circoncision.

J'hésitais également à laisser un poste à terre, mais sans compter que nous n'avions pas les installations nécessaires, j'avoue qu'étant donnée la difficulté de parvenir à ce point, je n'aurais osé prendre cette responsabilité qu'en faisant partie, moi-même de ce groupe, et je ne pensais pas, d'autre part, devoir abandonner le bateau.

Je décidai donc de partir au plus vite; du haut de l'île, nous avions vu le large complètement couvert de glaces; il fallait à tout prix éviter de nous faire prendre en mer et de risquer, dans une région presque identique, un hivernage qui n'eût été que la répétition de celui de la *Belgica*. Notre campagne d'été avait été plus fructueuse que nous n'aurions pu l'espérer, puisque nous avions relevé une étendue considérable de côtes nouvelles au Sud de la Terre Adélaïde, atteint la Terre Alexandre-Ier, corrigé les cartes et découvert une grande baie au Nord de la Terre Adélaïde, effectué pendant ce parcours de nombreux sondages, dragages et observations de toutes sortes. Il fallait absolument, maintenant, assurer les travaux d'hiver, ne pas courir la chance, en voulant trop faire, de nous voir couper notre route de retraite et compromettre le reste de l'Expédition en nous obligeant peut-être à renoncer à tout hivernage et à remonter, ce qui eût été désastreux, vers le cap Horn. L'hivernage terminé, avec le charbon qui nous resterait, nous pourrions encore espérer faire une fructueuse campagne de navigation, cette fois un peu à l'aventure et sans la préoccupation de l'abri favorable à trouver pour l'hiver et pour les importants travaux qui nous étaient assignés.

Nous laissons un cairn avec un document sur la terrasse de l'île Jenny et, à 10 h. 30 du soir, nous appareillons. C'est le cœur gros que je m'éloigne et cependant, je devrais me réjouir du beau temps qui permet à l'Expédition d'échapper à cet endroit dangereux.

Il souffle une toute petite brise du S.-S.-O. et quelques grands floes provenant de la baie nous obligent à des détours. A minuit, nous commençons à contourner la calotte de la Terre Adélaïde en la laissant à bonne distance pour éviter les écueils de l'extrémité sud qui s'étendent très au loin, balisés actuellement par de grands et nombreux icebergs.

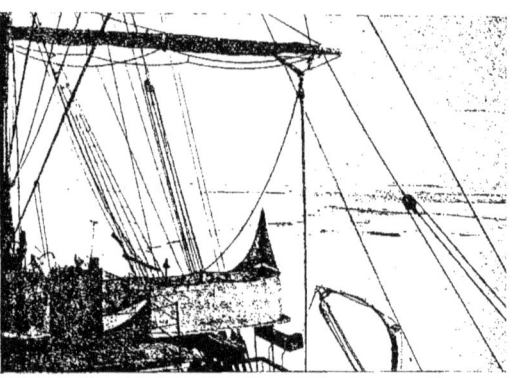

Kodak.   Toujours la banquise.   Cliché Charcot.

Le temps est très clair et toutes les terres sont en vue, se profilant sur un magnifique ciel orangé, les hauts sommets d'Adélaïde seuls étant noyés dans des nuages de coton léger. Vers 1 heure du matin, nous arrivons à la lisière du pack-ice, très épais dans le Sud, mais assez lâche dans l'Ouest pour s'épaissir de nouveau le long de terre. Il y a juste un passage pour nous, mais encore faut-il chercher notre chemin pour éviter les floes épais et souvent de grande étendue. Avec les glaces disposées ainsi, nous aurions eu les plus grandes difficultés lorsque nous sommes arrivés la première fois à gagner la baie Marguerite, et je ne crois pas que nous aurions pu atteindre la Terre Alexandre-Ier. Je persiste donc à croire que nous avons pu et su profiter d'un état de choses un peu exceptionnel.

Un peu avant 3 heures, le soleil se lève et les effets de lumière deviennent merveilleux. Certains icebergs sont colorés en pourpre, d'autres en violet, d'autres prennent l'aspect de masses de fonte en fusion, tandis que quelques-uns sont bleus ou d'un blanc d'argent éclatant. Tout le pack-ice est teinté de rose et il est difficile d'imaginer quelque chose à la fois de plus beau et de plus fantastique. Nous arrivons

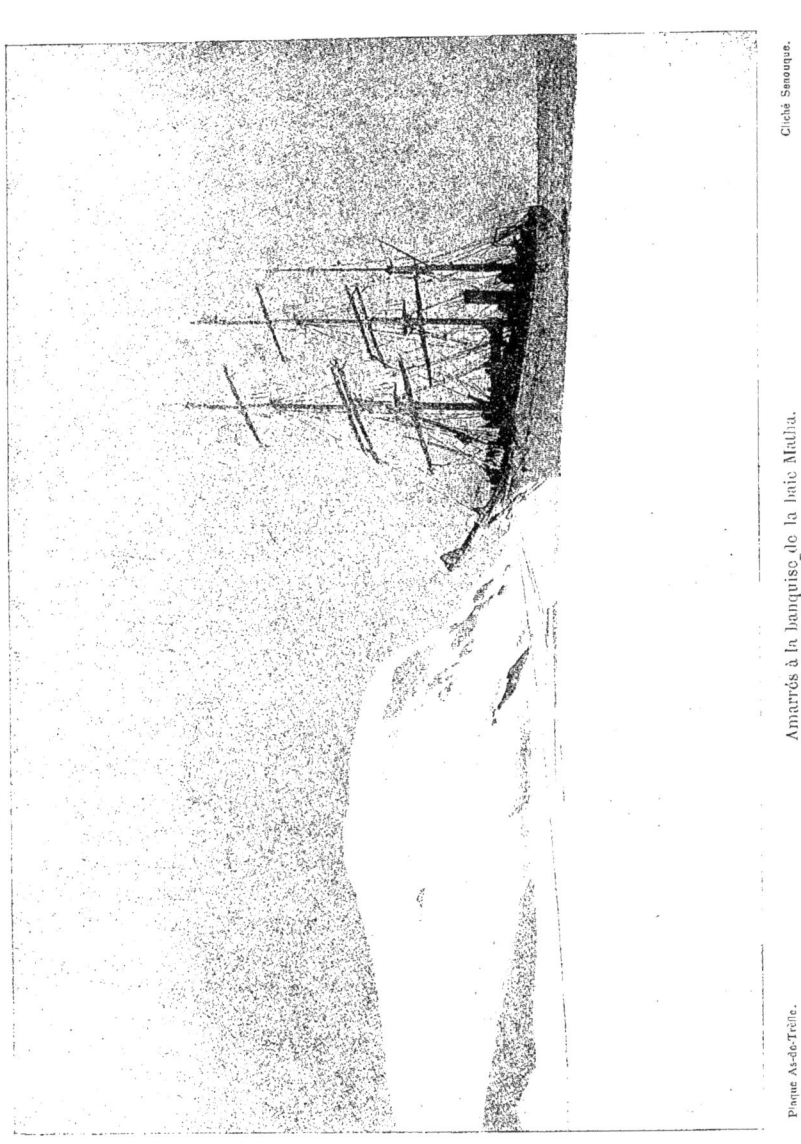

Plaque As-de-Trèfle.   Amarrés à la banquise de la baie Mathà.   Cliché Senouque.

bientôt à un grand amas d'icebergs qui se prolonge par une ligne jusqu'au grand rocher noir que nous avions remarqué en venant et qui rompt la monotonie de la calotte. Il y a là plus de 240 monstres de glace et au milieu d'eux, à plus de 15 milles au large, on distingue de nombreux écueils. Le pack-ice nous oblige à passer entre terre et écueils, franchissant la ligne d'icebergs, sans faire faire heureusement de mauvaise rencontre à notre quille.

Le vent, sans changer de force, tourne du S.-S.-O. au S.-O., puis au O.-S.-O., la mer devient libre et nous continuons notre route vers la baie Matha en faisant des sondages toutes les quatre heures. A 6 heures du soir, nous apercevons la double rangée de monstrueux icebergs qui semblent toujours baliser de chaque côté l'entrée de la baie Matha, une ligne s'appuyant sur les bas-fonds de la Terre Adélaïde, l'autre sur ceux des îles Biscoe. A leurs formes étranges, nous en reconnaissons quelques-uns aperçus, presque à la même place, dans notre première tentative pour pénétrer dans la baie.

Celle-ci maintenant paraît, en grande partie, dégagée des glaces et nous gouvernons sur le fond, vers le grand promontoire que nous désignions, par suite de sa forme, sous le nom de Lion, et derrière lequel nous espérons trouver un grand enfoncement.

Nous laissons donc à notre droite le grand chenal en virgule, formé par la calotte de glace et un gros îlot montagneux que nous nous réservons d'explorer plus tard. Il fait sombre et gris et un fort vent d'E.-S.-E. se lève, tandis que dans le N.-E. et l'Est le ciel est chargé et menaçant. Les floes, iceblocs et débris de ceux-ci deviennent serrés et, lentement, nous nous frayons un chemin, mais nous doublons enfin le Lion et pénétrons dans une grande baie d'eau libre nous conduisant jusqu'à la banquise côtière qui comble un fiord de grande étendue. Nous nous amarrons solidement à la banquise qui nous sépare d'un glacier crevassé et pittoresque.

La nuit est venteuse, mais nous sommes bien abrités de la direction actuelle du vent et de la mer et, vers 9 heures du matin, le calme revient et la journée s'annonce superbe et claire. Chacun se met vivement au travail et ce n'est que vers 3 heures, après avoir fait un bon dragage, que nous pouvons nous remettre en route.

La côte est merveilleuse avec ses belles et hautes montagnes aux aspects bizarres, mais tous les enfoncements sont bouchés par l'épaisse banquise et en un seul point se détache une île terminée par un promontoire rocheux au lieu de l'éternelle falaise de glace. Un peu au large de ce promontoire se trouve un îlot bas et rocheux sur lequel nous gouvernons dans l'espoir d'y trouver une anse où nous pourrions nous amarrer pour l'hiver.

Planque Lumière. Débarquement en norvégienne dans la baie Matha. Cliché Gain.

Nous descendons en norvégienne et trouvons sur le récif une imposante rookerie d'Adélies et des magnifiques roches striées, mais absolument rien pour le bateau. Aucune anse, aucun mouillage, des fonds considérables permettant aux icebergs, qui déjà s'approchent, d'accoster l'îlot et même aucun abri contre la houle du large, que nous ressentons un peu par ce temps cependant calme, succédant à des vents de terre.

Nous traversons la baie, et après avoir constaté que la banquise, sur une rive comme sur l'autre, fermait toutes les anfractuosités, nous entrons dans le chenal derrière la calotte de l'île Adélaïde. De grands icebergs,

Plaque As-de-Trèfle.   Cliché Gain.
Sentiers creusés par le passage de pingouins Adélie sur un îlot de la baie Matha.

d'énormes floes de plus de 2 mètres au-dessus de l'eau, des promontoires de glaces qui semblent fraîchement détachés de la côte, encombrent notre route, nous prouvant une fois de plus combien cette région est rébarbative et défavorable à un séjour quelconque.

Gain et Boland reconnaissent, au fond du chenal où nous naviguons, des sommets qu'ils avaient vus pendant leur excursion de l'autre côté; la Terre Adélaïde est donc bien une île, mais le détroit qui la sépare de la terre sur laquelle nous reportons le nom du Président Loubet, est en tout cas fort étroit et va en se rétrécissant de plus en plus.

Après quelques arrêts pour des stations hydrographiques, nous sommes arrêtés à minuit par la banquise qui englobe une partie de la Terre Adélaïde, l'îlot qui est en face et deux îlots coniques noirs qui s'aperçoivent

Filons diabasiques injectant un massif dioritique.

dans le Sud. Cette banquise se continue sans interruption avec celle que nous avons rencontrée tout autour de la baie Matha.

La houle se fait sentir assez forte, le ciel est chargé du N.-O. au N.-E., icebergs et floes épais entrent dans notre chenal. Nous n'avons malheureusement rien à faire ici, y flâner serait imprudent, sans compter l'inutile dépense de charbon. Entre les Biscoe et la terre, le paysage est littéralement bouché par les glaces, il faut donc nous résoudre à retourner à l'île Petermann, et puisque cette décision est la seule que nous puissions prendre, le plus tôt que nous y serons pour commencer la série des observations et économiser le charbon sera le mieux. D'autre part, il fait déjà un peu nuit et je sais trop par expérience les grandes difficultés que l'on

Plaque Lumière.   Ilot de la baie Matha.   Cliché Gain.

peut rencontrer sur cette côte par suite des glaces aux mouvements si rapides et inattendus, des coups de vent et des écueils pour perdre du temps et risquer de passer de longs jours au large sans pouvoir atteindre notre but et finir peut-être même par le manquer tout à fait. La ligne de récifs qui nous sépare de Petermann ne peut être franchie, en venant du large, qu'avec de la vue et un temps au moins maniable. Sur le *Français* nous sommes restés plus d'une semaine arrêtés au large tantôt par un coup de vent, tantôt par la brume et ça n'est encore que par une décision un peu téméraire que nous avons pu regagner Wandel et en profitant de quelques heures de clair de lune.

A 4 heures du matin, nous sommes sortis de la baie Matha, des houles se contrariant en venant du S.-O., du N.-O et du N.-E. déterminent un ratingage des plus désagréables, faisant rouler et tanguer le bateau d'une façon désordonnée. Le vent souffle du N.-E. assez fort, accompagné d'une tourmente de cristaux de neige douloureux pour les yeux et bouchant la vue, si utile au milieu des icebergs qui jonchent la mer de leurs débris. Cet état de choses dure peu heureusement et j'avoue que j'en suis assez agréablement étonné, car jamais, pendant ma précédente campagne, nous n'avions éprouvé de vents du N.-E. qui ne finissaient par tourner au coup de vent et souffler généralement pendant plusieurs jours ou au moins pendant une douzaine d'heures.

A partir de midi le temps tourne tout à fait au beau, le ciel restant seulement chargé un peu dans le Nord.

Pendant toute la journée nous longeons les îles Biscoe, qui forment une ligne pour ainsi dire ininterrompue de grandes, petites et moyennes calottes toutes identiques et monotones, qui se chevauchent les unes les autres. Elles sont à peu près incomptables et cela serait une fastidieuse besogne de chercher à le faire, mais on peut dire qu'elles commencent à l'île Victor-Hugo pour se terminer à la Terre Adélaïde.

C'est Biscoe qui, après l'île Adélaïde, découvrit ces îles et voici en quels termes il en parle dans son journal : « Les 17 et 18 (février) nous passons plusieurs petites îles ayant exactement la même apparence que l'île Adélaïde. Cette rangée d'îles est orientée O.-S.-O. et E.-N.-E., mais elles n'ont aucune montagne, étant formées d'un champ uniforme de neige et de glace parfaitement lisse, sauf sur les bords. Je pouvais distinguer parfaitement dans l'arrière-plan une chaîne de hautes montagnes de belle apparence. Le 19 février à 4 heures du soir, j'envoyai une embarcation à une qui semblait en communication avec le continent et qui à l'ouverture d'une grande entrée présentait quelques rochers nus, où j'avais l'espoir de trouver des phoques. A 10 heures du matin l'embarcation rallia le bord, n'ayant rien rencontré de vivant, mais ayant fait le tour de ce que M. White m'informa être un bon port d'abri malgré le fond de roches. J'ai appelé cette île Ile Pitt, par suite de la grande similitude qu'un iceberg, que j'avais pris pour un rocher, affectait avec cet homme d'État assis. Cette île présente plusieurs baies, le centre de son côté Ouest est situé d'après de bonnes observations par 65° 10′ Sud et 66° 38′ Ouest. »

Biscoe ne dit rien d'autre sur ces îles, et j'avoue que je ne comprends pas pour quelle raison la carte de l'Amirauté anglaise place l'île Pitt par 65°40′ Ouest, au lieu de 66° 38′ Ouest, et pourquoi elle l'agrémente de trois sommets montagneux disposés en triangle dont Biscoe ne dit pas un mot.

En dehors de nous, ces îles n'ont été mentionnées à nouveau que par Evensen qui les longea en descendant vers le Sud et qui en « remontant » passa entre les plus Nord, c'est-à-dire fort probablement au sud de l'île Victor-Hugo comme nous l'avions fait à plusieurs reprises.

Quant à la *Belgica* elle n'en aperçut aucune, et De Gerlache (1) écrit : « Nous passons, sans les voir, sur le gisement des îles Biscoe, telles qu'elles ont été portées sur la carte de l'Amirauté ; il est vrai que le temps est assez bouché et que nous pouvons avoir laissé ces îles à quelques milles d'un bord ou de l'autre de notre route. »

Vainement sur le *Français* nous avons cherché l'île Pitt au point désigné par Biscoe et nous avons en désespoir de cause donné son nom à une grande île en calotte qui se trouve par 65° 28′ S. et 66° Ouest (Greenwich) ; mais malgré tous nos efforts il nous a été impossible de franchir les glaces qui nous en ont toujours séparés et de retrouver la baie dans laquelle entra le lieutenant White.

A 6 heures du soir, nous sommes par le travers de l'île Victor-Hugo, mais un peu avant minuit, le manque de clarté nous oblige à stopper. Le bateau se trouve engagé dans du pack-ice assez dense, au milieu des icebergs. Vers 2 h. 30, nous reprenons notre route avec les plus grandes précautions, les floes cachant les écueils, mais nous finissons par trouver les relèvements pris auparavant et, à 5 heures, nous entrons à Port-Circoncision. Le bateau est à peine amarré que je fais tendre provisoirement en travers de l'entrée, trois doubles d'aussières en fil de fer pour empêcher l'intrusion d'iceblocs.

(1) *Quinze mois dans l'Antarctique*, p. 168.

DEUXIÈME PARTIE

AUTOMNE-HIVER-PRINTEMPS 1909

C'est donc ici que nous allons hiverner, et j'avoue que c'est pour moi une réelle désillusion. J'avais beau cherché à me persuader du peu de chance qu'il y avait à trouver un abri ailleurs, j'espérais quand même et notre découverte de la baie Marguerite, la situation en apparence si favorable de l'île Jenny, m'avaient semblé transformer au début cet espoir en réalité. Mais s'il est difficile de se consoler de ne pas hiverner plus au Sud, tout au moins faut-il reconnaître les avantages de notre situation.

Le bateau semble être en sécurité, la configuration de l'île est favorable aux installations de nos observatoires et la proximité de Wandel nous permettra par la comparaison des observations de deux années prises à quatre ans d'intervalle, de déduire des notions exactes sur les conditions physiques et biologiques de cette région. Très souvent, pendant notre précédent hivernage à Wandel, nous nous demandions si, exposés comme nous l'étions à l'entrée du vaste couloir que forme le détroit de De Gerlache, les conditions générales ne se trouvaient pas un peu modifiées par cette influence locale ; ici il sera facile de nous en rendre compte.

Dans un autre ordre d'idées, il nous semblait également en 1904 que les difficultés de marche en avant dues à la dislocation fréquente de la banquise cessaient à partir de l'île Petermann-Lund ; nous sommes donc en droit d'espérer pouvoir accomplir des raids le long de la côte et la configuration du glacier situé juste en face de notre port paraît favorable à la pénétration dans le continent même.

Enfin, et cette dernière constatation n'est pas à dédaigner, il y a à Petermann une rookerie de pingouins bien peuplée qui promet pour l'automne et le printemps des moyens d'étude et des moyens de subsistance tant en viande fraîche qu'en œufs, quand il plaira à ces bonnes bêtes de nous en fournir, sans compter des distractions.

Notre domaine a environ 2 kilomètres dans sa plus grande longueur, et comme on le verra sur le plan des installations, l'île est divisée en deux massifs réunis par un isthme d'un peu plus de 200 mètres de largeur séparant deux fiords pittoresques aux parois généralement abruptes. Le massif Nord est en somme une grande calotte de glace de 127 mètres de hauteur aux parois escarpées, se terminant au N.-O. par une avancée de grosses roches moutonnées. La seule voie de terre qui permette de communiquer du massif Sud avec le massif Nord est une pente très escarpée, fatigante à gravir, qu'elle soit recouverte de neige molle, ou que celle-ci, chassée par le vent, laisse à découvert une surface glacée.

Nous occupons le massif Sud qui est également formé par une calotte d'une cinquantaine de mètres de hauteur aux pentes assez douces descendant au rivage, au S.-E., au Nord et au N.-E. Dans cette dernière direction, se trouvent de belles roches très pittoresques dominées par des rookeries de pingouins. Port-Circoncision est une encoche formée dans la côte S.-E., et ses environs généralement plats sont favorables à nos installations d'hivernage. Un massif de roches de 35 mètres de haut sur la « colline des Mégalestris », domine le tout. Enfin, un groupe de petites îles se détache au S.-O.

Pl. Lumière. Topographie côtière Cl. Senouque.
sur le sommet de la falaise S.-O.

L'influence des vents persistants du N.-E. se fait sentir dans la configuration des deux massifs de Petermann, comme dans toute la région avoisinante ; les roches au N.-E. sont balayées par le vent qui accumule de plus en plus de neige au S.-O où la côte est formée par la paroi brusque d'une haute falaise de glace dominée par les volutes d'une corniche de neige.

Port-Circoncision même, dont l'entrée est rendue assez difficile pour un navire de la taille du nôtre, par des grosses roches moutonnées, forme une anse orientée N.-S. ; le fond de l'anse et sa paroi Est est une muraille de glace à pic de 7 à 8 mètres, surmontant des rochers ; à l'Est la paroi rocheuse est plutôt basse. Les fonds s'abaissent assez brusquement vers le large, de sorte qu'ici comme à Wandel pour le *Français,* je juge nécessaire de tourner l'arrière vers l'entrée dans l'eau la plus profonde, afin d'éviter qu'un talonnage dû à la houle n'endommage l'hélice et le gouvernail, les « talons d'Achille » de tout bateau polaire. Notre tirant d'eau arrière ne nous permettrait pas d'ailleurs d'enfoncer le bateau suffisamment dans l'anse, pour qu'il soit bien protégé et bien amarré si nous le présentions autrement.

Rookerie de pingouins à Petermann.

Nous commençons immédiatement à nous installer, et cela n'est pas une petite affaire, car en dehors du programme scientifique dont l'exé-

Pl. Lumière. Falaise de glace dans notre port. Cl. Gain.

Pl. As-de-Trèfle. Port-Circoncision et icebergs dans le voisinage. Cl. Gain.

cution nécessite une organisation relativement compliquée, si nous voulons bien profiter des excellentes conditions dans lesquelles nous nous

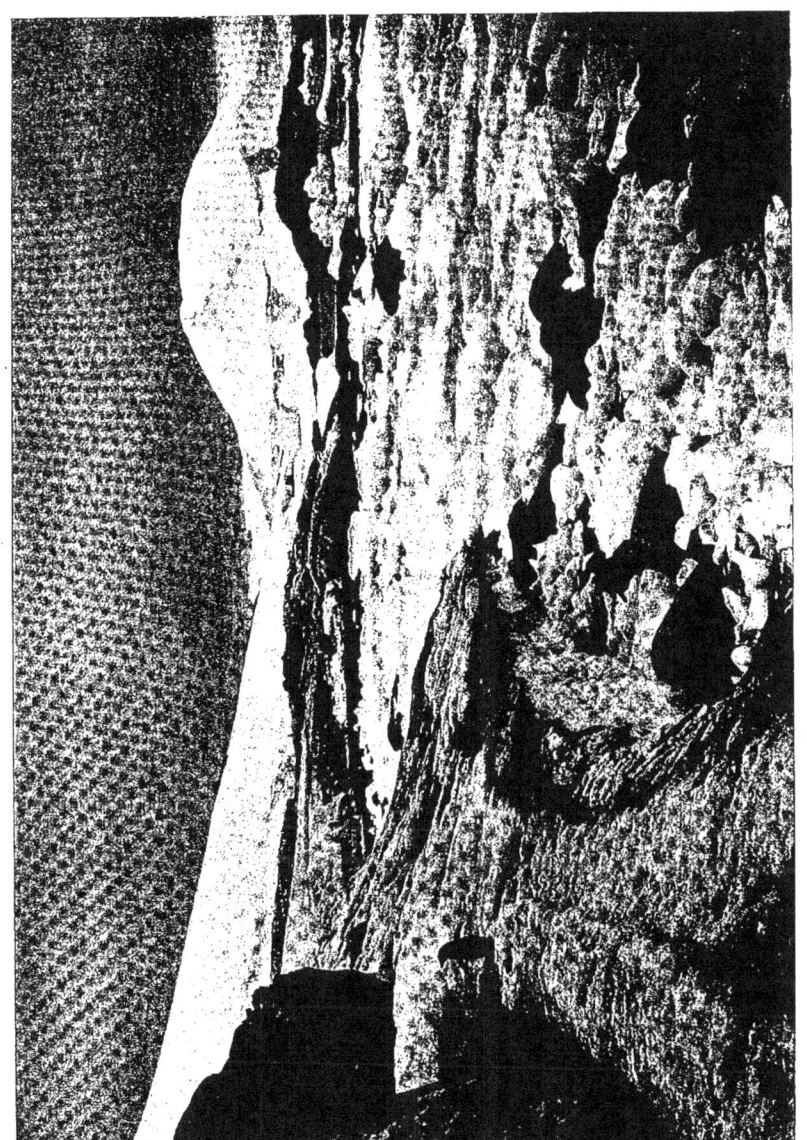

Côte Sud-Est de Petermann et l'île Hovgard.

trouvons, il faut encore assurer la sécurité du bateau et rendre l'existence des trente hommes qui composent le personnel de l'Expédition, aussi confortable que possible.

Les observations gagneront beaucoup à commencer le plus rapidement possible ; aussi faisons-nous marcher parallèlement tous les travaux d'organisation, et notre petit coin devient, par l'activité qui y règne, une véritable fourmilière. Le matériel des constructions est transporté aux emplacements choisis, soit par traîneau, soit par embarcation ; Senouque édifie sur un terrain plat à bonne distance de toute autre construction (pour éviter l'influence du fer et de l'acier sur ses aiguilles aimantées), une cabane en bois à doubles parois, recouverte de toile goudronnée, où il installera les appareils enregistreurs du magnétisme terrestre.

Pl. Lumière. Cl. Godfroy.
Construction de la cabane magnétique.

Rouch construit avec des planches une petite cabane qui doit contenir ses appareils d'étude de l'électricité atmosphérique ; à proximité du bateau et également sur une élévation de 35 mètres, baptisée on ne sait trop pourquoi du nom de « colline des Mégalestris », il installe des abris météorologiques, utilisant comme piliers les montants en fer des filets verticaux du prince de Monaco.

Bongrain a besoin de deux cabanes, l'une devant contenir le sismographe, l'autre la lunette méridienne avec les appareils accessoires. La première cabane est rapidement mise en place : c'est une petite construction démontable en luterma, c'est-à-dire en panneaux de fibres de bois spécialement préparés, qui rendent aux explorations polaires les plus grands services par leur légèreté et leur solidité ; la seconde est faite avec des planches recouvertes de toile goudronnée.

Pour toutes ces constructions, le plus difficile est d'égaliser le terrain en enlevant ou en rapportant des roches, et ce travail est particulièrement pénible, car celles-ci sont presque toujours soudées les unes aux autres par une épaisse couche de glace. Il faut ensuite consolider le tout en entassant encore des roches à la base et en tendant de solides haubans en fil de fer sur la toiture, car nos cabanes auront à soutenir les attaques violentes et continuelles des tempêtes de l'Antarctique. En remuant le

Plaque As-de-Trèfle.   Un des abris météorologiques en automne.   Cliché Gain.

Kodak.   Le même abri au printemps.   Cliché Charcot.

terrain sur l'emplacement futur de la cabane magnétique, nous avons trouvé des ossements de phoques dont quelques-uns présentaient de curieuses déformations pathologiques.

Pendant que ce petit village grandit en cet endroit jusqu'alors désert, la plus grande activité règne à bord. Il faut d'abord amarrer convenablement le bateau, avec un luxe d'autant plus grand de précautions que bien que notre anse paraisse sûre, nous ne savons encore ce qui peut s'y passer avec les forts vents venant de différents points du compas. L'entrée a 85 mètres de large ; nous y installons deux barrages en fil d'acier pour empêcher les ice-blocs d'y pénétrer et avec une dizaine d'amarres nous maintenons le bateau en place. Amarres comme barrages, sont fixés à terre au moyen d'ancres à glace, solidement enfoncées dans la glace où, ce qui est préférable, dans les interstices des roches lorsque la configura-

Kodak.   Le montage de la cabane du sismographe.   Cliché Charcot.

tion du terrain le permet. Enfin, je décide de tourner les deux chaînes d'ancres du bateau, autour de roches favorablement disposées. Pour celle de bâbord, c'est un travail relativement facile, car le rocher qui servira de bitte de tournage est juste sur l'avant et presque au niveau de l'eau, mais l'autre, à tribord, se trouve à une quarantaine de mètres de distance et à une dizaine de mètres de hauteur. Il faut pour effectuer ce travail imaginer toute une organisation de palans et de rouleaux et cependant, en une demi-journée, les deux lourdes chaînes sont en place, solidement maillées en apparence autour de leurs rochers. La solidité de la chaîne de tribord a surtout une grande importance car c'est elle qui devra soutenir l'effort des coups de vent de N.-E. qui sont les plus violents et les plus fréquents de cette région.

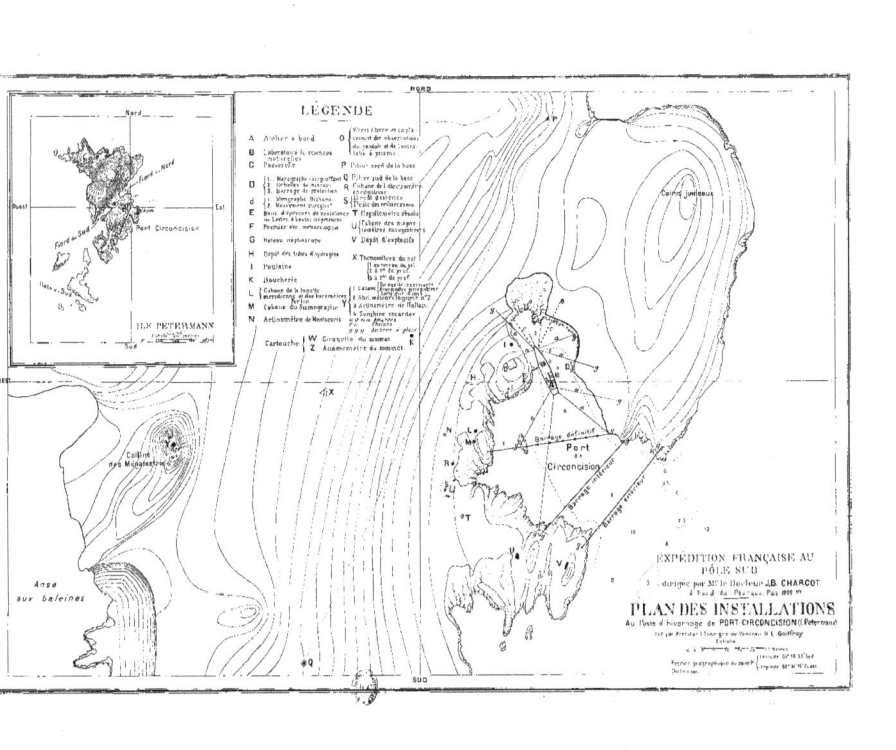

Les vergues de perroquet sont dégréées, amenées puis placées parallèlement et reliées ensemble par des planches, formant ainsi une large pas-

Pl. Lumière.   La cabane de la lunette méridienne et celle du sismographe.   Cl. Gain.

serelle entre le bateau et la terre ; pour faciliter les communications une route est taillée dans la corniche de roches où aboutit cette passerelle.

Au moyen de bambous servant de poteaux télégraphiques nous amenons des fils aux différents observatoires, qui se trouvent alors éclairés par l'installation électrique du bord et c'est certainement là une de nos plus utiles et de nos plus agréables innovations. Par n'importe quel temps, il sera facile d'avoir une bonne lumière pour lire les instruments et ce luxe est inappréciable.

Pl. As-de-Trèfle.   Cl. Godfroy.
On tourne la chaîne autour d'un rocher.

Pendant l'hivernage du *Français* une de nos plus grandes préoccupations, un de nos plus grands ennuis, était justement cette question d'éclairage. Nous partions, armés de ce que nous considérions comme notre meilleure lanterne, que nous protégions avec soin contre le vent et juste au moment de nous en servir, un coup de vent l'éteignait. Comme il ne fallait pas songer, dans la tempête et la neige, à faire prendre une allumette, force nous était de rentrer à bord pour rallumer la lanterne et avant d'aboutir au résultat désiré, il fallait souvent renouveler ce trajet et cette opération, trois ou quatre fois de suite. De même, une communication microphonique permet à Bongrain, qui a su appliquer toutes les qualités de son esprit pratique à ses installations, de transmettre l'heure du bord à la lunette méridienne sans transporter les chronomètres.

Pendant que les matelots dépassent les manœuvres, mettent les voiles au sec et les déverguent, mécaniciens et chauffeurs visitent la chaudière et démontent la machine pour l'hiver; puis, on recouvre l'arrière et l'avant du bateau de grands tauds maintenus par de solides charpentes. De cette façon tout le pont arrière forme une salle bien fermée, éclairée par des fenêtres percées dans la toile du taud tant qu'il fait jour, et par deux lampes électriques pour la nuit; à tribord cette salle forme une annexe du laboratoire biologique, à bâbord et sur l'arrière un vaste atelier où sont montés différents établis, le tour, la machine à percer, etc., etc., c'est également là que sont installées les deux lessiveuses dans lesquelles une fois par semaine on fera fondre de la glace pour le lavage du linge, en se servant de la graisse de phoque comme combustible. Sur l'avant, le taud forme également une grande salle, annexe du poste d'équipage, agrandie par des toitures en planches recouvertes de toile goudronnée qui prolongent latéralement le roof de la cuisine. Seule la dunette centrale reste dégagée et encore ai-je fait fabriquer par les voiliers une petite tente qui recouvre et protège la claire-voie du carré et qui est facile à mettre en place ou à serrer, suivant le temps qu'il fait.

Pl. As-de-Trèfle.   Cl. Godfroy.
On dégrée les perroquets.

Toutes les embarcations sont mises à terre, prêtes à être lancées à l'eau lorsqu'on en a besoin, sauf la vedette que nous laissons provisoirement à flot bien amarrée dans une petite anse où elle paraît en sécurité

Plaque At-de-Traiile.

La voilure au sec.

Cliché Suaouque.

Dans une des doris tirée à terre sur un cap éloigné du bord et bien recouverte, nous mettons les explosifs.

Nos dix tonnes d'essence sont à leur tour débarquées et abritées sous une voile; c'est avec un véritable soulagement que je vois le bateau momentanément débarrassé de ce dangereux chargement.

Enfin Gourdon, qui m'a rendu le très grand service de bien vouloir accepter la tâche importante mais ingrate de commissaire aux vivres, avec le soin qu'il met à toutes choses, surveille le débarquement des caisses de provisions qu'il fait disposer en un édifice important dont le toit est formé par des avirons supportant une tente et entourant l'emplacement choisi par Bongrain pour certaines de ses observations.

Pl. Lumière.   Cl. Godfroy.
L'abri des thermomètres du sol.

Contre ce magasin aux vivres, nous rangeons skis et traîneaux, avirons de rechange, etc...

En dehors de ces installations, demandant du temps et du monde, toute une série de travaux de moindre importance sont entrepris; Godfroy met en fonction ses deux marégraphes enregistreurs et établit une échelle de marée avec point de repère facile à lire du bord; Rouch, avec des patins de traîneaux, recouvre d'une petite construction aux allures équatoriales qui jure singulièrement avec la neige, les thermomètres du sol enfouis dans la glace de terre et Gourdon, Gain et Liouville m'aident à élever au sommet de l'île un cairn soutenant une girouette dont on peut lire la direction du bord avec des jumelles. L'île se hérisse ainsi d'édifices bizarres, dont l'entretien, les modifications et les améliorations vont être notre perpétuelle occupation.

Toute cette mise en état de notre quartier d'hivernage a pris presque un mois; j'ai cru nécessaire d'en décrire les grandes lignes pour la meilleure compréhension de ce qui va suivre, avant de reprendre, presque jour par jour, mon journal personnel, qui j'espère donnera au lecteur soucieux de revivre avec nous une existence tantôt active, tantôt monotone, mieux que ne le feraient de longues dissertations, l'impression même de cette vie d'hivernage avec les illusions, les désillusions, les satisfactions et les mécomptes, qui sont le sort des explorateurs polaires dont le seul souci est d'accomplir la tâche qu'ils ont accepté de poursuivre.

Le temps, pendant cette période, a été caractérisé par de forts coups de vent, généralement du N.-E., de la neige ou du temps bouché. Nous ne pouvions donc que nous réjouir d'avoir déjà pris nos quartiers d'hivernage, et d'avoir commencé presque toutes les séries d'observations.

Sur le *Français*, nous avions navigué jusqu'au 5 mars par un temps à peu près semblable et cette période m'a laissé, ainsi qu'à mes compagnons d'alors, le souvenir d'une belle, mais très pénible lutte, rendue plus sinistre encore par les longues nuits passées au milieu des icebergs et des récifs. Nous avons eu, cette fois, la chance de pouvoir l'éviter en arrivant de bonne heure dans l'Antarctique et ne nous en plaignons pas, car nous n'aurions pu faire en mer aucun travail profitable.

Depuis notre arrivée ici, jusqu'à la fin du mois, nous n'avons eu que quatre beaux jours, et, comme on le verra par la suite, nous en avons largement profité.

Pl. As-de-Trèfle.   La girouette du sommet.   Cl. Godfroy.

7 février. — Il a fait, hier au soir, un temps merveilleux, calme, avec des effets splendides de lumière douce, donnant au paysage des colorations très tendres. Nous sommes presque tous sortis après le dîner, faire de la luge ou du ski, et nous avons passé une bonne heure à nous amuser avec un pingouin qui ne voulait plus nous quitter. Nous le coiffions tantôt d'un bonnet, tantôt d'une mitaine et rien n'était plus comique que ce personnage ainsi grotesquement affublé, courant sur la neige et cherchant à se débarrasser de cette coiffure encombrante; mais, le plus curieux, c'est que lui-même paraissait prendre goût à ce divertissement, revenant vers nous, tendant sa tête et donnant des marques de grande satisfaction. Aujourd'hui encore il fait beau et le soleil est si clair, que j'en ai profité pour prendre un tub sur le pont.

L'île avec ses petites maisons, de formes différentes, devient tout à fait pittoresque; celle du sismographe, qui me rappelle mon jardin de

Neuilly, où je l'avais dressée pour l'essayer, est particulièrement gentille, accotée à un rocher, avec son petit toit pointu et les poteaux télégraphiques qui la relient au bateau. La cabane de l'électricité atmosphérique est moins élégante de forme, mais elle donne, néanmoins, sa note gaie, car, pour renforcer ses parois, nous les avons recouvertes avec des affiches zinguées que d'aimables fournisseurs nous avaient données en même temps que leurs produits et ces images familières ravivent les souvenirs de tous les coins de France où nos yeux les ont rencontrées.

8 février. — Jabet, chargé tous les matins de me renseigner sur le temps, m'annonce aujourd'hui « calme, nébulosité 0 ». Nous mettons

Plaque Lumière.   Les cabanes de l'électricité atmosphérique   Cliché Senouque.
du sismographe et de la lunette méridienne.

immédiatement une baleinière à l'eau et nous partons Gourdon, Godfroy, Gain, trois hommes et moi. Le temps est comme hier, beau et sans nuage. Il fait si chaud que, même immobile à la barre, je ne puis supporter ma veste tandis que les rameurs sont en nage avec une simple chemise sur le dos. Sans difficulté, en passant près d'icebergs aux formes gracieuses et bizarres, nous arrivons à la première des îles Argentines et, après avoir grimpé à son sommet, nous gagnons celle qui est située le plus au Sud. (Voir carte page 267.)

Ce groupe d'îlots très pittoresque est formé de roches de colorations différentes, grises, rouges ou noires, quelquefois même vertes par suite des épaisses couches de mousses qui les recouvrent. Notre excursion est encore égayée par la vie animale assez intense que nous rencontrons. Il y a, en effet, beaucoup de mouettes et de mégalestris, plus, peut-être, que nous n'en avons encore vu réunis; sur les floes, les pingouins nous regardent gravement, tandis que les sternes, avec leurs cris assourdissants, passent au-dessus de nous et qu'un cormoran appliqué dans son vol lourd traverse l'air, se dirigeant droit vers son but sans flâner.

A la dernière île, nous trouvons ce que nous cherchions : une belle vue sur le cap des Trois-Pérez. Il semble que ce cap termine une chaîne de montagnes isolée de celle de l'arrière-plan, mais est-ce un fiord profond qui se trouve au Sud de lui, un détroit formant une île de plus, ou une simple vallée bouchée par un glacier, comme cela arrive si souvent? Ce

Plaque Lumière. — Les îles Argentines. — Cliché Gain.

n'est qu'en faisant plus tard cette longue excursion que nous pourrons solutionner cette question.

Nous déjeunons gaiement, comme des canotiers en vacances, auprès d'une petite cascade d'eau délicieuse, mais, au moment de partir, nous nous apercevons que notre gouvernail a disparu et jamais nous ne saurons, ni comment il a été enlevé, ni où il est allé. Nous le remplaçons, d'ailleurs facilement, par une planche clouée sur une gaffe.

En une heure à peine, grâce à l'eau libre, nous rentrons à bord, alors que ce même trajet, lors de l'expédition du *Français*, nous avait pris une trentaine d'heures de travail; nous avions dû, pendant tout ce temps, il est vrai, traîner sur la glace cette même baleinière.

Dans le port, nous voyons le bateau aller et venir de l'avant à l'arrière. Le ressac est devenu formidable dans ce coin, cependant bien fermé en apparence; une des amarres en fil de fer de l'arrière s'est cassée par suite des tensions brusques occasionnées par ce perpétuel mouvement. Je cherche à y remédier avec un certain succès, en disposant, de place en place, sur la nouvelle amarre, au bout d'une corde, des bailles lestées trempant dans l'eau qui, par la résistance élastique qu'elles offrent, empêchent les rappels trop brusques.

Le lendemain, le temps continuant au beau, je pars avec trois hommes en baleinière pour Wandel, où je veux déposer un document indiquant où nous sommes. Nous trouvons, sur notre route, beaucoup d'icebergs et

Kodak.   Excursion aux îles Argentines.   Cliché Charcot.

quelques fragments de glace accumulée, souvent ennuyeux à traverser.

Une baleine par petits fonds se livre à un manège intéressant; elle cherche évidemment à se rendre compte s'il y a assez d'eau pour elle et, pendant plus de cinq minutes tâtonne, s'enfonçant à peine, remontant, puis finalement, ayant trouvé ce qu'elle désirait, elle effectue sa plongée habituelle.

Ayant atteint la pointe Est d'Hovgard, pendant quelques instants, nous nous reposons à cet endroit où nous avions l'habitude de camper il y a quatre ans. J'éprouve un très grand charme à retrouver ces petits coins où s'accrochent les souvenirs de la lutte si dure, mais si gaiement acceptée de notre dernière expédition. A Wandel, nous nous amarrons à la « Pointe de la Baleinière » qui nous servait autrefois de débarcadère et

La côte des îles Argentines.

Cliché Gain.
Plaque Lumière.

je vais porter mon document dans la cabane magnétique. Les rochers, grâce à ce temps étonnamment beau et chaud, sont plus découverts qu'ils ne l'ont jamais été et les falaises de glaces s'écroulent avec fracas, couvrant la mer de leurs débris.

Je ne puis, décidément, me faire à l'idée que Wandel est inhabitée ; malgré moi, je cherche la silhouette bien connue des mâts du petit *Français* et je n'éprouverais aucun étonnement à voir un être humain s'avancer vers moi. J'interprète l'air indifférent des pingouins et que je veux croire affecté, à l'habitude qu'ils ont prise de me voir autrefois. Il est certain, en ce qui me concerne tout au moins, que si « toutes les séparations même les plus souhaitées ont leur mélancolie », les retours, par contre, ont leur douceur.

Plaque Lumière.   Un grand iceberg   Cliché - Godfroy.
est venu s'échouer à la pointe Nord de notre port.

Cette impression de la vie persistante dans notre ancienne station d'hivernage est si forte, que sa proximité de Petermann m'enlève dans cette station la sensation d'isolement et je suis obligé, très souvent, de faire un effort sur moi-même pour me rendre compte que réellement nous sommes seuls, livrés à nous-mêmes dans l'Antarctique.

Au retour, nous débarquons à Hovgard, dans une grande encoche, où un éboulement considérable de la falaise de glace a laissé à nu des roches couvertes d'énormes bernicles. Les hommes qui en raffolent pataugent en riant dans l'eau glacée pour les ramasser et en remplir l'embarcation.

Une grande panne noire monte du large avec une brise du N.-O. et, le soir, le ciel se couvre complètement, sauf dans le S.-E., où une grande déchirure bleue éclaire fantastiquement le sommet des montagnes. Un énorme iceberg est venu s'arrêter contre la pointe nord de notre port, a 65 mètres de haut, plus du double de notre mâture ; mais, si de semblables monstres sont de dangereux voisins, au cas où ils chavireraient, les petits fonds par lesquels nous nous trouvons et l'étroitesse de la passe, enlèvent toute crainte d'un abordage. Nos barrages semblent tenir bon et, jusqu'à présent, des glaçons de petites dimensions, par conséquent inoffensifs, sont seuls parvenus à le franchir.

Traces de pingouins sur la pointe de la baleinière.

16 février. — Pendant tous ces jours derniers, le temps a été mauvais, le vent soufflant plus ou moins fort du Nord à l'E.-N.-E.; mais il fait sombre et gris, avec de la neige fine, quelquefois même de la pluie, ce qui nous était inconnu la première fois; de temps à autre, le vent calmit pendant quelques heures et la neige tombe en gros flocons silencieux. La température se maintient, en général, au-dessus de zéro et il est impossible de rien rêver de plus désagréable que ce temps mou et humide qui semble devoir persister, car le baromètre est descendu, ce matin, à 723.

Cela ne nous empêche pas de nous livrer aux travaux et observations déjà en cours et de continuer nos installations, la grande et importante préoccupation du moment; mais il ne faut pas songer à des excursions et je vois avec regret les jours qui diminuent.

Pt. Lumière. La pointe des mouettes. Cl. Senouque.

Rouch n'ayant pas de cabane prévue à cet effet, a dû se contenter d'installer la girouette et l'anémomètre enregistreurs à bord, mais le bateau est trop abrité et les indications sont forcément insuffisantes, aussi suis-je décidé à aller à Wandel dès que je le pourrai, démonter la maison que nous y avons laissée il y a quatre ans. Une fois remontée ici, elle constituera un magnifique observatoire.

Dans tous les cas, le mauvais temps aura été mis à profit, car j'ai dressé les tentes de raid afin d'éprouver leur solidité. L'expérience a d'ailleurs parfaitement réussi et ces constructions, si légères en apparence, ont victorieusement résisté aux assauts du vent et de la neige. Je les avais fait faire en soie verte pour éviter la fatigue des yeux, qui, lors de la première expédition, nous avait tant fait souffrir pendant les raids d'été avec le jour continuel et, ainsi colorées, elles tranchent agréablement sur la neige blanche. Nous nous amusons à les monter et à les démonter et cette opération se fait sans difficulté en quelques minutes. Le système que j'ai adopté me paraît bon, la tente est en forme de bonnet de gendarme, assez grande pour trois personnes, les montants sont simplement formés de quatre longs bâtons de skis articulés par l'extrémité supérieure deux à deux et passés dans un gros ourlet de la soie; celle-ci dépasse de tous côtés et s'étale horizontalement sur le sol de façon à pouvoir être recouverte de neige, qui, non seulement, maintient par son poids la tente en place, mais empêche également l'air de pénétrer à l'intérieur. Les bâtons qui s'enfoncent à peine dans la neige, arrêtés par un cercle garni de filet, sont fixés par une corde à deux piolets solidement enfoncés, et l'ouverture est formée d'un boyau de toile que l'on peut étrangler de l'intérieur ou de l'extérieur au moyen d'un bout de corde. Avec de très grands froids, comme ceux que nous espérions avoir, ces tentes, que l'on ne peut rêver plus légères et moins encombrantes, une fois pliées, ne laisseraient, je crois, rien à désirer, mais avec cette neige demi-fondue, la soie gagnerait peut-être à être remplacée par une étoffe plus compacte, comme le burberry, par exemple.

Plaque Lumière.   Petites rookeries éparses sur Petermann.   Cliché Senouque.

Chollet, avec deux hommes, a fait en embarcation le tour de l'île ; il a rencontré peu de phoques et cette constatation est ennuyeuse, car il nous faut de la graisse pour économiser le charbon dont je suis très avare, et j'aurais voulu mettre de côté avant l'hiver une bonne provision de viande. Les pauvres pingouins seront les premiers à en souffrir, car il va falloir en sacrifier quelques centaines.

Je déteste ces massacres cependant indispensables dans notre situation, et ils me sont d'autant plus pénibles, que les animaux d'ici sont doux et inoffensifs.

Les pingouins, s'ils sont un sujet d'étude des plus passionnants pour Gain, sont pour nous une distraction perpétuelle. Il y a sur un rocher qui émerge de la neige à quelques mètres du bateau, une colonie de campagnards, car c'est ainsi que j'appelle quelques couples qui s'isolent et vivent séparés des grandes rookeries, qui nous amuse tout particulièrement. Celle-ci se compose de trois couples avec leurs petits et d'un pingouin aliéné qui se livre à des contorsions bizarres et que les autres regardent avec une sorte de pitié indulgente; les hommes ne parlent de lui qu'en l'appelant le « loufoque ». Il sert souvent de nourrice aux petits quand les parents s'éloignent pour chercher la nourriture. Ceux-ci n'ont déjà plus de duvet que sur la tête, formant une petite calotte qui eur donne un drôle d'air; ils font un peu pitié, ces pauvres petits, sans gaieté, déjà graves et dignes comme leurs parents.

Plaque Lumière.   Adélie donnant la becquée à son petit.   Cliché Gain.

Beaucoup d'autres jeunes pingouins appartenant à la grande rookerie ont déjà complètement perdu leur duvet qui est remplacé par de belles plumes bleu-noir; mais ils n'ont pas encore le cercle blanc autour de l'iris, c'est d'ailleurs, avec leur taille et la couleur bleutée de leur plumage, tout ce qui les distingue de leurs aînés. Ceux-ci les emmènent au bain, mais le ressac est fort autour des rochers par suite du mauvais temps, et la mer brise avec assez de force, aussi ont-ils beaucoup de mal à entrer dans l'eau et à en sortir. Quelques vieux même ont été fortement roulés en voulant faire les malins, et on peut s'étonner qu'ils se tirent de l'aventure sans se blesser. Nous passons des heures à regarder ces animaux aux allures si humaines, et j'ai assisté l'autre jour à une scène qui s'est fréquemment renouvelée depuis; une maman pingouin revenant de la pêche, était assaillie par ses deux enfants affamés ; mais probablement pour leur faire prendre de l'exercice, elle cherchait à leur échapper, les obligeant à courir, puis s'arrêtait de temps en temps pour leur vomir la becquée ; elle reprenait alors sa course, tendant aux petits son bec sans l'ouvrir, esquissant des feintes, mais finissant toujours par distribuer la pitance à l'un et à l'autre avec la plus grande équité (1).

Vers midi aujourd'hui, le vent change et souffle en bonne brise du S.-O. amenant un temps clair ; j'en profite pour partir immédiatement en vedette avec Gain et quatre hommes pour Wandel où nous arrivons sans difficulté, après avoir rencontré d'innombrables icebergs, mais sans voir de glace de mer.

Comme nous l'avions déjà constaté lors de nos précédentes visites, la maison que j'avais fait construire en petits panneaux d'un mètre de long, pour faciliter le transport est, sauf le toit qui a été enlevé, en parfait état malgré les assauts du vent et les pressions de la neige. Le démontage de la partie supérieure est facile, les écrous se dévissant sans résistance, mais pour la partie infé-

Pl. Lumière.   Un bel iceberg dans le chenal.   Cl. Godfroy.

rieure totalement enfouie, c'est un travail compliqué qui nous attend, car il faut tailler dans la glace pour dégager les panneaux, et bientôt nous arrivons à l'eau. Le seul moyen de nous en débarrasser est de creuser un long chenal de dérivation. C'est une besogne longue et fastidieuse, néanmoins avant la fin de la journée, une bonne partie de la maison est déjà démontée et embarquée dans la vedette. Avant de repartir, je grimpe jusqu'au cairn où je trouve quatre pingouins en train de muer ; à cette époque de leur existence, ces pauvres bêtes qui s'isolent par petits groupes et semblent se cacher, ont un drôle d'air souffreteux, provenant probablement de ce que n'allant pas à la mer pendant la mue, ils se privent de nourriture. Ils paraissent si honteux d'avoir été surpris par moi dans leur retraite, que je suis tenté de leur faire des excuses de mon indiscrète visite.

(1) J'ai insisté longuement sur les mœurs des pingouins dans le *Français au Pôle Sud* auquel pour éviter des redites je dois renvoyer le lecteur.

Pendant mon absence, Gourdon et Senouque ont été en norvégienne jusqu'au glacier de la terre de Danco en face de notre station, et rapportent la bonne nouvelle qu'il est facile d'y débarquer.

Rouch est navré, et sans pitié, nous le blaguons fortement, car il vient de s'apercevoir en mettant pour la première fois en marche le Sunlight enregistreur, que cet instrument qu'il s'était procuré au dernier moment lui a été livré par le fournisseur pour l'hémisphère nord. Nous sommes assez inventifs à bord, pour modifier comme il le faut l'appareil et arriver à l'utiliser, mais décidément, même les grandes maisons d'instruments scientifiques, ne sont pas encore habituées aux expéditions antarctiques.

Plaque Lumière. — Pingouin Adélie en train de muer. — Cliché Gain.

17 février. — Le temps est splendide comme hier, mais le vent souffle de nouveau du N.-E., et il faut nous hâter, car cela n'annonce rien de bon ; aussi, je repars pour Wandel avec Liouville dès le matin. Nous travaillons avec ardeur au démontage de la maison par un soleil si chaud, que nous devons nous contenter de nos chemises et relever nos manches.

L'eau nous gêne de plus en plus, mais, cette fois, plus des deux tiers de la construction sont enlevés et embarqués. Au fur et à mesure que nous débarrassons l'intérieur de la glace, nous découvrons tout ce que nous y avions laissé il y a quatre ans et généralement en bon état. Le tonneau contenant 160 litres d'alcool à 95° qui seront précieux pour nos naturalistes, est dégagé et nous retrouvons, au milieu d'un tas de fouillis, des boîtes de conserves de lait, de la verrerie, un panier à pain et enfin la petite machine Simpson et Strickland de la vedette que nous avions

Léopard de mer.

Kodak. Cliché Charcot.

dû abandonner. Cette machine est maintenant englobée dans un gros bloc de glace. Plus tard, à bord, cette glace fondue, elle nous apparaît en parfait état, si bien que, peu satisfaits du moteur électrique qui actionnait le sondeur Lucas, nous y adapterons un tuyautage en communication avec la chaudière et, sans réparations, pour ainsi dire, c'est elle qui, pendant tout le reste de la campagne, assurera les sondages de grande profondeur.

Tout comme Gain la veille, Liouville rapporte de cette excursion une moisson intéressante.

Au retour, nous débarquons sur un grand floe pour tuer un léopard de mer de plus de 3 mètres de long. La pauvre bête se défend vaillamment, mais le revolver en a facilement raison. C'est une superbe pièce pour le museum que nous ramenons à la remorque, mais sa mort me laisse une impression pénible. C'est étrange comme les hommes de l'équipage, qui

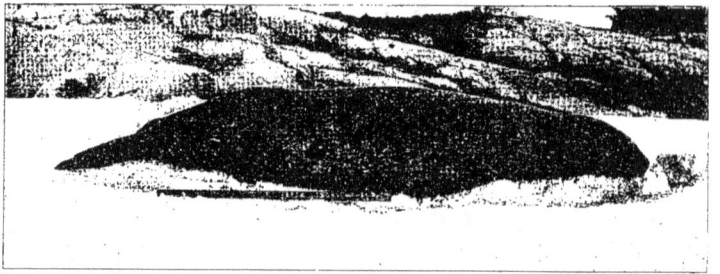

Plaque Lumière.   Cadavre de Weddell.   Cliché Senouque.

sont de braves gens, doux et bons avec les animaux qu'ils élèvent à bord, prennent plaisir à ces meurtres et s'excitent à ces destructions. Il est vrai que les chasseurs qui, eux, tuent sans nécessité, uniquement par plaisir, donnent le mauvais exemple aux gens du peuple. D'ailleurs, tous les raisonnements n'arrivent pas à entamer cet instinct, reste de barbarie qui fait croire aux hommes, même les meilleurs dans la vie ordinaire, qu'ils donnent, en se livrant à cet exercice inutile, une preuve de vaillance et de bravoure.

Bongrain, de son côté, a pu tuer un phoque de Weddell, nous sommes donc pourvus de graisse et de viande pour quelque temps, et nos collections s'enrichissent progressivement. Il ne nous manque plus qu'un phoque de Ross pour avoir la série complète des phoques de l'Antarctique, mais nous ne pouvons guère espérer trouver un de ces spécimens que pendant la campagne d'été dans la banquise du Sud. Les phoques de l'Antarctique sont de quatre espèces et, sans vouloir entrer dans une description détaillée, qui est du domaine de l'histoire naturelle, je crois devoir donner quelques-uns de leurs principaux caractères distinctifs.

Le phoque de Weddell (Leptonychotes Weddelli), ou faux léopard de mer, est tacheté tantôt en blanc, tantôt en jaune sur un fond jaunâtre ou gris; il est plus élancé que le crabier, de taille généralement plus

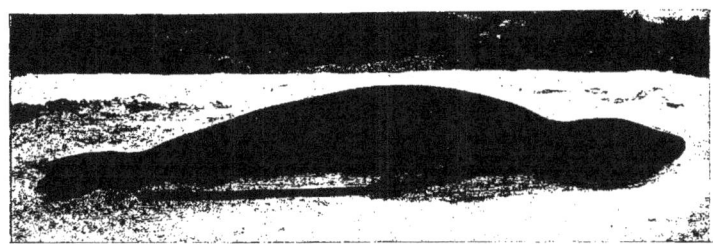

Plaque Lumière.   Cadavre de léopard de mer.   Cliché Senouque.

grande et sa tête serait proportionnellement plus petite. Les dents sont de taille moyenne, la dentition est simple.

Le léopard de mer (Hydrurga leptonyx) est le roi des phoques antarctiques. Il est gris foncé, moucheté de taches jaunes et de très grande taille. Sa tête, bien détachée du corps, supportée par un cou élancé, est longue et la mâchoire très puissante et bien ornée est remar-

Plaque Lumière.   Phoque Crabier.   Cliché Senouque.

quable par ses dents de grande dimension dont les molaires ont une disposition spéciale de leurs pointes. Celles-ci sont au nombre de trois, placées en ligne parallèle à l'axe allongé de la mâchoire. Les sommets des deux petites pointes latérales sont recourbés vers la centrale plus grande et très pointue. L'ensemble de l'animal donne une belle impression de force souple et de puissance.

Le phoque crabier, ou phoque de Dumont d'Urville (Lobodon carcinophaga), a un pelage variant du brun olive au blanc argenté, parsemé quelquefois de grandes plaques de couleur jaunâtre. Sa taille et ses proportions sont intermédiaires entre celles du phoque de Weddell et du phoque de Ross. Il est plus mastoc et plus ramassé que le premier, moins que le second. Les molaires sont caractéristiques, petites, comparées à celles du léopard de mer ; elles sont formées d'une pointe centrale principale, d'une petite pointe antérieure et de deux ou trois autres en arrière. La pointe principale a un sommet généralement bulbeux et toutes ont tendance à se courber en arrière.

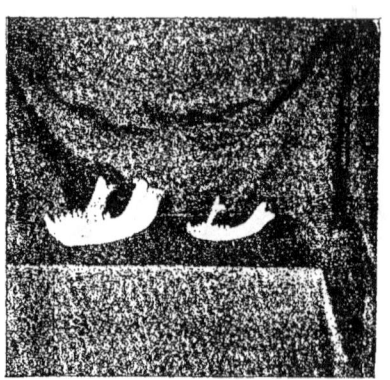

Pl. Lumière. Maxillaires inférieurs Cl. Senouque. de léopard de mer (à gauche) et de Weddell (à droite).

Quant au phoque de Ross (Ommatophoca Rossi), sa coloration est généralement olive sur la région dorsale, se dégradant progressivement en olive foncé sur la région abdominale avec des parties plus claires et jaunâtres sur le cou et la poitrine. Le corps ressemble à un sac fusiforme pourvu de membres très réduits. Le cou est épais, formant sous le menton une grosse bourse arrondie. La tête est courte et large, les yeux proéminents, les nageoires nettement plus petites que chez les autres phoques. La dentition est très faible.

Tous ces animaux sont inoffensifs pour l'homme qu'ils ne fuient pour ainsi dire pas, n'ayant pas appris à le connaître ; cependant je crois qu'il vaudrait mieux ne pas trop se fier au léopard de mer, parfaitement de taille et d'humeur à se défendre le cas échéant.

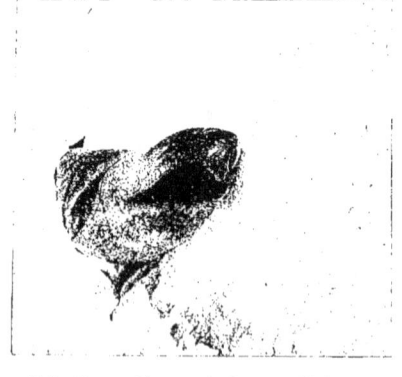

Pl. Lumière. Phoque de Ross. Cl. Senouque.

Les phoques les plus nombreux autour de nous pendant l'hivernage ont été les crabiers et les phoques de Weddell, tantôt isolés, tantôt réunis par groupes où souvent les espèces sont mélangées. Nous avons vu assez fréquemment des léopards, mais presque toujours isolés. Quant aux phoques à fourrure, qui existaient autrefois en abondance, tout au moins dans les Shetland du Sud, la grande valeur commerciale de leur peau a causé leur destruction probablement complète ; en tout cas, nous n'en avons jamais rencontré et les baleiniers de Déception, bien placés pour en voir et pour les reconnaître, n'en ont point signalé.

21 février. — Sauf un petit coup de vent subit du S.-O. qui n'a d'ailleurs duré que quelques heures, le vent persiste du N.-E. avec l'accompagnement habituel de brumaille de neige ou

Pl. Lumière.   Le youyou remorqué.   Cl. Godfroy.

même de pluie et de température élevée. Le thermomètre est monté jusqu'à + 8° et le dégel est si fort, qu'on entend comme un véritable bruit de torrent dans toute notre île, tandis que dans la montagne se produisent de grandes détonations et un roulement continu d'avalanches.

Pl. Lumière.   Dans un iceberg.   Cl. Godfroy.

La neige est partout colorée de vert et de rouge par les diatomées et l'on pourrait presque affirmer que c'est la neige blanche qui est en minorité. En général elle est rosée, mais par suite de l'abondance des algues unicellulaires par places, elle tourne au rouge écarlate ; quant à la neige verte, sa coloration est si intense, que de loin elle donne l'illusion de véritables prairies. Des rochers qui certes n'ont pas vu le jour depuis bien des années sont découverts, et si, à proximité de la côte, les icebergs sont nombreux, ils sont par contre extrêmement rares au large, et pas un morceau de glace de mer n'est visible.

Par un ravin de neige, nous sommes descendus sur des rochers qui permettent de voir le fond du fiord du Sud. Sur la falaise de glace mise à nu par le dégel, on voit de nombreuses couches en stries parallèles et serrées ressemblant à la coupe schématique d'un terrain, colorées violemment, toujours par les diatomées, en rouge, en vert et en brun.

La mer doit être très grosse au large, car la houle se fait sentir partout et le *Pourquoi-Pas?* est secoué dans son anse de façon à me faire craindre pour ses amarres et pour la passerelle. Évidemment cet automne est exceptionnel, et je me demande si nous devons nous en réjouir pour l'avenir ou nous en inquiéter ? Pour le présent, ce temps est éminemment désagréable, la mer libre ne sert à rien, puisque, avec ces tempêtes persistantes, la neige ou la brume presque continuelles, nous ne pouvons en profiter et nous préférerions tous, de beaucoup, un froid sec et la perspective d'une belle banquise.

Kodak. La maison démontable ramenée de Wandel. Cl. Charcot.

22 février. — Godfroy, Gain et Liouville avec cinq hommes vont dans la vedette, remorquant le youyou, chercher ce qui reste de la maison. Ils rentrent à 6 h. 30, ramenant tout ce que j'y avais laissé. Le beau temps de la journée n'a pas arrêté le dégel et notre île devient de plus en plus sale ; tous les détritus des hommes et des chiens réapparaissent à la surface, donnant à l'ensemble un aspect lépreux.

Les baleines autour de nous sont en nombre considérable et le bruit de leur souffle puissant déchire l'air à chaque instant. Comme le supposaient fort justement les baleiniers, elles descendent vers le Sud à la fin de février.

23 février. — Mardi-Gras. Sans nous préoccuper du Carnaval, dès le matin les hommes se mettent au travail et sous la direction de Gourdon on commence à arrimer à terre des caisses de vivres. Mais au déjeuner Liouville apparaît la barbe rasée, portant des favoris à l'autrichienne, le nez peint en rouge et la tête coiffée d'un casque colonial, puis à leur tour Gourdon et Gain se déguisent avec une tendance marquée à porter des vêtements blancs et des coiffures de pays chauds. Le maître d'hôtel arrive à son tour, revêtu d'un habit invraisemblable, et le cuisinier se déguise en... cuisinier de grande maison. C'est le signal d'une mascarade générale improvisée et fort simple d'ailleurs : tous les hommes se contentent d'enlever leur pantalon, restant ainsi dans de superbes caleçons rouges, qui avec les tricots bleus, les bottes et les casquettes de phoquiers, constituent un fort bel uniforme. Bongrain augmente sa taille déjà respectable en ornant sa coiffure de l'unique plumeau du bord, maniant une

Kodak. Déguisement du Mardi gras. Cl. Charcot.

perche énorme, puis chacun s'arme d'un fusil et la troupe défile et évolue sur l'île, tandis que Liouville joue du clairon sur une clarinette, que Lerebourg l'accompagne au tambour sur une caisse de fer-blanc et que Gourdon, attelé à un traîneau, représente le service d'ambulance. La plus franche gaieté règne et désormais la journée est considérée comme une fête. Malgré le vent de N.-E., la neige nous a été épargnée l'après-midi, mais le soir elle se remet à tomber, de sorte que nous n'avons pas été totalement dispensés des confettis, mais ceux-ci heureusement sont propres.

Pl. As-de-Trèfle. Le défilé du Mardi gras. Cl. Godfroy.

Le menu du dîner comporte des crêpes bien arrosées et Gourdon sort de la soute une boîte en fer-blanc avec la mention « Pour le Mardi gras », contenant d'excellent miel aimablement offert avant le départ par une personne de sa famille.

28 février. — Le temps est plus affreux qu'il n'a jamais été ; hier la

pluie tombait d'une façon torrentielle, aujourd'hui le vent souffle du N.-E. avec de formidables rafales de l'E -N.-E. qui soulève de véritables trombes de poussière d'eau dans le chenal. Sous la violence de ces rafales qui l'attaquent par le travers, le bateau donne de la gîte. Cependant nous sommes ici protégés par la falaise presque aussi haute que les hunes, que serait-ce si nous ne l'étions pas ! Une de nos amarres casse et la journée se passe à les surveiller et à les renforcer ; celles de tribord arrière sont triplées, une traversière supplémentaire est fixée sur un rocher et la chaîne d'avant est raidie.

Malgré toutes ces précautions le bateau, de temps à autre, donne quelques chocs sur la roche à bâbord ; nous savons qu'heureusement il

Plaque Lumière.   Le remontage de la maison de Wandel.   Cliché Gain.

est solide, mais néanmoins nous nous dispenserions de ces heurts supplémentaires, car un jour de calme où l'eau était particulièrement transparente, nous avons pu voir que la campagne d'été, menée rondement, avait, en dehors de l'avarie importante de l'avant, laissé de nombreuses traces non seulement sur le soufflage, mais encore sur la coque même.

Du côté de l'île Berthelot il y a un très joli effet de lumière, les terres apparaissent éclairées d'une façon brillante, permettant de distinguer leurs plus petits détails, se détachant dans une atmosphère bleu métallique, tandis qu'ailleurs tout disparaît dans la boucaille et la brume.

Notre premier mois d'hivernage est terminé, et personne n'a perdu son temps ; non seulement nous sommes installés, mais encore le travail de chacun est bien en train et organisé d'une façon qui paraît satisfaisante. Boland est attaché à Bongrain, Nozal à Rouch, Dufrèche (1) appartient aux naturalistes, Thomas est à la disposition de Senouque chaque fois qu'il en a besoin et Aveline à celle de Godfroy ; le service météorologique assuré par Rouch dans la journée est fait pendant la nuit par Nozal, Boland et Jabet; de cette façon, tout marche et doit marcher à

Kodak.   Le chenal de Lemaire.   Cliché Bongrain.

Kodak.   La côte en face de Petermann.   Cliché Bongrain.

Kodak.   Le cap Tuxen et le Sud ?.   Cliché Bongrain.

souhait. L'atelier des mécaniciens et du charpentier est en plein travail, les matelots sont très en train, et la bonne santé est générale.

1er mars. — Dans la soirée, le baromètre descendu à 720$^m/_m$, remonte un peu, les rafales sont plus espacées et moins fortes. En prévision d'une saute de vent au S.-O., j'ai fait mettre à bâbord arrière la grosse remorque

(1) Au mois de novembre, Lerebourg a remplacé Dufrèche au laboratoire.
(2) Ces trois photographies mises bout à bout forment une vue complète de la côte.

bien raidie au palan sur une ancre à glace coincée entre des rochers. On a continué à ranger les caisses de vivres, et nous avons commencé à monter sur le « rocher des Mégalestris » la maison de Wandel.

3 mars. — Le temps s'est amélioré, mais le thermomètre est toujours au-dessus de zéro. La maison est maintenant montée, il ne reste plus qu'à lui fabriquer un toit pour remplacer le sien disparu ; ce genre de construction est vraiment pratique, et on ne dirait pas qu'elle a passé quatre ans dans ce climat rigoureux. Tout en haut du rocher, se détachant sur le ciel bleu, elle fait très bon effet, complétant le pittoresque de notre village improvisé, et d'autre part, il est difficile d'avoir dans ces régions un meilleur observatoire météorologique. La vue de l'intérieur par les petites fenêtres est magnifique ; d'un côté le grandiose chenal de Lemaire avec les belles montagnes qui forment ses deux rives ; de l'autre, les hautes terres au delà du cap Tuxen, qui se détachent pâles sur le ciel bleu, et enfin en bas, notre installation si pittoresque avec le *Pourquoi-Pas?* dans son anse, entouré de nos petites constructions de formes variées et bizarres avec tout un grouillement de vie active.

Pl. Lumière.   L'anse des Baleiniers.   Cl. Senouque.

Quatre mégalestris ont été tués pour la cuisine, et malheureusement pour eux, la viande en a été trouvée excellente ; il faudra pourtant les ménager, car avec les grands pétrels, ils rendent aux naturalistes le service de dépouiller les squelettes de phoques.

Dans le fiord sud, juste au-dessous de la maison, des baleines assez nombreuses ont plongé toute la journée, et de cette hauteur il est facile d'observer leurs évolutions dans les eaux profondes et transparentes.

5 mars. — Il fait enfin un temps magnifique, calme avec beau soleil. Cet après-midi quelques bancs de brume ont passé, cachant la base des montagnes et laissant leurs sommets découverts, mais ils se sont rapidement dissipés et ce soir tout est clair, chaque sommet orné d'un petit nuage blanc et floconneux accroché comme un panache à sa pointe. Pour essayer la vedette, j'ai fait hier le tour de l'île ; nous avons rencontré une arche magnifique provenant d'un iceberg usé et brisé sous laquelle je me suis amusé à passer ; il est difficile d'imaginer quelque chose de plus élégant et de plus agréablement impressionnant ; on ne peut se fatiguer de

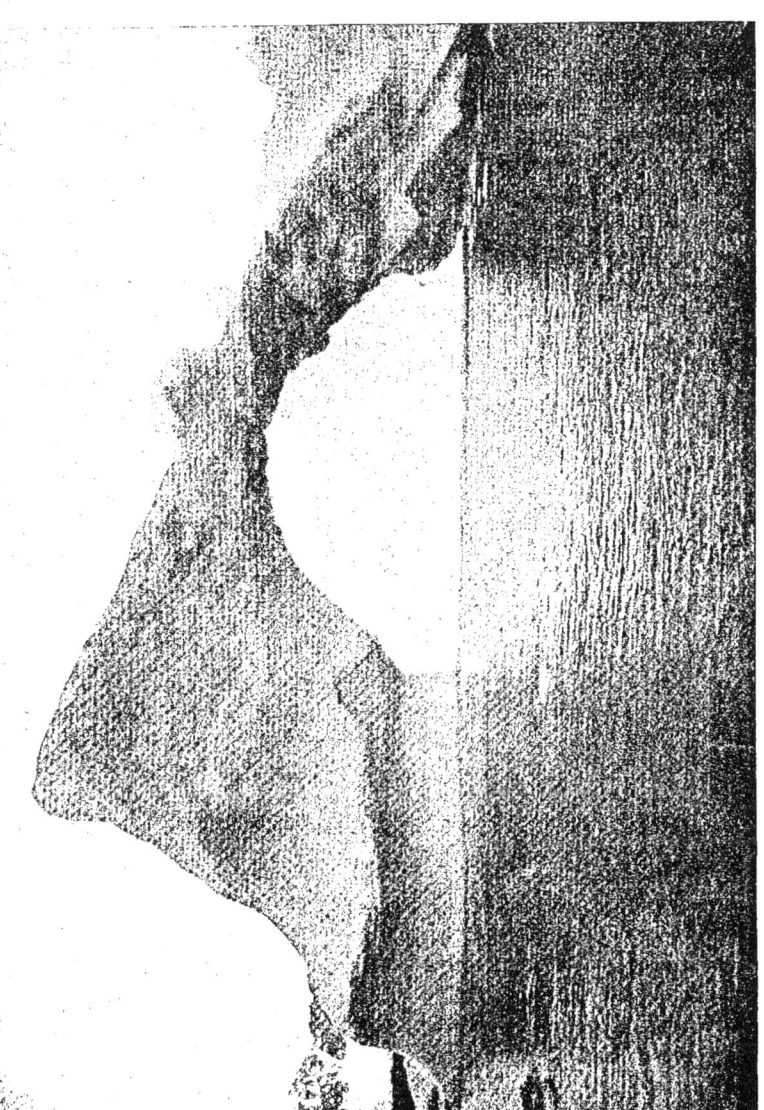

Arche de glace.

cette architecture de l'Antarctique si variée et si inattendue, tantôt gracieuse, tantôt grandiose.

La cabane météorologique est tout à fait terminée. Son toit a été habilement et ingénieusement fabriqué par Libois avec des morceaux de vieilles caisses de fer-blanc, et le tout est maintenu par un entrecroisement de fil de fer et de solides haubans. Rouch y a installé la girouette inscrivante et son chronographe, un baromètre Fortin et un baromètre enregistreur; tout à côté se trouve l'abri météorologique monté depuis notre arrivée.

Les naturalistes ont trouvé et rapporté deux phoques; ces ani-

Plaque As-de-Trèfle.   En route vers le cap Tuxen.   Cliché Gain.

maux sont maintenant assez nombreux, et nous n'en manquons plus.

7 mars. — Nous sommes partis et revenus; l'excursion projetée à la baie Beascocheia, qui a pleinement réussi, a été enlevée plus rapidement que je ne pouvais l'espérer.

Par précaution et également pour pouvoir nous séparer s'il devenait intéressant de le faire, j'avais décidé d'emmener le grand canot à la remorque. Nous emportions tentes, lits-sacs et vivres. Gourdon, Godfroy, Gain, Besnard et Denais étaient dans le grand canot; Bongrain, Nozal, Frachat et moi-même dans la vedette.

A 10 h. 15 du matin, nous arrivions au cap Tuxen, et tandis que Bongrain faisait une station hydrographique, nous élevions un cairn pour servir de signal hydrographique, et repartions une heure après pour le cap

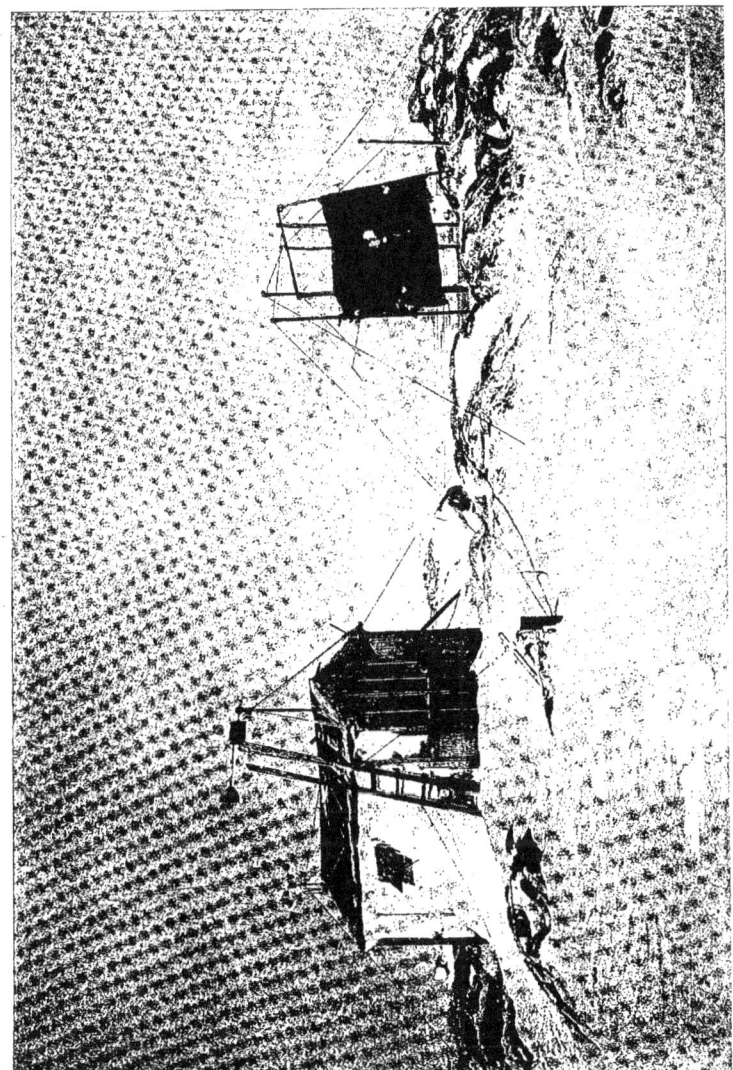

Plage Ax-de-Trefle. L'observatoire météorologique de la colline des Mégalestris. Cliché Sencuque

des Trois-Perez. La mer, complètement dégagée de floes, était seulement un peu encombrée de grands icebergs et de débris de ceux-ci que nous contournions facilement. Entre Tuxen et le cap des Trois-Perez, se jette un énorme glacier, le plus grand de ceux que j'ai vus dans l'Antarctique ; il reçoit de nombreux affluents et est dominé dans le fond par une muraille granitique à pic, surmontée d'une couche de glace qui doit avoir près de 60 mètres d'épaisseur. Nous retrouverons d'ailleurs partout cette muraille imposante et infranchissable qui semble défendre toute tentative de pénétration dans l'intérieur des terres. Le front du glacier, surtout vers

Plaque Lumière.   Station hydrographique au cap Tuxen.   Cliché Cain.

sa partie centrale, est très élevé et débite d'énormes iceblocs qui jonchent la mer.

Nous longeons l'île Darboux dont les parois verticales sont peu favorables à un débarquement, et après avoir traversé un dédale d'icebergs et franchi une longue étendue de jeune glace que notre vedette brise facilement, mais qui coupe ses bordés comme du verre, nous doublons le cap des Trois-Perez, et un magnifique spectacle s'offre à nos yeux.

Vu du Nord, le cap est déjà curieux avec son énorme menhir incliné, qui se dresse de la masse principale en avant des deux autres pointes ; du côté sud, comme pour le cap Tuxen d'ailleurs, les parois de plus de 500 mètres de hauteur s'élèvent à pic, majestueuses et sinistres, mais au lieu d'être, ainsi que Tuxen, teintées en vert par la diorite, elles sont

Plaque Lumière. — Le cap Tuxen vu du Sud. — Cliché Gain.

formées de filons de granit rose merveilleux de couleur et de disposition ; l'ensemble est à la fois étrange et beau. Tout à fait à l'extrémité le cap forme une petite baie ouverte au S.-O. dont le fond est constitué par un mur étroit au bord supérieur déchiqueté; sur la droite, s'ouvre une grotte et une petite plage de gravier fin s'incline vers la mer venant d'un promontoire découpé de petites anses. Décidément nous avions donné autrefois de loin le nom des trois frères dont le souvenir nous est si cher à un endroit digne d'eux et de notre réciproque affection.

Nous continuons notre route vers le S.-E., pénétrant ainsi dans un large et profond fiord formé d'un côté par les hautes montagnes à pic et découpées qui font suite au cap des Trois-Perez, de l'autre par la chaine rela-

Plaque As-de-Trèfle.   Le cap des Trois-Perez et des icebergs.   Cliché Gain.

tivement basse qui prolonge le cap Lahille et derrière laquelle se dresse une chaîne élevée, évidemment séparée de la première par un autre fiord parallèle à celui dans lequel nous nous trouvons. Le cap Lahille lui-même est sur une île assez longue, isolée par un chenal étroit qui donne dans le fiord que nous devinons.

Nous marchons à une vitesse de 5 nœuds environ et pendant longtemps nous avons pu espérer que nous pénétrions dans un détroit, ou que tout au moins nous parviendrions à une vallée basse, mais à mon grand chagrin il n'en est rien. La baie Beascocheia se termine par un à-pic et un grand glacier tourmenté de séracs et de crevasses, dominée par cette muraille verticale de granite que l'on retrouve partout infranchissable et recouverte de sa croûte de glace qui est peut-être le plateau supérieur

de la Terre de Graham, mais dont l'accès en tout cas est impossible de
ce côté. Le fond du fiord est encombré de grands icebergs, de débris,

Plaque As-de-Trèfle.   Le cap des Trois-Perez vu du Nord.   Cliché Gain.

Plaque As-de-Trèfle.   Le cap des Trois Perez vu de la baie Beascocheia.   Cliché Gain.

de jeune glace et de floes de 2 et 3 mètres d'épaisseur au-dessus de l'eau,
évidemment détachés des fronts de glaciers bas ou de la côte. Il est fort

probable que depuis des années cette baie n'avait pas été dégagée et que c'est seulement grâce à un automne exceptionnel que nous avons pu y pénétrer.

La jeune glace, dans cet endroit calme, se forme autour de nous avec une extrême rapidité, et en y séjournant longtemps avec nos petites embarcations, nous risquerions fort de nous y trouver bloqués. Le temps superbe jusqu'à 1 heure, se couvre, annonçant du côté du large neige et brume, mais nous persistons quand même et je ne me décide à virer de bord qu'à 4 heures, pour revenir au cap des Trois-Perez. Un beau léopard de mer, à la nage majestueuse et digne, nous suit pendant longtemps à quelques mètres, se dressant hors de l'eau pour regarder dans l'embarcation avec ses gros yeux ronds et imposants.

Arrivés au cap, nos deux embarcations se séparent, et tandis que Bongrain, aidé de Boland et de Nozal, fait une station hydrographique, les autres aident Gourdon dans ses recherches géologiques. Dans la petite baie du cap, trois crabiers évoluent dans l'eau transparente autour du bateau, jouant et soufflant, posant un peu et ne s'effarant même pas lorsque nous les touchons avec les avirons; dans cet endroit resserré et qui a dans son étrangeté un aspect superficiel, nous pourrions nous croire dans un jardin zoologique ou chez le fameux Hagenbeck, de Hambourg.

Il est 8 heures du soir lorsque nous songeons au retour, la nuit vient vite et menace d'être noire, aussi j'hésite un moment à donner l'ordre de camper où nous sommes, mais je crains le mauvais temps; notre programme est d'autre part rempli et je mets un peu d'amour-propre à accomplir cette longue randonnée dans la même journée et à vaincre les difficultés de la navigation de nuit.

La neige se met à tomber, augmentant l'obscurité, et on ne distingue ni icebergs ni cailloux avant d'en être tout à fait près; nous naviguons au jugé et, bien que la veille soit très active, nous recevons quelques gros chocs. C'est d'ailleurs, malgré la tension d'esprit, peut-être même à cause d'elle, une navigation passionnante, parmi les grands icebergs, surgissant soudain devant nous, les blocs, à peine aperçus à temps pour les éviter d'un coup de barre brusque et les écueils noirs comme la nuit que nous ne devinons que par le bruit du ressac. Enfin, après quelques détours, nous finissons par reconnaître la pointe de la Délivrance, où nous avons fait un si désagréable séjour il y a quelques mois, Gourdon, Godfroy et moi, et, en suivant la côte que nous connaissons désormais, nous doublons Tuxen. Par précaution j'avais dit de faire fonctionner à 10 heures le projecteur du bord et effectivement nous discernons son éclat très atténué par la brumaille. Une demi-heure avant d'arriver, le moteur stoppe au milieu d'une accumulation d'iceblocs, par suite d'une avarie de la pompe de circulation et, sans nous attarder à chercher à la réparer, le grand canot passe devant à la grande joie de son équipe un peu transie de froid et, de remorqué devenant remorqueur, nous ramène triomphalement à Port-Circoncision, au milieu des quolibets de l'équipage adressés à Frachat, désespéré de la défaillance de sa chère vedette. Il peut cependant se consoler, car nous avons parcouru 50 milles dans cette journée, franchissant souvent des obstacles, et encore une fois moteur et coque ont donné pleine satisfaction. La panne, comme d'habitude, ne provenait que de l'incurie de la maison ignorante ou peu scrupuleuse chargée du montage.

Plaque As-le-Trèfle.   Au milieu des icebergs.   Cliché Gain.

Pendant notre absence, un iceberg en se brisant ou en se retournant a produit une grosse lame qui, soulevant le bateau, a exercé une brusque traction sur la chaîne de bâbord et fait tomber dans l'anse la roche, pourtant solide d'apparence, sur laquelle elle était maillée. La chaîne est cependant restée tournée autour de la roche et je l'y maintiens encore plus fortement par des saisines. Nous sommes donc toujours solidement amarrés, mais nous aurons peut-être du mal à reprendre notre chaîne quand nous voudrons partir, si même nous ne nous trouvons pas dans l'obligation d'en sacrifier un bout.

9 mars. — Gourdon, Gain, Godfroy et Senouque sont partis hier pour le glacier en face de notre station. Malgré le très grand désir que j'avais de les accompagner et mon amour des ascensions, je crois préférable de les laisser aller sans moi dans ces excursions. Je veux donner à chacun le plus d'initiative possible, diriger pour ainsi dire dans l'ombre, et bien montrer surtout que je ne cherche à rien accaparer. Je crois qu'ainsi le rendement définitif sera plus considérable. Je suis persuadé que tous sont animés du meilleur esprit, mais le caractère français est tel que très facilement l'intérêt de la cause générale disparaît devant le désir d'agir un peu isolément et un chef qui n'a que le but de sa mission en vue et non celui de redresser les caractères, doit, je crois, s'efforcer de gouverner suivant les natures de ceux qui l'entourent.

Mes camarades reviennent le soir même enchantés, ayant fait une

Plaque As-de-Trèlle.   La norvégienne hissée sur le glacier.   Cliché Gain.

ascension rapide et facile mais très intéressante et donnant quelque espoir d'un chemin conduisant vers l'intérieur. Ils ont pu aisément grimper sur le glacier qui en un point très limité descend à fleur d'eau, ils ont pu même hisser la norvégienne sur la glace, la laissant ainsi en sécurité jusqu'à leur retour.

Cette nuit, à 4 heures du matin, nous avons ressenti à bord un choc violent et le bateau a roulé et tangué pendant quelques minutes d'une façon désordonnée et inquiétante. Ce phénomène qui plus ou moins fort se répète assez fréquemment depuis quelque temps est évidemment dû à des brisements ou chavirements d'icebergs. Aujourd'hui en particulier, l'un d'entre eux, très grand, arrêté à l'entrée de l'anse, a brusquement changé de forme. Il est probable que les icebergs poussés par le fort courant sud-nord, s'échouent sur les bas-fonds qui obstruent l'entrée de la petite baie et que l'accident arrive lorsque la mer baissant ils portent à faux, talonnent ou perdent leur équilibre. Quoi qu'il en soit, il y a là pour le bateau un réel danger, car nous parvenons difficilement à l'écarter du rocher qui est à bâbord et la coque, malgré sa solidité, risque de souffrir sérieusement de ces chocs s'ils se répètent fréquemment. Nos amarres pourraient également, dans une traction trop brusque, se rompre toutes à la fois et le bateau irait alors s'échouer brutalement par l'avant. Deux amarres ont ainsi cassé cette nuit et je commence à être vraiment inquiet, car si cet affreux temps continue longtemps et

Plaque Lumière.   Le fond du fiord du Sud.   Cliché Gain.

que nous ne soyons pas bientôt solidement pris dans la glace, jamais nous n'aurons assez d'amarres pour résister jusqu'au bout.

La quantité d'iceblocs et d'icebergs qui se promènent dans le chenal est vraiment extraordinaire et est certainement due en grande partie au temps exceptionnel de cet automne. L'ablation des glaciers sous l'effet de la chaleur est intense et le vêlage des iceblocs perpétuel; d'autre part (nous avons pu facilement le constater par la comparaison de ces régions dans la même saison en 1904), des baies généralement prises se sont débâclées, mettant en liberté non seulement les grandes glaces de mer qui les recouvraient, mais encore les glaces côtières et les masses énormes provenant des glaciers qu'elles tenaient jusqu'alors emprisonnées. A chaque instant de grands fragments viennent s'attaquer à notre barrage que je crains toujours de voir céder et décidément, même dans ce coin où nous paraissions devoir être si bien à l'abri, notre sécurité n'est que relative.

10 mars. — La même équipe que l'autre jour est repartie pour le glacier, mais en l'attaquant d'un autre côté. En effet, le front de celui-ci, qui est à proximité de Pétermann, presque en face de notre station, s'étend du massif Duseberg (voir la carte page 267) au cap Rasmussen, mais il est divisé en deux par le mont Rude, que prolonge le mont du Milieu. Toute la partie centrale de ces deux glaciers est formée par un superbe chaos crevassé et totalement impraticable, c'est seulement sur les flancs des masses rocheuses qui les limitent que la glace, relativement unie ou semée de rares crevasses faciles à contourner ou à franchir est praticable. La dernière fois, mes camarades ont débarqué près du Massif Duseberg, ce qui leur a permis d'explorer l'Est et le N.-E. ; cette fois, ils débarquent au cap Rasmussen pour se diriger vers le S.-E. Je les conduis à 4 heures du matin, accompagné de Liouville, dans le grand canot, armé par Denais, Boland, Nozal et Hervé.

Pl. Lumière.   Le fiord du Nord.   Cl. Godfroy.

En une heure et demie, après avoir franchi une grande quantité de débris de glace, nous arrivons à Rasmussen, et débarquons facilement sur une pointe rocheuse qui supporte le glacier. L'endroit est fort pittoresque, car le cap se trouve formé d'une grande falaise de roche noire entaillée par une large fente formant une anse. Bien que les excursionnistes doivent rentrer le soir même, j'ai tenu, par suite de l'éloignement du bateau, à leur faire déposer un campement et des vivres sur le cap et, tandis que nos matelots débarquent le matériel, nous faisons quelques pas avec eux sur le glacier. Le terrain est excellent, formé de glace dure sur laquelle on marche sans fatigue, recouverte d'une couche de neige juste suffisante pour ne pas glisser. Le temps est superbe et très doux; la douceur est d'ailleurs la caractéristique de cette matinée. Le soleil, à peine levé, teinte de rose pâle alternant avec le bleu vif ou léger des parties qui sont dans l'ombre le chaos formidable et indescriptible du glacier que nous longeons, enlevant ainsi pour un instant à cette nature en désordre son habituel et sinistre aspect. Après avoir convenu d'un signal pour le rappel de l'embarcation avec Liouville, je retourne à bord à regret.

J'arrive juste à temps pour infliger à Polaire une vigoureuse correction; à grand mal, nous cherchons à dresser cette chienne à ne pas poursuivre et effrayer les pingouins. Ceux-ci se défendent d'ailleurs fort bien lorsqu'elle les attaque de front, mais, chaque fois qu'elle le peut et que nous ne sommes pas là, elle se jette sur eux par derrière. Aujourd'hui, elle s'est adressée à des mégalestris et l'un d'eux, mutilé, traîne

Kodak. Polaire discute avec un Adélie. Cl. Rosselin.

Plaque Lumière. Ascension du Tacul. Cliché Gain.

misérablement sur l'île. Mal lui en a pris, car un autre de ces oiseaux courageux, venu au secours de son camarade, lui applique un fort coup de bec et, de mon côté, je lui donne une leçon dont elle se souviendra.

Nous sommes obligés de tuer pour notre collection, comme pour notre nourriture, mais je n'admets de cruauté inutile, ni de la part des hommes, ni de la part de nos animaux.

A 7 h. 30, je vais rechercher mes camarades à Rasmussen ; ils ont marché treize heures, grimpant à 1.000 mètres, et parvenant ainsi jusque derrière le grand glacier situé entre Tuxen et le cap des Trois-Perez ; le temps très beau jusqu'au soir, où la neige s'est remise à tomber, leur a permis de jouir d'une vue magnifique et de rapporter des détails intéressants sur les environs ; mais de ce côté, il n'y a guère de chance, affirment-ils, pour pouvoir pénétrer dans l'intérieur. Je le regrette, car le cap Rasmussen, bien que très éloigné du bord, offrait une bonne base d'opération. L'assise des roches, en effet, permettait non seulement d'établir un campement (car il faut toujours prévoir une rupture subite et prolongée des communications), mais encore assurait un point de débarquement permanent, contrairement à l'autre glacier, qui ne reposant sur rien, peut d'un moment à l'autre présenter un mur infranchissable.

Kodak.   Lecture de l'anémomètre au sommet de Pétermann.   Cl. Charcot.

La navigation dans les glaces a fortement entamé le bordé de la vedette et du grand canot ; pour éviter désormais cette usure dangereuse, je fais clouer à la flottaison de ces deux embarcations un doublage fabriqué avec le fer-blanc des vieilles caisses de farine.

15 mars. — Tous ces jours-ci le temps a été mauvais, souvent même affreux, le vent soufflant du N.-E. et de l'E.-N.-E., accompagné de neige et de chasse-neige, avec une désespérante persistance ; cependant il y a eu quelques sautes à l'Ouest et au S.-O. déterminant dans notre anse une houle encore plus forte et nous donnant de nouveau des ennuis avec nos amarres.

L'anémomètre totalisateur placé au sommet de l'île a été brisé par le vent, et le cuisinier chargé d'aller tous les jours vérifier son nombre de tours est revenu avec l'instrument en piteux état. Heureusement nos mécaniciens sont habiles, et sous la direction de Rosselin, ils auront vite fait de le réparer et même d'en construire un de rechange. La passerelle, également, a failli être brisée contre les rochers qui la soutiennent, par les mouvements du bateau, risquant en même temps de causer de graves avaries à bord. Chollet, avec beaucoup d'ingéniosité, installe une forte caliorne qui permet de la hisser ou de la baisser comme un pont-levis. A son extrémité, nous mettons une échelle de corde et, en temps de houle, embarquement et débarquement nécessitent un amusant petit exercice de gymnastique.

Un assez gros glaçon est parvenu à franchir le barrage et est venu se

Plaque As-de-Trèfle.   Débarquement sur le glacier du Milieu.   Cliché Gain.

placer sur notre arrière, mais je l'ai fait aussitôt pousser à la côte par la vedette et amarrer de façon à ce qu'il ne puisse pas nous faire d'avaries.

19 mars. — Gourdon, Godfroy, Gain et Senouque sont partis et revenus du glacier où ils ont été planter une série de piquets servant à mesurer sa marche. Avec une équipe supplémentaire de quatre hommes, je les ai accompagnés le 17 au matin pour monter leur matériel et installer leur tente. A neuf nous avons facilement hissé le lourd traîneau et le campement a été dressé dans un creux formé par le revolin du vent au pied d'une crête rocheuse que nous appelons le Tranchant. C'est du sommet de cette crête que Godfroy vérifiera l'alignement des piquets et les relèvera.

De cette hauteur la vue est magnifique sur les îles Biscoe et s'étend bien au delà de l'île Victor-Hugo ; la mer est absolument libre, je devrais dire désespérément libre, car tous avec insistance nous réclamons le froid et une bonne glace solide. A pareille époque, il y a quatre ans, nous étions bloqués à Wandel !

Du côté du glacier s'étendent de larges espaces presque horizontaux,

Plaque As-de-Trèfle.   Fossé produit par le vent au pied du Tranchant.   Cliché Gain.

parsemés de très rares crevasses, et des vallées séduisantes semblent nous inviter à pénétrer dans l'intérieur des terres ; deux d'entre elles ont été explorées, mais elles n'offrent pas d'issue ; j'espère que la troisième ne nous apportera pas la même déception.

Pl. Lumière.   L'île Petermann   Cl. Sénouque.
vue du sommet du Tranchant.

Nous avons déjeuné gaîment tous ensemble, puis je suis redescendu avec mon équipe, laissant mes compagnons à leur travail. Du bord, je puis continuer à suivre leurs mouvements dans la lunette astronomique et en l'absence de glace de mer pouvant les bloquer, il n'y a rien à craindre pour leur retour.

Le lendemain a été également une belle journée favorisant leur travail, mais hier le N.-E. s'est remis à souffler avec neige et grésil et j'ai vu l'équipe du glacier redescendre en abandonnant le campement, ainsi qu'il avait été convenu en cas de mauvais temps. J'ai été la chercher en embarcation et j'ai eu la satisfaction d'apprendre que tous avaient apprécié le matériel de raid que j'avais si soigneusement préparé avant le départ; ils m'ont même affirmé qu'ils n'avaient aucune critique à formuler. Le contenu des boîtes de raid, en particulier, a eu un grand succès, la soupe qui en fait partie étant vraiment excellente, et cependant leur poids n'est pas supérieur à celui des rations emportées par d'autres expéditions. Mais comme Gourdon avait simplement oublié de débarquer le pétrole, ils ont dû se contenter d'une lampe à alcool improvisée et ne peuvent me dire si les petites modifications que j'ai cru devoir apporter aux cuisines Nansen ont été heureuses.

Pl. Lumière.   La cuisine pendant un raid.   Cl. Senouque.

Cet après-midi un phoque s'est aimablement moqué de nous. Un de

Plaque Lumière.   Relèvements au compas de poche sur le glacier.   Cliché Gain.

nos camarades est venu me prévenir qu'un crabier, échoué sur la grève, était à l'agonie. Cela pouvait être du plus haut intérêt pour les naturalistes d'examiner un de ces animaux mourant de mort naturelle et, pour que la mer ne l'enlève pas nous le hissons avec précaution sur la neige. Il se laisse faire docilement, puis lorsque nous le jugeons bien installé, rapidement et avec le plus grand calme il file entre nos jambes et rentre dans l'eau où il se livre à de joyeux ébats qui prouvent à la fois sa bonne santé et son excellente humeur.

La Mi-Carême, retardée d'un jour pour permettre aux excursionnistes d'y participer, a été fêtée autour d'un merveilleux confit d'oie que mon si cher et dévoué ami Ch. Rabot m'avait remis pour la Noël. C'est en vain que dans le désarroi de notre soute à vivres nous l'avions cherché à cette époque, mais le fidèle Jabet, pendant les derniers rangements, nous l'a triomphalement apporté il y a quelques jours et nous sommes heureux maintenant de l'avoir forcément gardé jusqu'à cette date.

Un grand trou a été creusé dans la glace, des étagères y ont été pratiquées, deux des doris ont été placées au-dessus formant toiture, et de cette façon en deux heures à peine nous avons un très bon garde-manger où nous mettons notre viande de pingouin et de phoque.

24 mars. — Nous sommes de nouveau en plein ouragan ; la température qui, pendant les quelques beaux jours, si on peut appeler ainsi des journées tristes et grises, était descendue à — 1° ou à — 2°, remonte à + 5°, et l'horrible dégel recommence. Alternant avec la neige et le grésil, la pluie tombe en abondance, comme à Brest ou à Cherbourg, et dans ces régions cela paraît un non-sens ; moi qui trouvais qu'un des plus grands charmes de ce pays était justement l'absence de pluie et l'assurance absolue de pouvoir sortir sans parapluie ! Maintenant il faut vraiment que ceux d'entre nous qui possèdent un de ces instruments aient le respect de la couleur locale pour ne pas l'ouvrir, même au risque de le voir enlever par le vent.

La houle se fait sentir de plus en plus forte ; nous avons des ennuis perpétuels avec nos amarres et surtout avec les glaçons. Le vent d'E.-N.-E. pousse ceux-ci en effet vers la pointe sud de l'entrée de notre anse et dès qu'il y a une accalmie la grande houle les drosse vers l'intérieur. L'un d'eux, très volumineux, est parvenu à se mettre à cheval sur le barrage et a fini par le rompre, donnant ainsi libre carrière aux autres. Nous ne pouvons songer à réparer le barrage par ce temps et à enfermer l'ennemi avec nous, aussi devons-nous nous contenter de frapper des amarres sur les iceblocs, soit en profitant de leurs saillies, soit au moyen d'ancres à glace, et de les écarter du bateau à coups de palan. Mais nous sommes à la merci de la rupture d'une des amarres et je passe des nuits d'inquiétude à écouter les chocs sourds qui se produisent le long du bord. Pendant toute une matinée, sous la neige et dans le vent, nous

Plaque As-de-Trèfle. Passage sur un pont de glace. Cliché Godfroy.

avons dû lutter avec un icebloc aussi grand que le bateau, qui venait frapper notre arrière, risquant de tout démolir en quelques secondes ; divisés en deux groupes, les uns le dépoussaient du bord, les autres souquaient sur des palans, tandis que la vedette cherchait à le faire tourner. Nous n'avons réussi qu'à l'écarter d'un mètre à peine et depuis il est là suspendu comme une épée de Damoclès sur notre arrière.

La pauvre vieille chatte embarquée à Buenos-Aires et qui nous a donné cinq petits est morte ; elle était affectueuse, douce et touchante par son amour maternel.

25 mars. — Hier dans la soirée, vers 7 heures, le vent est tombé et tout de suite le baromètre s'est mis à remonter, traçant une ligne pres-

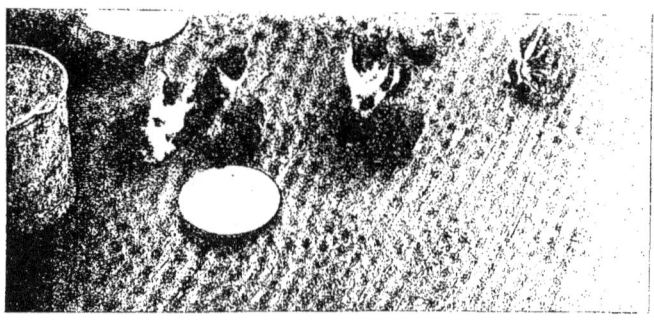

Plaque Lumière.   La chatte et ses petits.   Cliché Gain.

que perpendiculaire. Après un fort grain de neige mélangé de pluie, le vent s'est rétabli à l'Ouest soufflant en grosses rafales.

Le bateau et l'icebloc ont échangé de très forts coups puis subitement ce dernier a chaviré, ne nous occasionnant, par miracle, aucune avarie.

Ce matin temps gris, mais calme et je suis décidé à débarrasser notre port de nos terribles voisins. En vain cherchons-nous à faire sauter le plus grand avec une charge de coton-poudre, il chavire de nouveau, risquant d'envoyer à l'eau Bongrain et Lerebourg et à cet instant notre attention est appelée ailleurs ; on vient en effet m'annoncer que la chaîne de tribord, absolument indispensable, menace de décapeler par-dessus le gros rocher autour duquel elle est maillée. Les parois lisses de ce rocher un peu conique de forme, n'offrent aucune saillie d'arrêt et le poids même de la chaîne sur lequel je comptais est insuffisant contre les tractions brusques qu'elle supporte.

Avec des masses, des ciseaux, des pics, tous les outils que nous pouvons trouver, les hommes se relayent cherchant pendant des heures à faire des encoches dans le dur granit ; ils y arrivent tant bien que mal,

Cliché Gris.

Des tableaux désagréables

Plaque Lumière.

enfoncent enfin quelques piquets de fer dans les fentes et la chaîne cette fois est solidement maintenue en place avec une forte calionne surajoutée en garantie. On la surveillera d'ailleurs tous les jours.

27 mars. — Nous sommes retournés sur le glacier. Ce que je prévoyais est malheureusement arrivé ; à l'endroit où nous débarquions d'habitude, un éboulis a déterminé une muraille verticale impossible à escalader et force nous est de nous rabattre sur un autre point plus au Sud. Mais ce nouveau chemin est difficile, il faut tailler des marches, passer encordés par d'étroits sentiers entre de profondes crevasses où toute chute serait mortelle. C'est cependant par là que nous redescendons le traîneau et une grande partie du matériel, laissant pour des excursions futures une tente, des lits-sacs et des vivres au sommet du glacier. Cet exercice me rappelle le temps, ou plein d'enthousiasme j'aidais dans les Alpes les artilleurs à descendre leurs pièces de montagnes, ce qui n'a pas peu contribué à me donner le goût de ces aventures.

Pl. Lumière. Cl. Senouque.
Nous amarrons des iceblocs.

Cette difficulté à parvenir sur le glacier ne me laisse pas sans inquiétude ; le moindre éboulis peut d'un moment à l'autre couper la route et sans compter le danger qu'il y a pour une équipe à se trouver ainsi isolée du bord, sans la plus petite chance de trouver des provisions en dehors de celles emportées, nous pouvons être totalement empêchés de continuer nos excursions dans l'intérieur.

30 mars. — Les iceblocs qui ne veulent pas quitter notre port ont fini par user deux de nos amarres qu'il a fallu rapiécer tant bien que mal ce matin. Il faut décidément et coûte que coûte nous en débarrasser. Il fait calme et le courant habituel portant au Nord est très fort, mais à la pointe de notre anse, il y a un retour qu'il faut arriver à franchir. D'autre part le tirant d'eau des icebergs nous oblige à leur faire contourner les bas-fonds de l'entrée. Des amarres sont frappées sur les glaces et une partie de l'équipage à terre hale dessus; d'autres hommes, dans le grand canot, cherchent à les remorquer, tandis que la vedette, de son côté, fait de même et les pousse alternativement. Un phoque crabier dans l'eau nous regarde travailler d'un air moqueur ; je lui envoie une boule de neige en pleine figure et avec un air de dignité froissée il me souffle

Plaque As-de-Trèfle. Le mont Jude pris du sommet du Tranchant. Cliché Gain.

toute sa désapprobation de la liberté que j'ai osé prendre vis-à-vis de lui. Enfin, après plus de sept heures de travail, nous sommes parvenus à vider notre port et avec six doubles de grelin en fil de fer, nous rétablissons un barrage que nous avons tout lieu de croire solide.

Liouville parti en norvégienne avec Dufrèche a tué de nouveau un léopard de mer, mais le mauvais temps l'a obligé à l'abandonner sur un îlot et c'est en vain que nous cherchons à le retrouver. Pendant ce mois il a eu la chance de tuer une femelle de la même espèce dont l'utérus a été trouvé gravide; nous ramènerons donc ainsi le premier fœtus de

Plaque As-de-Trèfle. Fœtus de Weddell. Cliché Senouque.

léopard qu'il aura été donné à des naturalistes de pouvoir examiner et qui complètera la collection.

1ᵉʳ avril.

   Avril vient de naître
   Et par la fenêtre,
   Le soleil joyeux
   Nous fait les doux yeux.

C'est avec ce refrain, chanté gaiement par un homme sur le pont, que je suis réveillé ce matin; de fait, au mauvais temps d'hier a succédé le calme, et un rayon de soleil éclaire mon hublot, mais, dans l'après-midi, le ciel se couvre et il neige abondamment avec une faible brise de S.-E. Cependant, le thermomètre est au-dessous de zéro et l'île se couvre enfin d'une belle couche blanche et propre qui me ravit.

9 avril. — Le commencement du mois est calme avec même quelques éclaircies. Bongrain a pu aller passer une journée aux îles Argentines

Plaque As-de-Trèfle. Une descente difficile. Cliché Godfroy.

faire de l'hydrographie, et il en est revenu avec 150 pingouins dont la viande garnit les étagères de notre boucherie. Au cours de cette excursion, Frachat et Boland ont été intoxiqués sous la tente qui recouvre la vedette, par l'oxyde de carbone, le tuyau d'échappement étant mal installé; il est heureusement facile d'y remédier et un traitement approprié a vite remis sur pieds les deux malades.

Un peu de jeune glace, grâce à une température de — 6°, se forme autour du bateau et les pentes de l'île deviennent très favorables à l'exercice de la luge. Nous nous y adonnons avec passion et celles que j'avais fait venir de Norvège ne cessent de monter et de descendre. Les inégalités du terrain et la pente rapide causent quelques accidents, sans grande gravité, d'ailleurs. Gain se contusionne la jambe, Gourdon s'écorche le nez et je me fais, moi-même, une assez forte foulure aux deux talons, ce qui m'oblige à rester étendu quelques jours. Cet accident stupide m'empêche surtout de remonter sur le glacier. Godfroy, de son côté, a une ampoule qui lui interdit l'usage des grosses chaussures et nos compagnons, pour compléter l'équipe,

Pl. Lumière.   Formation de jeune glace.   Cl. Godfroy.

emmènent le cuisinier Modaine, un peu neurasthénique depuis quelque temps et auquel cette ascension fera du bien. En son absence, Chollet, Jabet et J. Guéguen se chargent de la cuisine, revêtent le tablier symbolique, et, comme tout bon matelot, s'en tirent admirablement. Ils débutent, dans leur importante fonction, par un coup de maître, en nous servant un formidable pâté de phoque et de pingouin agrémenté de lard à la confection duquel ils songeaient, paraît-il, depuis des semaines.

Les excursionnistes reviennent le surlendemain : ils ont été arrêtés, dans leur marche, par une neige épaisse dans laquelle ils enfonçaient jusqu'à mi-cuisse et n'ont pu se rendre compte si le col, sur lequel nous comptons tant, aboutit ou non à un glacier praticable. La descente du matériel a été très difficile. Tandis que Godfroy, pour les aider, avec quatre hommes de renfort, montait sur le glacier, retenu par mes foulures, j'écarte la vedette du front de falaise qui s'effrite perpétuellement

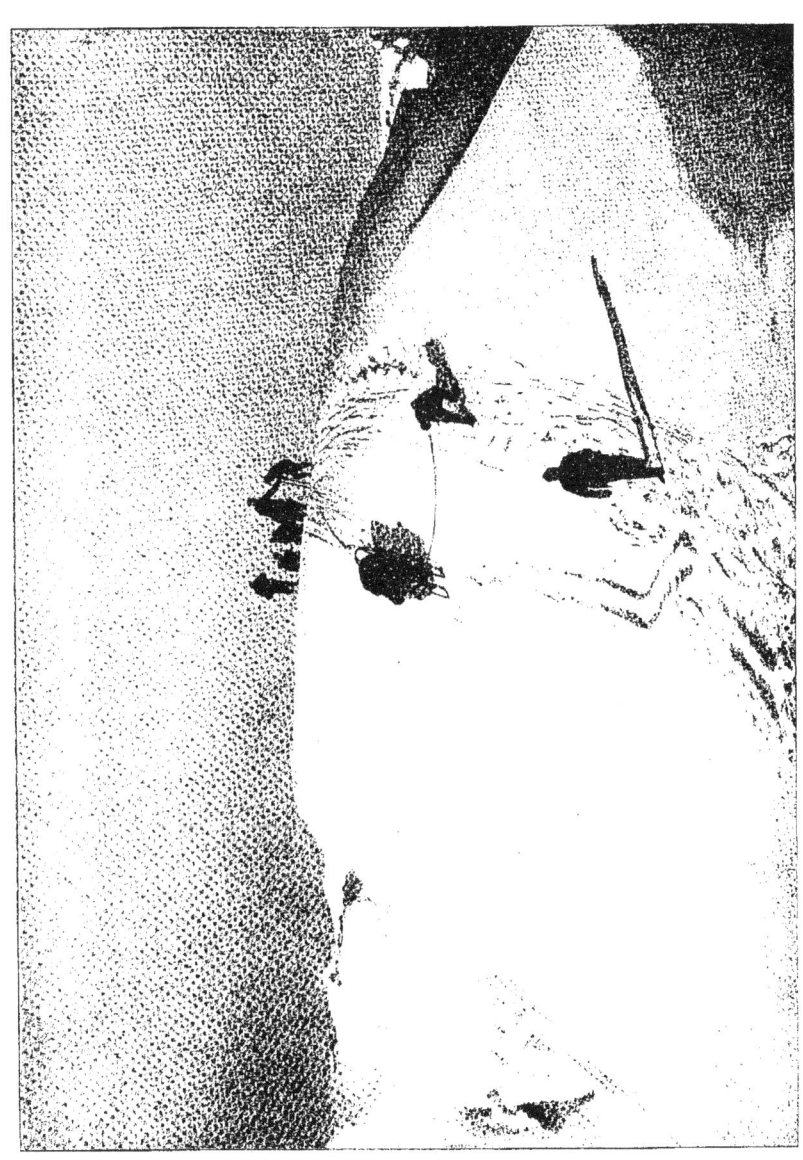

Kodak. La descente du glacier. Cliché Godfroy.

et qui, peu de temps auparavant, dans un éboulis, avait failli écraser nos embarcations, ou tout au moins les faire submerger par les grosses ondes de houle que provoque leur chute. Après avoir franchi des crevasses et des ponts de glace, nos hommes parviennent à faire descendre lentement le traîneau au bout d'un cablot et heureusement tout se passe sans accident.

La navigation dans le chenal est maintenant assez difficile, car il est encombré de glaces soudées, d'icebergs et de débris de ceux-ci; cependant, en suivant les lagunes par des chemins détournés, je parviens à rentrer à bord, mais il est évident que nous ne devons plus beaucoup compter pouvoir naviguer cet automne.

Notre île se dépeuple peu à peu de ses oiseaux ; tous ont déjà quitté leurs nids et beaucoup sont partis ; les pingouins vont et viennent par groupes, presque tous les jeunes pouvant maintenant aller à la mer, et se reposent dans l'île de leurs pêches ; les ossifrages et les mégalestris sont encore en assez grand nombre attirés par les cadavres de phoques ainsi que quelques chionis, mais

Kodak.   Le chenal est encombré de débris.   Cl. Charcot.

les jolis petits petrels des neiges (Pagodroma nivea) sont arrivés par bandes en même temps que la glace venant du Sud.

Les hommes construisent des maisons de neige avec une très grande habileté ; les anciens du *Français* apprennent aux nouveaux à débiter au luchet les grands blocs rectangulaires de glace et à les empiler en dômes. Une de ces maisons doit servir de garde-manger supplémentaire, et dès qu'elle est terminée, son sommet s'orne d'un pavillon ; sur l'autre, le pavillon est remplacé par certain petit balai très caractéristique qui indique suffisamment son utilisation.

11 avril. Dimanche de Pâques. — Je sors de la réserve des paquets que je ne dois ouvrir qu'aux dates de fêtes, un superbe œuf en carton qui porte l'étiquette d'une maison de Guernesey et qui me fait souvenir de l'effroyable tempête qui, à peine avions-nous quitté Cherbourg, nous obligeait, après deux jours de lutte, à relâcher dans le joli et hospitalier petit port de Saint-Pierre. En France, le *Pourquoi-Pas ?* avait passé pour

Construction d'une maison de neige.

perdu, comme tant d'autres navires le furent pendant ce coup de vent, mais presque à sa première sortie, ce brave bateau s'était montré digne par sa tenue, d'affronter les plus mauvaises mers.

Le baromètre s'est remis à baisser, le thermomètre est remonté à + 6° et le N.-E. souffle.

13 avril. — Le vent passe brusquement au S.-O., faisant descendre la température à — 7°. D'un commun accord, jusqu'à présent, afin d'économiser notre charbon, en vue de la navigation d'été, nous avons persisté à ne pas avoir de feu dans les logements. Aussi n'avions-nous jamais

Plaque As-de-Trèfle.   Les W.-C. de l'équipage.   Cliché Gain.

au carré plus de 6°, et fréquemment seulement 2° et même 1°; dans ma cabine, il m'arrivait même d'avoir quelques degrés au-dessous de zéro; mais c'est surtout de l'effroyable humidité que nous nous plaignions. Presque tous, nous souffrons abominablement d'engelures qui empoisonnent notre vie. Jamais auparavant je n'avais été atteint de cette infirmité, mais je comprends maintenant les larmes qu'elle arrachait autrefois à mes petits camarades de classe. J'avais décidé d'allumer le poêle aujourd'hui, et comme je tardais à remplir mon engagement, Gain subrepticement, renouvelant une farce classique de chambrée, introduisit une bougie qui jeta un vif éclat au travers de la lame de mica garnissant son ouverture. Plusieurs d'entre nous en arrivant au carré se frottèrent les mains, se félicitant de la bonne chaleur et l'un d'eux alla même jusqu'à se plaindre qu'elle était excessive.

Construction d'une maison de neige (suite).

Enfin, nous allumons sérieusement notre poêle, et cette opération importante me rend soucieux, car d'une part, je crains une consommation excessive de combustible, et d'autre part un chauffage insuffisant. Mes craintes heureusement ne sont pas justifiées, le modèle de poêle adopté fonctionne admirablement et avec moins de vingt kilos en 24 heures, il brûle nuit et jour, tandis que la disposition des logements permet d'assurer dans toutes les dépendances une chaleur égale de 12° et 13°. Dans ma cabine seule, plus éloignée du carré, j'ai par les grands froids une température un peu basse. Quelle différence avec le *Français* où le poêle d'un modèle déplorable, acheté comme le reste au plus bas prix, nous a occasionné tant d'ennuis! tantôt se chauffant au rouge, et donnant une température insupportable de + 25°, tantôt laissant échapper une fumée telle qu'il fallait ouvrir la claire-voie, ce qui faisait descendre le thermomètre à — 10° quand son refus absolu de marcher n'arrivait pas au même déplorable résultat.

Pl. Lumière. Pancake-ice. Cl. Senouque.

Dans le poste, un poêle du même modèle que le nôtre fonctionne tout aussi bien, et je suis rassuré pour l'hiver.

Par mesure d'hygiène, il est décidé que désormais le matin, pendant un quart d'heure, un grand courant d'air sera établi dans le carré.

21 avril. — La température reste basse, le thermomètre est même descendu à — 17° et les hommes parlent déjà des — 50° qu'ils espèrent avoir, pour pouvoir plus tard le raconter à leurs camarades de France. Quoi qu'il en soit, ce temps sec et froid est autrement agréable et facile à supporter que celui dont nous avons souffert jusqu'à présent. Depuis qu'il y a du feu en bas, est-ce l'absence d'humidité, la chaleur ou toute autre raison, mais, sauf l'un de nous dont le mal est rebelle, les autres ne souffrent plus d'engelures et c'est un réel soulagement.

Le 14, du *pancake-ice* s'est formé autour du bateau. Ce nom anglais, qui se traduit par glace en crêpe, provient de la forme affectée par les plaques rondes de glace dont les bords sont légèrement relevés par le frottement dû à la petite houle. Mais bientôt les plaques se sont soudées et quelques chutes de neige lui donnent un aspect uniforme. Godfroy, avec quelque précaution, peut gagner par là son échelle de marée dressée contre le rocher, à quelques mètres du bord.

La glace commence à se souder autour du bateau.

Kodak.   Cliché Clarrot.

Un léopard de mer trouve moyen de briser facilement la glace avec son crâne et nous regarde curieusement par le trou ainsi ouvert. C'est d'ailleurs le procédé habituel employé par les phoques pour respirer quand la mer est couverte par la banquise.

Le chenal est complètement engagé de glaces immobiles qui paraissent soudées et s'étendent à perte de vue dans le Sud. Du côté du large la mer est prise sur une assez vaste étendue et il m'a même semblé voir à l'horizon un peu de banquise. Cependant dans la passe que nous avions prise pour sortir cet été entre Petermann et les îles Argentines, il existe toujours une large fente transversale qui va de la mer libre à Tuxen.

Les chutes de neige, assez abondantes, nous obligent à de nombreux travaux de déblayage; en effet, le débarquement de notre matériel à terre s'est effectué en plein dégel, et pour retrouver maintenant nos objets qui s'enfouissent de plus en plus profondément sous une épaisse couche qui ne fond plus, nous devons nous livrer à de véritables fouilles. Les embarcations, tirées à terre, demandent des soins particuliers; il faut éviter qu'elles ne soient couvertes par la neige qui, en durcissant, les engloberait dans un véritable bloc de glace où elles risqueraient d'être écrasées et d'où nous ne pourrions les retirer qu'avec de graves avaries. Pour les garantir nous creusons autour d'elles des tranchées profondes qui tout au moins arrêteront le chasse-neige.

Pl. As-de-Trèfle.   Le chenal de Lemaire est pris.   Cliché Godfroy.

La vedette, devenue inutile, se repose pour l'hiver, son moteur a été démonté et elle est hissée sous le beaupré.

Luges et skis sont la grande distraction; tout le monde maintenant sait plus ou moins bien se tenir sur ces derniers, quelques-uns sont même devenus très habiles et nous établissons une piste pour chercher à nous exercer aux sauts.

J'ai appris que le 15 était l'anniversaire de Libois; ainsi que Chollet, Jabet et J. Guéguen, il est à mon service depuis de longues années, m'ayant accompagnés tous quatre à Jan-Mayen et dans la dernière expédition ; bon chauffeur, charpentier et bricoleur habile, c'est un travailleur acharné, heureux de faire plaisir, ne trouvant jamais rien d'impossible et doué d'un excellent esprit qui lui donne une très bonne influence sur ses camarades; aussi je profite de l'occasion pour faire fêter le demi-siècle qu'il atteint aujourd'hui.

Le baromètre était descendu le 18 à 718 et le thermomètre était remonté à —1°3, cependant le vent du N.-E. n'a soufflé que peu de temps et le vent est revenu au S.-O., soufflant assez fort avec —13°.

26 avril. — Je suis monté au sommet de l'île pour me rendre compte de l'état des glaces. Cette ascension, toujours monotone, est rendue

Plaque As-de-Trèfle. — Il faut déblayer les installations. — Cliché Gain.

pénible et fatigante par la neige pulvérulente dans laquelle j'enfonce jusqu'à mi-jambe. De mon observatoire je vois le pack-ice qui s'étend très loin du côté de la pleine mer, presque jusqu'à l'horizon, sauf dans le Nord qui est encore libre. Du côté du chenal, il y a accumulation de pack-ice formé de glace neuve, d'icebergs et de grands floes épais venant probablement du fond des baies; mais, par contre, de grandes étendues d'eau séparent les plaques, et la moitié de la baie Girard, ainsi que la partie du chenal de Lemaire entre Wandel et la côte, sont complètement libres.

Il faudra beaucoup de temps avant que tout soit suffisamment solide pour que l'on puisse s'aventurer sur cette glace ; cependant je ne veux pas être pris au dépourvu et je fais installer à titre d'essai une doris sur un des traîneaux. Ces embarcations au fond plat dont se servent les terre-neuvas sont extrêmement pratiques à mon avis pour les expéditions polaires ; elles peuvent contenir beaucoup de matériel, porter un grand nombre d'hommes, et sont assez légères cependant pour que, à deux, nous ayions, sur le traîneau, pu en pousser une facilement sur la glace. Nous possédons également en dehors de deux berthons un petit bateau Wiliamson en toile à fond plat ; cette excellente embarcation, placée sur un petit traîneau, pourra également être très utilisable pour des raids de courte durée.

Le rat du bord devenu unique depuis que son compagnon s'est suicidé en passant par un des dalots et qui n'avait pas donné signe de vie

Plaque As-de-Trèfle.   Morceau de glace de mer transparente.   Cliché Senouque.

depuis deux mois a de nouveau manifesté sa présence en mangeant deux oiseaux préparés par Gain. Il est regrettable qu'il détériore ainsi nos collections car les chats semblent se soucier fort peu de lui et nous aurions nous aussi supporté volontiers son voisinage ; j'avais même nourri le projet de l'apprivoiser. Comme ce pauvre rat solitaire doit s'ennuyer et comme il doit regretter le choix de son embarquement !

Le 25, nous avons eu vers 1 heure du matin une aurore australe si faible, qu'elle a été niée par plusieurs; cependant son existence réelle fut prouvée par les magnétomètres de Senouque qui ont enregistré une forte perturbation.

30 avril. — Le baromètre, le 27, est descendu presque verticalement à 720, mais malgré mes craintes d'un coup de vent, cette chute n'a amené qu'un temps très couvert, brumeux, avec calme, un peu de neige et une hausse de température momentanée.

Cependant il a dû y avoir du mauvais temps à quelque distance, car on entend le bruit de la mer, et la houle se fait sentir assez fortement, malgré la glace qui heureusement résiste.

On peut s'aventurer un peu sur celle de notre port et Gourdon a commencé à en découper des morceaux pour mesurer son épaisseur et l'étudier. Gain à l'entrée du chenal a fait quelques pêches de plankton.

La claire-voie du carré est toute fleurie à l'extérieur par le givre, à l'intérieur par de superbes jacinthes que Gain et Gourdon cultivent avec

Plaque Lumière.   Les cultures de Gourdon et de Gain.   Cliché Gain.

le plus grand soin ; il y a même une véritable lutte horticole engagée entre eux, et si Gourdon, possesseur de très belles fleurs, se réjouit de voir les oignons de Gain pousser tout en feuilles, Gain, de son côté fier de son cresson, qui s'accommode fort bien de la terre de l'Antarctique, ne cesse de ricaner devant les plantations stériles de son camarade.

1er mai. — Depuis hier, le vent souffle de nouveau en ouragan de l'E.-N.-E. La glace du chenal est entièrement cassée et dérive avec le vent. Dans notre anse, de grandes fentes se sont produites et les plaques qui en ont résulté, s'usant les unes contre les autres sous l'effort de la houle, frappent notre coque de plus en plus fort au fur et à mesure qu'elles prennent plus de jeu.

Il y a eu quelques heures d'accalmie pendant lesquelles, au sifflement continu du vent dans la mâture, au bruit des manœuvres qui battent, de la toile des tauds qui claquent, succède un grand roulement sourd qui s'étend indéfiniment au loin, grandiose et sinistre, causé par la mer qui brise contre les rivages et les icebergs et par les glaces en mouvement ; puis le vent a repris plus fort que jamais, après ce repos momentané.

20 mai. — Depuis vingt et un jours, l'ouragan passe sans répit ; nous vivons dans la neige, la brume et l'aveuglant chasse-neige. C'est presque un supplice de sortir pendant les quelques heures de jour, si l'on peut donner ce nom à l'atmosphère sombre et brumeuse qui nous enveloppe.

L'anémomètre enregistreur de la cabane météorologique a été cassé, mais heureusement les hommes de la machine ont pu en construire un nouveau avec un axe plus solide.

Quelques hommes, le 4 mai, se sont souvenus que c'était la Sainte-Monique, jour de la fête de ma petite fille, et J. Guéguen m'apporte, comme il me le dit, « un tout petit bateau dans une toute petite bouteille pour la toute petite Monique ». Les hommes s'amusent beaucoup à la construction de modèles de bateaux de tailles diverses, mais actuellement la mode est aux bateaux enfermés dans des bouteilles. Chollet est le grand maître et nous a fait l'autre jour une démonstration de la méthode et de l'adresse avec laquelle, en un temps très court, il introduit par le goulot étroit la coque et le gréement abattu, puis redresse le tout avec un petit crochet. Pour l'embarrasser nous lui avons donné un flacon de petites dimensions, le lendemain il nous le rendait avec un trois-mâts carré ! Liouville alors lui remet un minuscule flacon de pharmacie et Chollet gravement, mais triomphalement, le rapporte contenant une baleinière armée à quatre avirons.

Le jour de la Sainte-Monique, nous avons dîné avec des fleurs sur la table, de vraies fleurs provenant des cultures de Gourdon, tandis qu'une magnifique galette, attention du cuisinier, nous était servie au dessert.

Les glaces de notre anse cassées en petits fragments sont restées pendant longtemps maintenues seulement par les amarres, puis, finalement, elles se sont dégagées et, de nouveau, le bateau est entouré d'eau libre. Il faut et l'occupation de nos travaux et notre ferme volonté de ne pas nous laisser abattre, pour ne pas souffrir jusqu'à la démoralisation de ces contre-temps climatologiques.

Jour par jour, les observations se continuent normalement, tout l'état-major travaille avec son habituelle ardeur sans un instant de relâchement, heureux de pouvoir recueillir une pièce ou un fait intéressants, de pouvoir apporter une modification utile aux appareils en service. Per-

Plaque As-de-Trèfle.

LA STATION D'HIVERNA

)N A L'ILE PETERMANN   Cliché Godfroy.

suadé qu'avec des travailleurs sérieux, décidés, dès le début, à bien faire ce qu'ils ont entrepris, cette méthode et cette confiance donneront le maximum de résultats, je laisse à chacun la direction et l'absolue responsabilité de ses travaux, me bornant à exiger qu'un rapport mensuel me soit remis et je m'efforce de faciliter autant qu'il est en mon pouvoir la tâche de tous et de leur assurer le maximum de confort possible.

Je dois dire d'ailleurs, et je le fais avec une certaine fierté car il est dû pour la grande partie à l'organisation même de l'expédition, que ce confort est réel et qu'il donne déjà les résultats que j'étais en droit d'en attendre. Peu d'expéditions, je crois, ont été aussi bien partagées

Plaque As-de-Trèfle.   De nouveau le bateau est entouré d'eau libre.   Cliché Gain.

au point de vue du travail scientifique. Chaque membre de l'état-major a sa cabine où il peut s'isoler, s'enfermer et travailler. Les deux laboratoires de biologie et des sciences physiques, quoique petits, sont séparés et confortables; le laboratoire de photographie est vaste et bien installé; il règne une bonne chaleur dans tout le bateau et la lumière électrique, luxe inappréciable, nous éclaire partout. La nourriture est abondante, l'eau pour les soins de propreté, ce qui est rare dans les expéditions polaires, est à discrétion; nous ne manquons vraiment de rien et nous avons même, dans certains cas, le superflu. L'équipage est assez nombreux pour que la plupart du temps nous soyons dispensés nous-même de toute corvée, et chaque travailleur a tous les aides nécessaires. Sous l'habile direction de Rosselin, les hommes de la machine travaillent sans cesse, non seulement pour le bord, mais encore pour réparer, améliorer ou même construire des instruments scientifiques et augmenter le bien-être de chacun. Poste, Monzimet, Frachat sont, en particulier, des ouvriers très habiles. Libois est l'excellent charpentier dont j'ai déjà parlé, et tout l'équipage, Chollet, Jabet et Besnard en tête, avec l'adresse et l'ingéniosité des matelots, animés par le meilleur esprit, rendent à la cause commune les plus grands services, en facilitant singulièrement le travail. Nozal et Boland, nos jeunes élèves de la marine marchande, instruits, travailleurs et complaisants, contribuent aux travaux de Bongrain et de Rouch auxquels ils sont spécialement attachés. Déjà, d'ailleurs, les bienfaits de ce confort et de cette organisation se font sentir, car, au fur et à mesure des observations, beaucoup de leurs résultats sont immédiatement débrouillés et mis au net. C'est ainsi que Bongrain a pu déjà nous présenter une carte très satisfaisante de nos découvertes de la campagne d'été. J'ai tout lieu d'espérer qu'à peine arrivés en pays civilisé, nous pourrons faire parvenir à l'Académie des Sciences un aperçu éloquent de nos travaux. Nous sommes, dans notre hivernage, comme des moines travailleurs, jouissant de tout le bien-être relatif que l'on peut espérer dans un semblable isolement. Mais je dois pourtant ajouter que si ce confort est très appréciable pour le but principal de notre mission, il a également ses mauvais côtés. Forcément, ceux surtout qui n'ont fait partie d'aucune expédition ou qui n'ont navigué qu'avec le luxe des grands navires, deviennent exigeants. Que, par exemple, la lumière électrique se trouve arrêtée momentanément par une petite panne, bien qu'elle soit remplacée par une lampe à pétrole dans chaque cabine, et les figures s'allongent démesurément; qu'un plat soit trop ou trop peu salé, on le repousse avec dégoût et de même pour toute une série de petites choses du même genre. C'est, d'ailleurs, très excusable : il en est ainsi pour tous les gens dont les besoins s'augmentent parallèlement à leur fortune. Je suis d'ailleurs persuadé que ceux-là mêmes qui se plaignent le plus seraient, en cas d'accident, les premiers à donner le bon exemple. A bord du petit *Français* où nous devions mettre nous-même la main à tout, pour aider l'équipage et assurer la vie de la communauté, où nous travaillions entassés dans une salle commune, où il fallait économiser vivres, vêtements et lumière tout en souffrant du froid, tout petit luxe, ou simplement toute amélioration, créés, la plupart du temps par notre ingéniosité, étaient accueillis avec la plus grande joie; nous aurions alors considéré comme un rêve irréalisable le véritable confort dont nous avons joui pendant cette seconde expédition et que nous avons dû à l'expérience acquise et au budget dont j'ai pu disposer.

Depuis le 1ᵉʳ mai le service d'hiver a été organisé ; les règles d'hygiène, les mêmes que celles mises en vigueur à bord du *Français* où elles avaient donné de si bons résultats, ont été appliquées dans le poste et tout se passe aussi bien que possible. L'exercice en plein air est une des obligations auxquelles je tiens le plus et point n'est besoin d'y pousser beaucoup les hommes. Dès le matin il y a la corvée de glace pour la fabrication de l'eau douce, qui nécessite un assez long trajet, puis un travail assez actif pour débiter, ramasser et ramener sur des traîneaux des blocs de belle glace bien pure. En effet, les diatomées qui colorent la neige et surtout la contamination de celle-ci par les détritus provenant des rookeries de pingouins, ne nous permettent pas de nous approvisionner dans le voisinage du bateau ; quelquefois l'opération est très simplifiée par la présence d'un bel icebloc à l'entrée de notre port et nous sommes heureux de pouvoir alors profiter de la délicieuse eau que nous en tirons. La glace une fois embarquée est mise en tas sur le pont et jetée au fur et à mesure des besoins dans un grand bain-marie de 250 litres que j'avais fait disposer pour cet usage au-dessus du fourneau de la cuisine, sur la toiture du roof. Nous avons ainsi, sans dépense supplémentaire de combustible, de l'eau en abondance et nous sommes dispensés de l'obligation de faire fondre parcimonieusement dans des seaux sur les poêles, la glace nécessaire à notre alimentation, ce qui fut l'une des grandes et ennuyeuses préoccupations de la précédente expédition.

Pl. As-de-Trèfle. La corvée de glace pour l'eau douce. Cl. Godfroy.

Puis les hommes s'en vont vaquer aux différents travaux d'entretien, soit à bord, soit dans nos installations à terre ; il faut déblayer la neige qui recouvre les observatoires, magasins ou embarcations, aller chercher la viande dans la boucherie, ramener quelquefois de très loin des cadavres de phoques et les dépecer, assurer le service des pompes, car notre voie d'eau ne diminue pas, aider les uns et les autres dans leurs travaux, monter les traîneaux que nous avons emportés en pièces détachées pour éviter l'encombrement, et mille autres petites occupations, créées par les besoins du moment ou par les circonstances. Après le déjeuner, le grand bonheur est de faire une ou deux heures de ski et toute la station retentit des cris joyeux et des rires causés par les chutes ou les insuccès ; devant cette gaîté et cet entrain, je ne regrette certes pas d'avoir apporté une ample provision de skis, me permettant d'en donner une paire à chaque homme en propre et de remplacer de temps à autre ceux qui viennent à être cassés. Le travail reprend ensuite et les journées sont ainsi bien employées. Les soins de propreté jouent un rôle important dans les devoirs journaliers, et je passe une grande partie de mon temps à me gendarmer à ce sujet. Je voudrais voir le bateau aussi net qu'un yacht, mais je reconnais que c'est une chose assez difficile avec les nombreux et différents travaux entrepris par tous et les conditions dans lesquelles nous vivons. Mais dernièrement je relisais dans un des volumes de l'amiral Jurien de la Gravière, le passage suivant dont je me fais une arme : « Pour ma part j'ai toujours eu horreur d'un pont mal balayé. Au milieu des débris qui traînent, le sang-froid est sujet à s'évaporer. Devant Sébastopol, le général Pélissier sut faire de la propreté une force et une vertu ».

Depuis le commencement du mois, nous avons organisé pour l'équipage des cours facultatifs qui ont lieu après le dîner et les devoirs donnés aux hommes qui les suivent, les occupent pendant les heures où ils ne peuvent travailler dehors. Gourdon, Gain, Godfroy et moi sommes les professeurs d'arithmétique, de grammaire, de géographie, de navigation et d'anglais et une fois par semaine, Liouville fait un cours très suivi et très apprécié de pansements et de premiers soins à donner aux malades.

Le samedi est consacré au lavage du linge ; une grande quantité de glace est amenée à bord la veille et pendant la nuit on la fait fondre dans les lessiveuses et on chauffe l'eau en brûlant de la graisse de phoque. Le plus difficile est de sécher ensuite le linge qui, pendu au dehors, a la désastreuse habitude de geler et de devenir dur comme une planche ; on y parvient néanmoins en l'exposant par petits paquets à la chaleur du poêle. Chacun d'entre nous, au carré, a un homme qui blanchit son linge une fois par semaine.

Le dimanche est un jour de repos ; le pavillon est hissé à la corne et la journée, si le temps le permet, se passe à faire du ski ou des excursions dans l'île. S'il fait trop mauvais pour sortir, on reste à bord à lire ou à faire de la « musique » et il se passe alors des choses affreuses ! ma cabine est disposée de telle façon que je me trouve entre le poste, le carré des sous-officiers et notre propre carré ; or, fréquemment, il arrive qu'un phonographe joue dans le poste et un autre dans le carré, tandis que le

Kodak. Le départ d'une course à pied. Cliché Charcot.

chef mécanicien s'exerce désespérément et d'une façon désespérante sur sa mandoline qui sert parfois d'accompagnement à ses chansons. « Oh Paquita que j'ai tant aimée !... », combien j'ai appris moi à te détester !

Chaque fois d'ailleurs qu'en semaine l'occasion s'en présente, on hisse le pavillon et la journée est décrétée jour de fête. Les travaux suivent leurs cours, mais les menus sont augmentés. C'est ainsi que le 10, nous avons célébré l'anniversaire de Gourdon, ce qui m'a permis, en buvant à sa santé, de l'assurer une fois de plus de mon affection et de dire tout le bien que je pense de ce fidèle compagnon d'humeur égale, toujours complaisant et prêt à tout, type accompli d'explorateur avec son air doux et délicat qui cache une rare énergie et une grande volonté.

Enfin j'ai fondé le Sporting-Club Antarctique, et la première réunion à laquelle les hommes s'étaient préparés longtemps d'avance a eu lieu avec un plein succès le 9. Après le tir au pistolet auquel les membres de l'état-major se livrent tous les dimanches, les hommes, au son du cornet de brume, se réunirent sur la neige.

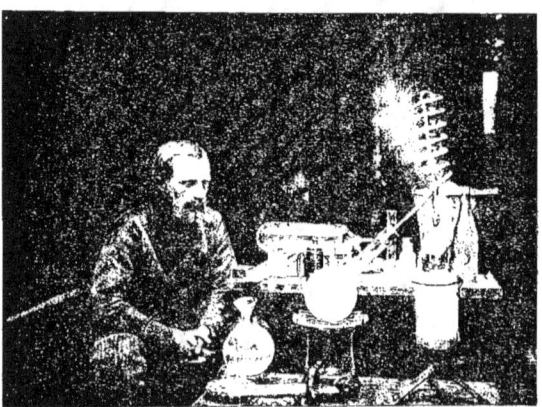

Pl. As-de-Trèfle.   Analyse chimique de la neige.   Cl Godfroy.

La piste était jalonnée de bâtons de skis ornés de drapeaux multicolores, le phonographe jouait ses meilleurs morceaux, et comme les trente membres de l'Expédition étaient réunis, le tout avait le petit air gai d'une fête de village. Le programme des épreuves comportait pour les skieurs une course de fond, une course de descente sur la grande pente, une épreuve de bonne tenue et enfin une assez longue course où tous les moyens étaient autorisés. Cette dernière épreuve était de beaucoup la plus populaire et la plus intéressante, car la piste passait par une montée assez raide, une assez longue surface plane et enfin une descente rapide. Les uns étaient chauds partisans du ski, les autres des raquettes, et enfin quelques-uns prétendaient que de bons souliers valaient mieux que tout le reste. Les skis triomphèrent largement et les gagnants, qui tous s'en étaient servis, se classèrent : J. Guéguen 1er, Thomas 2e, Fra-

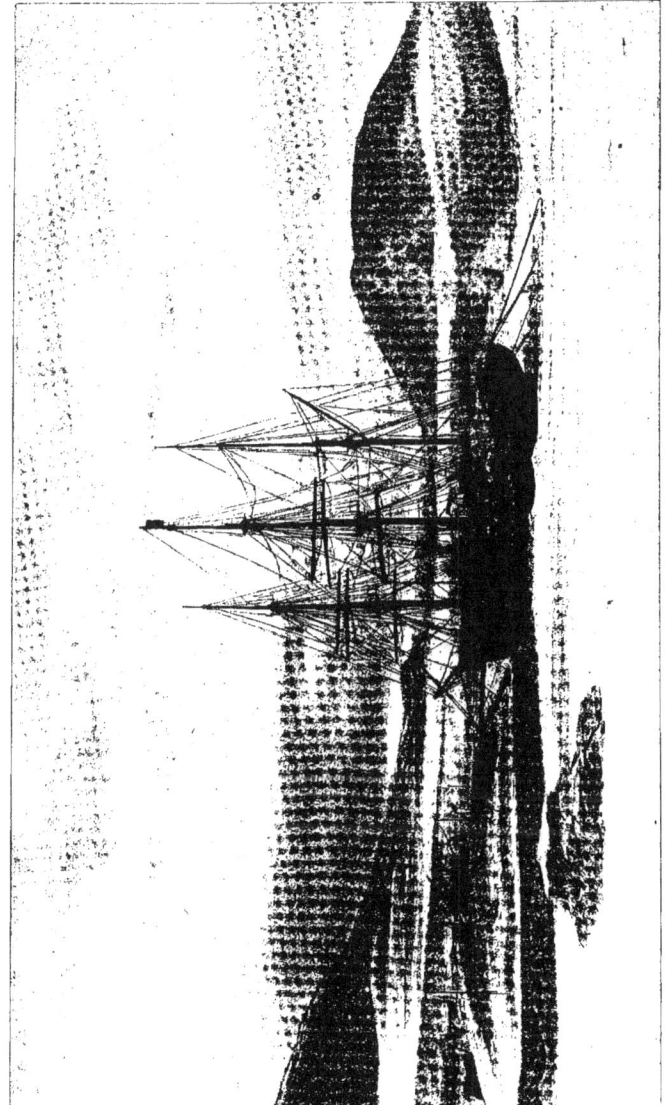

Le *Pourquoi-Pas ?* pendant l'hivernage.

chat 3ᵉ. Le soir, je distribuai les médailles d'or et d'argent découpées dans des boîtes de conserves, et une médaille de carton. Enfin, à l'unanimité du jury, le prix de consolation, consistant en deux balais entrecroisés, fut décerné à Modaine, qui participa à toutes les courses et fut toujours classé dans les trois derniers. Tous les quinze jours, le S. C. A. se réunira ainsi.

Au carré, en dehors du travail qui absorbe la plus grande partie du temps, chacun trouve moyen de s'occuper suivant ses goûts. Les cartes heureusement n'apparaissent pas, les jeux en faveur étant les dominos ou les échecs et nous sommes peut-être la seule collectivité civilisée où l'on ne joue pas au bridge. Rouch, infatigable travailleur, à la suite d'un pari, nous fournit une distraction inattendue et fort appréciée, en nous lisant tous les soirs quelques chapitres d'un grand roman-feuilleton qu'il trouve moyen d'écrire quotidiennement : *L'Amant de la Dactylographe.*

Le 16, le baromètre descend à 713^{mm}. Le thermomètre de son côté n'a cessé d'osciller entre $+ 2°$ et $- 14°$; pendant ces derniers temps pourtant, il reste aux environs de $- 10°$ et la glace se reforme autour de nous. Le chenal en est encombré, mais la mer, par contre, est toujours libre dans l'Ouest et le Nord, et nous sommes par conséquent à la merci de la houle. A chaque instant, je regarde la carte de nos découvertes de cet été, et je ne puis m'empêcher de déplorer que nous n'ayons pu hiverner plus au Sud. La reine Mary d'Angleterre, qui avait perdu Calais, disait qu'après sa mort on trouverait le nom de cette ville gravé dans son cœur ; je crois que dans le mien on trouvera gravé le nom de la baie Marguerite, ce qui ne sera d'ailleurs que flatteur pour ma femme. Et cependant pourquoi regretter ce qui était l'impossible ! Cet affreux temps doit sévir aussi là-bas, et si nous y étions restés, livrés sans mouillage aux glaces en mouvement, notre bateau depuis longtemps n'existerait plus.

23 mai. — C'est notre premier beau jour depuis le 27 avril ! Le thermomètre, à $- 5°$ le matin, descend à $- 12°$ le soir. Le temps est très clair et le soleil, pendant le temps très court où nous pouvons le voir entre Hovgard et le sommet de notre île, se montre bas sur l'horizon avec un disque bien net ! Nous avions fini par croire qu'il s'était évanoui pour jamais. Pendant quelques instants il dore les sommets des montagnes qui se colorent bientôt en un beau rouge vif. Jouissance extraordinaire, il fait absolument calme.

Avec le même succès que la première fois le Sporting-Club Antarctique a donné sa deuxième réunion.

24 mai. — Il fait encore beau ! Cette nuit, à minuit 30, le bateau a donné une grande secousse, après avoir été soulevé par une grosse lame de houle précédée d'un bruit sourd et sinistre dû aux glaces qui se rompaient. Le même phénomène dangereux s'était produit dans la nuit du 17 vers la même heure, brisant deux de nos amarres et faisant talonner fortement le bateau. Ce qui est curieux c'est que le phénomène se produit toujours et seulement à la même heure et enfin que nous avons ressenti la même chose il y a quatre ans, à Wandel, aux heures et dates identiques. Si le marégraphe enregistreur avait marqué une courbe un peu nette, je croirais qu'il s'agit d'une onde de marée retardée par les glaces accumulées qui subitement et d'un seul coup se développe, mais il a simplement enregistré un mouvement de houle. D'autre part, le sismographe n'a rien indiqué. Il est donc fort probable qu'il n'y a qu'un effet du hasard dans les heures et les dates et que cette vague est occasionnée par un velage ou un chavirement d'iceberg ; l'un d'eux, particulièrement énorme, est échoué à l'entrée de notre anse et des morceaux ont pu parfaitement s'en détacher cette nuit.

Pl. Lumière.   Le marégraphe en Juin.   Cl. Goéfroy.

L'échelle de marée de Godfroy, fixée sur un rocher, n'est plus utilisable avec la glace et la neige qui la recouvrent, aussi installe-t-il aujourd'hui un système nouveau copié sur le modèle usité par la *Discovery*. Il s'agit simplement d'un grand trépied de $4^m,50$ de haut, supportant l'échelle de marée. Le long de celle-ci glisse un poids portant un index. Le poids est soutenu par un fil de fer passant dans une poulie fixée au bout du trépied et venant s'attacher d'autre part à une gueuse mouillée au fond de l'eau. La glace, en montant et en descendant avec la marée, entraîne dans son mouvement le trépied et l'échelle, sur laquelle l'index, immobile au bout de son fil, indique la hauteur de la marée. Afin que le fil n'adhère pas à la glace et n'y soit pas immobilisé par la gelée, il passe dans un long tube rempli de pétrole, substance qui ne gèle qu'à $-70°$.

J. Gueguen, en jouant aujourd'hui dans le poste avec son ami Hervé, s'est fracturé le péroné. Cet accident est stupide lorsque l'on songe à toutes les occasions qu'il y a ici de se casser les membres dehors ; Liouville lui met la jambe dans un appareil plâtré. Gueguen avait été très éprouvé au retour de la dernière expédition, j'avais beaucoup hésité à le reprendre cette fois, mais il m'en a tant prié et c'est un homme si parfait et si intéressant que je n'ai pas eu le courage de le lui refuser. Jamais il ne s'était mieux porté que depuis son retour dans l'Antarctique ; pourvu que l'immobilité forcée dans sa couchette ne soit pas nuisible à sa santé générale.

25 mai. — Décidément nous ne sortons pas des fêtes. Hier c'était l'anniversaire de Rouch, le 18 l'anniversaire du lancement du *Pourquoi-Pas?*, aujourd'hui c'est la fête nationale de la République Argentine. Le 18, nous avons bu à la santé de la marraine et du parrain du *Pourquoi-Pas?*, ma femme et M. Doumer. L'un et l'autre actuellement pensent à leur filleul et veillent de loin sur ceux qui se sont confiés à lui ; à l'un et à l'autre l'expédition doit son existence même. Je n'ai pas à insister sur le rôle joué par ma chère femme ; non seulement elle m'a permis de repartir, mais surmontant l'angoisse de la séparation prochaine, elle m'a aidé, conseillé, soutenu dans la tâche ardue de la préparation, et elle a su me remonter dans les moments bien excusables de découragement. J'ai surpris dernièrement une conversation d'un de mes compagnons qui, en voulant peut-être critiquer, ne croyait probablement pas dire si juste : « Pour le commandant, sa femme c'est sa conscience ».

Quant à M. Doumer, je le connaissais à peine, lorsque le hasard a voulu que je puisse lui exposer mes projets. Il a compris que mon seul but était de travailler pour mon pays, il a jugé l'œuvre utile et comme chaque fois qu'il s'agit de donner un peu d'éclat à la France, ce qui est le seul souci de sa vie, il s'est attaché à faire aboutir mes désirs et il y est parvenu au delà de mes espérances ; l'Expédition a pu s'organiser grâce à lui. Du simple intérêt de la première heure est née non seulement une affection dont je m'honore, mais aussi une dette que je veux acquitter et qui est un perpétuel souci pour moi, car des hommes qui se donnent comme lui, si entièrement à une noble tâche, ont le droit d'être exigeants pour les autres. Le *Pourquoi-Pas?* ne pouvait avoir de meilleurs parrain et marraine qui, chacun de leur côté et suivant leurs moyens, donnent l'exemple aux Françaises et aux Français et qui incarnent la devise que nous portons sur notre dunette « Honneur et Patrie ». Je n'ai pas oublié non plus en ce jour anniversaire de notre bateau son trop modeste constructeur « le père Gautier », doyen de sa corporation, qui a mis dans cette œuvre son cœur et tout son savoir et qui a si bien réussi à prouver du premier coup avec le *Français*, puis ensuite avec le *Pourquoi-Pas?* que nos chantiers peuvent lutter victorieusement avec ceux des nations plus habituées à ce genre de constructions. Sans fortune, son seul souci a été de bien faire et il a pleinement réussi. Les fêtes comme celle d'aujourd'hui, sont celles de la reconnaissance ;

Kolak. Sur la banquise. Cliché Charcot.

c'est un sentiment qui ne me pèse pas et auquel je tiens infiniment.

Ce matin Gain est monté dans ma chambre portant le phonographe, qui jouait l'hymne argentin. Le son seul de cet instrument m'avait fait saisir le soulier vengeur, mais devant l'air qu'il jouait, j'ai approuvé le sentiment de gratitude qui guidait Gain. Nous avons hissé le pavois avec le pavillon argentin (celui-là même qui nous accompagna sur le *Français*) en tête du grand mât et c'est avec une réelle émotion que le soir, au petit banquet qui nous réunissait, j'ai levé mon verre à la prospérité et à la grandeur croissante et méritée de ce beau pays, dont je ne veux me rappeler que la très réelle générosité à l'égard de mes expéditions.

La journée a été favorisée par un superbe coucher de soleil ; quelques bandes de brume basse et légère coupaient de voiles gris perle le rouge, le rose et le mauve colorant le sommet des montagnes.

30 mai. — Une température assez basse a régné pendant les derniers jours du mois, favorisant la banquise, et nous avons pu hier pour la première fois nous aventurer au loin sur la glace du chenal. Chaussés de skis par précaution, je suis parti avec Besnard et Lerebourg sur une glace solide, mais malheureusement formée par la soudure de tous les débris d'icebergs et de floes qui ont encombré le chenal pendant ces derniers mois ; toutes les aspérités sont réunies par une glace dure et glissante et la surface qui en résulte est tellement cahoteuse, qu'un traîneau y serait réduit en miettes très rapidement. Au pied d'un grand iceberg qui nous domine de sa paroi lisse et brillante, dorment treize phoques crabiers ; l'un d'eux est couturé d'entailles innombrables et saignantes dont fort peu de ces animaux d'ailleurs sont indemnes. A l'entrée de l'anse il y a deux ou trois grandes vagues de houle figées, formées évidemment par les pressions qui se sont produites au moment où la glace était encore très plastique. Tout à proximité de notre port, une grande plaque de glace lisse et unie, d'un aspect noirâtre, fait le bonheur de Gain et de Godfroy qui ont eu la bonne idée d'apporter des patins, ils ont pu s'amuser à cet exercice sur une piste qu'ils ne pouvaient rêver plus favorable. C'est là une anomalie, car la glace de mer est généralement rugueuse, molle et collante ; voici sans doute ce qui a dû se passer : le chenal était encombré d'icebergs et de débris, tous formés bien entendu de glace de terre ; pendant le dégel, l'eau provenant de la fusion de ceux-ci augmentée de celle des glaciers et de la neige côtière, a recouvert les parties abritées du chenal d'une couche d'eau douce de moindre densité que l'eau de mer et grâce à la chute brusque de la température, elle s'est congelée, présentant ainsi tous les caractères de la surface d'un lac d'eau douce.

Phoxo A.-de-Trélle. Nuages sur le mont du glacier suspendu et floes arrêtés dans le chenal. Cliché Senouque.

Du sommet de l'île, j'ai pu me rendre compte que de l'Ouest au Nord la mer est toujours libre, de sorte que notre glace est à la merci du moindre mauvais temps ; jamais je ne l'avais vue aussi dégagée, même pendant l'été de 1904 et 1905. Dans le S.-O. et le Sud, la banquise s'étend à perte de vue, inégale et coupée de grandes étendues sombres formées probablement par de la glace semblable à celle sur laquelle glissent nos patineurs.

2 juin. — Par une jolie petite brise de S.-E. et -15° nous sommes partis ce matin de bonne heure avec Gourdon, Gain et Godfroy à skis pour traverser le chenal. Mon but était de constater si le glacier d'en face est abordable de nouveau, car mon secret espoir est toujours de pouvoir grimper sur l'inlandsis et de faire une longue randonnée dans l'intérieur de la Terre de Graham. La banquise est raboteuse, mais la forte chute de neige d'hier et d'avant-hier l'a un peu aplanie ; cependant comme toute neige tombée fraîchement sur les glaces de mer et formant une couche de peu d'épaisseur, elle devient sous la pression comme une espèce de saumure qui colle aux skis, empêchant toute glissade et les alourdissant au point de ne pouvoir plus remuer les jambes. Cependant, malgré cet état de choses, nous marchons certainement plus vite avec ces instruments et de plus ils nous permettent de passer avec sécurité sur la glace peu solide.

Le front du glacier, à l'endroit où nous sommes grimpés la première fois, s'est modifié, se transformant en une falaise assez haute et très crevassée, mais par contre, plus au Nord, le glacier s'est abaissé. On y grimperait facilement, la seule difficulté à vaincre étant de franchir un petit espace d'eau formé par les mouvements de marée entre le glacier et la banquise. Pendant le retour, le soleil encore caché dore le sommet des montagnes, puis la lueur éblouissante touche les grands icebergs et s'abaisse enfin jusqu'à la banquise, où les ombres s'allongeant indéfiniment augmentent l'impression de fantastique qui se dégage de tout le décor. La vision est d'ailleurs de courte durée, car l'astre, avant notre arrivée à bord, est de nouveau sous l'horizon.

Grâce à la banquise, Rouch en emportant avec Nozal la petite machine à sonder sur un traîneau, a pu faire toute une série de sondages et de prises d'eau à différentes profondeurs, tandis que Gain avec un tourillon également monté sur traîneau, a pu pratiquer des pêches de plankton à différentes profondeurs.

10 juin. — Nous sommes de nouveau dans le vent, la neige, la brume et l'humidité. Le 3, une éclipse totale de lune était annoncée et comme la veille, le ciel était d'une pureté absolue, nous nous réjouissions, les uns, des observations qui pourraient être faites, les autres, d'une distrac-

tion nouvelle. Mais tout comme si nous avions été dans un bon observatoire des environs de Paris, le ciel se couvre complètement et cela n'est que sur la foi des calendriers que nous pouvons deviner que véritablement la lune pourrait être visible.

D'ailleurs les contrariétés habituelles se produisent dans l'Antarctique comme en France. Monzimet a fabriqué pour Liouville une paire de patins aussi belle que si elle sortait de chez un grand fabricant, Godefroy a complètement détérioré des bottines de ville toutes neuves pour y fixer les siens et une grande fête de patinage a été annoncée. Immédiatement, devant cette prétention, comme devant les manifestations du Cercle des patineurs du bois de Boulogne, la glace s'est fendillée, se couvrant d'eau et tout patinage est devenu impossible. Je crains bien que cette glace lisse ne revienne plus et que les beaux patins tout neufs n'aient d'autre usage que d'augmenter la collection des objets fabriqués à bord.

La journée d'avant-hier a été particulièrement désagréable ; en quelques minutes, le thermomètre remonte de — 13° à — 7°, puis à + 0°,3 pour redescendre avec la même rapidité à — 5° et remonter à + 2°. Le vent du N.-E. souffle en tempête.

Il y a quatre ans aujourd'hui que la première expédition rentrait à Paris et Gourdon, sans en rien dire, avait, d'accord avec les hommes, organisé en mon honneur une petite manifestation dans le poste d'équipage. Gourdon et Rosselin ont porté des toasts. Mon brave et fidèle serviteur Chollet, le compagnon depuis vingt-cinq ans de toutes mes navigations, poussé par Gourdon, a voulu prendre la parole à son tour, mais très ému après quelques mots balbutiés, il a fait mieux et m'a serré la main de telle sorte que j'ai compris tout l'affectueux dévouement qui débordait dans cette étreinte. J'ai été extrêmement touché de cette manifestation dont Gourdon et l'équipage se renvoyaient réciproquement la responsabilité. Les anciens m'avaient déjà témoigné leur affection et leur confiance en demandant à repartir dans la nouvelle expédition, et j'ai tout lieu de croire que leurs sentiments à mon égard sont partagés par les nouveaux. Nous avons bu du champagne, mangé du plum-pudding et bavardé gaîment.

12 juin. — Temps couvert, mais vent de S.-S.-O. assez fort, c'est tout de même un peu de changement.

Il y a eu vers 2 heures de très beaux effets de lumière dus au crépuscule. Bien qu'à la latitude où nous hivernons, le soleil ne reste jamais constamment au-dessous de l'horizon, en admettant même que le ciel presque toujours couvert nous le permette, nous ne le verrions plus depuis quelque temps, car étant très bas, il reste caché par Hovgard et la partie élevée de notre île.

Beaucoup d'entre nous souffrent de douleurs rhumatismales évidemment provoquées par la continuité de cet affreux temps. Chollet est atteint d'un torticolis et, coiffé d'un bonnet de phoquier, avec une grosse paire de lunettes rondes sur le nez, son cou immobilisé et entortillé dans un bas sale, — car il paraît que pour faire du bien, il faut qu'il soit sale, — il a l'air d'un poupard hollandais.

La plupart des oiseaux ont quitté Petermann ; de temps à autre, nous avons la visite de quelques pingouins qui viennent pêcher dans le voisinage et se reposer sur l'île. Cependant un grand nombre de pétrels des neiges, délicieuses et élégantes petites bêtes, blanches comme la neige qui leur a

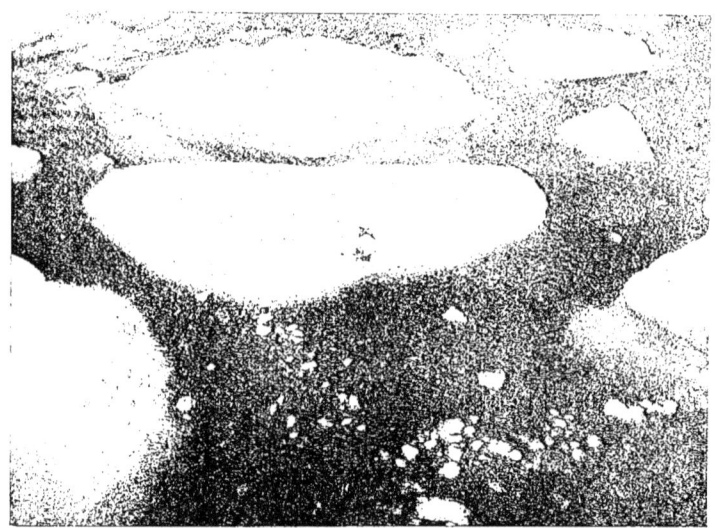

Plaque Lumière.   Pétrel des neiges sur un glaçon.   Cliché Gain.

donné leur nom, vivent autour du bateau, se nourrissant des détritus de la cuisine. Le bec et les yeux seuls de ces animaux sont noirs, et lorsqu'ils volent sur la neige, leur corps se confondant avec elle, trois minuscules points noirs semblent parcourir l'espace. Ces oiseaux ont remplacé les chionis ou becs à fourreau qui vivaient dans les mêmes conditions autour du *Français*, et qui cette année sont plutôt rares. Quelques-uns ont dû être tués pour les collections, mais nous laissons les autres en paix et ils se laissent approcher sans crainte.

Sur leur tête Gain a trouvé d'intéressants parasites, et un de ceux qui a été sacrifié, par suite d'une anomalie congénitale, n'avait qu'une seule patte ; nous en voyons d'ailleurs plusieurs autres dans le même cas. Un de ces oiseaux est entré dans la cuisine, et le chef est parvenu à l'apprivoiser facilement; il le nourrissait avec du riz! C'est certainement là un aliment inattendu pour un pétrel de l'Antarctique. Malheureusement, au bout de quelques jours, la pauvre petite bête se brûla cruellement les ailes, et nous dûmes l'achever pour l'empêcher de souffrir.

16 juin. — L'ignoble temps du N.-E. a repris plus violent que jamais et hier le baromètre est descendu à 712^{mm}, tandis qu'un chasse-neige aveuglant et étouffant enveloppait notre île. Toutes les glaces de l'anse sont parties et le bateau roule bord sur bord. Comme les autres, la glace qui supportait le trépied de l'échelle de marée a disparu,

Pl. Lumière.   Parasites sur la tête d'un Pétrel des neiges.   Cl. Senouque.

Plaque Lumière.   Papous sur la banquise en hiver.   Cliché Gain.

mais heureusement l'appareil a pu être repêché sans avaries graves, et une de nos norvégiennes volontairement échouée près d'une petite anse, où viennent quelquefois des phoques, s'est trouvée en danger par suite du départ brusque des glaces. Nous avons pu la sauver, mais il a fallu pour cela toute une petite expédition. C'eût été dommage de perdre une de ces embarcations qui nous rendent les plus grands services. Extrêmement légères, deux hommes suffisent pour les tirer à terre ou les mettre à l'eau ; grâce à leur avant relevé, on peut franchement aborder les glaces et débarquer facilement, enfin les deux patins qui sont fixés de chaque côté de la quille permettent de les traîner sans trop de difficulté.

17 juin. — Cette journée a été néfaste. Pendant toute la nuit, le N.-E. a fait rage. Par suite de la force du vent, les chaînes et les amarres de tribord ont pris du mou, et le bateau, jeté sur le rocher qui est à bâbord, a donné de grands chocs, occasionnant des craquements sinistres. D'autre part, un contre-courant s'était établi à l'entrée du port, et deux gros ice-blocs ont pénétré, brisant définitivement le barrage déjà très endommagé. Avant que nous puissions même chercher à intervenir, un des iceblocs frappait violemment notre arrière, et une grosse épave de bois, rapidement entraînée par le vent, ne nous prouvait que trop qu'une partie importante de notre gouvernail venait d'être enlevée. Pour le moment, il est impossible de se rendre compte s'il s'agit d'une avarie grave ou légère ; mais il y a lieu d'être inquiets, car nos projets de navigation d'été sont peut-être compromis par ce fait, et l'icebloc nous menace de nouvelles avaries. Après quatre heures d'efforts continus, nous parvenons à amarrer un des glaçons de façon à ce qu'il retienne un peu les autres, mais nous sommes à la merci de la solidité d'un bout de filin. Sans perdre de temps, pour profiter du peu d'heures de crépuscule, nous établissons d'autre part trois traversières qui nous écartent du rocher.

Kodak. Observations d'électricité atmosphérique. Cl. Charcot.

18 juin. — Une légère accalmie et la transparence de l'eau nous permettent de reconnaître que près des deux tiers de notre gouvernail sont enlevés et que deux au moins des ferrures sont brisées. Il nous faudra absolument, pour pouvoir naviguer, démonter le gouvernail et le réparer tant bien que mal, mais la clef se trouve à 0^m,80 dans l'eau et je crains que nous n'ayons de grosses difficultés pour l'avoir.

Je suis inquiet, très inquiet même pour l'avenir; maintenant que le chenal est de nouveau libre, que notre barrage, qu'il est impossible de songer à réparer pour le moment, est rompu, de nouvelles glaces peuvent entrer, causer d'irréparables avaries, amener même la perte nullement glorieuse du navire terminant bêtement ainsi l'expédition qui n'aura accompli qu'une faible partie de sa tâche. La responsabilité, plus que jamais, me pèse et, pour me distraire et me remonter, je relis mon journal du *Français* écrit dans des moments aussi angoissants. Je touche justement à un passage où j'affirme que si jamais je reviens en France je ne me jetterai plus dans des aventures semblables. Quelques semaines après le retour, je ne songeais qu'à organiser une nouvelle expédition et, trois ans après, je repartais! Suis-je récompensé de cet effort persistant? Les difficultés semblent se dresser à plaisir sur ma route. Après une campagne d'été, très fructueuse, il est vrai, nous nous trouvons empêchés d'hiverner où nous voulions et nous avons à subir l'hiver le plus détestable et le plus pénible qu'il soit!

Certes, nos travaux marchent bien, mais les raids sur lesquels je comptais tant, semblent compromis par la perpétuelle inconstance des glaces et le temps qui passe ne nous approche pas de la délivrance comme tant d'expéditions, mais, du moment où il va falloir recommencer la lutte, pour l'honneur de notre entreprise et de notre pays et, pour cela, il ne faut pas d'irréparables avaries. Peut-être d'autres se contenteraient-ils du travail déjà effectué, moi, je ne le puis. Je dois combattre la démoralisation possible chez mes compagnons, veiller à leur moral et mon découragement dure peu; Shakespeare d'ailleurs, mon fidèle ami, a tout prévu et vient à mon secours :

> « *When good will is showed though it comes too short*
> *The actor may plead pardon.* »

21 juin. — C'est le début officiel de l'hiver, c'est la date également où le soleil va commencer à remonter et les jours à allonger! Le S.-O., qui souffle depuis quelques heures, annonce-t-il enfin le véritable hiver tant désiré? Je voudrais entrer gaiement dans cette nouvelle période, mais, hélas, c'est avec inquiétude, avec une appréhension trop fondée que je la vois débuter. Les angoisses de ces derniers temps n'étaient rien encore, car les avaries matérielles peuvent se réparer, mais ce qui survient aujourd'hui est plus grave. La soi-disant anémie polaire ou, peut-être, le scorbut, d'ailleurs aussi redoutable, vient de faire son apparition à bord.

Depuis une quinzaine de jours je remarquais que Godfroy devenait pâle et lui, si enthousiaste, si vigoureux, toujours si prêt à donner gaiement de sa personne, ardent pour la réussite de l'Expédition qu'il avait fait sienne, manquait tout à fait d'entrain. Ses jambes sont fortement œdématiées et il se plaint de violentes douleurs. De mon côté je remarquai chez moi de l'essoufflement sans raison et une angoisse précordiale permanente. Ce soir mes jambes également sont enflées. Ai-je besoin de dire par quelles transes je passe, quels reproches je me fais, combien je cherche à trouver l'erreur, la cause du mal. Je n'avais jamais cru à la soi-disant « anémie polaire », expression qui ne signifie rien, mais j'avais été obligé de m'incliner devant la myocardite polaire dont Matha avait été si fortement atteint sur le *Français* et dont il guérit par miracle. Moi-même j'avais éprouvé quelques symptômes sans gravité que j'avais vaincus, croyais-je, par l'exercice, presque du surmenage physique. Dans d'autres expéditions il y a eu des décès et maintenant deux d'entre nous sont atteints comme le fut Matha ; Liouville également a un peu d'œdème. Avec inquiétude j'attends l'examen auquel tout le personnel va être soumis ce soir. Si d'autres sont atteints, c'est vraisemblablement le scorbut dont nous sommes victimes...

La visite a eu lieu et décidément nous sommes les seuls atteints, tant mieux. Je n'ai nullement l'intention de me laisser abattre et si je prends quelques précautions en cas d'accident personnel, c'est que mon rôle de chef d'expédition m'y oblige.

27 juin. — Après avoir empirés, mon état et celui de Godfroy restent stationnaires ; il a les jambes plus enflées et plus douloureuses que les miennes, mais par contre son cœur est indemne, tandis que je souffre d'une forte myocardite. Nous sommes toujours les seuls malades à bord et dans ces conditions je renonce à l'idée de scorbut, pour me rabattre sur la myocardite polaire, d'origine encore inexpliquée. Nous n'avons rien aux gencives, aucun symptôme classique de scorbut. D'ailleurs le traitement que nous suivons est celui que l'on appliquerait à cette maladie. Très gentiment l'équipage s'est spontanément répandu dans toutes les directions à la recherche de phoques, de pingouins ou d'autres oiseaux. Dufrèche même a failli tomber à l'eau pour poser des casiers à poissons à la lisière de la banquise qui s'est reformée dans l'anse ; nous absorbons des quantités considérables d'acide citrique et je prends autant d'exercice que mon misérable état me le permet.

Aujourd'hui, ne pouvant marcher, pour profiter du beau temps, nous nous sommes installés avec Godfroy sur le pont dans nos lits-sacs. Ce qui me pèse le plus est cette déchéance physique, moi qui, toujours si solide, m'accommodais de tout et n'avais jamais été arrêté !

Plaque As-de-Trèfle. La traversée du chenal de Lemaire. Cliché Godfroy.

29 juin. — Cette nuit, vers 2 heures du matin, il y eut deux ou trois grandes lames de houle occasionnant de violentes secousses, et cet après-midi, également vers 2 heures, le même phénomène s'est renouvelé. Le marégraphe a indiqué une lame de 1^m,60. Ces raz de marée sont difficiles à expliquer, car nous n'avons vu ni entendu aucun iceberg se briser ; peut-être, mais alors à une assez grande distance de nous, y a-t-il eu un important éboulis de la falaise de glace. Toute la glace de l'anse a été fragmentée et ceux d'entre nous qui se trouvaient sur le rivage ont eu de l'eau jusqu'aux genoux. Les amarres ont tenu bon, mais elles ont subi une forte tension, et il ne faudrait pas que cela se reproduise trop souvent.

7 juillet. — Quelques jours de beau temps, calme et froid, ont permis à la glace de se reformer autour de nous. Le thermomètre marque — 18° ; à Wandel, à pareille date, en 1904, nous avions — 34°! Notre état de santé s'est un peu amélioré, j'en profite pour prendre le plus d'exercice que je peux, mais mon arythmie est considérable et dans la même journée mon pouls a battu à 22 pulsations et à 124 ! L'œdème des jambes apparaît ou disparaît sans raison et j'en ai souvent davantage le matin, malgré une nuit complète de repos. Il en est de même pour Godfroy.

Kodak.　　La glace s'est reformée autour de nous.　　Cl. Charcot.

J'ai sorti dernièrement d'une armoire les collections complètes de deux années avant notre départ du *Matin* et du *Figaro* que leurs directeurs nous avaient aimablement envoyées. Je mets tous les jours sur la table du carré les numéros correspondants à la date du jour et personnellement je n'ai jamais lu si attentivement ni si complètement les journaux ; dois-je l'avouer ? les nouvelles déjà si anciennes, les « potins », les « affaires » m'intéressent tout autant que si elles étaient inconnues pour moi ; je les avais presque toutes oubliées et j'attends impatiemment les numéros du lendemain. Je suis maintenant beaucoup plus au courant de la politique de mon pays et des événements mondains de 1907 que je ne l'ai jamais été et que je ne le serai probablement jamais.

Grâce à des tiges de fer habilement travaillées par Rosselin, la clef du gouvernail a pu être enlevée, nous n'attendons plus qu'un beau jour et des glaces favorables pour chercher à démonter le gouvernail lui-même.

14 juillet. — Temps couvert, neige fine, jusqu'à 3 heures de l'après-midi. Vents de S.-O. et de S.-E.-16°. Dès 8 heures le phonographe au carré joue « la Marseillaise ». Trois coups de notre petit canon sorti de la soute pour cette date, sont tirés à 9 heures, à midi et à 6 heures. Ce même canon, qui fut construit pour les premiers essais de mélinite, a manifesté pour le 14 juillet dans le nord à Jan-Mayen puis à deux reprises différentes dans l'Antarctique. Gourdon qui est la ménagère du bord, a décoré le carré avec une profusion de petits drapeaux en papier et

La salve du 14 Juillet.

quelques pavillons nationaux. Le *Pourquoi-Pas?* a arboré son pavois et l'île est couverte de tout ce que nous possédons de pavillons nationaux étrangers et des séries de signaux montés sur des bâtons des kis. Lorsque la neige veut bien cesser de tomber, l'effet produit par toutes ces couleurs voyantes sur le fond blanc est vraiment charmant.

L'après-midi, concours de tir donné par le S. C. A.; les récompenses furent solennellement distribuées le soir à : Poste 1er, Nozal 2e, Jabet 3e, Lhostis 4e, Rosselin 5e, Modaine 6e, Frachat 7e. Quant à tous les autres, pour les consoler, il leur a été donné une bouteille de grog très bien accueillie.

Le soir pour dîner, la plupart d'entre nous se mettent en grande tenue ou en « Messieurs » avec les quelques défroques du monde civilisé et élégant que nous avons pu retrouver dans nos cabines.

Les menus écrits par le maître d'hôtel Paumelle sur papier tricolore sont les suivants :

DÉJEUNER

Hors-d'œuvre, saucisson, divers
Potage aux tomates
Vol au vent à l'Australe
Tête de veau en tortue
Petits pois à la Française
Chaussons de Pommes à la Normande
Vins fins
Château-Cambusard à discrétion

Plaque As-de-Trèfle.   L'île pavoisée pour la fête nationale.   Cliché Gain.

DINER

Potage jardinière
Homard vinaigrette
Poulet à la gelée
Filet de bœuf champignons
Fonds d'artichauts
Plum-Pudding
Compote de fruits
Vins fins — Champagne

A 6 heures, retraite aux flambeaux dans l'île avec tout l'équipage armé de boîtes de conserves remplies d'étoupe imbibée de pétrole. Puis nous avons tiré un feu d'artifice organisé par Gain consistant en pétards de sa fabrication d'ailleurs bien réussis, de feux de bengale du même auteur, mais qui ne brûlaient pas ou qui, suivant l'expression de Chollet, « éclairaient en noir », de pièces montées en fil de fer garni d'étoupe imbibée d'essence et saupoudrée de magnésium que nous savions heureusement devoir représenter des arbres, des soleils et un point d'interrogation, et enfin d'un grand feu de joie composé de graisse de pingouin et d'une carcasse de phoque, le tout abondamment arrosé d'essence et qui a continué à flamber, éclairant l'île d'une façon fantastique jusqu'à 5 heures du matin.

Vers 11 heures, Liouville, Gain, Godfroy, Gourdon et moi nous som-

L'état-major au mois de juillet.

mes descendus dans le poste où régnait la plus grande gaîté. Dufréche jouait de l'accordéon, faisant danser les autres et mes camarades se sont mis à danser avec les hommes. Dans le poste enfumé, coupé par les saillies robustes des bois du bateau, les hommes aux figures énergiques vêtus de leurs costumes pittoresques rapiécés suivant leur guise, le couteau à la ceinture, les cheveux et la barbe incultes, s'agitent et s'interpellent bruyamment. On se croirait reporté à un siècle en arrière dans l'entrepont d'un navire corsaire fêtant joyeusement une bonne prise, insouciant des combats du lendemain. Ne sont-ce pas d'ailleurs les fils de ces corsaires, dont ils ont conservé le goût de l'aventure, le caractère de grands enfants, le courage et les sentiments d'honneur ? Ces quelques minutes passées parmi eux dans leur gaîté confiante, mais toujours respectueuse, à trinquer dans leurs quarts et à fumer leur tabac cordialement offert font plus pour remonter mon moral que tous les raisonnements du monde.

15 juillet. — Il fait très beau temps, une petite brise du S.-E. dissipe puis ramène une brume légère. Le givre couvre le bateau de ses fleurs élégantes qui s'attachent aux plus petits fils. De nouveau les pavillons couvrent l'île et l'égayent claquant au vent, mais cette fois cela n'est pas par mon ordre. On sait que j'ai aujourd'hui 42 ans et d'un commun accord il a été décidé que ce serait jour de fête.

Kodak.   Cliché Charcot.
Le givre couvre le bateau de ses fleurs élégantes.

Chollet est venu le premier me serrer la main, puis Libois, en qualité de doyen du bord, m'apporte une adresse signée de tout l'équipage ; c'est un des documents auquel je tiens le plus.

« Cher Commandant,

« A l'occasion de votre anniversaire, je suis chargé comme le plus
« ancien du poste, de vous présenter les meilleurs souhaits et compli-
« ments de l'équipage du *Pourquoi-Pas?* en vous priant de croire à
« notre entier dévouement et notre confiance dans la réussite de l'Ex-
« pédition que vous conduisez si sûrement et si simplement, et surtout
« nous sommes heureux de constater le rétablissement apparent de votre
« santé, et espérons qu'il est définitif ».

Poste m'apporte un panneau cuivre sur bois, très artistement fait et imaginé par lui, représentant un écusson portant les armes du bateau tenu par deux lions héraldiques et un autre panneau très joli qu'il a également exécuté d'après un dessin de Liouville pour servir de fond à la petite vierge ancienne qui orne le carré.

Les menus ont encore été remarquables, le cuisinier s'est dépassé en nous servant une pièce montée au nougat et au sucre filé ; grâce à ces fêtes successives ce brave garçon depuis trois jours n'a pas dormi quatre heures. Moi-même j'ai arrosé le dîner avec quelques-uns des vins excellents provenant de la petite cave particulière que ma belle-mère m'avait montée avant le départ, mais dont, suivant un principe immuable, je n'ai jamais profité sans les autres.

Enfin après le dîner, l'heure de la grande surprise est arrivée. A vrai

Plaque Lumière.   La pièce montée du 15 juillet.   Cliché Senouque.

dire ce n'en était pas tout à fait une, car depuis un mois, sans en avoir l'air afin de ne pas gâter leur plaisir, je me rendais un peu compte qu'il y avait, dirigées par Gain en cachette, des répétitions dans la machine malgré le grand froid.

La table est rapidement démontée, ainsi que quelques portes, et l'équipage est entré au carré chantant un chœur de circonstance, puis la représentation a commencé. En voici le programme officiel :

PREMIÈRE PARTIE

L'Épave, de François Coppée	Récitée par	Paumelle.
Le Parjure, romance	Chantée par	Aveline.
Maman La Bataille	—	Paumelle.
Il fait soleil, romance	—	Libois.
L'Automobile du Colon, chansonnette comique	—	Paumelle.
J'viens d'être enlevé	—	—
Lettre à Colombine, chanson	—	Modaine.
Réponse de Colombine	—	Aveline.
La tringle, monologue comique	Récité par	Modaine.
L'O dans le Q	—	—
La Leçon d'anglais, fantaisie burlesque et critique, par M. J. Liouville, jouée par F. Libois et J. Jabet, dit le Bosco.		

ENTR'ACTE

DEUXIÈME PARTIE

VIVE L'ARMÉE

Comédie en un acte de Pierre Wolff

Mlle Bouboule, 26 ans	Paumelle.
Caboche, commissionnaire en sucres	Rosselin.
Pied, cavalier de 1re classe au 1er cuirassier	Lerebourg.

La scène se passe à Paris.

Décors et costumes de MM. Gain, Liouville et Gourdon.

Régisseur : M. Gain.

TROISIÈME PARTIE

Projections artistiques du voyage du *Pourquoi-Pas?*

Par M. A. Senouque.

Ce fut un succès complet, les acteurs jouèrent à la perfection, dans des costumes inattendus ; le casque et la cuirasse de Lerebourg surtout, étaient de pures merveilles, faisant oublier que la latte du cuirassier n'était autre qu'un sabre d'officier de marine entouré de papier d'argent.

La sortie du théâtre eut lieu à 1 h. 1/2 du matin sans aucun désordre au vestiaire et seulement alors nous avons remarqué qu'aux — 23° avec calme de l'après-midi avait succédé l'habituel coup de vent du N.-E. qui sifflait dans la mâture du *Pourquoi-Pas?*

24 juillet. — Toujours, toujours du mauvais temps. Les glaces ont été brisées, dispersées par le vent et nous avons pu aller en youyou et débarquer sur le glacier qui nous fait face. Dans le chenal, les icebergs et les iceblocs en nombre incalculable remontent lentement au Sud poussés par le vent puis reviennent pendant les trop rares accalmies, entraînés par le courant. Nous connaissons presque tous les grands icebergs qui passent et repassent dans le même ordre comme les figurants d'une pièce à grand effet.

Nos amarres se rompent perpétuellement et nous les réparons rapidement tant bien que mal. La vedette en danger, suspendue comme elle l'était sous l'avant du bateau, a été hissée à terre ; nous passons notre temps à aviser, à veiller, à consolider, mais l'imprévu s'attache à nous et le barrage refait hier avec le plus grand soin a été brisé pendant la nuit.

Pl. As-de-Trèfle.   Dans une grotte d'iceberg.   Cl. Godfroy.

La soirée du 15 juillet a mis les hommes en appétit, et ils sont venus

Pl. As-de-Trèfle.   Un icebloc en forme de dolmen.   Cl. Gain.

me demander l'autorisation de fonder une société musicale qui se réunira tous les dimanches dans le poste. Depuis, des sacs et des caissons sont sortis tous les cahiers de chansons où s'alignent dans le désordre du hasard les vieilles et amusantes romances, les refrains de matelots, les sorties sentimentales et les rengaines de café-concert. Tous les dimanches on m'apporte le programme, chacun « y va de son petit morceau » chanté avec conviction ou à la blague ; nous passons une heure ensemble, on s'amuse et c'est le principal.

31 juillet. — Plus intense et plus fort que jamais, le mauvais temps continue, c'est un ouragan perpétuel qui nous enveloppe. Un des anémomètres a de nouveau été cassé ; nous en avons heureusement de rechange, et il a été immédiatement remplacé. Pendant une embellie, le 25, nous avons pu démonter le gouvernail. Depuis longtemps tout avait été préparé pour cette opération délicate à effectuer à flot et en une heure et demie il était sur le pont. L'avarie est encore plus grave que nous ne le craignions, et si nous avions dû naviguer dans de pareilles conditions, nous exposions le navire à de véritables dangers, sans même considérer que dans les régions polaires il faut gouverner vite et bien. Deux des aiguillots sont cassés dans les femelots ; avec une tige de fer recourbée, nous arrivons à les faire sauter, mais il va falloir refaire complètement les deux ferrures, et c'est un gros travail de forge. Nous manquons de bois assez fort pour la réparation du safran ; aussi devrons-nous donner à Libois un de nos deux espars de rechange qui débité en pièces, fera tout juste l'affaire. Il en est de même pour les ferrures ; j'avais eu l'idée pour les forger de couper un morceau du jas de l'ancre de miséricorde, mais nous finissons par trouver un boulon de rechange du palier de la machine qui pourra servir. Pour protéger les femelots et le faux étambot contre les chocs des glaces, puisque le gouvernail est enlevé, j'accouple trois gros pieux et les fais passer par le trou de jaumière, les maintenant en place par des bras fortement souqués. Je regrette de ne pas avoir songé dès le début à démonter le gouvernail et à prendre cette précaution.

Polaire a de nouveau mis bas deux petits chiens ; nous décidons d'en garder un. Ce fils à quatre pattes de l'Antarctique, qui sera désigné sous le nom étrange de Gugumus, avec son frère Bibi, sa mère Polaire et son père Kiki, vivra dans la plus grande intimité et la plus parfaite concorde avec les trois petits chats nés à Buenos-Ayres et la chatte embarquée à Cherbourg.

Le thermomètre est remonté à $+3°,5$ ce soir ; j'avais heureusement fait tripler les amarres à tribord derrière, et tout ce que nous avons d'amarres est maintenant dehors. Une grande quantité de glace formée surtout de débris d'icebergs a envahi notre anse et en bouche assez loin l'entrée. Un chapelet d'icebergs colossaux, les plus grands que nous ayions encore vus par ici est échoué au Nord tout contre l'île, et un autre de ces monstres de glace est échoué au Sud. Malheureusement, cette digue n'empêche pas la houle de se faire sentir très violente de 10 à 5 heures, et c'est merveille qu'aucune amarre n'ait cédé. D'autre part, la lutte avec les glaçons recommence. Il n'y a pas d'illusion à se faire, le bateau est en danger. Qu'une amarre casse, qu'un glaçon nous aborde brutalement, et nous pouvons très rapidement aller au fond ; de même la proximité de ces énormes icebergs est une menace perpétuelle, car si l'un d'eux se brise, ou chavire, l'onde de houle peut nous envoyer je ne sais

Plaque Lumière.   Le gouvernail avarié est hissé à bord.   Cliché Gain.

où. Aussi, devant ces éventualités, ai-je fait débarquer et mettre dans le magasin aux vivres tous les lits-sacs, les allumettes que nous avons emportées dans des boîtes soudées et quelques provisions de vêtements.

Cependant, une fois ces précautions prises, le bateau est redevenu plus tranquille, roulant encore un peu, s'inclinant sous la violence des rafales, mais ne fatiguant pas trop ses amarres.

Un nouveau barrage que j'avais fait établir avec le plus grand soin, a bien résisté aux glaces ; abandonnant l'entrée même de notre port où tous les autres avaient été si facilement détruits, j'avais fait tendre celui-ci à travers le milieu de l'anse, obliquement, dans le sens du vent prédominant, afin de permettre aux glaces de glisser tout le long. Enfin, j'avais fait garnir les six doubles de fil d'acier avec de vieilles boîtes de conserves pour empêcher l'usure, et une demi-douzaine de barriques vides supportaient le tout.

2 août. — La houle a cessé complètement, malgré le vent qui a continué à souffler, et j'ai eu l'explication de cette tranquillité inaccoutumée en montant au sommet de l'île. Tout le large, jusqu'à la limite de la visibilité, a été subitement envahi par un pack-ice dense venu de je ne sais où, mais jamais à aucune époque, même à bord du *Français*, nous n'en avons vu autant.

Il n'y a qu'un petit cercle d'eau libre, partant à peu près de l'île Darboux, passant par les îlots Le Myre de Vilers, pour aboutir au nord de Wandel. Le chenal de Lemaire, sauf en ce qui concerne les icebergs, est libre et forme ainsi un vaste lac.

Kodak. Une marche difficile dans la neige molle. Cl. Charcot.

A bord notre vie continue, occupée et monotone à la fois, et si les mois passent vite, les heures sont longues, tant il est vrai que « l'heure qu'on regarde devient immobile ». Forcément, et malgré tous nos efforts pour les faire naître, les distractions sont rares ; nous connaissons l'île où nous sommes si étroitement enfermés à fond, et le mauvais temps ne rend pas en général les promenades agréables.

Nous avons heureusement une bibliothèque extrêmement bien pourvue d'environ 1.500 volumes de livres scientifiques, de récits de voyage, de romans, de théâtre, d'ouvrages d'art et de classiques qui distraient, instruisent ou facilitent nos travaux. L'équipage a le droit d'y puiser largement, mais j'ai cru cependant devoir rayer du catalogue à leur usage toute une série de volumes que je considère comme des lectures nuisibles ou tout au moins inutiles pour la plupart de ces braves gens, heureusement encore très près de la nature. Les volumes qui jouent le plus grand rôle au carré sont incontestablement ceux du Dictionnaire Larousse qui, en dehors des renseignements qu'ils donnent dans l'isolement du reste du monde où nous vivons, raccourcissent, s'ils n'évitent pas complètement, des discussions qui autrement menaceraient de s'éterniser.

Solutionnées ou non par le Larousse, avec notre manière de vivre, les discussions sont inévitables ; elles sont une des occupations, souvent une des plaies, des expéditions polaires. Je comprends fort bien que pendant une célèbre expédition antarctique anglaise elles aient été punies d'une amende lorsqu'elles survenaient en dehors des heures relativement courtes où elles étaient autorisées. Je dois me hâter d'ajouter qu'à bord elles tournent rarement à l'aigre et les nuages qu'elles peuvent faire naître se dissipent rapidement.

La plupart d'ailleurs d'entre nous s'observent en cherchant (suivant l'expression d'un de nos compagnons) à étudier la « psychologie de la collectivité restreinte ». Beaucoup de choses ont été dites sur le « cafard polaire », trop souvent invoqué comme excuse, et il est certain que cette vie en commun, sans la possibilité de trouver une distraction aux énervements momentanés, sans l'espoir de pouvoir prendre un repas seul ou avec d'autres visages, a ses moments pénibles. La disposition des logements permettait au moins à chacun de pouvoir s'isoler dans sa cabine, contrairement à ce qui se passe dans la plupart des expéditions, où deux et quelquefois trois habitent dans la même niche. C'est une des raisons pour lesquelles je suis partisan que les matelots même aient une « cabane » où ils peuvent s'enfermer.

Comme l'a dit un moraliste dans une maxime dont je n'ai présent à l'esprit que le sens : « Il est souvent plus difficile de supporter les piqûres d'épingle journalières que les gros chagrins. » Une manie innocente, une simple habitude dans la façon de s'asseoir, de se moucher, de se servir, qui, dans la vie ordinaire, ne seraient même pas remarquées, deviennent une cause d'agacement et peuvent prendre les proportions d'un grief ; mais il suffit d'un tout petit peu d'éducation et d'empire sur soi-même pour combattre cette mauvaise tendance. Ma petite expérience de deux hivernages avec des compagnons différents me permet de prétendre que le « cafard polaire » ne crée pas de nouveaux et passagers défauts : un bon garçon reste un bon garçon et un homme distingué de manières un homme distingué. Il excite simplement les caractères à se montrer tels qu'ils sont au fond, avec leurs faiblesses ou leurs défauts, sans les masques sous lesquels, soit par calcul soit par obligation, on parvient à les dissimuler dans la vie sociale habituelle. Mais ici, comme ailleurs, l'éducation joue le rôle prépondérant, et un homme bien élevé saura toujours ne pas encombrer un carré, même dans l'Antarctique, ou rendre sa présence insupportable à ses camarades. Mes compagnons ont su, au cours de ces longs mois, échapper à la tendance fâcheuse de créer des clans qui s'excitent à la haine.

Les repas jouent un très grand rôle dans ces expéditions ; c'est le moment difficile où tout le monde se trouve réuni, où les discussions s'engagent, où les colères se donnent libre cours. C'est aussi, par contre, le moment où les sentiments s'apaisent et où les rapprochements se font. Mais la nourriture même a une importance insoupçonnée : il est fort difficile de satisfaire huit personnes de goûts différents, souvent décidées dans un accès de mauvaise humeur à trouver tout mauvais d'avance, d'autant plus que, quel que soit le soin qui a été apporté dans le choix des provisions, les moyens culinaires forcément sont limités. Nous devons tous, moi encore plus que les autres, savoir gré à Gourdon, qui avait accepté le rôle ingrat et difficile de commissaire, pour son inlassable patience, le tact et le dévouement avec lesquels il a rempli ses fonctions supplémentaires jusqu'au bout. Gourdon, de son côté, j'en suis persuadé, trouvera bon que je dise avec quel dévouement le quartier-maître Jabet, chargé de la soute à vivres, toujours de bonne humeur, satisfait et prêt à tout, l'a secondé sans un instant de « rouspétance ».

23 août. — J'ai lu dans le *Matin* d'aujourd'hui (?) que Casablanca venait d'être prise par nos matelots. Or, un de nos hommes, Thomas, a fait partie de la compagnie de débarquement. J'en profite pour descendre au poste et, après quelques mots d'explication devant ses camarades, pour lui donner un paquet de tabac d'honneur.

Nous avions depuis quelques jours une panne du groupe électrogène, le coussinet du moteur était usé et nous n'en avions plus de rechange. Bongrain cherche en vain un morceau de bronze qu'il puisse faire tourner pour remplacer cette pièce ; enfin j'ai l'idée de lui donner la vieille hélice de la vedette ; après bien du mal il parvient à la couler d'une façon satisfaisante, et de nouveau la belle lumière électrique vient remplacer les lampes à pétrole. A tous points de vue je n'en suis pas fâché, la bonne humeur revient et surtout nous ne dépensons plus de ce combustible dont notre provision est, par suite d'une erreur dans mes calculs, relativement restreinte.

Est-ce la viande de phoque, ceux de l'espèce de Weddell s'étant montrés très nombreux le mois dernier, est-ce pour toute autre raison, mais l'amélioration de Godfroy et la mienne s'accentuent tous les jours. Avec ardeur je prépare les raids que je veux entreprendre en septembre.

Sur le glacier que nous aurons à parcourir, les traîneaux automobiles seraient vraisemblablement inutilisables et notre première tentative doit être purement de reconnaissance. Je décide que nous partirons six, Gourdon, Godfroy, Gain, Senouque, un matelot et moi-même, divisés en deux équipes, ayant chacune leur traîneau, leur tente et leur matériel indépendant. J'ai fait charger les traîneaux avec les poids que nous devrons emporter et, tous les jours, pendant quelques heures, nous nous exerçons à les traîner dans les endroits les plus difficiles de l'île.

J'étudie, d'autre part, les chaussures qui sont une de mes grandes préoccupations, et j'apporte quelques petites modifications aux crampons à glace que nous avions fait faire semblables à ceux de la *Discovery* et dont le capitaine Scott m'avait, avec raison, dit le plus grand bien. Je ne veux rien laisser au hasard, mais les conditions climatologiques particulières où nous nous trouvons nous obligent à des précautions supplémentaires. Nous avons non seulement à lutter avec le froid, mais encore avec les variations brusques et considérables de température, la neige qui ne cesse de tomber et le vent persistant.

Plaque Lumière. — Le Grand ravin. — Cliché Gain.

Nos vivres de raids sont reconnus excellents à l'unanimité et leur disposition par petites boîtes pour trois et pour chaque jour, des plus pratiques; de cette façon, les repas peuvent être préparés dans le minimum de temps et les dépôts facilement et pratiquement constitués. Avant le départ, d'ailleurs, j'avais préparé le tout avec le plus grand soin; mais il n'y a cependant que sur place que l'organisation définitive peut être faite. Nous n'avons plus maintenant qu'à attendre des circonstances favorables pour partir.

29 août. — Hélas! j'ai crié victoire trop vite, Godfroy est retombé malade et je n'ai pas tardé, à mon tour, à en faire autant. Notre état est pire que jamais, mais je ne veux pas céder et, haletant, mon cœur battant la breloque, tous les jours, par quelque temps qu'il fasse, je me force à grimper au sommet de l'île et à faire de longues promenades. Oh! ces ascensions de 200 mètres! la plupart du temps seul, pour ne pas avoir de témoins à mes défaillances. Il me faut faire 350 pas pour parvenir au sommet et, essoufflé, étouffant, je les compte, forcé de m'arrêter tous les dix pas, mon cœur sautant à se rompre, mes jambes enflées se dérobant sous moi; j'ai des mouvements de joie, quand je parviens à faire 50 pas sans repos! Chaussé de crampons, tantôt dans la neige molle jusqu'aux genoux, tantôt sur la surface glacée, dénudée par le vent, ou dans le chasse-neige, tous les jours, presque en cachette, je me traine misérablement. Oh! oui, je les connais tous les coins de l'île, tous les rochers où je puis m'abriter et derrière lesquels je

Kodak. Un bloc erratique fendu par la gelée. Cliché Charcot.

tombe vaincu! Il y a surtout, du côté N.-E. de l'île, un magnifique et pittoresque ravin étroit et profond où, dans mes promenades solitaires, à bout de force, je m'assieds volontiers. Quelquefois je vais encore jusqu'à un gros bloc erratique de forme ovoïde fendu en deux par la gelée et semblable à un monstrueux œuf de Pâques, je fais halte dans cette fente, comprimant ma poitrine jusqu'à ce que le froid m'oblige à me déplacer de nouveau et la souffrance morale est encore plus forte que la souffrance physique. Au désespoir de ma déchéance s'ajoute l'inquiétude de l'état de Godfroy; si son cœur n'est pas atteint comme le mien, ses jambes sont plus enflées; il est pâle et amaigri et ses mains sont couvertes de vilaines ulcérations. Lui se traite par le repos, se soumet à tous les régimes et à toutes les drogues, d'ailleurs très rationnels que lui propose Liouville, et j'avoue que je n'ose le pousser à suivre mon exemple.

Le temps splendide d'aujourd'hui est un repos après les longues et continuelles mauvaises journées par lesquelles nous venons de passer. Il y a, dans le Sud, un effet de mirage très remarquable et qui persiste jusque tard dans la journée. Dans une région où nous savons fort bien que rien de semblable n'existe, se dresse une haute et magnifique muraille de glace qui part de la côte et va se perdre à l'horizon de la mer; nous distinguons tous les détails de sa paroi verticale et il est très certain qu'un explorateur de passage serait en droit d'affirmer, avec la meilleure foi du monde, qu'il existe, en cet endroit, une barrière semblable à celle de Ross.

5 septembre. — J'ai beau faire, mon état empire, et Godfroy, qui suit un régime inverse de celui que j'ai adopté, ne s'améliore pas.

Je ne veux pas encore me l'avouer, mais je ne pourrai évidemment pas commander le raid; je ne marche pas, je me traîne, et au bout de quelques heures je serais obligé de me faire porter par les autres.

Kodak. Cliché Charcot.
L'hélice de rechange est descendue à fond de cale.

Pour occuper un peu utilement l'équipage et alléger le bateau dans les hauts en vue de la prochaine campagne d'été, j'ai fait descendre l'hélice de rechange qui pèse 1.500 kilos à fond de cale.

Libois a admirablement travaillé et le nouveau gouvernail est à peu près terminé; renforcé par des plaques de tôles, il sera plus solide que l'autre et Rosselin, de son côté, a fait forger des ferrures qui résisteront mieux que les dernières.

13 septembre. — Hélas! je suis obligé d'abandonner toute idée de raid; malgré tous mes efforts, toute la volonté que j'ai mise à m'entraîner quand même, je suis vaincu! mes jambes ne me portent plus, et mon cœur est tout à fait bas. J'ai des palpitations ou au contraire du ralentissement, des étouffements, et la nuit une angoisse précordiale douloureuse et permanente qui me fait croire que j'ai un peu de péricardite. C'est à peine si je puis me traîner dans le bateau.

Le cœur de Godfroy est bon jusqu'à présent, mais ses jambes sont encore plus faibles que les miennes et les ulcérations de ses mains augmentent. Tous deux nous avons quelques petites taches de purpura. Je dois maintenant rester étendu presque tout le temps. A force de réfléchir, de discuter avec moi-même, j'arrive à la conclusion que nous sommes atteints de scorbut, ou plus justement de la maladie des conserves; je suis décidé à supprimer de notre alimentation toute conserve de viande et à ne manger que du phoque et du pingouin, de l'oseille, de la choucroute, des compotes, etc.

Je vais donc confier à Gourdon le commandement du raid. c'est un gros crève-cœur pour moi, mais je ne puis le remettre en de meilleures mains. Ce raid est à proprement parler une reconnaissance : si le régime que je suis réussit, peut-être pourrai-je aller le rejoindre plus tard ou repartir avec lui à son retour.

Je surveille avec le plus grand soin les préparatifs. Passionné de ces excursions, je songe depuis longtemps à leur organisation et je veux que mes camarades ne manquent de rien et se trouvent dans les meilleures conditions possibles. Avec Gourdon, partiront Gain et Senouque, accompagnés de Besnard, qui fit partie de notre raid en 1904, d'Hervé et d'Aveline.

Aujourd'hui même, Gourdon, Gain et une forte équipe ont pu traverser la banquise et hisser sur le glacier une bonne partie de leur matériel.

A bord, la vie habituelle continue et aux travaux ordinaires s'ajoutent des extras; Bongrain profite de toutes les occasions pour partir avec Boland faire de l'hydrographie; Rouch a pu par un jour de calme gonfler avec un de nos tubes d'hydrogène un ballon et le lâcher pour l'étude des courants de l'atmosphère. Nous avons attaché un message à ce ballon, sans le moindre espoir d'ailleurs qu'il parvienne jamais à destination.

Un de nos chiens, Bibi, est resté dehors pendant trente-six heures, nous avons craint qu'il ne lui soit arrivé un accident, mais ce matin il nous est revenu tout tranquillement, un peu penaud et très affamé. Les hommes prétendent qu'il a passé tout ce temps dans une crevasse à quelque distance du bord où il serait tombé et ils ont en effet retrouvé une touffe de ses poils. La pauvre bête ne semble pas avoir trop souffert des —20°.

17 septembre. — Godfroy et moi ressentons peut-être un peu d'amélioration dans notre état, mais nous sommes encore bien faibles.

C'était hier le cinquante-deuxième anniversaire de Chollet; j'ai organisé un petit banquet au poste et j'ai fait venir notre brave patron au carré pour trinquer avec lui; il a su se faire aimer et estimer de tout l'état-major auquel, par son ingéniosité et son habileté, il rend les plus grands services.

Le temps avec quelques alternatives de beau et d'ouragan est un peu

Plaque Lumière.   Lancé d'un ballon météorologique.   Cliché Gain.

plus calme que le mois dernier, le ciel cependant est toujours gris et couvert et les chutes de neige sont fréquentes et abondantes.

18 septembre. — Mes compagnons sont partis pour leur raid ; en leur serrant la main et leur souhaitant bonne chance, j'avais le cœur très gros. Sauf Rouch, Godfroy, le cuisinier, Robert, Chollet et moi tout le reste du personnel les a accompagnés pour tirer leurs traîneaux aussi loin et aussi rapidement que possible.

Pl. As-de-Trèfle.   Cliché Godfroy.
La station après une petite chute de neige.

Le régime a décidément un excellent effet; ce matin, après une polyurie des plus abondantes, je me suis senti vraiment mieux. Godfroy

Kodak.   Le départ pour le raid.   Cliché Charcot.

était dans le même cas et nous avons pu, comme deux éclopés, partir sur la banquise au-devant de ceux qui doivent rentrer ce soir. Tout s'est bien passé; le matériel est en haut du glacier et nos six camarades en bonne route, malheureusement très gênés par une neige épaisse. Le temps est calme et couvert; puissent-ils enfin réussir à trouver l'accès tant souhaité à l'intérieur!

23 septembre. — Nous allons de mieux en mieux, c'est décidément de la « maladie des conserves » que nous souffrions depuis plus de trois mois! et c'est évidemment de la même chose que Matha a été atteint en 1904; toutes les soi-disant anémies polaires ne sont finalement que des maladies du genre scorbutique. Autrefois, lorsque les équipages se nourrissaient presque exclusivement de viandes salées, ils étaient atteints de la forme connue du scorbut avec les grandes taches noires, les ulcérations des gencives, etc... mais tout se modifie, même les maladies et avec les conserves modernes, le scorbut classique est remplacé main-

Kodak.   L'équipe de renfort.   Cliché Charcot.

tenant par la forme bizarre dont nous avons souffert, caractérisée surtout par l'œdème des membres inférieurs et la myocardite, sans rien du côté des gencives. Quelque chose de semblable, d'ailleurs, s'est produit dans notre armée, pendant la guerre de Crimée.

Phoque de Weddell et son petit âgé de deux jours.

Les phoques, heureusement, sont de nouveau en abondance et nous pouvons en tuer plus qu'il ne nous en faut pour notre alimentation.

A bord de la *Discovery*, il y a eu également une grave atteinte de scorbut beaucoup plus classique d'ailleurs que la nôtre complètement et rapidement dissipée par l'usage de la viande de ces animaux. Cette viande, qu'il est difficile de comparer à quoi que ce soit et que je trouve d'un goût agréable, est une ressource précieuse pour les expéditions antarctiques et constitue pour nous un régime qui n'a rien de pénible et dont nous ne nous fatiguons pas. Cuite en beefsteacks, avec un peu de beurre, j'en absorbe d'énormes quantités avec de la choucroute, dont j'avais fait ample provision.

Les hommes, très désireux de nous voir guéris, cherchent les phoques de tous côtés et s'exposent même pour en rapporter ; aussi dois-je veiller sur eux et les empêcher de commettre des imprudences. Aujourd'hui on vient me prévenir qu'un beau phoque dort sur les petits îlots du Sud. Je me rends à l'endroit d'où on pouvait le voir et j'en distingue, non pas un, mais deux, le second paraissant tout petit. Avec quelques difficultés, nous arrivons auprès d'eux ; il s'agissait d'une femelle de Weddell, qui venait de mettre bas.

C'est avec les plus grandes précautions, afin de ne pas l'effrayer, que nous nous sommes approchés de ce couple sympathique. La neige portait les traces évidentes de la mise bas récente, et la mère semblait dans un état assez fort de prostration. Rien vraiment ne pouvait être plus émouvant dans cette nature sinistre et qui donne si peu l'impression de la vie que ce petit animal, inquiétant tellement il était humain, joli dans sa physionomie et ses proportions, à côté de la mère aux formes massives et inélégantes. Couvert d'une épaisse et douce fourrure de coloration jaune tachetée de noir, le corps en apparence mou, il était la plupart du temps sur le dos, s'amusant comme un enfant, étendant ses pattes-nageoires, jouant, se frottant à sa mère avec une drôle de petite figure toute ronde et de bons gros yeux étonnés et espiègles.

Pendant que nous le regardions, un mâle de la même espèce, le père sans doute, est sorti d'un trou de la banquise, et s'est mis à entonner en faveur des autres une petite chanson curieuse, sinon extrêmement mélodieuse.

Sur toutes ses faces, nous avons photographié cette scène de famille antarctique, puis je me suis approché et avec d'infinies précautions, j'ai pris le petit dans mes bras. Il était enchanté, ne manifestant aucune frayeur, se câlinant comme un bébé, et lorsque j'ai de nouveau déposé sur la glace son petit corps mou et doux, il est venu en rampant jusqu'à moi, se frottant à mes jambes et demandant de nouvelles caresses. Dois-je l'avouer? le souvenir qui me poursuit du petit être que j'ai laissé là-bas, dans mon chez moi de France, est revenu si vivace, que ma gorge s'est serrée... Devant les autres j'ai eu honte et je n'ai pas repris dans mes bras le petit phoque qui m'émouvait trop et que j'aurais voulu câliner et embrasser.

La maman phoque un peu inquiète, soufflait et protestait bruyamment, cherchant à m'effrayer, mais elle fut tout de suite rassurée lorsque son enfant revint auprès d'elle. Il se mit ensuite à téter, et cela si gloutonnement, que le lait lui ressortait par les narines.

Plaque Lumière.   Un petit phoque aimable.   Cliché Godfroy.

Point n'était besoin que je donne l'ordre de respecter ces animaux, car je soupçonne fort — et quelques mots prononcés donnent corps à mon soupçon — que les hommes qui m'accompagnaient, presque tous pères de famille, avaient ressenti la même émotion que moi.

C'est aujourd'hui le premier jour de printemps; il fait gris, sombre et venteux. A midi 18, heure officielle du commencement de la nouvelle saison, nous avons sonné à toute volée la cloche du bord et les hommes ont chanté quelques petits refrains de circonstance, mais cadrant peu avec le climat où nous avons encore de longs mois à vivre.

27 septembre. — Le temps a été particulièrement affreux tous ces jours-ci, le baromètre est même descendu à $703^m/_m$!

Nous avons profité du mauvais temps qui invite peu à sortir et du dépeuplement momentané du carré, pour ranger notre cave et en faire le recensement. Tant en France qu'à nos différentes escales, les cadeaux de bonnes bouteilles ont été faits avec la plus grande générosité, et nous sommes plus largement pourvus que nous n'aurions osé l'espérer au moment de l'organisation de l'expédition. C'est évidemment du luxe, mais le luxe n'a rien de désagréable, et celui-ci n'a pas coûté un centime à notre budget. Nous avons des meilleurs crus de Madère, de vins argentins et chiliens voisinant avec les marques les plus réputées de Bordeaux, de Bourgogne et de Champagne. Un de mes anciens camarades d'internat devenu commerçant en vins, — la médecine mène à tout, j'en suis moi-même une preuve, — m'a aimablement envoyé au départ quelques centaines de merveilleuses bouteilles de Nuits, que nous buvons les jours de fête avec le respect qui leur est dû.

Nous n'abusons pas de notre cave, par raison et par économie, un second hivernage peut devenir obligatoire et c'est alors surtout que nous serions heureux de trouver le superflu.

Je m'empresse de dire que le vin ordinaire du bord, autrement dit le Château Cambusard, est de son côté excellent et que notre fournisseur s'est montré consciencieux. Le matelot français est un des meilleurs qui soit, mais malheureusement il lui faut sa ration réglementaire sans laquelle il se croirait perdu. C'est même là un des soucis de l'organisation et de l'arrimage, car le nombre de barriques qu'il faut emporter tient une place colossale qui serait à mon avis bien mieux remplie par d'autres provisions. J'avais tourné un peu la difficulté en emportant du vin très fort en alcool, auquel nous ajoutons plus de moitié d'eau un peu chaude avant de le distribuer, économisant ainsi un espace considérable. Pendant les raids d'ailleurs, les hommes s'accommodent parfaitement de l'absence totale du vin, pourtant ils parlent souvent du quart qu'ils retrouveront au retour et c'est triste à dire, mais pour la très grande majorité des marins de notre pays, tout le bien-être et la joie de vivre semblent se trouver concentrés dans le vin ou l'alcool à discrétion. Pouvons-nous leur en vouloir de cette conception si populaire ? ne sommes-nous pas dans les classes aisées les premiers à manifester notre joie ou à souligner une fête en buvant la « bonne bouteille » ? Cependant au carré nous vivons sobrement et je suis parvenu, sans aucune difficulté d'ailleurs, à ce que le mot même d'apéritif ne soit jamais prononcé. Ah ! si tous nos concitoyens dans la mère-patrie pouvaient prendre exemple sur nous !

Depuis quatre jours je n'avais pu aller rendre visite au petit phoque, la banquise ayant été cassée et le coup de vent ne permettant pas de sortir en embarcation. J'y suis retourné ce soir pendant une accalmie et j'ai retrouvé la mère et l'enfant se portant bien. Mon petit ami dormait à côté de sa maman. Au bruit que j'ai fait, il s'est réveillé et s'est mis de nouveau à s'agiter drôlement. Il a un peu grandi et est devenu un peu plus habile dans ses mouvements. Je l'ai encore tripoté et il s'est laissé faire, mais maintenant, soit pour jouer, soit pour montrer qu'il est devenu grand garçon, il ouvre une bouche menaçante et souffle comme père et mère. Madame phoque un peu inquiète à mon sujet au début, s'est vite rendu compte qu'elle n'avait rien à craindre de moi ; pour lui donner confiance, je l'ai même caressée et elle me laissait désormais faire ce que je voulais du petit. Devant moi elle lui a

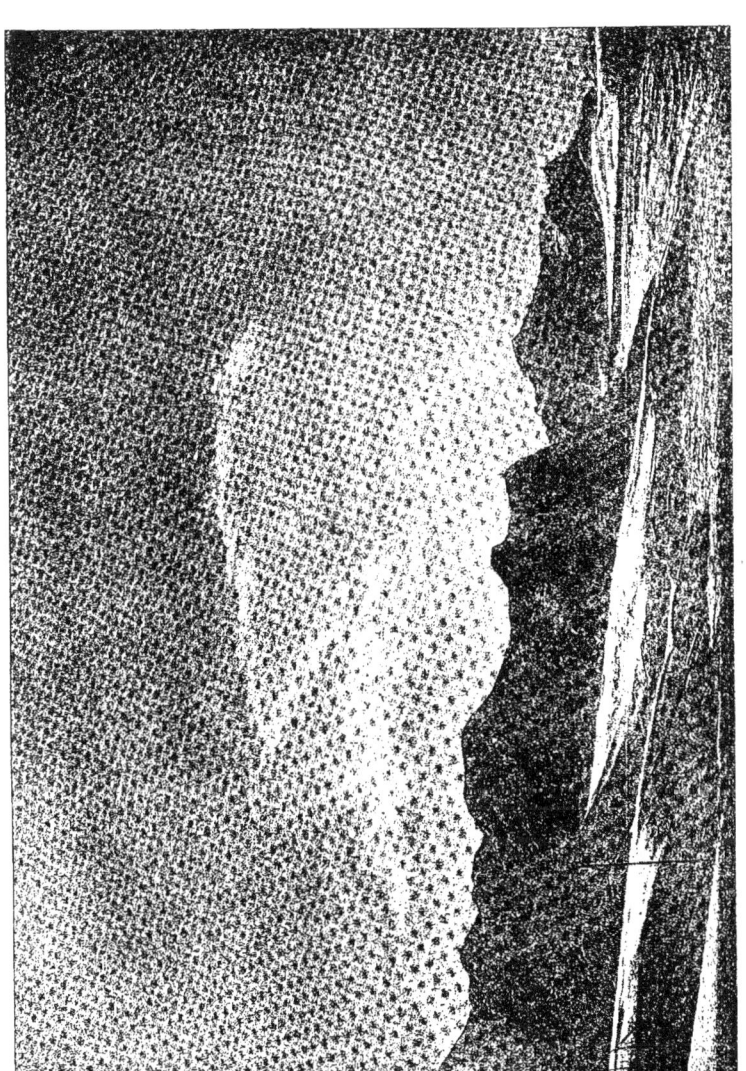

Plaque Lumière. Journée d'hiver à Petermann. Cliché Sacouque

appris à marcher, se faisant poursuivre, montrant comment il fallait balayer la neige avec la tête comme le font tous les phoques pour

Kodak. Nous nous amusons..... Cliché Charcot.

avancer, bien qu'aujourd'hui la couche fort peu épaisse ne nécessitait pas cette précaution. Il est très probable, que le père vient rendre visite assez fréquemment à son épouse et à sa progéniture, car il y a tout à côté un trou de phoque bien entretenu et des traces récentes de passage.

Un vol d'environ de deux cents cormorans a passé au-dessus de l'île, s'arrêtant à divers endroits, comme s'ils cherchaient un emplacement favorable pour s'établir. Mais ils ne semblent pas avoir trouvé ce qu'ils désiraient, car ils se sont éloignés. Les manœuvres de ces oiseaux sont d'autant

Kodak. ..... et puis nous déjeunons. Cl. Charcot.

plus curieuses qu'elles sont tout à fait inhabituelles. Ceux que nous voyons voler filent toujours bien droit devant eux, sans flâner, en oiseaux occupés, avec toute l'apparence d'avoir un but déterminé. Presque tous les jours, vers la même heure, nous en remarquions un isolé venant de la direction de Wandel ou de l'île Berthelot. Comme il y a une rookerie qui existe même l'hiver à chacune de ces deux îles, nous considérions ce cormoran comme le courrier des deux colonies.

Depuis que nous sommes au régime exclusif de la viande de phoque, les ulcérations des mains de Godfroy qui paraissaient si graves ont totalement disparu avec une surprenante rapidité et il semble tout à fait rétabli; de mon côté je n'ai plus d'œdème aux membres inférieurs, mon cœur seul persistant à ne pas vouloir se régulariser. Je me trouve cependant si bien après ces mois de maladie que je suis décidé, si nos camarades ne sont pas de retour dans cinq à six jours, à aller sur le glacier au-devant d'eux ou à leur recherche ; je partirai avec Jabet et Thomas très excités devant ce projet et j'ai préparé en conséquence un traîneau légèrement chargé pour pouvoir avancer rapidement; nous nous ravitaillerons en cours de route aux dépôts de vivres.

2 octobre. — J'ai dû encore une fois renoncer à mon projet de départ, car à 11 heures j'ai aperçu nos six excursionnistes faisant sur le glacier les signaux convenus. Toute la banquise du chenal a été brisée par les coups de vent perpétuels, mais heureusement il y a quelques chenaux d'eau libre dont nous pouvons profiter pour aller les chercher. Mais il faut agir vite, car ces chenaux peuvent se refermer aussi rapidement qu'ils se sont formés et nous risquerions d'être isolés les uns des autres pendant un temps très long. En quelques instants, mais non sans peine, par suite de la mer basse et des gros débris de glace, le grand canot est mis à l'eau et nous partons avec Godfroy et quatre hommes. Pour sortir de notre anse, il faut porter l'embarcation sur la glace, ce qui me vaut un bain presque complet et avec assez de difficultés nous parvenons au pied du glacier. Des éboulis récents nous obligent à tailler des marches pour pouvoir débarquer. La glace se referme si vite derrière nous que nous prenons à peine le temps de serrer les mains de nos camarades et de constater que malgré leurs fatigues ils ont bonne mine et, laissant en bonne place le matériel que nous viendrons chercher plus tard, nous rembarquons et traversons juste à temps le chenal avant que notre retraite ne soit coupée.

Ainsi que le prouve le rapport de Gourdon, qui résume mieux que je ne pourrai le faire les efforts des équipes, si le but, qui était de trouver une route permettant d'atteindre l'islandis supposé de la Terre de Graham n'a pu être atteint, ce raid en tout cas a été intéressant à bien des points de vue et fait grand honneur à ceux qui l'ont accompli. Tous reviennent enchantés, de bonne humeur et satisfaits de leurs compagnons, ce qui est la meilleure note en faveur de tous. J'étais d'ailleurs persuadé, dès le départ, qu'il en serait ainsi. Les observations météorologiques prises avec beaucoup de soin par Gain seront des plus utiles pour la comparaison avec celles de la station.

RAPPORT de E. Gourdon *sur une reconnaissance effectuée dans la Terre de Graham du 18 septembre au 2 octobre 1909*

Ce dimanche, 3 octobre 1909, à bord du *Pourquoi-Pas?*

Commandant,

En vous rendant compte de la mission que vous m'avez confiée, je dois tout d'abord vous signaler le dévouement, l'endurance et la bonne humeur qu'ont montrés dans leur tâche mes collaborateurs, MM. Gain et Senouque, les matelots Besnard, Hervé et Aveline. Je suis heureux de leur apporter ici mon témoignage et de les remercier devant vous.

Cette mission consistait à nous élever sur le Glacier du Milieu dans la direction de l'Est, où un tournant de montagne, aperçu au cours des excursions de printemps, permettait de supposer un passage vers l'intérieur des terres. Nous devions en vérifier l'existence et pousser ensuite une reconnaissance à quelques jours de marche au delà. (Voir carte page 267).

Nous avons réussi à gagner le point indiqué et nous avons acquis la certitude que malheureusement il n'existe de ce côté aucun passage permettant, soit de franchir la ligne de hauteurs par un col, soit d'atteindre par un glacier en pente douce la partie supérieure du plateau. Malgré son résultat négatif dans son objet propre, ce raid n'aura pourtant point été inutile ; il reste profitable par les observations glaciologiques, topographiques et météorologiques qu'il rapporte, ainsi que par l'expérience du traînage que nos équipes y ont pu acquérir.

Les moyens mis à notre disposition consistaient en un mois de vivres pour six personnes, deux tentes à trois places et deux traîneaux; de plus, un dépôt de 15 jours de vivres et une tente étaient installés en réserve sur la côte, au pied du mont Diamant; une cache contenant 3 jours de vivres pour six personnes pouvait en cas de besoin être prise au mont Tranchant situé au sud du Glacier du Milieu.

Les deux traîneaux, avec leur charge complète, avaient été amenés le 15 septembre sur le Glacier du Milieu à environ 350 mètres d'altitude, ce qui donnait une bonne avance comme point de départ.

Le 18 septembre, à 8 heures du matin, nous quittons définitivement le bord, par temps clair, quoique un peu couvert. Bongrain et Liouville avec 6 matelots nous accompagnent pour cette première journée. Nous avons chaussé nos skis et n'avons à porter jusqu'au traîneau qu'un déjeuner froid, nos bouteilles thermos et nos appareils photographiques.

De l'île Petermann au glacier, la traversée de la banquise qui occupe le chenal se fait rapidement, quoique la neige humidifiée colle aux skis. A 11 heures, nous rejoignons les traîneaux et aussitôt nous nous attelons ; nous marchons jusqu'à 3 heures de l'après-midi, avec une demi-heure d'arrêt pour notre repas froid. La neige molle et la pente assez forte ne nous ont permis ainsi d'avancer que de 3 kilomètres environ, ce qui nous met à 12 kilomètres de la côte et à 500 mètres d'altitude.

A 3 heures, nos compagnons nous font leurs adieux, et après force poignées de mains, reprennent le chemin du bord. Quant à nous, nous établissons notre campement sur le glacier, non loin du contrefort occidental du mont du

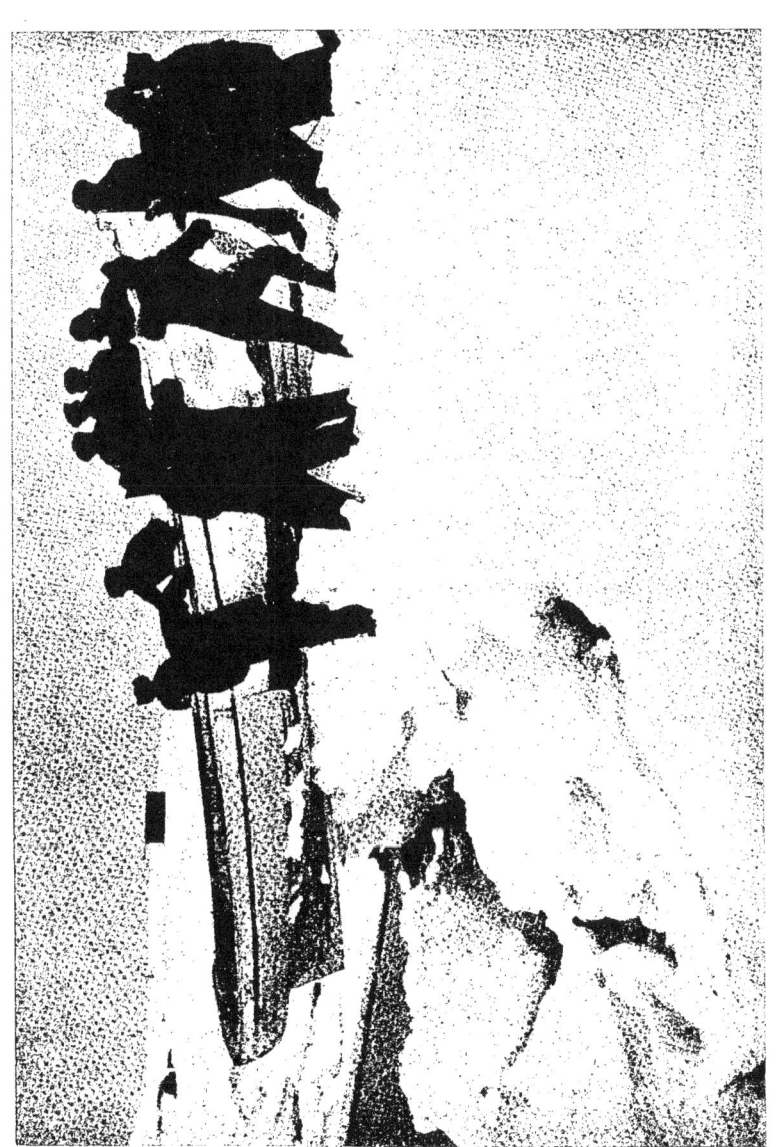

Kodak. Non sans difficulté le grand canot est mis à l'eau. Cliché Charcot.

Milieu. Les deux tentes sont dressées côte à côte. Selon vos instructions, les deux équipes se répartissent ainsi : tente n° 1, Gourdon, Senouque, Besnard ; tente n° 2, Gain, Hervé, Aveline. Senouque fait un tour d'horizon au théodolite ; l'appareil placé sur un petit tertre de neige battue est stable et bien calé. A l'arrière du traineau n° 1, j'installe avec l'aide de Besnard, une roue de bicyclette munie d'un compteur qui doit mesurer le terrain parcouru. A 7 heures, le rata bout dans les cuisines Nansen et bientôt nous savourons la soupe chaude, arrosée d'un quart de café. Les ustensiles sont ensuite rangés en ordre devant les tentes et les lits-sacs déployés sur le tapis de toile qui doit les préserver du contact de la neige. Le thermomètre marque — 2°7, le ciel se couvre, un peu de vent se lève du N.-E. Nous nous hâtons de nous glisser dans nos peaux de renne et à 8 h. 45, je souffle la lanterne.

Cette première nuit ne fut pas fameuse pour la plupart d'entre nous ; il faut quelque temps pour s'habituer à son sac ; on se trouve à l'étroit, on étouffe si on se calfeutre trop, on sent des courants d'air si l'on ouvre mal à propos. De violentes rafales secouaient nos tentes et le chasse-neige les criblait d'une mitraille de grésil.

Au matin, ce chasse-neige et le temps absolument bouché nous empêchent de partir ; ce n'est qu'à 11 heures, que nous pouvons nous mettre en route. Nous avons mis sur un traineau 200 kilos environ de vivres et d'instruments ; nous le conduirons le plus loin possible et nous reviendrons coucher au campement qui reste dressé. Nous partons donc dans la direction N.-E., tous les six attelés au traineau et chaussés de raquettes. La surface du glacier est assez unie, sans aucune crevasse, mais la pente très accusée par endroits et surtout l'épaisseur de la neige molle rendent notre marche extrêmement lente et pénible. Il neige et le vent est dur. A tour de rôle, l'un de nous est obligé de partir en avant ; il fait une centaine de pas en piétinant la neige, puis revient s'atteler au traineau qui avance alors sur la piste ainsi faite. A ce régime, la route est longue. A 4 heures, nous sommes à environ 750 mètres d'altitude au pied du mont du Milieu. Une tablette de chocolat et un quart de citronnade nous remettent un peu, puis, laissant notre traineau et chaussant nos skis, nous dévalons la pente pour regagner le campement. A ce moment, une embellie ramène le calme des éléments et nous rend la gaîté. La soupe est mise sur le feu, bientôt avalée et l'on s'endort pendant qu'un petit grésil mêlé de pluie crépite sur la tente.

Le lendemain, 20 septembre, réveil à 6 heures du matin. Le temps est calme, clair, malgré un peu de brumaille ; à 8 heures, le soleil paraît. Le thermomètre marque — 4°. En raison des difficultés de trainage que nous ont offertes jusqu'ici l'état des neiges et l'inclinaison du terrain, je me décide à laisser ici, station bien repérée par les relèvements de Senouque, une partie de nos vivres ; nous constituons donc un dépôt de 11 jours de vivres (à 6 personnes), de deux bidons de rhum et de deux bidons de 5 litres de pétrole. Il nous reste 17 jours de vivres ; ce qui nous laisse un rayon d'action très suffisant pour notre reconnaissance. Nous nous mettons en route par beau soleil, un peu chaud même et vers une heure nous rejoignons le traineau amené hier en avant. La halte est employée à faire sécher les tentes, manger une tablette de chocolat et refaire l'arrimage des traineaux ; pendant ce temps Senouque fait un tour d'horizon au théodolite, le nombre des points pouvant être relevés de cette station est en effet considérable. Derrière nous, c'est-à-dire vers l'Ouest, le glacier descend en longues ondulations

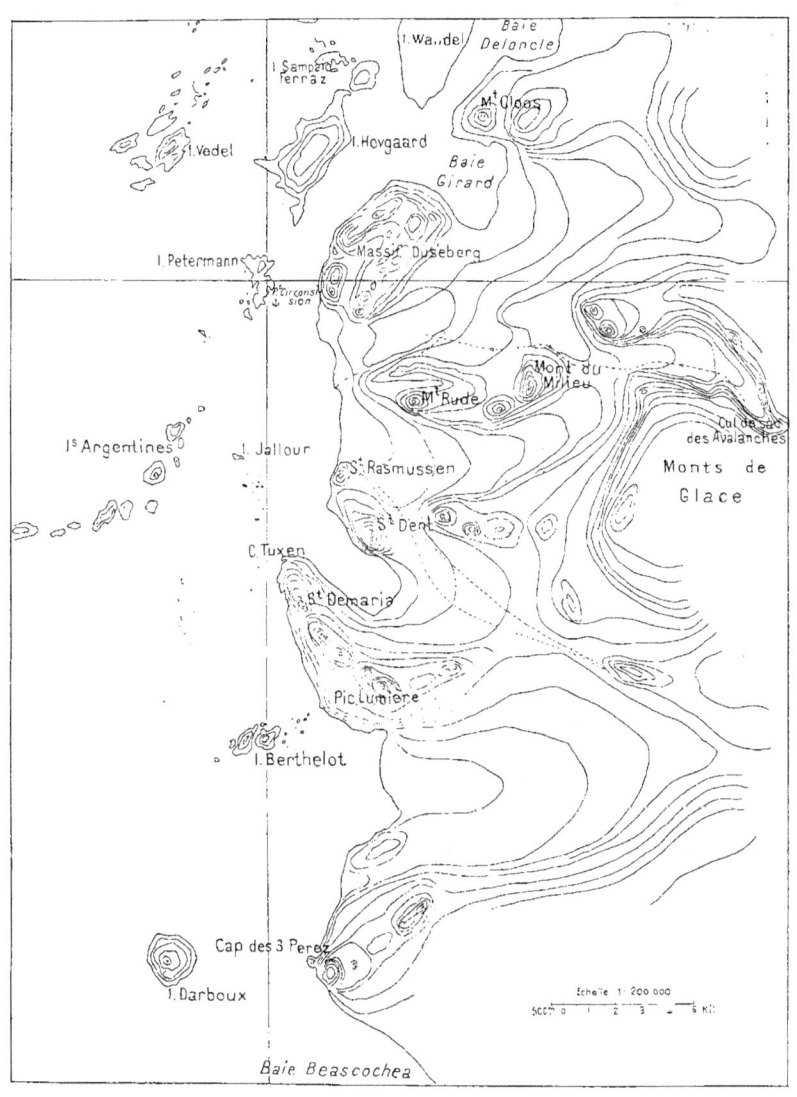

Carte des environs de la station d'hivernage dressée par M. Bongrain.

vers la mer dont on aperçoit au loin l'horizon occupé par la banquise. Sur notre gauche, le mont Diamant dont le sommet affleure l'horizon, termine de sa dent

Kodak   Un instant de repos.   Cliché Gourdon

noire la chaine que nous avons longée; près de nous, le Morne Blanc, grosse croupe neigeuse, nous masque en partie la haute masse du mont du Glacier suspendu; puis, c'est la silhouette dentelée de l'île Wandel qui se perd derrière le cap Cloos, surmonté lui-même d'un haut sommet entre la baie Girard et la baie Deloncle; un long pli de neige, où s'aperçoivent quelques crevasses, permet de deviner ces deux baies, réceptacle où s'effondre une véritable ceinture de glaciers. Entre les hauteurs, on distingue au Nord le mont du Français. Enfin devant nous, deux masses jumelles, arrondies, toutes blanches; c'est à leur

Plaque As-de-Trèfle.   Les Mamelles.   Cliché Gain.

droite que s'ouvre la vallée qui doit nous conduire vers l'intérieur, puis, au-dessus de nous, s'élève le mont du Milieu, dont la haute paroi rocheuse, d'un gris clair, est traversée par de minces filons de couleur sombre; malheureuse-

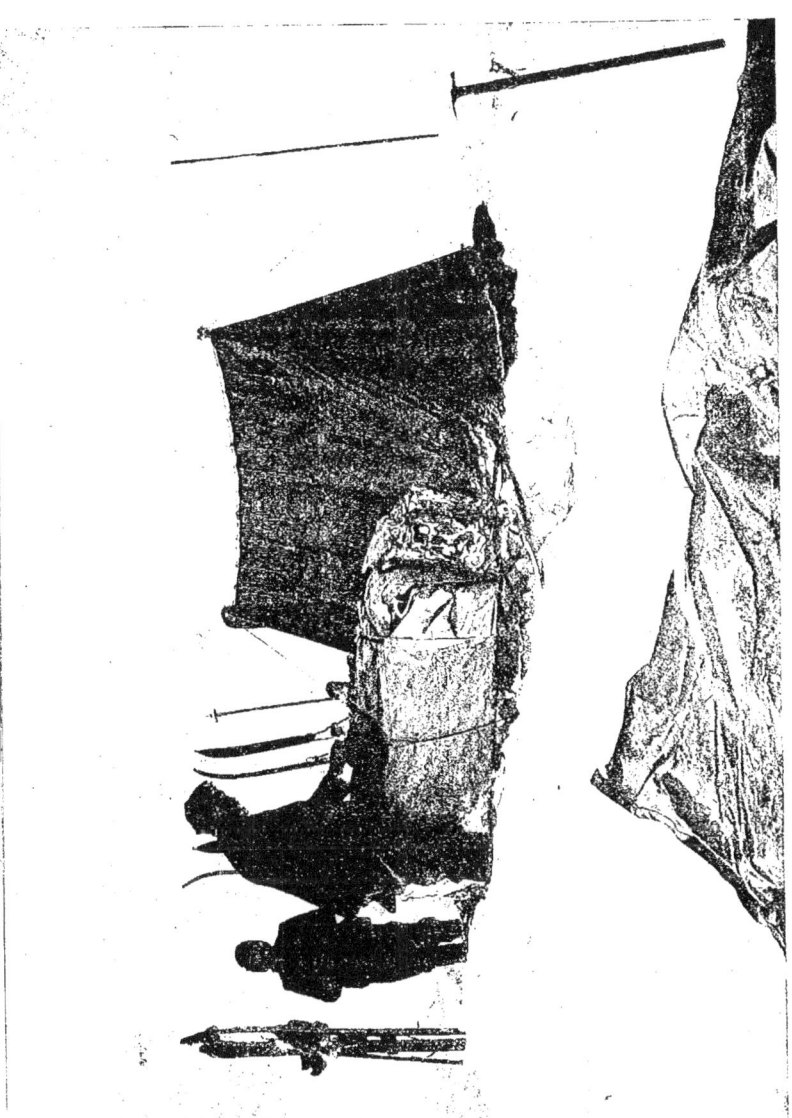

Campement sur le glacier. Gain décharge le traîneau.

ment aucun pointement rocheux n'est accessible et il m'est impossible de recueillir aucun échantillon.

Les observations terminées, nous reprenons notre marche, ne remorquant qu'un seul traîneau à nous six; vers 3 h. 30 juste comme nous arrivons dans une région de crevasses, la brume nous enveloppe, et force nous est de stopper. Il neige; nous redescendons chercher l'autre traîneau et nous l'amenons auprès du premier. Le campement est établi, les lampes allumées pour le repas du soir. Le brouillard est épais, il bruine, le thermomètre est à — 3°. On se couche bien vite, et après avoir examiné les jambes de mes compagnons et m'être assuré qu'ils sont tous en parfait état, je souffle la bougie; il est 7 h. 30.

Le lendemain, au réveil, la brume nous enveloppe toujours; il a neigé abondamment toute la nuit, le grésil tombe sans répit. Rien à faire qu'à se terrer. Cependant, dans l'après-midi, avec Gain et Senouque, nous reconnaissons la région en avant de nous, puis, revenant prendre nos autres compagnons, nous partons à skis dans la direction relevée la veille et nous avançons prudemment à la boussole, pendant environ un kilomètre et demi; plantant alors nos skis dans la neige, nous rentrons au camp en foulant le sol pour préparer la piste que nos traîneaux suivront demain. Nous mangeons de bonne heure et à 7 h. nous sommes couchés.

Kodak. Campement sur le glacier. Cl. Gourdou.

22 septembre, l'une de nos meilleures journées; le temps est clair, le soleil paraît même un moment, éclairant dans l'Ouest une magnifique mer de nuages au-dessus de laquelle nous semblons planer; le thermomètre a un peu baissé —6°, nous délivrant de cette humidité qui nous avait été hier si désagréable. C'est aujourd'hui l'anniversaire de Gain; aussi ai-je arboré le pavillon national en son honneur et nous félicitons chaleureusement notre camarade; une boîte de confiture gardée en réserve donnera un éclat tout spécial à notre collation de route. Nous partons allégrement avec le premier traîneau sur les traces préparées hier, puis nous revenons prendre le n° 2. Ce second voyage s'achevait, quand une brume épaisse nous enveloppe subitement. Nous avons heureusement eu le temps de repérer notre direction et nous pouvons continuer à avancer à la boussole. Mais la marche devient alors très lente et la neige fraîche la rend extrêmement pénible. Partant d'abord à skis, l'un de nous à 100 pas en avant et guidés à la boussole par ceux qui suivent, nous cheminons quelque temps, puis remplaçant les skis par des raquettes, nous revenons sur nos pas en piétinant la neige, labeur fastidieux, décourageant, éreintant; ainsi transformés en foulons, l'ennui tombe sur nous comme l'uniforme brouillard qui nous entoure; on descend

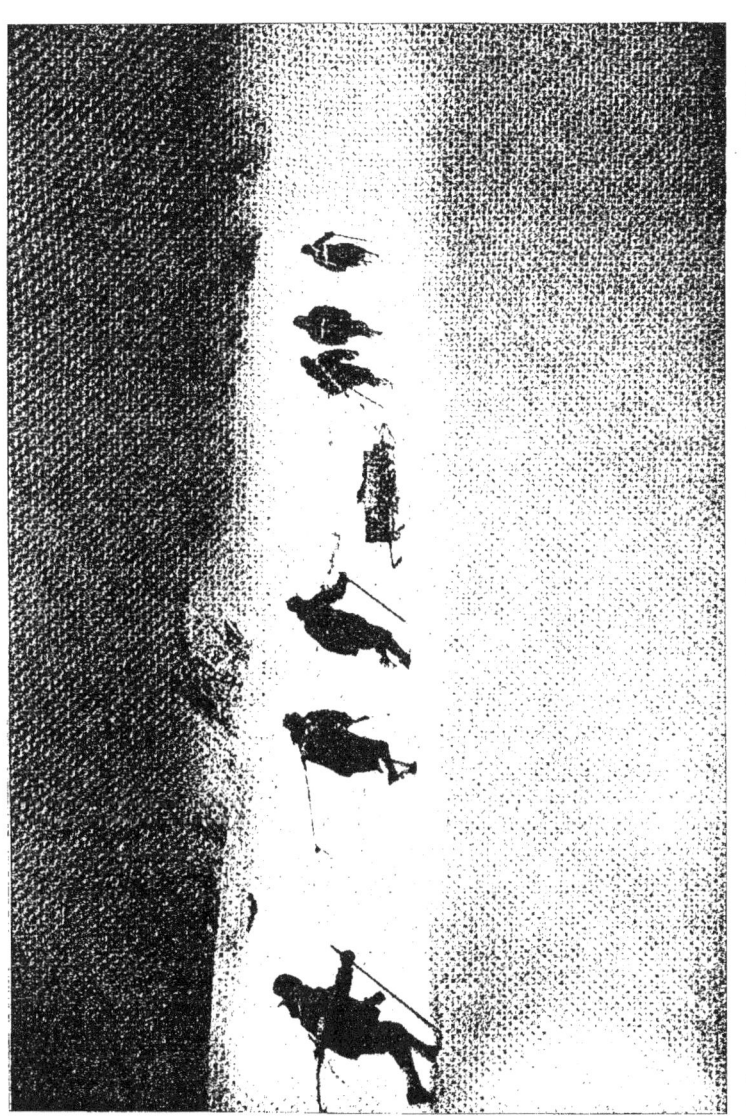

Sur le glacier au début d'un chasse-neige.

Kodak. Cliché Charlet.

à petits pas, silencieux ou maugréant. Maintenant, attelés au traîneau, nous remontons la côte à grand renfort de ho! hisse! hop! Puis, nouvelle descente, la bricole autour de la poitrine, les traits pendants, les pieds élargis par les raquettes, tels les lourds côtiers des omnibus parisiens, revenant de leur pas tranquille chercher au bas de la côte un nouveau véhicule ; la comparaison nous amuse. Enfin les deux traîneaux sont réunis et devant nous s'étend la nappe blanche et poudreuse, où il va falloir creuser sa route et refaire à chaque bond cinq fois le même trajet.

L'après-midi nous favorisa d'un temps clair, quoique le ciel restât gris ; la neige devenait meilleure, je devrais dire moins mauvaise. Nous résolûmes de donner un effort de plus et d'enlever les deux traîneaux à la fois. Besnard et Hervé, les deux meilleurs colliers, s'attelèrent avec moi au traîneau de tête qui fatiguait davantage ; Gain, Senouque et Aveline nous suivaient immédiatement. Ce fut un succès, un record de vitesse, malgré la pente parfois assez rude. Ce n'est qu'à 6 heures du soir que le camp fut dressé, mais nous étions gais et de bonne humeur, enchantés de notre journée qui nous a fait gagner 6 à 7 kilomètres et atteindre l'altitude de 900 mètres. Le point extrême atteint au printemps est maintenant dépassé. Le soir, Gain nous offre un excellent chocolat bien chaud qui nous réunit tous six, un peu serrés, sous sa petite tente ; je sors quelques paquets de cigarettes et cette heureuse journée se termine dans une bonne gaîté. Au dehors, le froid est assez vif —7°1, la lune cerclée d'un halo éclaire l'immense glacier dont la blancheur scintillante donne à ce paysage de mort l'éclatante beauté du marbre.

Kodak.   Sortie de la tente le matin.   Cl. Gourdon.

La nuit fut assez froide pour qu'au matin nous trouvions toutes nos chaussures gelées, même ceux qui avaient eu la précaution de les mettre à côté d'eux dans le lit-sac. Jusqu'à présent nous avions marché avec des souliers à skis en peau de phoque recouverts par les chaussons de drap des chasseurs alpins. Nous dûmes les remplacer par les mocassins en peau de renne et nous nous en trouvâmes d'ailleurs si bien que désormais ce furent les uniques chaussures employées ; le seul inconvénient est leur usure rapide.

Il fait soleil, mais le froid est vif — 7°. Nous reprenons notre marche dans les mêmes conditions qu'hier. Derrière nous, le mont du Milieu, imposante pyramide triangulaire, sépare en deux bras la nappe du glacier, au Nord, celui sur lequel nous avons cheminé, au Sud, une immense coulée déchirée de crevasses qui descend vers le cap Rasmussen. A notre droite, les monts de Glace profilent leur arête horizontale, tandis qu'à gauche, le dôme blanc des Mamelles projette en arc de cercle, vers l'Est, une série de hauteurs qui barrent la route devant nous et viennent former à leur rencontre avec les monts de Glace ce retrait dont nous devons éclaircir le mystère.

Vers 3 heures, la brèche commence à s'ouvrir et malheureusement le flanc oriental revient de plus en plus derrière les monts de Glace; s'il y a passage, il doit être terriblement étroit et dirigé vers le Sud; c'est avec un espoir de plus en plus chancelant que nous avançons, quand soudain la brume vient nous masquer complètement la vue. Nous rejoignons les traîneaux et nous dressons les tentes, car il faut renoncer aujourd'hui à obtenir la solution de notre problème.

A 6 heures, la neige commence à tomber. Pendant quatre-vingt-seize heures inlassablement, sans répit, les flocons blancs devaient s'accumuler sur nous. Le lendemain, le vent s'éleva et se changea bientôt en un furieux ouragan. Du fond de nos lits-sacs entre-bâillés, nous regardions avec effroi les bonds de notre tente désespérément gonflée; le vent passait au travers avec un ronflement de forge et les rafales dans leur galop d'enfer secouaient les montants à les rompre. Nous sommes restés quarante-huit heures sans communiquer avec nos voisins, qui n'étaient pourtant qu'à quelques mètres de nous. La neige montait rapidement autour des tentes, sur les côtés elle s'amoncelait par-dessus la toile, si bien que les deux lits-sacs étendus au bord, se trouvaient bientôt ensevelis sous un épais bourrelet de neige, qui à chaque mouvement du dormeur gagnait sur lui et rétrécissait sa place. Horrible sensation d'étau qui ne nous laissait plus loisir d'un mouvement et nous obligeait à dormir dans les positions les moins confortables. Une nuit, dans la tente de Gain, on ne put dormir que deux à la fois; chez nous, Senouque fut obligé de se lever à 3 heures du matin pour déblayer sa place.

Par ailleurs, on cherchait à tuer le temps comme on pouvait, et nous prenions notre mal en patience. La matinée se passait au chaud dans les lits-sacs; on se contentait d'une tablette de chocolat pour déjeuner, tous les bouts de journaux trouvés dans les paquets furent lus et relus; sur mon cahier de croquis, je fis un jeu de dames. L'après-midi, les lits-sacs repliés au fond de la tente, on relevait sur eux le tapis et, installés sur ce divan improvisé et quelque peu mouillés par l'eau qui traversait la tente, on devisait de mille choses en attendant que cuise le rata ; parfois on y ajoutait une tasse de chocolat et alors des invitations étaient lancées d'une tente à l'autre. Ensuite on déblayait le mieux possible le pourtour de la tente et l'on procédait au couchage, opération des plus compliquées dans un espace si restreint.

Enfin, le 27 au soir, une accalmie se fit, qui nous permit d'entrevoir un coin de montagne. De quelle joie nous le saluâmes. La neige cessa, un merveilleux clair de lune inonda la vallée; Mars et Vénus parurent dans le ciel. Quelle douceur de s'endormir dans le calme sans le grésillement de la neige sur la tente, ni les mugissements du vent.

Le 28, nous nous réveillons dans la brume et je crus un moment que notre prison s'était refermée. Cependant à 5 h. 1/2 un nuage rose paraît dans l'Est, aussitôt branle-bas, en route. Le temps est calme, le thermomètre marque — 19°. Le brouillard est long à se dissiper, mais nous avançons prudemment ; la neige est bonne aux skis, nos barbes se chargent de glaçons, ce froid sec nous met en train. De temps en temps éclate près de nous le fracas des avalanches. Une demi-éclaircie nous permet de doubler l'éperon des monts de Glace et nous pénétrons dans ce couloir au fond duquel nous espérons trouver passage. Hélas!

quand le soleil, nous souriant enfin, éclaire les montagnes qui nous entourent, c'est pour nous montrer de toutes parts un rempart infranchissable. Nous sommes dans un vaste cirque, mais dans un cul-de-sac ; d'une ligne qui paraît horizontale, rebord peut-être d'un plateau, ce qui rend plus cuisante encore notre déconvenue, dégringolent en un gigantesque chaos des glaciers en cascade dont les magnifiques séracs s'entassent en gradins disloqués. La vallée où nous cheminons est gonflée de toutes ces neiges ; dans le fond, de formidables avalanches ont décollé du flanc de la montagne de prodigieuses masses de glace qui gisent au bas, brisées, blocs et poussière en de longs talus ; aussi baptisons-nous ce lieu le Cirque des Avalanches. Le flanc de la montagne mis à nu montre la roche ; malheureusement elle est trop abrupte pour être atteinte et dans les éboulis de glace je ne puis trouver le moindre fragment rocheux qui me renseigne sur sa nature.

Maintenant, nous nous laissons aller à contempler la beauté du spectacle et ce « bout du monde » est réellement d'une splendeur saisissante. Ce chaos de glaces, sillonné par instants par le flot bouillonnant des avalanches qui roulent avec fracas sur les pentes et s'étalent au pied en éventail ; le soleil répété six fois en parhélie dans les cercles multicolores d'un féerique halo ; l'air tout étincelant de paillettes diamantées, des lambeaux de brume blanche traînant d'un sommet à l'autre, instant inoubliable qui nous paie malgré tout de nos peines et atténue nos désillusions.

Kodak. Sur le glacier du Milieu. Cl. Gourdon.

De retour au camp, nous préparons le départ ; notre tente disparaît au fond d'une fosse, entourée d'un mur où il a fallu tailler un escalier ; pour dégager notre traîneau, il faut déblayer une épaisseur de deux mètres de neige. Il fait bon remuer la pelle par ce froid sec qui, à 6 heures, atteint — 23°5 et nous avons l'ardeur de captifs rendus à la liberté ; un beau coucher de soleil nous baigne de ses rayons dorés.

Le 29 septembre, nous levons le camp par un beau soleil, et — 12°. Au loin, de chaque côté du mont du Milieu, la mer couverte de banquises jusqu'à l'horizon, se montre dans l'échancrure des glaciers. Le sol, dont nous appréhendions la mollesse à cause de la grande quantité de neige fraîche tombée ces jours-ci, s'est raffermi par le froid plus vif ; de plus, nous avons maintenant la pente pour nous, aussi essayons-nous de faire le traînage à skis. Le résultat est excellent, la seule difficulté consiste à maintenir le traîneau d'aplomb. Me rappelant alors les bons effets d'un dispositif que nous avions appliqué autrefois, lors de la première campagne en 1904, au traînage d'une baleinière sur la banquise, je fais mettre en travers du traîneau, sur l'avant, au-dessus du paquetage, deux bâtons de tente solidement amarrés. On aura ainsi un appui rigide pour maintenir l'équilibre de chaque côté symétriquement et soulager facilement l'avant du traîneau pour le décoller. Senouque et moi, bien appareillés comme taille et comme force, nous pousserons sur ces deux bras horizontaux tandis que Besnard tirera dans l'axe du traîneau. Ce système nous donna pleine satisfaction sur le traineau n° 1 ; malheureusement nos camarades du n° 2 ne purent l'adopter à cause de leur taille plus haute.

La caravane marchait bon train, et nous allions atteindre la position du camp le 20 septembre quand, vers 3 heures, la neige se mit à tomber, accompagnée de vent. Jusqu'à 4 heures nous pûmes avancer à la boussole, mais le vent forçait progressivement et nous dûmes en hâte établir le campement et nous réfugier sous nos tentes. Le soir, nous nous endormions sous le crépitement du grésil sur la toile et le ronflement du vent.

La journée du 30 nous ramena aux plus mauvaises heures de captivité. Levés dès l'aube, pour profiter de la première éclaircie, nous fûmes contraints de rester sous la tente tant les rafales étaient violentes, la brume épaisse et la neige abondante. Le jeu de dames et un petit vocabulaire anglais retrouvé par Gain, furent nos seules distractions.

Le lendemain s'annonçait aussi hostile, quand sur les 11 heures du matin le brouillard se déchira. Nous nous hâtons alors de décamper malgré le vent encore très vif et la neige fraîche dans laquelle s'enlisent nos traîneaux. De longues vagues de poudrin accumulé par le chasse-neige donnent au sol l'aspect d'une mer figée et rendent notre marche fort inégale. Sur les pentes, où par instants nous sommes emportés par la vitesse, le traîneau tangue comme une chaloupe ; il en résulte de nombreuses chutes, heureusement plus comiques que dangereuses. L'après-midi est clair ; nous faisons bonne route et à 4 h. 30 nous stoppons sur l'emplacement de notre dépôt du 19 septembre. Tout a disparu, aucune trace ne soulève l'épais manteau de neige. Pendant que Senouque, armé de la boussole, puis du théodolite, cherche à retrouver la station, nous dressons les tentes et préparons le repas. Le ciel est clair, le thermomètre marque — 16° ; nous nous couchons par une belle nuit étoilée avec l'espoir que demain, ce sera dans nos couchettes du *Pourquoi-Pas?* que nous nous endormirons.

Le 2 octobre commence dans la brume, peu épaisse à vrai dire, mais accompagnée de vent. A 8 heures nous n'avons pas eu encore la moindre éclaircie ; impossible de reprendre les recherches pour trouver le dépôt. Or, je dois revenir ici dans quelque temps pour terminer les mesures de vitesse du glacier : on prendra le dépôt par la même occasion ; il est inutile de nous attarder, nous plions bagages et nous filons. La neige est bonne, malgré les hautes vagues dues au chasse-neige et la pente s'accentuant, notre allure devient rapide. A 11 heures la brume se dissipe, la banquise apparaît, de bien mauvais aspect d'ailleurs, crevassée, brisée. Sera-t-elle franchissable ? Serons-nous condamnés à rester en quarantaine en vue du port ? Mais voilà Petermann enfin, la mâture du *Pourquoi-Pas?* Nous déployons nos pavillons, et presque aussitôt le bord répond : « aperçu ». Comme convenu, nous ne gardons alors qu'un pavillon : « envoyez-nous prendre », et c'est avec quelque anxiété que nous attendons la réponse. Un pavillon monte à la corne d'artimon, un autre au grand mât. Cela veut déjà dire que l'opération sera difficile. Un troisième signifierait impossible ; heureusement il n'apparaît pas et nous reprenons espoir. Une heure après nous avons rejoint le premier dépôt ; à la jumelle nous voyons une embarcation quitter le port au milieu des glaces. A nos pieds, indice rassurant pour nous, la mer libre baigne le glacier et, en effet, avant que nous fussions au bas, vos saluts vinrent à nous ; quelques minutes après nous avions la joie de vous serrer la main, à vous Commandant, qui veniez personnellement à notre rencontre, à Godfroy, notre ancien compagnon des excursions de printemps ; ainsi qu'aux matelots venus avec vous.

Au cours de ce raid de quinze jours qui nous a portés à près de 1.000 mètres d'altitude et à quelque 25 kilomètres du navire, l'état sanitaire de notre petite escouade est resté toujours parfait, malgré les conditions atmosphériques si défavorables que nous avons eu à endurer. L'entrain et la gaîté n'ont cessé de régner. A cela a contribué pour une bonne part le choix excellent des vivres que nous devons à vos soins. Le matériel et l'équipement nous auraient donné certainement la même satisfaction si nous ne nous étions trouvés dans des conditions d'humidité si contraires à ce que l'on attend dans ces régions.

Les observations météorologiques, résumées ci-joint, ont été prises régulièrement par Gain. L'itinéraire dû à Senouque a été levé au moyen de trois stations au théodolite et sept à la boussole au cours desquelles soixante-quatre points ont été relevés. Le glacier du Milieu que nous avons remonté jusqu'à son origine est remarquable par une absence presque complète de crevasses, celles mêmes que nous avions observées au printemps sont, en cette saison, dissimulées par des ponts de neige. Seule, la partie inférieure du glacier, sur un kilomètre avant d'arriver à la mer, est barrée de larges fractures dues à une dénivellation brusque. Avant d'atteindre le mont du Milieu, le courant glaciaire se bifurque et envoie vers le S.-O. un bras au contraire très crevassé qui enveloppe le mont du Milieu, le mont Rude et le Tranchant dont la masse ne formerait ainsi qu'un immense nunatak, et qui se raccorde au bas avec le glacier du Milieu en un front unique sur la mer. Au niveau de la baie Girard, une autre partie des glaces abandonne le courant principal pour s'effondrer en cascades dans cette espèce d'entonnoir qui ébrèche sa rive droite. L'alimentation de ce glacier est relativement faible et purement locale ; il ne semble pas qu'il tombe des crêtes des monts de Glace des masses considérables comme cela se produirait si elles étaient le déversoir des régions situées à l'intérieur. La quantité de neige qui tombe localement suffit d'ailleurs à expliquer que des glaciers de cette importance puissent n'avoir pas un vaste bassin d'alimentation, puisque, en quatre jours — il est vrai privilégiés — nous avons vu le niveau du sol monter de près de 2 mètres.

Quant à la constitution intérieure du pays, ce problème si important reste sans solution. Sans doute cette longue arête horizontale des monts de Glace fait penser au rebord d'un plateau, surtout si l'on considère la fréquence de cette disposition horizontale en d'autres endroits de la côte : dans le détroit De Gerlache, au fond de la baie Beascoechea, au fond de la baie Matha, mais ce n'est là qu'une hypothèse. De même, nous ne rapportons aucune indication sur la présence d'un islandis. Peut-être aurons-nous l'occasion plus tard de tenter en un autre point une nouvelle reconnaissance.

Je n'ai rencontré aucune roche qui fût atteignable, mais de l'analogie d'aspect

Aveline, Besnard et Hervé au retour du raid.

que présentent celles que j'ai pu considérer à distance avec les échantillons recueillis au Tranchant et au cap Rassmussen, je puis conclure à des formations stéréoscopiques. J'ai, pour ma part, pris une soixantaine de kodaks.

Je termine ces lignes, Commandant, en vous remerciant de l'honneur que vous m'avez fait en me confiant cette mission et en vous assurant une fois de plus de mon entier dévouement.

E. GOURDON.

8 octobre. — Gourdon et Godfroy, à leur tour, sont venus me prévenir le 4, qu'ils avaient de l'œdème aux jambes ; cela ne m'a pas inquiété outre mesure, car je connaissais maintenant le traitement, et j'étais persuadé, surtout en prenant la maladie dès le début, que tout disparaîtrait dans quelques jours. Je les ai donc mis au régime exclusif de viande de phoque. Effectivement, au bout de trois jours, tout symptôme avait disparu. Je n'ai cessé de réfléchir à la cause de cette maladie scorbutique. Ce qui prouve bien qu'elle est provoquée par les conserves mêmes et non par l'absence de viande fraîche, c'est que les symptômes disparaissent non par l'annexion de la viande fraîche à l'alimentation, mais par la suppression radicale des viandes conservées.

D'autre part, toutes les conserves ne peuvent être incriminées, car devant comme derrière, nous mangeons identiquement les mêmes produits, provenant non seulement de chez le même fournisseur, mais encore des mêmes boîtes, et l'équipage a été totalement indemne, le carré seul ayant été atteint. Or, au carré, il y a eu au début de l'expédition quelques réclamations, tendant à ce que les menus soient un peu différents, et bien que j'eusse préféré continuer, comme sur le *Français*, à avoir un menu unique, j'ai cru devoir admettre qu'il pouvait y avoir quelques avantages et en tous les cas peu d'inconvénients à faire certaines différences. Celles-ci consistaient presque exclusivement en hors-d'œuvre provenant non des provisions choisies par moi-même avec beaucoup de soin pour le bord, mais de cadeaux divers sur lesquels, bien entendu, nous n'avions pu exercer aucune surveillance. Devant les faits, force m'est d'admettre que la cause du mal avait dû se glisser dans ces boîtes de hors-d'œuvre. Le traitement est d'ailleurs si facile et si simple, depuis surtout qu'avec le printemps les phoques deviennent abondants, que je ne m'en préoccupe plus.

Les glaces s'étendent toujours au large, à perte de vue, il semble que nous soyons complètement encerclés. Cependant le détroit de De Gerlache et le chenal de Lemaire entre Wandel et la côte, ayant été toujours libres pendant notre premier hivernage, j'espère qu'il en est de même cette année, et que nous pourrons nous échapper facilement quand le bouchon qui se trouve à l'entrée de ce chenal aura cédé. Je voudrais être prêt à partir pour le 15 novembre, car, puisque nous ne pouvons plus compter sur un raid important dans l'intérieur des terres, je crois plus intéressant de commencer notre navigation de très bonne heure et de faire un travail productif dans les Shetland avant de retourner vers le Sud. Aussi, ai-je fait commencer l'armement, car avec le mauvais temps qui persiste, empêchant tout travail pendant des journées entières, le désir que j'ai de partir dans de très bonnes conditions et la besogne journalière occasionnée par le déblaiement indispensable de la neige qui nous prend plusieurs heures par jour, il faut nous y mettre dès maintenant.

Pl. Lumière.   Nous sommes enfermés par la glace.   Cl. Senouque.

Les glaces accumulées autour du bateau nous gênent beaucoup ; d'une part elles nous empêchent de mettre le gouvernail en place, et d'autre part, elles englobent les amarres, risquant de les couper et leur faisant subir des tensions exagérées. Je n'ose pas non plus leur faire donner du mou, car les coups de vent et les ondes de houle se produisent ici si rapidement, que la glace pourrait se trouver brisée en quelques secondes et un accident arriver au bateau, avant que nous n'ayons le temps de les raidir de nouveau.

Les hommes se mettent avec plaisir à casser les glaces, et nous les y aidons, cherchant les points faibles, augmentant les fentes et séparant les grands blocs au moyen de leviers improvisés. Dès que le dégagement a été suffisant, profitant de la transparence de l'eau, nous avons tenté de remettre le gouvernail en place, mais il a fallu le hisser de nouveau à terre pour faire subir une petite modification à l'une des ferrures.

Un couple de cormorans est revenu et a repris sa place sur une pointe de rocher. Gain, en automne, avait entouré leurs pattes de bagues de celluloïd coloré, ainsi qu'à un grand nombre de pingouins : il a pu se rendre compte de cette façon que ce sont bien les mêmes qui reviennent.

Je viens d'apprendre que la provision de clous du bord est épuisée, cela n'a rien de très étonnant avec la quantité considérable qui a été employée pour la construction des observatoires et pour les nombreuses caisses renfermant les collections des naturalistes. Il nous en faut cependant, mais je ne m'inquiète pas outre mesure, car j'ai promis un verre d'anisette à tout homme qui m'en apportera une centaine ; immédiatement, toutes les tenailles du bord ont été réquisitionnées afin d'en arracher à de vieilles caisses, et si cela continue nous en aurons plus qu'au départ.

15 octobre. — L'armement, les réparations et les améliorations du bateau sont poussés très activement. Les roofs de la cuisine et des laboratoires ayant fortement joué sous l'influence des différentes températures auxquelles ils ont été exposés, je les fais recouvrir, pour éviter des dégoûts, avec de la toile à voile peinte. Le pont, en divers endroits, a été tant bien que mal recalfaté. La soute à essence a été revue et le plomb qui la garnit ressoudé aux endroits où des fentes s'étaient produites. Nous avons, en effet, encore près de six tonnes d'essence à transporter. Il y a là un danger considérable ; tout accident a été évité pendant notre première campagne, grâce aux précautions prises, et j'ai tout lieu de croire que celles-ci continueront à être suffisantes, à condition de veiller au bon état de la garniture de la soute et du ventilateur.

Le gouvernail a été facilement remonté le 10. Une ferrure remplaçant la clef a été placée sur la tête même, de sorte que si un nouvel accident se produisait le démontage serait relativement facile.

Toutes les voiles, après avoir été visitées et réparées par les voiliers, ont été enverguées. Dans les barres de perroquet j'ai fait installer un nid de corbeau supplémentaire en toile. Plus facilement accessible que celui qui est en tête du mât, sa hauteur est très suffisante pour les conditions ordinaires de la navigation dans les glaces. L'appareil à sonder Lucas, dont le moteur électrique est insuffisant, a été de l'arrière porté bâbord avant. Après une série de tâtonnements, Rosselin est parvenu à le mettre en connexion avec la petite machine de la vedette rapportée de Wandel et son fonctionnement paraît désormais devoir donner toute satisfaction. Nozal, d'après les indications de Rouch, a installé sur l'arrière un tourillon à main qui permet de faire rapidement pendant les grands sondages des prises d'eau à différentes profondeurs.

Plaque Lumière. Couple de cormorans sur leur nid à Petermann. Cliché Gain.

Tous ces travaux à bord n'empêchent pas, bien entendu, les observations scientifiques de continuer et elles se poursuivent comme pendant tout l'hivernage avec la plus grande régularité.

Kodak. On envergue les voiles. C¹ Charcot.

Un seul pingouin est revenu sur l'île; il semble examiner la rookerie et vouloir s'y installer; peut-être est-il envoyé par ses camarades pour se rendre compte de l'état des lieux. En consultant mes notes, je m'aperçois qu'à pareille époque, il y a quatre ans, 12 pingouins étaient revenus à Wandel, mais l'eau libre était bien plus abondante autour de l'île.

L'état de santé général est satisfaisant, aucun nouveau cas de scorbut ne s'est déclaré. Cependant Poste et Modaine ont éprouvé des névralgies très douloureuses qui les ont immobilisés pendant plusieurs jours. Liouville, auquel dès le début de la campagne j'ai confié le service médical dont il s'est toujours occupé avec le plus grand dévouement et le plus grand soin, a lui-même été alité pendant quelques jours, atteint de gastralgie ou de coliques hépatiques, mais il semble maintenant tout à fait remis.

Le 12, un icebloc noir est venu s'échouer non loin de l'île. Nous avons été l'examiner avec Gourdon et, comme nous le supposions, cette coloration est due à d'abondants sédiments emprisonnés dans la glace avant sa

Pl. Lumière. Un icebloc noir. Cliché Godfroy.

mise à l'eau. Il est extrêmement fréquent de rencontrer des icebergs ou des iceblocs transportant ainsi des échantillons géologiques divers, mais

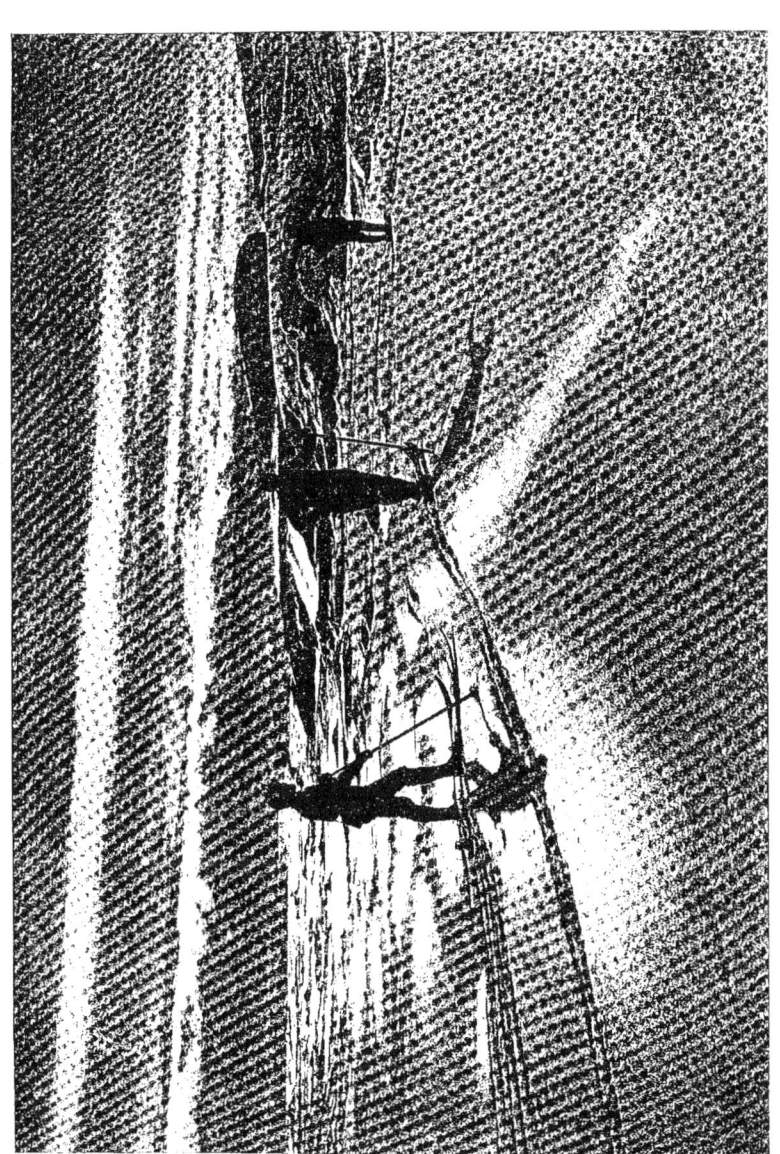

Plaque As de Trèfle. Sur la banquise du large. Cliché Guin.

rarement nous n'en avions vu de dimensions aussi grandes et aussi farcis de boue et de gravier. Un navigateur qui en rencontrerait un semblable serait excusable, même à une assez faible distance, de marquer sur la carte la présence d'un écueil.

Le vent du N.-E., avec la neige abondante qui n'a presque pas cessé de l'accompagner, a déterminé sur la petite falaise de glace de notre anse, à la droite du bateau, une corniche surplombante en volutes élégantes. Cette belle architecture n'est malheureusement pas très solide et elle s'effondre de temps à autre, imprimant au bateau de forts coups de roulis plus bruyants et surprenants que véritablement dangereux.

Pl. Lumière. Corniche de neige. Cl. Senouque.

19 octobre. — Si du côté du chenal, directement en face de notre anse, les glaces sont toujours cassées par le vent, du côté du large, au contraire, la banquise s'étend à perte de vue ; après les îles Le-Myre-de-Vilers, elle est fragmentée et de même dans le Sud, mais le long des îles Petermann, Hovgard et Wandel, elle forme, recouverte par une très épaisse couche de neige, une belle surface unie sur laquelle, soit pour nos travaux, soit pour nos excursions, nous nous aventurons fréquemment.

Hier, tandis que Bongrain allait avec Boland faire de l'hydrographie à Le-Myre-de-Vilers et Gourdon de la géologie à Hovgard, j'avais décidé de pousser avec Gain jusqu'à Wandel pour me rendre compte de l'état

Kodak. Sur la glace des fiords du Sud. Cl. Charcot.

des glaces dans le détroit de Bismarck. A 10 heures du matin nous sommes partis à skis ; la banquise était excellente, souvent un peu molle et inégale, paraissant en général très épaisse, mais presque entièrement constituée par une couche de neige considérable que le bâton traverse facilement. Bien que le thermomètre marque — 16° et que nous soyons vêtus très légèrement, nous souffrons réellement de la chaleur, grâce à un beau soleil auquel nous ne sommes plus habitués. La réverbération est intense et nous ne pouvons quitter nos lunettes sans risquer la si douloureuse ophtalmie des neiges. Grâce à des verres jaunes, dont la teinte avait été habilement choisie par un médecin-major des chasseurs alpins, personne d'entre nous n'a souffert des yeux pendant cette expédition, alors que l'ophtalmie avait empoisonné notre existence en 1904. En dehors de leur excellent effet préservateur, les verres jaunes ont sur les verres fumés le très grand avantage de donner aux choses une teinte

Pl. Lumière. Phoque de Weddell apprenant à son petit à marcher dans la neige. Cl. Gain.

plus agréable et moins triste, ce qui est fort appréciable pour ceux surtout qui ne peuvent pour ainsi dire pas les quitter. En effet, la sensibilité des uns et des autres est extrêmement variable, car j'ai vu des hommes atteints d'ophtalmie pour avoir enlevé leurs lunettes pendant un temps ridiculement court, et d'autres, au contraire, qui n'ont pendant les deux expéditions jamais éprouvé le besoin d'en porter.

C'était la première fois depuis mes quatre mois de maladie que je me lançais dans une excursion de quelque durée et j'étais parti gaîment comme un collégien en vacances tout fier de la santé que je croyais avoir totalement recouvrée. Mais hélas ! je comptais trop sur mes forces et jamais je n'ai passé par une journée aussi douloureuse physiquement et moralement. Au bout de deux heures de marche, mon cœur en effet recommence à me faire souffrir ; aux palpitations et à l'arythmie s'ajoute une violente angoisse précordiale avec irradiations douloureuses dans les épaules et les bras, mais je suis décidé à continuer et à ne rien dire à mon camarade qui doit trouver ma conversation singulièrement entrecoupée.

Sans difficulté, nous parvenons à la pointe d'Hovgard où nous trouvons une femelle de Weddell avec son petit, la figure couverte de neige fine, comme saupoudrée de poudre de riz ; la pauvre mère, malgré nos paroles rassurantes, a une peur peu habituelle chez ces animaux. Nous franchissons la pointe de l'île, puis retrouvons une bonne banquise, qui nous mène à une autre pointe rocheuse où nous nous reposons et mangeons une tablette de chocolat. De là, nous arrivons à une petite île en calotte au N.-O. d'Hovgard, d'où nous voyons la baie de la Salpêtrière couverte de la même banquise épaisse parsemée de grands et nombreux icebergs. Les phoques sont très abondants, nous en comptons six de Weddell avec leurs petits et une famille complète de crabiers. Mon cœur devient de plus en plus indiscipliné et je souffre atrocement ; malgré toute mon énergie et mon amour-propre, je suis obligé de m'arrêter tous les cent pas et de me reposer sur mes bâtons de skis. Je veux cependant arriver au bout, mais c'est avec une réelle inquiétude que je pense au retour.

Vers 3 heures de l'après-midi nous abordons à Wandel ; la cabane magnétique est à moitié enfouie sous la neige et il est impossible, sans travaux qui prendraient trop longtemps, d'ouvrir la porte. Je suis donc obligé de me reposer dans un creux de la neige formé par le vent. En m'étendant sur le dos, les bras au-dessus de la tête, j'arrive à calmer un peu mes douleurs, mais le froid qui se fait sentir depuis que je ne marche plus m'empêche de conserver longtemps cette immobilité. Tandis que Gain va visiter la rookerie des cormorans qui reste habitée pendant toute l'année, je m'efforce de monter au cairn où je parviens avec la plus grande difficulté, mes jambes ayant été prises subitement d'horribles crampes que je ne parviens à dissiper que par des frictions et des coups violents.

Tout Wandel est enfoui sous une couche épaisse de neige comme jamais je ne l'avais vu antérieurement, et partout à perte de vue s'étend la banquise. Dans l'anse même de Port-Charcot il y a des iceblocs imposants et il est certain qu'un navire qui aurait voulu hiverner ici pendant cette année exceptionnelle où la mer a été libre jusqu'en août, se serait trouvé en très mauvaise posture et eût été vraisemblablement brisé contre les rochers ou écrasé par les iceblocs.

La constatation de cet état des glaces me laisse extrêmement préoccupé ; quand et comment allons-nous pouvoir en sortir avec le

Pourquoi-Pas? Ma patience est vraiment mise à une rude épreuve ; pendant la majeure partie de l'hiver le mauvais temps et la mer libre nous ont donné les plus grands ennuis, mais nous pouvions au moins espérer être dégagés de bonne heure et trouver peu de glaces dans notre navigation. Malheureusement c'est tout le contraire qui se présente, puisque jamais à aucune époque nous n'en avons vu autant ! Cette glace ne permet même pas de se rabattre sur les raids, car dans le Sud elle se brise et se fendille à chaque coup de vent. Enfin ! nous ne sommes encore qu'à la mi-octobre ; il peut heureusement en un mois se passer bien des choses !

Pour revenir à Petermann le soleil est voilé et une brise fraîche du S.-O. rend la marche un peu moins pénible ; il faut rentrer avant la nuit et malgré l'état de mon cœur et la crainte de nouvelles crampes, je mets toute mon énergie à avancer le plus rapidement possible.

Kodak.   Cl. Charcot.
Sur la banquise, au pied de la falaise de glace.

Enfin nous arrivons au pied de l'île, il nous faut grimper environ 150 mètres pour redescendre ensuite à la station. Je suis à bout de forces, un faux pas me fait faire une chute dans la neige molle et sans aide je n'aurais pu me relever. J'ai d'ailleurs, en Guin, le compagnon le plus charmant qu'il soit, patient et énergique à la fois, ne se plaignant pas un seul instant d'avoir à me traîner derrière lui pendant toute cette course ; ce travailleur acharné, intelligent et vigoureux, a prouvé de plus qu'il était homme de cœur ; non seulement il m'a aidé avec une apparente bonne humeur à me tirer d'affaire, durant toute cette longue excursion, mais encore il a su dissiper la honte que j'avais à me montrer à lui dans toute mon infériorité.

Gourdon un peu inquiet était venu au-devant de nous au sommet et à 11 heures, en pleine nuit, nous rentrions à bord. J'avais marché treize heures, faisant un peu plus de 35 kilomètres, avec de la myocardite, et pour la première sortie d'un convalescent de quatre mois de maladie cela n'était tout de même pas trop mal.

31 octobre. — On travaille de tous côtés avec une grande activité à l'armement, et les caisses s'entassent dans les soutes. La vedette, bien réparée, doublée soigneusement avec des boîtes de conserves, recouverte d'un capot étudié et fabriqué avec soin et qui paraît très pratique, a été mise à l'eau aujourd'hui. Avec la grande banquette de neige qui surplombe la mer c'est une opération délicate, un véritable lancement auquel il a fallu faire participer tout l'équipage.

Kodak.   La mise à l'eau de la vedette.   Cl. Charcot.

Les oiseaux reviennent sur l'île Petermann : c'est pour tous l'annonce de la fin de notre pénible hivernage et une distraction, tandis que pour Gain ce sont de nouvelles et

Plaque Lumière.   Une de nos maisons de glace après un chasse-neige.   Cliché Gain.

intéressantes études qui recommencent. (Voir rapport du mois d'octobre de M. Gain, page 413.)

Plaque As-de-Trèfle.

Cliché Guio.

Les environs du bateau en octobre. (Banc de brume bas sur le chenal.)

1er novembre. — Toussaint, Todos los Santos ! C'est par conséquent la fête de Mme Santos Pérez, la femme de mon plus cher ami de Buenos-Aires le Dr Pérez, auquel l'Expédition, d'autre part, doit tant, car c'est lui qui a su émouvoir l'opinion publique et intéresser le gouvernement de son pays à mes deux entreprises. Nous buvons donc à la santé de cette charmante femme, qui ne se doute guère qu'au bout

Plaque As-de-Trèfle.   Givre et verglas.   Cliché Gain.

du monde les trente membres de l'expédition font retentir les échos des icebergs en son honneur.

12 novembre. — La température est plus élevée, oscillant générale-ment entre — 5° et + 4°, mais le temps est toujours aussi désespérément mauvais et aux coups de vent succèdent d'épaisses chutes de neige qui ne facilitent pas nos travaux.

Souvent après ces grandes chutes il y a, en très peu de temps, une série de dégels et de regels qui couvrent tous les agrès d'une glace solide épousant leurs formes et donnant au navire un aspect des plus pittoresques. Mais si la température remonte, c'est un réel danger que l'on court à rester sur le pont, car la glace se détachant tombe par grosses masses lourdes de la mâture ou en longues épées du gréement. Il y a eu quelques blessures, heureusement peu graves, mais Jabet a vraiment failli être tué par un bloc tombé à ses côtés.

Les tauds ont été enlevés derrière et devant, le pont dégagé et

On commence à embarquer les vivres.

Kodak. — Cliché Charcot.

nettoyé, la cheminée relevée et le bateau a repris un air actif et de vie personnelle qui fait plaisir.

Le 7, à la suite d'un fort coup de vent, le chenal s'est complètement dégagé pendant quelques heures et nous avons pu, en nous hâtant, aller reprendre les traîneaux que nous avions dû abandonner sur le glacier le mois dernier. Depuis le 2 octobre, il a été totalement impossible de nous y rendre, et si par malheur nous n'avions pu aller chercher nos camarades ce jour-là, ils seraient restés sous la tente en face du bateau pendant plus d'un mois sans pouvoir communiquer avec nous. Les traîneaux étaient enfouis avec leur matériel sous une épaisse couche de neige, seules les pointes de quelques piquets de tente indiquaient leur emplacement. Nous avons pu tout ramener, sauf une tente et un dépôt de vivres que nous abandonnons au sommet du glacier.

Tandis que la vedette était le long du bord, Frachat qui travaillait au moteur, a mis le feu à l'essence ; tout de suite une longue flamme s'est élevée et il n'a eu que le temps de se sauver. Heureusement un appareil extincteur Minimax se trouvait à portée et en quelques secondes l'incendie était éteint. C'est ainsi que nous avons pu sauver notre précieuse vedette sans avarie appréciable bien que son réservoir contenait à ce moment plus de trente litres d'essence.

Deux autres cormorans sont revenus portant également leurs bagues à leurs pattes, de sorte que tous ceux du printemps ont rejoint leur ancien domicile. Les pingouins de leur côté sont en très grand nombre et constituent comme du temps du *Français* une des principales distractions (1).

Les deux couples de cormorans ont établi leur nid sur une petite pointe dominant les rookeries bruyantes et mal tenues des Adélies ; ils font contraste dans leur propreté, leur digne et calme élégance avec la foule bavarde et sale des manchots qui se disputent et s'agitent comme s'ils n'étaient que de simples êtres humains. Une grande quantité de ces pingouins portent les bagues que Gain leur avait passées aux pattes au printemps, ce qui prouve que nous ne revoyons que des adultes ; aucun des jeunes nés sur l'île l'année dernière n'est revenu. Il semble même que ces pingouins reviennent occuper la même place dans leur rookerie. La petite famille qui habitait un creux de rocher est de retour, mais le « loufoque » fait défaut ; peut-être a-t-on dû le faire enfermer dans un asile.

Le 9, le premier œuf a été pondu. L'accès d'une partie de la rookerie est désormais totalement interdit aux visites, afin que Gain puisse con-

---

(1) Voir *Le Français au Pôle Sud*, p. 37, 143, 219.

tinuer ses études embryologiques dans les meilleures conditions possibles. D'autre part, je lui prête mon étuve bactériologique transformée en couveuse, où il fera incuber les œufs de différentes espèces d'oiseaux.

Les phoques sur la banquise sont également en grand nombre et nous avons pu compter 50 individus groupés ensemble.

Lerebourg a remplacé Dufrèche comme garçon de laboratoire.

14 novembre. — Une de nos grandes préoccupations du moment est de savoir comment nous remplirons notre chaudière et nos caisses d'eau douce. Au besoin, nous pourrions pour la première nous servir de l'eau

Plaque Lumière.   Pingouin Papou sur son nid.   Cliché Senouque.

de mer, mais elle a été si bien entretenue, que je ne m'y risquerai qu'à la dernière extrémité. J. Gueguen, aidé de quelques-uns de ses camarades, s'efforce de creuser des tranchées pour tâcher de capter l'eau que le dégel fait couler au-dessous du glacier qui recouvre l'île; mais, malgré tous ses efforts, les quantités recueillies sont encore insuffisantes. Gueguen toutefois ne désespère pas, et nuit et jour on le voit errer avec une pioche, une pelle et un bout de tuyau. Il est l'ennemi personnel des glaces et leur livre de rudes attaques; lorsqu'il faut en chercher sur un icebloc, ou fragmenter l'un de ceux-ci, ou encore l'amarrer, c'est toujours lui qui se présente le premier; et cet homme si doux devient alors violent, frappant avec colère, et insultant son ennemi à voix basse. Il était ainsi déjà lors de la dernière expédition, et est devenu à cet exercice remarquablement adroit. Il connaît la glace, et tous les tours qu'il peut lui jouer; si celui-là n'arrive pas à trouver de l'eau, personne n'en trouvera.

Pl. Lumière.   Stalactites de glace.   Cl. Senouque.

Jabet est venu me signaler des points noirs bizarres sur la haute falaise du glacier en face. Avec la lunette astronomique, je découvre, à mon grand étonnement, que ces points noirs ne sont autre que trente pingouins. Le glacier porte les traces du chemin qu'ils ont parcouru; ils sont montés par l'endroit où nous débarquions nous-mêmes, ont grimpé jusqu'en haut du glacier, puis sont redescendus, et croyant probablement revenir à l'eau, ils se sont laissés glisser sur une pente qu'ils ne peuvent remonter, et se trouvent à une quarantaine de mètres au-dessus de la mer, sur la corniche de la falaise à pic. Les pauvres bêtes risquaient fort d'y mourir de faim; pendant trois jours nous avons pu les voir dans leur mauvaise situation, puis le quatrième, ils ont disparu; peut-être ont-ils fini par sauter à la mer.

17 novembre. — L'ingéniosité de Gueguen n'a pu donner que six tonnes d'eau à la chaudière, et il en faut environ 18. Comme à tout prix je suis décidé à la remplir d'eau douce, j'ai fait allumer dans les foyers un feu léger avec quelques briquettes et de vieilles caisses de façon à faire fondre au fur et à mesure la neige que l'on jettera dedans. Pour amener celle-ci,

Kodak.   Le va-et-vient pour remplir la chaudière.   Cl. Charcot.

j'installe un va-et-vient entre le bateau et le sommet de la falaise de glace à tribord. Sur ce va-et-vient, court notre plus grande lessiveuse.

Sur ce va-et-vient est installée notre plus grande lessiveuse.

Une équipe à terre remplit la lessiveuse de neige, puis la laisse glisser jusqu'au bateau où une autre équipe la vide dans la chaudière ; puis elle est de nouveau renvoyée à la falaise. J'ai calculé qu'il fallait ainsi cent voyages pour terminer notre besogne ; nous nous y mettons tous avec ardeur, et à force d'exciter les hommes en pointant le temps au chronomètre, le trajet complet d'une lessiveuse est effectué en 45 secondes. A 5 heures du soir, non seulement la chaudière était pleine, mais nous avions encore notre provision d'eau pour deux jours. La chaudière a pu être allumée, et dès que nous avons eu un peu de pression, les appareils auxiliaires ont été essayés avec succès, puis Rosselin a fait monter la pression à 7 kilos, et pour me prévenir que la machine était prête à tourner, il a fait fonctionner le sifflet ; ce bruit insolite, oublié depuis si longtemps, était à la fois bizarre et agréable. Pendant trois quarts d'heure, la machine a tourné sur place d'une façon tout à fait satisfaisante, et j'éprouvais une véritable émotion à entendre de nouveau battre le cœur du *Pourquoi-Pas?*

Pl. Lumière.   Cl. Senouque.
La tranchée au-dessus de la chaîne.

Avec la machine allumée, il devient très facile, au moyen du serpentin disposé à cet effet, de faire fondre rapidement de la glace, et d'envoyer par la pompe l'eau dans les caisses ; en quelques heures c'est chose faite, et Gueguen a pu se payer le plaisir de détruire tout un icebloc pour fournir la glace nécessaire.

Nous sommes donc prêts à partir ; la seule opération qui reste à faire est de dégager les chaînes et les amarres. Celles-ci, malgré toutes les précautions et les travaux de déblaiement effectués à diverses reprises pendant l'hivernage, sont sous une épaisse couche de glace et de neige et les hommes ont déjà commencé à creuser des tranchées de plus de 2 mètres de profondeur. Je crains aussi que nous n'ayons quelques difficultés avec les chaînes, surtout celle de bâbord prise sous le rocher tombé au début de l'hivernage. Ce n'est cependant que le jour même du départ que j'oserai les dégager complètement et les rentrer, car hier encore, un grand morceau de la corniche s'est effondré, donnant par la vague soulevée une violente secousse au bateau, qui a fait riper notre chaîne de tribord et casser trois amarres, dont la grosse remorque.

L'état des glaces est loin d'être satisfaisant ; il se produit bien de temps à autre un certain relâchement devant notre port qui permet d'effec-

Plaque Lumière.   Pingouins Adélies aimables.   Cliché Gain.

Plaque Lumière.   Chant de satisfaction.   Cliché Gain.

tuer d'intéressants dragages avec les embarcations, des excursions hydrographiques et des sondages, mais au large la banquise ne se modifie guère. Dans le sud du chenal elle est tout à fait compacte, et dans le Nord, entre Wandel et la terre, les iceblocs accumulés semblent former une barrière absolue. Un grand iceberg même paraît arc-bouté par ses extrémités aux deux bords et fermer à lui seul tout l'étroit passage.

Je suis très inquiet sur la santé de Chollet, il est atteint à son tour, mais d'un scorbut qui affecte une forme beaucoup plus classique ; il a de grandes taches noires sur les cuisses et ne peut plus se tenir sur ses jambes. Il est le seul à bord qui ait pour la viande de phoque une répugnance que malgré tous ses efforts il ne peut surmonter. Heureusement

Plaque Lumière.   Déclaration d'amour.   Cliché Gain.

les pingouins sont abondants et de plus ils commencent à nous donner des œufs en assez grande quantité. Hier, nous avons pu manger la première omelette jugée excellente par tous.

Tous les matins, accompagnés par Gain, des hommes de confiance vont faire la récolte, mais je suis obligé d'exercer une grande surveillance et de me mettre souvent en colère, car quelques hommes, par ailleurs très dociles, deviennent complètement fous quand il s'agit d'œufs qu'ils vont chiper et gober tout crus au détriment de leurs camarades plus obéissants.

Le 15, nous avons célébré la fête nationale du Brésil avec le pavillon de ce beau pays en tête du grand mât, et je puis assurer que les souhaits que nous avons formulés pour la prospérité de cette généreuse nation étaient sincères et venaient du fond du cœur.

23 novembre. — De sérieux relâchements se sont produits dans les glaces et l'iceberg du chenal de Lemaire paraît s'être un peu déplacé.

Plaque Lumière. — Discussion ! — Cliché Gain.

Plaque As-de-Trèfle. — Trois Papous en promenade. — Cliché Gain.

J'avais tenu à ce que les cabanes d'observations restent jusqu'au dernier moment pour assurer les travaux, mais je donne maintenant l'ordre de les démolir et d'embarquer leurs matériaux. Je suis décidé à ne rien laisser ici ; nous avons devant nous une longue campagne dans l'inconnu et ces constructions peuvent nous rendre de grands services. La passerelle est enlevée et les vergues de perroquet mises en drôme. Les explosifs et l'essence sont également rembarqués et enfin, sur l'emplacement de la maison démontable de la colline des Mégalestris, nous élevons un cairn surmonté d'un voyant et supportant une grande plaque de plomb où sont gravés les noms du personnel de l'Expédition.

25 novembre. — Le temps est gris, mais calme. Du sommet de l'île il

Plaque As-de-Trèfle.   Nous dégageons la chaîne de bâbord.   Cliché Gain.

me semble qu'un très étroit passage permettra d'entrer dans la partie du chenal de Lemaire cachée par les montagnes, et qui, je le suppose tout au moins, doit être libre. Je suis décidé à partir aujourd'hui, avant minuit. Le travail accompli dans la journée est formidable. Nous nous y mettons tous, travaillant comme des manœuvres.

La chaîne de bâbord, prise sous son rocher, est heureusement dégagée par un coup sec du guindeau à vapeur, puis avec une équipe d'une dizaine d'hommes, armés de pioches et de leviers, nous descendons dans la tranchée creusée au-dessus de la chaîne de tribord et non sans d'assez grosses difficultés nous parvenons à la dégager de sa couche de glace. Par une jolie manœuvre nous la rentrons sans accident à bord. Pendant ce temps la vedette et les autres embarcations sont hissées et saisies.

Nous dégageons les dernières amarres et nous sommes même obligés d'en couper quelques-unes; les ancres à glace sont rentrées; finalement nous détruisons le barrage qui a si bien résisté depuis trois mois, et il ne reste plus à terre que trois hommes chargés de larguer les amarres indispensables pour assurer l'évitage.

A 9 heures, nous appareillons, la manœuvre est rendue difficile par l'accumulation des glaces, mais Godfroy, qui a dressé le plan de notre port avec grand soin, connaît tous les détails du fond, et à 10 h. 30 nous sommes dehors. Les hommes laissés à terre reviennent dans le youyou.

Les trois cairns et un amas de vieilles boîtes de conserves indiquent seuls de loin que cette île a été habitée.

Adieu, Petermann! Ici, pendant plus de neuf mois, sous la neige et dans la brume, nous avons vécu dans la monotonie fatigante d'un grand coup de vent presque continu, nous avons peiné, nous avons souffert, mais sans défaillance nous avons accompli notre tâche. Le vent continuera à balayer tes collines, la neige et la brume t'envelopperont toujours, mais l'homme a su assurer sa vie dans ta nature hostile, lutter victorieusement contre les forces qui te protègent et qui, ainsi que dans les légendes, ont fini par l'épargner et lui livrer leurs secrets.

Pleins d'ardeur et d'espoir, après cette longue étape, nous repartons pour continuer notre œuvre.

Pl. Lumière.   Cl. Godfroy.
Le grand cairn laissé à Petermann.

TROISIÈME PARTIE

ÉTÉ 1909-1910

Avant de pouvoir établir un programme définitif de notre campagne d'Été, il faut nous rendre à Déception où j'ai tout lieu de croire que nous trouverons du charbon. Nous avons su économiser environ 80 tonnes de notre provision, si les baleiniers peuvent encore nous en céder une centaine, nous serons dans des conditions inespérées pour continuer l'Expédition.

Notre court séjour précédent dans cette île nous a démontré combien de travail profitable il restait à y faire, de toutes façons nous devons y continuer quelques études; nos observations et nos collections surtout s'enrichiront d'une visite même un peu prolongée.

26 novembre. — Le service à la mer a repris. Nous avançons lentement, écartant avec difficulté les grands floes qui encombrent le chenal. Le courant, d'habitude si fort, dans le sens où nous allons, se fait à peine sentir sur les glaces et confirme ce que je vois du nid-de-corbeau au fur et à mesure que nous approchons de Wandel; il semble en effet que le chenal à cet endroit soit hermétiquement bouché. Bientôt, à la glace de mer, succède une large étendue entièrement remplie de la glace dure des débris de glaciers, et ces morceaux, de petites dimensions cependant, sont tellement tassés que nous arrivons à peine à nous frayer un chemin. Puis, nous entrons dans un véritable dédale d'icebergs dont quelques sommets dépassent de beaucoup notre mâture. Après avoir avancé lentement et gouverné avec la plus grande difficulté pour éviter de dangereux abordages, nous nous trouvons irrémédiablement arrêtés. Le grand iceberg plat que j'avais vu du haut de Petermann ferme complètement l'étroit chenal et d'autres sont encore venus lui prêter mainforte. Il y a en cet endroit une accumulation inouïe s'étendant sur un grand espace. Force nous est de virer de bord et de chercher à gagner le détroit de De Gerlache par la baie de la Salpêtrière. Cette manœuvre n'est pas facile dans les étroits couloirs formés par les icebergs et qui sont remplis de gros blocs empêchant une action efficace du gouvernail. Les chocs sont fréquents et répétés et le silence de cette nuit calme est rompu par le bruit des glaces que nous déplaçons, le tintement de la sonnerie du télégraphe de la machine et des ordres répétés de « droite ! gauche ! zéro ! » Néanmoins, nous nous engageons entre Wandel et Hovgard.

J'ai fréquemment parcouru, mais seulement en embarcation, le chemin que nous voulons tenter et si j'en connais les principaux dangers,

Plaque Lumière. Sommet du Glacier suspendu. Cliché Senouque.
(Cette photographie a été prise du même point que la suivante au télé-objectif.)

bien des bas-fonds et des têtes de roches ont pu m'échapper. Une grande plaque de banquise nous barre la route ; à toute vitesse nous nous précipitons à l'assaut ; le bateau bien dans ses lignes depuis qu'il est moins chargé, monte dessus, mais elle est trop épaisse et malgré nos efforts répétés nous ne parvenons pas à la briser. Un passage d'une vingtaine de mètres de largeur à peine s'ouvre le long de la côte de Wandel ; un échouage est à craindre, mais il faut nous résoudre à courir le risque de le prendre si nous ne voulons pas retourner à Petermann. Le cœur un peu serré, lentement nous nous y engageons et nous le franchissons, entrant ainsi dans la baie de la Salpêtrière parsemée d'icebergs, mais par une chance inattendue totalement dégagée de glace de mer. Par l'étroit chenal Rallier-du-Baty où Matha avait heureusement fait des

Plaque Lumière.   Le Mont du Glacier suspendu et le Chenal au moment du départ de Petermann.   Cliché Senouque.

sondages il y a quatre ans, nous longeons notre ancienne station. J'aurais voulu m'arrêter quelques instants à Port-Charcot, mais toute la baie est remplie d'une solide banquise et le N.-E. commence à souffler. Encore une fois adieu Wandel! te reverrai-je jamais? Il me semble que le grand cairn se dresse plus tristement au sommet de sa colline, mais je ne puis m'enlever de l'idée qu'un jour ou l'autre cette station sera de nouveau habitée, avant-poste de la civilisation fondé par nous (1).

A peine sommes-nous sortis du chenal Rallier-du-Baty que de nouveau le pack-ice s'étend devant nous remplissant entièrement le détroit de Bismarck aussi loin que la vue peut porter. Il est extrêmement dense, formé de plaques de dimensions moyennes rendues très épaisses par la neige et réunies par une bouillie glaciaire. Dans cette pâte le bateau avance très difficilement, les floes ne se déplacent pas et son étrave s'y enfonce sans les briser; nous avançons donc avec une désespérante lenteur. Enfin, dans la soirée le chenal de Roosen et le chenal Peltier apparaissent complètement dégagés de glace; nous enfilons ce dernier et arrivons devant Port-Lockroy. Ce refuge est entièrement rempli par une très épaisse banquise et par conséquent nous devons renoncer à y pénétrer.

Tandis que les naturalistes vont à terre dans une embarcation, visiter les rookeries, nous faisons à bord un bon dragage et une station océanographique, puis nos camarades rembarqués, nous continuons notre route. En passant devant l'îlot Casabianca, Gourdon descend déposer un nouveau document dans le cairn. C'est une boîte aux lettres polaire bien desservie depuis quelque temps, mais dont, jusqu'à présent, nous avons été les seuls facteurs.

27 novembre. — Dans le chenal de Roosen, nous ne rencontrons que des icebergs, des iceblocs et des débris et il en est de même dans le détroit de De Gerlache. Les iceblocs les plus à craindre sont ceux de forme arrondie dont les dimensions sont très suffisantes pour les rendre dangereux, mais dont une toute petite portion seule émerge de la mer, pouvant les faire prendre pour un insignifiant glaçon. Une erreur de ce genre nous a causé un choc violent, heureusement sans conséquence grave par le travers de l'îlot des Deux-Hummocks.

Vers 10 heures du matin, nous entrons dans le détroit de Bransfield, où nous commençons à danser et à midi et demi le N.-E. se met à souffler fortement. Déception grandit à l'horizon et des paris platoniques s'engageaient pour deviner si les baleiniers sont déjà arrivés, quand la

---

(1) Depuis l'expédition du *Français*, la République Argentine nourrit le projet d'établir à l'île Wandel un observatoire permanent similaire à celui que ce gouvernement entretient depuis 1904 aux Orcades du Sud.

Les îles Hovgard et Wandel vues de Petermann.
Kodak. Cliché Rosselin.

discussion est brusquement arrêtée par l'apparition d'un des petits baleiniers qui vient à toute vitesse vers nous. Il passe à nous ranger et salue de son pavillon tandis que les casquettes de son équipage s'agitent, mais la mer, déjà assez grosse, empêche toute communication et, après sa démarche courtoise, il vire de bord pour continuer sa chasse. Ces braves gens sont les premiers que nous revoyons depuis bien longtemps.

Ce baleinier est l'*Almirante Valenzuela* de la « Sociedad Ballenera Magellanes » ; nous savons donc que le bateau-usine *Gobernador Bories* est à Déception et il nous a promis l'an dernier de nous apporter notre courrier. Notre courrier ! quel mot délicieux et redouté à la fois, lorsque depuis près d'un an on est resté séparé de tout et qu'il faudra, quelles que puissent être les nouvelles qui nous attendent, repartir dans l'inconnu pour de longs mois encore !

Pl. As-de-Trefle.   Icebergs dans le chenal.   Cl. Godfroy.

Nous avançons dans la passe étroite et pittoresque, les visages deviennent graves, les plaisanteries rares et forcées. Le *Gobernador Bories* est à son mouillage habituel ; parallèlement à lui, se trouve un autre navire, le *Orn*, et au milieu de la rade, un vapeur aux allures bizarres que nous apprenons plus tard être le *Telefon*. Des carcasses de baleines déjà en grand nombre attestent que le travail a commencé. Dès que la haute falaise ne nous cache plus, les pavillons chiliens et norvégiens montent au haut des mâts et les ponts se couvrent de monde. Nous mouillons par 60 mètres de fond et tout de suite je fais armer une embarcation pour me rendre à bord du *Gobernador Bories*.

Je retrouve dans le carré propre et bien tenu, décoré de fleurs. M. et Mme Andresen toujours accompagnés du perroquet et du chat angora. L'accueil qui m'est fait est charmant, cordial et affectueux. Ma première demande est pour ce qui importe le plus à l'Expédition, le charbon, et M. Andresen me dit qu'il peut disposer de 100 tonnes en notre faveur : je suis donc tranquille pour la suite de notre œuvre. Pendant notre courte conversation à ce sujet, Mme Andresen, devinant ma

Plaque Lumière Iceberg dans le voisinage de Petermann. Cliché Gain.

pensée, avant toute question, avec ce tact spécial aux femmes de marins, a été chercher un gros paquet de lettres et m'installe devant une table, me priant de prendre connaissance du courrier. Hélas! pour moi, l'île aura cette fois mérité son nom; très probablement par suite d'une erreur, ou plutôt par la préoccupation même de ne pas les oublier et les précautions excessives qui ont été prises à leur égard à Punta-Arenas, je n'ai reçu aucune des lettres de ma famille, je ne sais et ne saurai rien de ce qui a pu se passer chez moi et il en est de même pour quelques-uns d'entre nous. Sans la possibilité de recevoir des nouvelles, on s'imagine facilement que tout va bien, ce qui explique le dicton « pas de nouvelles, bonnes nouvelles », mais maintenant, avec des lettres entre les mains datée d'un peu plus d'un mois à bord d'un bateau qui arrive du monde civilisé, il en est tout autrement, et je suis assailli des plus noires pensées, me forgeant malgré moi les idées les plus folles et les plus sinistres. Il faut néanmoins continuer la lutte, naviguer pendant des jours et des jours, risquer peut-être encore de passer par des années d'inquiétudes et d'incerti-

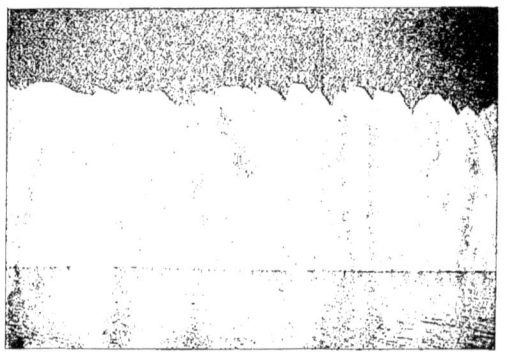

Kodak.   Un iceberg strié.   Cl. Charcot.

tude! C'est la plus dure épreuve que j'aie jamais eu à subir; mais comme l'écrivait Dumont d'Urville le jour de son départ « j'ai rempli le calice, il faut que je le vide ».

Par mes hôtes, navrés dans leur bon cœur de n'avoir pu me rendre heureux, j'apprends les grands événements qui se sont passés pendant notre absence et qui nous intéressent particulièrement, la découverte du Pôle Nord par l'Américain Peary et sa discussion avec le Dr Cook, le magnifique exploit de l'Anglais Shackleton dont je me réjouis sincèrement, enfin la traversée de la Manche par notre compatriote Blériot! Malheureusement les journaux manquaient et toutes ces nouvelles nous étaient forcément données sommairement et sans détails.

J'apprends aussi l'histoire du *Telefon*, ce navire qui se trouve en rade et qui nous intriguait. Le 27 décembre 1908, c'est-à-dire deux jours après notre départ de cette île, on apprend à Déception, par un des petits baleiniers revenant de la pêche, qu'un navire qui apportait un ravitaille-

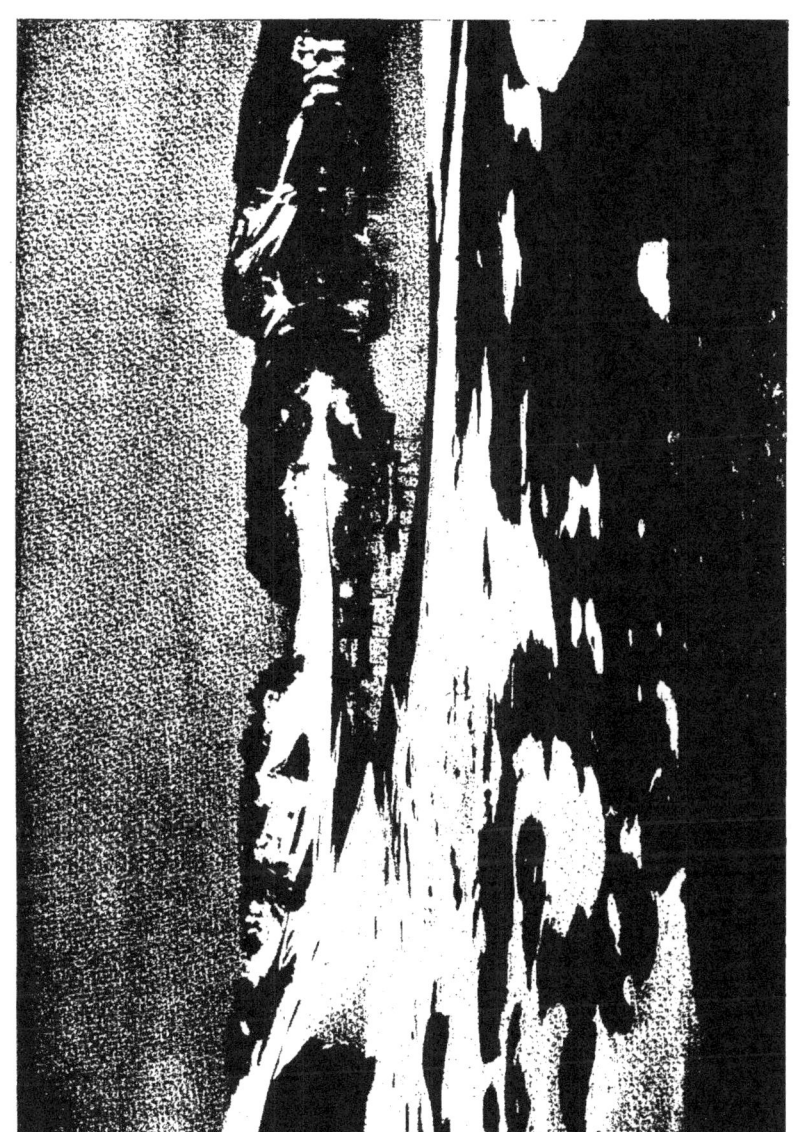

L'anse des Baleiniers. (*Le Pourquoi-Pas ?* est accosté au *Gobernador Bories*.)

Kodak. Cliché Charcot.

ment de charbon aux baleiniers à ce moment à la baie de l'Amirauté s'est échoué sur les roches à l'entrée de cette baie et qu'il a été abandonné par son équipage qui a pu gagner la station dans les embarcations.

Immédiatement, tous les petits baleiniers présents à Déception et appartenant aux diverses Compagnies, partent vers le lieu du naufrage et une formidable course s'engage. *L'Almirante Valenzuela* est parti avec du retard, mais c'est le meilleur marcheur de l'escadrille; au moment où ils vont toucher le but, il parvient à dépasser les autres. Andresen saute à bord du *Telefon*, hisse le pavillon et puisque le navire a été totalement abandonné par son équipage, il est considéré comme de bonne prise pour lui. A grand'peine, avec les moyens limités dont il dispose, il l'arrache aux rochers sur lesquels il est échoué et coulant bas, le ramène à Déception. On ne peut songer à effectuer en ce moment des réparations, mais Andresen a son idée pour l'avenir et il échoue sa prise au fond de la baie de Déception en face de Pendulum Cove, où il l'abandonne pour l'hiver. Au commencement de novembre, c'est-à-dire plus tôt que d'habitude, afin que les Compagnies rivales ne puissent à leur retour prendre possession de l'épave, le *Gobernador Bories* arrive à Déception amenant un capitaine et six hommes d'équipage pour le *Telefon*, une petite chaudière et une pompe, enfin un scaphandrier, un peu de matériel de toute sorte et surtout de nombreux sacs de ciment. Mais, les glaces que nous avons rencontrées si abondantes pendant notre courte traversée l'étaient également ici et une épaisse couche en remplissait toute la baie. Andresen, avec quelques planches, fait construire des traîneaux, et douze hommes partent retrouver le *Telefon*. Il est entièrement pris dans la glace : soutes, chaudière et machine ne forment plus qu'un bloc compact. Des Norvégiens, les meilleurs marins qui existent au monde, ne se rebutent pas pour si peu et, après un travail acharné, se servent de la petite chaudière pour fondre la glace, vident suffisamment le navire et parviennent, après quels efforts! à le remettre à flot. Le scaphandrier commence ses travaux ; sans gants étanches, car le malheureux ne s'attendait pas à trouver la mer aussi froide, il plonge dans l'eau à — $0°8$ et, pour quelques minutes de travail dans ces conditions, souffre pendant des heures. Mais il persiste néanmoins ; le *Telefon* est remis à flot et, profitant d'un relâchement momentané dans les glaces, il est ramené dans l'anse des Baleiniers. Les déchirures de sa coque sont énormes, mais Andresen est persuadé qu'il arrivera avec du ciment à les boucher suffisamment pour ramener sa prise de 4.000 tonnes à Punta-Arenas et même en Europe, où les réparations définitives sont meilleur marché qu'en Amérique du Sud. « C'est une belle baleine », me dit-il en souriant. Il a même la conviction qu'il pourra débarrasser chaudière et machine de toute la glace qui les englobe et comme les treuils et autres appareils sont en bon état, il ne voit pas pourquoi il en serait autrement de la machine même. C'est donc par ses propres moyens, et nullement à la remorque, qu'il veut lui faire effectuer le voyage (1).

Déjà les barriques vides et le charbon qui constituaient la cargaison ont été débarqués et c'est même grâce à cette provision supplémentaire de combustible que nous devons de pouvoir remplir nos soutes.

Enfin, Andresen me donne l'excellente nouvelle que l'ouvrier qui fut opéré par Liouville en décembre de l'année dernière s'est parfaitement rétabli.

Toute la soirée, à bord, on n'a cessé de commenter les nouvelles que je rapporte et ces faits nouveaux et inattendus, en alimentant la conversation, donnent une animation inaccoutumée tant au carré qu'au poste d'équipage.

28 novembre. — Le N.-E., qui avait commencé à souffler hier, avant notre arrivée à Déception, continue et augmente même de force. Le thermomètre est à — 2°.

Pendant tout l'hivernage, en fait depuis son échouage en janvier, le bateau avait toujours fait un peu d'eau, mais maintenant, Rosselin vient me prévenir que nous en faisons la quantité considérable de deux tonnes par heure! Nous cherchons en vain d'où peut provenir cette eau en examinant avec soin toute la coque par l'intérieur. S'agit-il, comme quelques-uns le supposent, d'une déliaison du bateau, ou, comme je persiste à le croire, bien que nous ne voyions rien venir de ce côté, simplement de l'avarie de l'avant dont nous ignorons, en somme, toute la gravité? Elle aura sans doute augmenté pendant la campagne d'été et notre lutte contre les glaces pour sortir de Petermann n'aura fait que lui donner une étendue plus considérable. S'agit-il, peut-être, au contraire, d'une nouvelle avarie qui se serait produite pendant les chocs répétés et souvent très brutaux que le navire a dû supporter pendant l'hivernage?

M. Andresen, que je vais voir l'après-midi et auquel je parle de notre voie d'eau m'offre très aimablement de faire examiner la coque par son scaphandrier et exige même que j'accepte.

Le *Telefon*, dès qu'il fera un peu plus calme, doit venir se placer le long du *Gobernador Bories* pour quelques déchargements, puis nous prendrons sa place pour embarquer notre charbon. M. Andresen m'annonce qu'il tient à me donner ce charbon simplement en échange d'une même quantité qu'il prendra sur notre réserve à Punta-Arenas. Pour m'enlever

---

(1) A notre retour à Punta-Arenas, nous avons vu le *Telefon* arrivant tranquillement de Déception à la vitesse de 10 nœuds, ses pavillons battant au vent, propre et repeint avec Andresen à bord et même Mme Andresen, qui avait tenu à effectuer la traversée avec son mari. C'est la plus magnifique opération de renflouage que l'on puisse imaginer.

tout scrupule en acceptant, il ne trouve rien de mieux que de m'affirmer que notre arrivée lui fait faire une grande économie de temps et même de charbon, puisqu'il était décidé, si nous avions tardé d'un mois, à venir à notre recherche avec ses baleiniers au moins jusqu'à Wandel. Je ne pouvais m'attendre à une semblable générosité, car il eût été tout naturel qu'il me fasse payer ce charbon un prix très élevé et, dans les conditions où nous nous trouvions, je crois que j'aurais passé par toutes les exigences. Il me propose également du pétrole dont nous manquons et m'envoie, l'après-midi, un estimable cadeau de deux sacs de pommes de

Plaque As-de-Trèfle.   Pingouins antarctiques à bord.   Cliché Gain.

terre. Mme Andresen a appris que Chollet était atteint de scorbut; cette charmante femme lui fait alors immédiatement parvenir toute sa petite provision personnelle de pommes et d'oranges. Elle y joint, pour moi, quelques fleurs des pots qu'elle cultive avec tant de soins. Comment pourrais-je jamais remercier assez ces excellentes gens?

Le soir, le vent tombe et Gain va en youyou avec quelques hommes chercher des œufs dans une grande rookerie de pingouins antarctiques, qui se trouve près de l'entrée. Plus au Sud, nous n'avons jamais rencontré de cette espèce de pingouins que par unités; ici, ils sont installés par milliers. Les phoques sont également assez nombreux et leurs beefsteacks avec les pommes de terre fraîches sont pour nous un véritable régal.

29 novembre. — Le coup de vent de N.-E. a repris avec plus de force que jamais, accompagné de neige. J'ai craint pendant toute la matinée que nous ne chassions, car on ne peut mouiller ici que par de très grandes profondeurs et la tenue est mauvaise, les baleiniers m'ont prévenu, d'ailleurs, qu'il fallait veiller, car, malgré toutes les précautions dont ils s'entourent et que nous ne pouvons prendre pour un aussi court séjour, ils sont, me disent-ils, fréquemment jetés à terre. Heureusement l'ancre a bien croché et nous tenons si bien que j'ai peur qu'elle ne soit prise dans la chaîne du *Gobernador Bories*. Nous ne pouvons nous en plaindre pour le moment, mais nous aurons peut-être, par là, de grandes difficultés lorsque nous voudrons appareiller.

Le temps était encore maniable ce matin et Bongrain a pu porter à terre la maison du sismographe et commencer à monter l'instrument. Godfroy, de son côté, a pu installer son marégraphe, mais, dans l'après-midi, le temps devient affreux; bien que nous ne soyons qu'à deux encablures de la côte d'où souffle le vent, la mer devient si grosse que nous ne pouvons sortir en embarcation. Le youyou a cassé sa bosse et est parti en dérive; heureusement le vent a dû le pousser vers l'intérieur du bassin, mais, avec la tourmente de neige qui sévit, il est impossible de le voir.

Pl. As-de-Trèfle.   Phoque sur la côte de Déception.   Cl. Godfroy.

A 6 h. 30, malgré le temps bouché, le *Svenfoyn*, un autre bateau-usine, accompagné de ses petits baleiniers, arrive en rade et mouille auprès de nous. Ces Norvégiens sont décidément de fameux marins, tous les baleiniers sont dehors à chasser; l'un d'eux est même rentré avec deux baleines à la remorque et est ressorti sans tarder.

30 novembre. — Il y a eu une légère accalmie ce matin et je suis parti avec Godfroy, en vedette, à la recherche du youyou. Nous avons fini par l'apercevoir au milieu des glaces, dans le grand bassin; à grand'-peine, nous nous sommes frayés un chemin jusqu'à lui. Il était rempli d'eau, mais n'avait perdu de tout son armement que le gouvernail, et, comme Libois en a bien fait un pour le *Pourquoi-Pas?* il en fera bien un pour le youyou! Nous avions à peine ramené le fugitif que le temps, de nouveau, redevenait mauvais. Bongrain, cependant, a pu terminer son installation de sismographe et mettre l'appareil en marche. A 4 heures, j'ai été à bord du *Orn*, où le capitaine Paulsen me reçoit avec une très grande amabilité. J'avais appris qu'il possédait l'édition récente de la carte anglaise des Shetland, mise à jour avec nos travaux du *Français*, ceux de Nordenskjöld et les quelques renseignements donnés par les baleiniers ; c'est avec la plus grande complaisance qu'il a bien voulu me la prêter afin que je la fasse copier. Il me donne d'intéressants détails sur son travail ici et me raconte que lorsque le *Telefon* fit naufrage, sa jeune femme se trouvait à bord, venant le rejoindre; elle a dû passer six heures en embarcation, et cette année il n'a pas voulu qu'elle l'accompagne.

1er décembre. — Le coup de vent continue toujours de la même direction. Ce matin un nouveau bateau est arrivé, le *Bombay*, qui d'ailleurs était attendu par les autres à cette date précise. Il appartient à la même Compagnie que le *Orn*. New-Sandefiord (c'est ainsi que les baleiniers en souvenir de leur port d'armement en Norvège appellent l'anse que nous désignons sous le nom « d'Anse des Baleiniers ») abrite maintenant tous les bateaux annoncés et les pauvres baleines n'ont qu'à bien se tenir. C'est sur le *Bombay* que doit se trouver le jeune médecin danois engagé pour la saison par les trois Compagnies.

Le vent forçait tellement le soir, que je fais pousser les feux pour être prêt à toute éventualité.

2 décembre. — Vents assez forts ou modérés variant du N.-E., du N.-O., et de l'Ouest revenant au Nord le soir ; température + 2°.

La glace du fond de la baie envahit la passe par grandes plaques, et bouche la plus grande partie de l'Anse des Baleiniers. Aussi les petits bateaux entrent-ils et sortent-ils avec les plus grandes difficultés. Jamais ils n'ont vu autant de glace, me disent les capitaines, depuis quatre ans qu'ils viennent ici ; cette constatation coïncide avec ce que nous avons rencontré nous-mêmes plus au Sud et cependant l'hiver pour nous, a été exceptionnellement doux et les glaces très tardives.

Je profite de celles qui nous environnent pour prendre à la remorque de la vedette un grand floe que je fais amarrer le long du bord. Nous le débitons en morceaux qui sont jetés dans la chaudière ; l'eau ainsi obtenue est un peu saumâtre mais suffisamment bonne pour la machine. La plupart des membres de l'état-major se répandent dans l'île, il y a du travail pour tous et j'ai lieu de croire que notre séjour ici sera des plus profitables.

3 décembre. — Très beau temps, brises variables, ciel clair et soleil (+ 4°). J'ai fait pousser les feux de bonne heure et nous commençons à appareiller à 6 heures, afin d'aller accoster le *Gobernador*

Bories pour embarquer notre charbon. Notre ancre, comme nous le supposions, est crochée dans la chaîne de l'autre navire, mais en virant à pic, puis en faisant doucement machine en avant, en filant un peu de chaîne, puis en la virant de nouveau, nous finissons par arriver sous son étrave. Le *Gobernador Bories* raidit alors sa chaîne, nous envoie une amarre et nous finissons par dégager notre ancre et nous mettre le long du bord par le travers de la cale arrière où se trouve le charbon qui nous est destiné. Malheureusement, pendant l'appareillage, un regrettable accident est arrivé : un bout des intestins de baleines qui flottent innombrables dans l'anse s'étant enroulé sur la chaîne, Hervé est descendu dans les haubans de beaupré pour l'enlever. La chaîne montait à ce moment et le pied d'Hervé, pris dans une des mailles, fut entraîné dans l'écubier ; il eut la chance que sa botte fort épaisse le garantisse un peu, mais il a une forte plaie articulaire qui nécessitera probablement une intervention chirurgicale. J'en suis d'autant plus navré, que c'est un de nos meilleurs et de nos plus braves matelots, mais le patient lui-même prend gaiment la chose.

M. et Mme Andresen.

Au moment où nous accostons, plusieurs chats regardent les nôtres et l'un d'eux, décidé à leur faire une visite de politesse, veut sauter à bord, mais il calcule mal ses distances et tombe entre les deux navires. Denais heureusement pour lui l'a vu, et avec une agilité de singe, risquant de se faire écraser lui-même, dégringole et sauve la pauvre bête.

Nous sommes maintenant au milieu des cadavres de baleines dépecées et de celles qu'on dépèce ; tout est couvert d'huile et l'odeur est fort désagréable, mais on s'habitue à tout.

Le médecin des baleiniers, le Dr Malver, est venu nous rendre visite. Jeune homme très intelligent, mais qui navigue pour la première fois, il est tout étonné de la vie qu'il mène et de ce qu'il voit autour de lui ; il parle couramment le français et l'anglais et est enchanté lorsque je lui parle de sa si belle ville de Copenhague.

Le soir je suis invité à dîner par M. et Mme Andresen ; je me suis mis pour cette occasion en tenue civilisée, avec chemise de toile, col empesé, manchettes, épingle de cravate et tout le reste ; je dois avouer, d'ailleurs, que je m'y suis retrouvé tout de suite à mon aise et que j'ai remis dans mes poches machinalement les objets inutiles abandonnés depuis tant de mois, mais il m'a été impossible de rentrer dans mes chaussures de ville et j'ai dû me contenter de remplacer mes bottes par une vaste paire de snow-boots.

Le dîner, auquel assistait le capitaine Stolhani, était charmant et les mets excellents. Nous avons mangé entre autres du poulet et des oranges ! Dois-je l'avouer encore, au risque de désillusionner au retour les lecteurs ? Eh bien, j'ai trouvé poulet et oranges excellents, mais cela ne m'a pas fait plus d'impression que si j'en avais mangé la veille ! Le perroquet a dîné avec nous et a pris part à la conversation le plus aimablement du monde.

4 décembre. — Le temps est couvert, avec calme ou petites brises. Dès 6 heures, nous avons commencé à embarquer le charbon. Les hommes travaillent sans discontinuer toute la journée au plus sale métier qui soit, car non seulement il faut qu'ils envoient le charbon dans nos propres soutes, mais ils doivent le sortir de celles du *Gobernador Bories*. D'autre part, nos trous de soute sont forcément très étroits et l'arrimage est des plus pénibles. Après douze heures de ce travail il règne un peu d'énervement très compréhensible, mais avec quelques bonnes paroles et des encouragements, j'arrive à rétablir le calme et le travail ne cesse qu'à 7 heures. En fermant les oreilles à certains « grumages » de nos matelots du commerce, en leur témoignant de la confiance et en ayant tout au moins l'air de leur laisser de l'initiative, on obtient tout ce que l'on veut.

Une grave question à Déception est celle de l'eau douce. Les baleiniers, pour leur travail, en ont besoin de très grandes quantités et ils emportent, pour s'en procurer, tout un matériel de manches en toile, de tuyaux de fonte, de planches pour faire des rigoles et de barriques percées. Avec une très grande ingéniosité ils captent tantôt l'eau qui provient des petites cascades formées par la fonte de la neige au sommet de la falaise de l'entrée de l'anse, tantôt celle qui provient de la neige qui recouvre la plage. Ils vont même parfois fort loin, jusqu'au glacier fossile qui s'étend entre l'Anse des Baleiniers et Pendulum Cove. Ils ont, pour ramener cette eau, des embarcations-citernes remorquées par des canots automobiles. Malheureusement, la température jusqu'à présent reste assez basse et l'eau ne coule qu'en petites quantités et pendant quelques heures de la journée. Les sources d'eau chaude, étant sulfureuses, sont inutilisables. Malgré la concurrence entre les différentes compagnies, directeurs, capitaines et équipages, loin de chercher à se nuire, s'entr'aident pour toutes choses et en particulier pour la question d'eau ; les travaux des uns et des autres servent à tous.

Nous en profitons également et M. Andresen, avec son habituelle obligeance, nous évite même de nombreux voyages en nous envoyant directement de l'eau par la pompe de sa machine.

Nous avons été heureux à notre tour de lui rendre un petit service ; l'absence de gants empêchait le scaphandrier de travailler plus de quelques minutes sous l'eau ; le capitaine du *Telefon*, très adroitement, lui en avait bien taillé une paire dans du cuir, mais les coutures laissaient quand

Plaque Lumière.   Rookerie de pingouins antarctiques   Cliché Gain.
et de pingouins à huppe mélangés (île Déception).

même passer l'eau. Nous avons retrouvé à bord quelques tubes de caoutchouc liquide avec lequel on a pu obtenir une étanchéité absolue, et ce cadeau, insignifiant en apparence, devient inappréciable pour le travail de nos amis.

J'ai fait la connaissance du capitaine du *Telefon*, un superbe type norvégien d'une vigueur et d'une adresse peu communes. Il s'est foulé dernièrement le pied d'une façon sérieuse, ce qui ne l'empêche pas de faire sans sourciller un saut de 3 mètres pour venir à bord me rendre ma visite.

Les récoltes à terre continuent à être fructueuses. Gourdon a rapporté de beaux échantillons minéralogiques, Gain des pingouins à crêtes jaunes (Catarrhactes Chrysolophus), et tous deux ont pu faire d'intéressantes observations dans leurs différentes spécialités. Sur la côte S.-E, baignée par le détroit de Bransfield, il y a une rookerie de 50.000 pingouins antarctiques, et au milieu de celle-ci une rookerie de pingouins à crête d'environ 1.500 individus. Ces deux espèces semblent vivre en très bonne intelligence. La mer brise avec assez de force sur la côte et Gain rapporte d'amusantes photographies des pingouins au milieu des brisants. Sur la côte Ouest se trouve une autre grande rookerie d'Antarctiques de plus de 50.000 individus; ces oiseaux ont en général deux œufs par nid dont deux sont éclos.

5 décembre. — Le N.-E. recommence à souffler. Pendant que tout le monde dormait encore, le carré désert a été transformé en salle d'opération et, avec Liouville et Gourdon, nous avons examiné la blessure d'Hervé sous le chloroforme. L'articulation de la première phalange est ouverte, mais d'un commun accord, devant la belle apparence de la blessure, nous avons jugé inutile l'amputation que nous craignions, nous contentant de quelques points de suture. J'ai fait coucher Hervé dans la chambre à côté de la mienne, il sera mieux qu'au poste et je pourrai le surveiller pendant la nuit. Il est difficile d'ailleurs de rêver un meilleur malade, toujours gai, satisfait, de bonne humeur; ce doux colosse breton, depuis qu'il est à bord, n'a jamais eu ni un moment de mauvaise humeur ni autre chose qu'un sourire sur sa bonne figure intelligente.

M. Andresen m'a fait comprendre qu'aujourd'hui dimanche il préférerait qu'on ne travaillât pas à bord de son bateau. Je ne suis pas fâché de mon côté de donner cette journée de repos bien gagnée à mon équipage, mais spontanément ce matin, les hommes sont descendus dans les soutes et ont terminé l'arrimage du charbon embarqué hier.

Le soir nous avons eu M. et Mme Andresen à dîner. Nous avons fait de notre mieux pour les bien recevoir; la vaisselle de faïence aux armes du *Pourquoi-Pas?* a été sortie et à grand'peine nous avons retrouvé deux verres et cinq coupes de champagne intacts. Il y en avait quelques douzaines au départ de Punta-Arenas, mais le maître d'hôtel m'affirme que le roulis d'une part et le froid (?) de l'autre, sont uniquement la cause de leur disparition, enfin il affirme également que tout le monde sait que le verre est fragile! Comme je ne veux pas avoir l'air d'être plus ignorant que « tout le monde » et que mes récriminations ne serviraient à rien, il ne me reste plus qu'à me résigner. Nous avons sorti de nos soutes et de notre cave ce que nous avions de meilleur, et je dois dire que nos hôtes ont bien voulu avoir l'air d'apprécier la cuisine française et les bons vins de notre pays.

6 décembre. — Par un temps couvert et calme avec le thermomètre oscillant autour de 0°, nous avons repris la corvée du charbon pour la ter-

Plaque Lumière. Cliché Gain.

Pingouins cherchant à franchir les brisants (Côté Est de Déception).

miner à 2 h. 30, puis nous avons cédé la place au *Telefon* qui revient se mettre le long du *Gobernador Bories*.

Dès ce matin, nos deux naturalistes Liouville et Gain, accompagnés de Senouque emmenant le cinématographe, sont partis sur *l'Almirante Uribe* à la pêche de la baleine; M. et Mme Andresen étaient de la partie. C'est pour eux une occasion unique et inespérée d'étudier de près les deux espèces de baleinoptères (B. musculus et borealis) et le mégaptère (Megaptera Longimana) que l'on rencontre dans ces régions ; j'étais persuadé, avant de revenir ici, que les baleiniers favoriseraient ces observations, et je ne suis pas déçu, car non seulement Liouville, qui a à s'occuper particulièrement des cétacés, est invité sur tous les baleiniers, mais chacun s'efforce de lui donner tous les renseignements possibles et de lui apporter des pièces qui peuvent présenter un intérêt, c'est ainsi que notamment les collections s'enrichissent de spécimens de parasites des baleines.

L'Almirante Uribe revient à 9 heures du soir, ramenant une « blue whale » (baleine bleue) et nos camarades sont enchantés de leur journée et de la façon dont ils ont été traités à bord.

7 décembre. — Le temps est aujourd'hui par hasard superbe et M. et Mme Andresen ont l'excellente idée de venir nous prendre tous, pour aller chasser la baleine sur *l'Almirante Valenzuela*. Comme lors de ma première visite, je suis frappé par l'extrême propreté de ces petits navires, le côté essentiellement pratique de leur organisation et le véritable confort avec lequel ils sont organisés. Celui-ci est un des plus récents et possède tous les perfectionnements ; pour des gens qui aiment vraiment la mer, il constituerait un merveilleux petit yacht. Je ne crois pas devoir revenir ni sur leur description, ni sur celle de la pêche à la baleine (voir page 35). De midi à 2 h. 30 du matin nous restons dehors cherchant d'abord du côté de l'Ile Livingstone, puis autour de Sail rock. A plusieurs reprises nous avons aperçu et poursuivi des baleines, mais elles parvenaient toujours à nous échapper ou se présentaient mal devant le canon. Une mer un peu grosse est paraît-il meilleure pour la chasse car le corps de l'animal sort mieux entre les vagues et permet un tir plus facile. Malgré le désir que j'avais de voir réussir nos hôtes et d'assister moi-même aux différentes phases de la capture, j'avoue que je n'étais pas fâché chaque fois qu'une de ces magnifiques bêtes paisibles et douces parvenait à s'échapper, et c'est avec joie que je voyais s'éloigner la petite tache noire se détachant sur la mer calme et bleue surmontée du jet de vapeur d'eau bruyamment expiré.

Cependant nous avons poursuivi un couple de blue whales naviguant heureuses et confiantes; après une série de manœuvres très adroites l'une d'elles passe à portée de notre canon ; avec un grand sang-froid le capitaine tire, la bête est atteinte, fait voler l'écume autour d'elle et disparaît dans un soubresaut énorme. L'amarre file avec une prodigieuse rapidité et déjà le treuil est en action pour la ramener, lorsque la tension cesse brusquement. Il paraît que le harpon a cassé près de la tête et la proie est perdue. Nous regardons de tous côtés si nous ne voyons pas la bête blessée réapparaître, mais le capitaine affirme qu'elle a été tuée sur le coup. Dans ces conditions elle a coulé et ne montera plus à la surface avant trois jours. Au loin, je vois toujours sa pauvre compagne maintenant solitaire ; elles ne parcourront plus ensemble dans une intimité qui avait peut-être sa douceur, les grandes étendues glauques, les vallées et les grottes féeriques de l'architecture sous-marine des icebergs qui auraient dû les protéger contre l'âpreté des hommes.

Pl. Lumière.   Le canon porte-harpon des baleiniers.   Cl. Godfroy.

Quelques heures après, nous avons poursuivi quatre « fin whales » évoluant de front sans se dépasser d'un pouce, superbes et calmes, ignorantes du danger qui les menace. Elles se présentaient mal, paraît-il, pour être tirées et je ne le regrette pas ; décidément je ne serai jamais un chasseur.

Mais les baleiniers, qui eux ne travaillent pas pour leur plaisir, sont navrés, la chasse est mauvaise cette saison ; peut-être, me disent-ils, est-ce dû à l'absence d'icebergs en effet très rares autour de nous car ces animaux fréquentent volontiers, paraît-il, les environs de ces masses de glaces. Il y aurait d'intéressantes et minutieuses études à faire pour un naturaliste sur la « nourriture des baleines » (ces infiniment petits de l'eau) qui doit être pour beaucoup dans l'explication des routes suivies par elles, et la science, une fois de plus, rendrait d'éminents services à l'industrie. Le mauvais temps qui dure depuis le commencement de la campagne d'été et qui n'avait jamais été vu aussi persistant et aussi violent gêne également beaucoup les chasseurs (1).

(1) A notre retour à Punta-Arenas, nous avons appris que la chasse était devenue bien meilleure dans la suite, mais que les baleiniers avaient dû aller jusqu'à l'entrée du détroit de De Gerlache pour trouver leur proie. Près de 1.500 baleines ont été rapportées pendant cette saison aux cinq navires-usines.

Il y a peut-être aussi une autre raison plus importante et plus grave pour les baleiniers. A force de les pourchasser dans la même région, ces animaux peuvent finir par devenir plus méfiants, et, au lieu de descendre comme elles le faisaient régulièrement, vers le Sud, en passant par le détroit de Bransfield, peut-être prennent-elles un chemin détourné pour s'éloigner de Déception. Enfin, les hécatombes qui sont faites sans discernement depuis quatre ans, dépassant quelquefois 2.000 baleines par saison dans cette région limitée, et que les baleiniers eux-mêmes sont les premiers à déplorer sans pouvoir y remédier, doivent forcément réduire leur nombre et amènera même fatalement leur disparition, car une baleine porte environ une année, et comme les mères pleines et les petits sont également chassés, le repeuplement ne pourra se faire.

A 3 heures du matin nous sommes rentrés à bord. *L'Almirante Valenzuela*, lui, a repris un peu de charbon, quelques provisions et est reparti. Ces bateaux ne se reposent en effet que tous les huit jours, le dimanche, le reste du temps ils sont dehors tout à leur dur métier. Les hommes font le quart comme à bord de tous les navires, mais dès qu'une baleine est aperçue il faut que tout le monde soit sur le pont, même les hommes disponibles de la machine et il est rare qu'ils puissent, dans ces conditions, attraper quatre heures de suite de sommeil. Ils passent beaucoup plus fréquemment vingt-quatre heures sans se coucher. Le seul moment de vrai repos, pour le capitaine comme pour l'équipage, est lorsque l'on ramène à la remorque plusieurs baleines et qu'il ne peut plus être question d'en poursuivre d'autres pour le moment. Mais tous ces gens qui naviguent à la part avec une petite rétribution mensuelle fixe gagnent de l'argent quand la pêche est bonne et ils oublient les misères de ce dur métier en songeant que la femme et les enfants là-bas en Norvège ne manquent de rien dans la chaumière propre, où eux-mêmes plus tard pourront peut-être jouir du bien-être si péniblement acquis.

8 décembre. — Le beau temps d'hier n'a pas duré et de nouveau l'E.-N.-E. s'est mis à souffler.

Le scaphandrier, un intelligent mécanicien norvégien, M. Michelson, est descendu aujourd'hui examiner la coque du *Pourquoi-Pas?* ; pendant près de trois heures il a travaillé sous le bateau, scrutant avec minutie toutes les parties submergées. La basse température de l'eau l'oblige à remonter à peu près toutes les dix minutes à la surface et il reste même alors quelques instants sans pouvoir parler. Avant de commencer son inspection je lui avais dit, s'il trouvait quelque chose de grave, de n'en parler qu'à moi-même. Pour toute la coque, sauf l'avant, le rapport est satisfaisant et fait à haute voix. Il a trouvé une forte encoche bizarre sur bâbord s'étendant sur une grande longueur, beaucoup de bois enlevé à l'endroit où la coque frappait quelquefois la roche à Petermann, quelques éraflures, dues aux glaces un peu de tous côtés, et enfin ce que nous avions vu nous-mêmes, un morceau de fausse quille enlevé à l'arrière. Nos nouvelles ferrures du gouvernail ont bien tenu. Mais quand le scaphandrier sort après l'examen de l'avant, il se contente de dire devant les hommes qu'il y a évidemment une avarie, mais de peu d'importance et il me fait signe qu'il désire me parler en particulier. Quelques instants après, je le retrouve sur son navire et assez pâle, il m'annonce qu'il a trouvé une avarie des plus graves. Toute l'étrave au-dessous de la flottaison est enlevée ainsi que la quille sur plusieurs mètres de longueur, le bois est mâché jusqu'à la râblure et les esquilles sortent de tous côtés. « Vous ne pouvez, vous ne devez pas naviguer dans ces conditions au milieu des glaces, me dit-il, une navigation ordinaire est déjà dangereuse, le moindre choc peut vous envoyer au fond (1). » Quelques instants après, M. Andresen vint me trouver et me dit que Michelson l'a supplié de me parler et de me montrer toute la gravité du cas. Je les remercie tous les deux, mais je leur demande à mon tour de ne rien dire de ce qu'ils savent. Il faut que nous continuions la tâche entreprise, notre honneur, et, ce qui est plus grave, celui de notre pays est en jeu, rien ne me fera renoncer à cette campagne d'été, le mauvais temps et les observations en cours seuls m'empêchent de partir tout de suite. Ces hommes énergiques me comprennent et me serrent la main ; ils seraient à ma place qu'ils en feraient autant.

A mes camarades de l'état-major, je crois devoir dire au moins une partie de la vérité, mais je considère comme inutile d'inquiéter l'équipage, et cependant je suis persuadé que si les uns et les autres avaient tout su, pas un seul n'aurait songé au retour immédiat.

C'est en vain que j'ai voulu faire accepter à Michelson une rémunération pour son examen du bateau. Il me répond en riant qu'il n'est pas venu à Déception pour plonger autour de bateaux d'expéditions scientifiques et que cela a été pour lui une charmante distraction. J'ai senti qu'en insistant je finirais par le froisser et j'ai dû me contenter

(1) Lorsque le *Pourquoi-Pas?* a été mis en cale sèche à Montevideo, au mois d'avril, nous avons pu vérifier toutes les constatations de Michelson. La grande encoche à bâbord s'étendait sur une longueur de 15 mètres, entamant par places toute l'épaisseur du premier bordé. Nous n'avons pu nous rendre compte ni comment, ni quand elle s'était produite, peut-être est-ce le 8 janvier 1909, lorsque nous avons ressenti, sans choc, un bizarre coup de roulis. Il est certain, en tout cas, qu'elle a été produite par le passage rapide sur une tête de roche; quelques centimètres de plus et le navire allait infailliblement et rapidement au fond. Quant à l'avarie de l'avant, elle était des plus graves et il était grand temps qu'elle fût réparée. L'eau qui séjournait dans le bateau s'écoulait par là à flots et avec mon canif de poche, je pouvais traverser tout le bois et lui créer de nouvelles sorties. Le bois était tellement mâché, que tout l'avant offrait l'aspect d'une énorme brosse. Notre dure lutte contre les glaces depuis l'échouage, tant pendant la première campagne d'été que pendant la seconde, avait augmenté considérablement l'avarie et si elle avait dû continuer, elle aurait fini par user complètement ce qui résistait encore. La

de lui exprimer du mieux que j'ai pu ma reconnaissance et mon admiration pour son désintéressement.

9 décembre. — Le vent de N.-E. souffle très fort et tourne bientôt au coup de vent. Il serait dangereux pour les uns et pour les autres, que nous restions amarrés au *Telefon*, il nous faut donc mouiller en rade et je veux profiter de l'appareillage pour aller sonder et draguer dans le bassin de Déception. Au moment de partir, nous avons éprouvé une vive inquiétude, on vient nous prévenir que la machine, dont la cale avait été asséchée une heure auparavant, contient plus de 40 tonnes

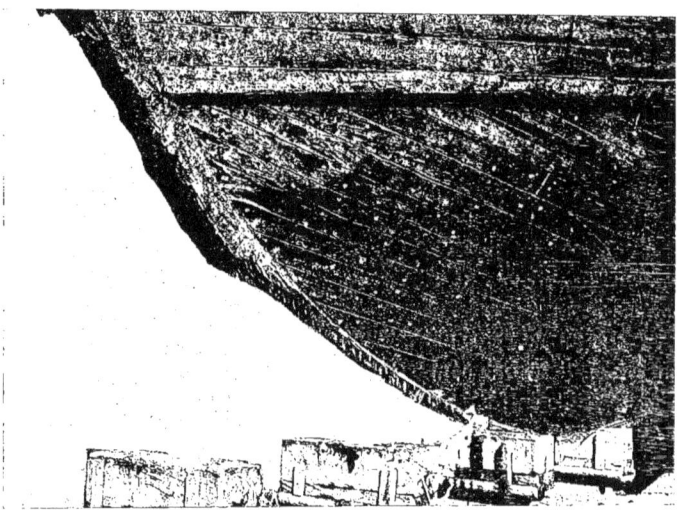

Plaque Lumière. L'avarie de l'avant. (En cale sèche à Montevideo). Cliché Gain.

d'eau. Après le rapport d'hier, nous sommes en droit de craindre un incident des plus graves survenu tout à coup et sournoisement. Heureusement, après examen, nous arrivons à la conclusion que le clapet de l'éjecteur a dû se trouver coincé par hasard et l'eau rapidement épuisée ne revient pas plus abondamment qu'avant, ce qui est déjà très suffisant.

Le thermomètre marque — 2° et avec le vent qui souffle, le temps est très froid. Nous allons au fond du bassin en effectuant une série de

---

photographie ci-jointe montre l'effet de l'usure des glaces sur la partie de l'étrave encore en place, mais privée de la fausse étrave et des ferrures qui devaient la garantir.

Notre voie d'eau de deux tonnes par heure ne provenait que de cette avarie de l'avant; le reste de la coque était dans un admirable état prouvant son excellente construction et sa solidité, et ne présentait pas la moindre trace ni de déliaison, ni de fatigue. Une fois l'avarie réparée par les soins si obligeants de l'« Entreprise française du port de Montevideo », le bateau ne fit plus, en effet, une goutte d'eau et sa coque pouvait être considérée comme à l'état de neuf.

sondages et des dragages extrêmement productifs. Les glaces, depuis notre arrivée, ont fini peu à peu par sortir de Déception et il n'en reste plus que quelques-unes tout à fait dans le S.-O. A 5 heures nous mouillons à Pendulum Cove où les rafales sont aussi fortes sinon plus qu'à l'anse des Baleiniers, mais où la tenue par fonds moyens est bonne. J'aurais voulu pouvoir y rester pendant ce coup de vent, car je crains toujours de chasser à l'autre mouillage ou de perdre nos ancres dans le fouillis des chaînes servant aux baleiniers, mais Gourdon parti de son côté faire une excursion dans la vedette, doit nous y rejoindre et les observations pendulaires et sismographiques ne sont pas encore terminées. Nous retournons donc et cherchons à mouiller aussi près de terre que possible dans l'espoir de trouver des fonds moins grands et de meilleure tenue. Mais tout de suite nous chassons et la manille de notre ancre casse, de sorte que nous la perdons ; heureusement j'avais eu la précaution d'en emporter cinq. Le temps est si mauvais qu'il est extrêmement difficile de manœuvrer au milieu de tous ces navires et nous approchons même dangereusement de la grande falaise. A 9 heures seulement, nous pouvons mouiller de nouveau, mais nous tenons maintenant si bien, que je crois que nous avons croché cette fois dans la chaîne du *Bombay*.

18 décembre. — Le temps a été si affreux tous ces jours-ci, que malgré notre très grande proximité de la terre, d'où souffle le vent, c'est à peine si nous avons pu, pendant de courts intervalles, communiquer avec les autres navires et débarquer ; pendant trois jours de suite il a été impossible de mettre une embarcation à la mer. Les baleiniers n'ont pas pu sortir et ceux qui étaient dehors sont rapidement rentrés ; même sous le vent de l'île la mer était, paraît-il, énorme.

Nous avons à peu près terminé nos travaux et je voudrais être de nouveau en route, mais nous ne pouvons rien espérer faire dehors avec ces coups de vent et la neige qui empêche de voir. Ici au moins nous ne brûlons pas de charbon et nous ne perdons pas notre temps, car il y a toujours d'intéressantes recherches à faire pour tout le monde. Les sondages de l'entrée de l'anse des Baleiniers sont incomplets ou erronés ; puisque cet endroit est maintenant fréquenté et mérite par sa situation de l'être, tant par les baleiniers que par les expéditions scientifiques, nous devons nous efforcer d'en modifier ou d'en compléter la carte. Il y a donc du travail pour les officiers ; les naturalistes et le géologue d'autre part ont fort à faire.

Comme je crois toujours que nous sommes mouillés sur la chaîne du *Bombay* et que notre appareillage par conséquent peut prendre toute une journée, je suis décidé à la première accalmie à chercher à avoir notre ancre, puis à aller mouiller à Pendulum Cove, d'où nous pourrons partir quand nous voudrons et en fort peu de temps.

Je voudrais avant de descendre vers le Sud, continuer à travailler un peu dans les environs; nous sommes sûrs d'y faire de fructueuses recherches et au cas où notre navigation dans l'inconnu resterait stérile, nous aurons ainsi assuré un solide bagage de collections et d'observations. Le programme que je me suis tracé est de tâcher de gagner la baie de l'Espérance où Duse et J. Gunnar Andersson, de l'Expédition Nordenskjöld, ont hiverné dans des conditions si dramatiques. Le professeur Nordenskjöld m'a donné par écrit des indications permettant

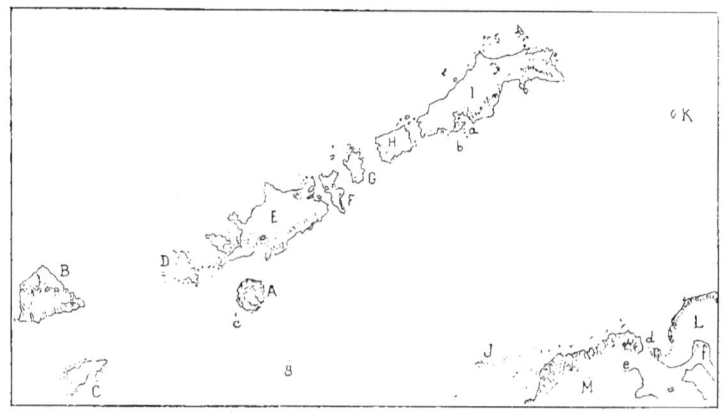

Les Shetland du Sud.

A. Ile Déception.	E. Ile Livingstone.	I. Ile du roi George I.	M. T⁷ᵉ Louis-Philippe.	d. Dét. de l'Antarctic.
B. — Smith.	F. — Greenwich.	J. — Astrolabe.	a. Baie de l'Amirauté.	e. Baie de l'Espérance.
C. — Low.	G. — Roberts.	K. — Bridgman.	b. Roches Téléfon.	f. Baie Gibson.
D. — Snow.	H. — Nelson.	L. — Joinville.	c. Sail rock.	g. Roches Kendall.

de retrouver des fossiles qu'ils avaient dû abandonner. Enfin, les baleiniers désirent beaucoup savoir si dans les baies de l'île Joinville on ne pourrait pas trouver de bons mouillages dans lesquels ils pourraient continuer leur industrie. Cela rentre dans notre rôle de nous en assurer et de tâcher de leur rapporter ce renseignement.

Nous avons reçu à notre table le capitaine Stholhani du *Gobernador Bories* puis le capitaine Rouvre du *Bombay*. Tous s'occupent beaucoup de notre expédition et sont heureux de voir que nous nous intéressons à ce qu'ils font; nous recueillons pour notre part dans leur conversation des renseignements utiles sur ces régions, et de notre côté, nous les renseignons autant que nous le pouvons sur Port-Lockroy et le détroit de De Gerlache qu'il peut leur être bon de connaître. Mais je suis étonné de la difficulté que nous avons à savoir quelque chose de précis sur les conditions météorologiques de Déception; à chaque instant nous relevons des contradictions chez la même personne. Aussi, lorsque le jeune médecin danois de la Station, le Dr Malver, vient à son tour dîner à bord, je lui demande s'il veut bien pendant son séjour prendre quelques observations météorologiques. Il a fort peu de chose à faire, et est enchanté de nous être agréable en rendant un service à la science. Je lui remets donc un petit programme élaboré par Rouch et un thermomètre fronde (1).

Le capitaine Rouvre nous a donné un gros morceau de viande de baleine. Cette viande dont raffolent d'ailleurs les baleiniers est tout simplement exquise : on peut la comparer à du veau qui serait très bon. Elle ne se conserve malheureusement pas et doit être prise sur l'animal dès que celui-ci a été tué.

La question de l'eau douce est toujours préoccupante et nous arrivons difficilement, malgré la complaisance de tous, à faire le plein de nos caisses. Cela ne m'empêchera cependant pas de partir car je suis persuadé qu'à Pendulum Cove nous pourrons compléter notre provision.

20 décembre. — Toutes nos installations à terre ont été démontées et comme le temps était un peu plus beau hier, nous avons cherché à appareiller, mais notre ancre est effectivement prise dans la chaîne du *Bombay* et pour ne pas la perdre en même temps que deux maillons de chaîne, il nous faut agir avec les plus grandes précautions. Nous avons travaillé jusqu'à midi mais le vent s'étant levé de nouveau, nous avons dû abandonner l'opération et tout est à recommencer. Ce matin nous avons repris notre travail par le calme et à 7 heures du soir nous avons pu rentrer ancre et chaîne. Un petit baleinier le *Svip*, pendant que nous manœuvrions, est rentré avec une jolie prise, à lui tout seul, de sept baleines.

Enfin, à 8 heures, par quelques mètres d'eau, nous mouillons à Pendulum Cove. Avant de partir, au cas où nous ne pourrions revenir à Déception, j'ai remis à M. Andresen notre courrier et des rapports qu'il se chargera de faire parvenir à l'Académie des Sciences s'il est de retour avant nous à Punta-Arenas.

Hervé va de mieux en mieux, il a pu retourner à sa couchette dans le poste. Chollet, grâce surtout aux fruits de Mme Andresen, est en voie d'absolue guérison.

21 décembre. — Il y a juste un an que nous arrivions pour la première fois ici, par un temps identiquement semblable, beau et chaud !

---

(1) J'ai reçu depuis, du Dr Malver, la série d'observations fort intéressantes qu'il a prises avec le plus grand soin, elle est des plus curieuses à comparer avec celles que nous avons relevées plus au Sud. Qu'il accepte, ici, mes plus sincères remerciements.

Dès le matin tout le monde s'est éparpillé, Gourdon, Gain et Senouque conduits par la vedette, sont allés excursionner dans l'île de l'autre côté du bassin. Bongrain et Godfroy ont été faire de l'hydrographie et Rouch des sondages. Moi-même je vais avec les hommes chercher une aiguade et je finis par trouver des cascades que nous captons au moyen de nos manches en toile. Il faut également nettoyer autant que nous le pouvons le bateau et les embarcations. Par suite de notre séjour dans l'anse des Baleiniers, tout est absolument couvert d'une épaisse et dégoûtante couche d'huile, dont nous ne parvenons pas à nous débarrasser. Je retourne le soir chercher Gourdon et ses compagnons à l'endroit où le

Pl. As-de-Trèfle.   Petite falaise de glace sur une plage de Déception.   Cl. Gain.

Telefon a passé l'hiver échoué. Dans cette partie de l'île, il y a de nombreuses et véritables fumerolles et Gourdon dit avoir trouvé, à une centaine de mètres de hauteur, des traces manifestes d'activité volcanique.

22 décembre. — Le temps reste au beau, et tandis que Gourdon et Senouque font l'ascension du Mont Pound, je fais tout préparer pour le départ et je vais mettre un nouveau document au cairn de *l'Uruguay*.

A 4 h. 15 nous appareillions ; une demi-heure après nous stoppions à l'anse des Baleiniers et je me rendais à bord du *Gobernador Bories* pour dire adieu ou au revoir à M. et Mme Andresen, puis nous nous mettons en route, salués par les pavillons et les sifflets de tous les vapeurs. Le temps est magnifique et le peu de vent qui souffle vient de l'arrière. En mer nous croisons les petits baleiniers et nous échangeons des saluts.

Malheureusement, à 6 h. 30, Rosselin vient me prévenir que la garniture du cylindre de haute pression est cassée et qu'il y a une avarie à la pompe à air. La réparation nécessitera quatre ou six heures de travail et nous sommes trop près de Déception pour hésiter à y rentrer. A 8 heures du soir, nous sommes de nouveau à Pendulum Cove.

23 décembre. — Nos réparations ont été terminées vers minuit et nous sommes repartis à 7 heures du matin. Le temps est superbe, le ciel pur, l'horizon clair et la mer plate. Le thermomètre, à $+5°$ dans l'après-midi, descend, le soir, à $-2°$. Tout annonce une belle navigation et la côte se dessine nettement prenant cette teinte vieil or, si particulière aux terres

Plaque As-de-Trèfle. — Pendulum Cove. — Cliché Gain.

polaires bien éclairées par le soleil. Nous pointons sur la carte au fur et à mesure que nous les reconnaissons, les terres découvertes par Dumont d'Urville, et dont l'hydrographie faite par le lieutenant Duse et le capitaine Larsen, qui ont complété l'étude de cette région, a été une des petites, mais non des moins intéressantes parties du travail de l'expédition Nordenskjöld. Déjà nous escomptons tous les plaisirs d'un débarquement dans ces régions, rendues désormais historiques par un hivernage dramatique, lorsqu'une fois de plus « nous nous trouvons entre les mains des dieux, comme des mouches dans celles des méchants enfants ». A 60 milles de terre, semblant partir de l'île Astrolabe, les glaces se dressent devant nous, constituées par des floes déchiquetés mais de dimensions considérables, de plus en plus tassés au fur et à mesure que nous y pénétrons. Au loin, plus près de terre, la glace semble même former une banquise compacte; le pack-ice, qui constitue la lisière, présente de grandes indentations, mais dans sa direction générale est incliné vers le N.-E. En vain je cherche un passage, car je ne me soucie pas de tenter de forcer les glaces pour prendre le détroit de l'*Antarctic*; il faudrait, pour avoir quelques chances de réussir, dépenser dans cette tentative, qui n'est qu'un hors-d'œuvre de notre programme, trop de charbon, et peut-être trop de temps. Il faudrait aussi courir le risque, non seulement d'être immobilisés pendant de longues semaines à la merci des glaces et compromettre ainsi le reste de la campagne, mais encore de voir le *Pourquoi-Pas?* et, cette fois, sans nécessité absolue, terminer sa carrière, comme le fit glorieusement l'*Antarctic*. On se souvient, en effet, de la manière dont ce navire se perdit après avoir vainement tenté, pour aller reprendre Nordenskjöld et ses compagnons qui hivernaient à Snow-Hill, de franchir le détroit comblé par les glaces qui porte son nom. Le capitaine Larsen, qui le commandait, parvint à contourner la terre de Joinville mais, après

Plaque As-de-Trèfle.   Drift-ice (Glace de dérive).   Cliché Godfroy.

avoir débarqué Duse, Gunnar Andersson et un matelot à la baie de l'Espérance, l'*Antarctic*, broyé par les glaces, malgré toute l'habileté de celui qui le commandait, coula en vue de l'île Paulet et le sauvetage de toute l'expédition, par la suite, constitue une des plus belles et des plus extraordinaires épopées polaires. Or, cette année-là, les glaces, dans le détroit de Bransfield, se présentaient dans des conditions très semblables à celles que nous rencontrons nous-mêmes. Au passage de l'*Antarctic*, le bassin de l'île Déception était comblé par les glaces, comme il le fut pour nous pendant la plus grande partie de novembre, et c'est presque à la même latitude, au large de la terre de Joinville, que ce navire les rencontra de nouveau (1).

Je suis donc résolu à suivre le contour de la banquise, heureux si je

(1) Nous avons appris que depuis, tandis qu'à Petermann, nous subissions un hiver pénible mais relativement chaud, le froid avait été très rigoureux, au contraire, aux Orcades du sud.

puis profiter d'un passage pour la franchir mais décidé, cependant, à ne point chercher à la forcer.

24 décembre. — Temps superbe, légère brise de S.-E. ou calme. Le pack-ice, dont les floes deviennent de plus en plus gigantesques, se prolonge toujours vers le N.-E., nous éloignant des Terres Louis-Philippe et Joinville. A 4 heures du matin, l'île Bridgmann est en vue. Aucune expédition à ma connaissance, et, en tout cas, aucune expédition scientifique n'a encore débarqué sur cette île. Plusieurs rapports de capitaines, et notamment celui d'un des baleiniers que nous venons de quitter, portent que l'île Bridgmann est en pleine éruption, il est donc intéressant d'essayer d'y débarquer. A 7 h. 30, Gourdon, Godfroy et deux hommes partent dans le youyou et parviennent à aborder sur une petite plage, dans le S.-E., un peu abritée de la houle régnante pour le moment. Pendant ce temps, nous effectuons un sondage qui donne 328 brasses. Sur la plage, le seul endroit de l'île où la côte ne se dresse pas en falaises ou en roches élevées et abruptes, Gourdon a vu une trentaine de phoques, quelques pingouins Adélies et Papous, des

Pl. As-de-Trèfle.   La plage de l'île Bridgmann.   Cl. Godfroy.

sternes et des chionis; il n'a pas remarqué la moindre trace d'activité volcanique actuelle, mais des preuves nombreuses d'une activité relativement récente. Nous arrivons à la même conclusion en faisant le tour de cette île aussi près que la prudence nous le permet. Il est évident, comme cela arrive si souvent, que les « fumées » et les « vapeurs » relevées comme preuve de l'activité ne sont autre que des amas de poussières soulevés par le vent, des nuages accrochés au sommet, ou même du chasse-neige. Il y a quelques années, à l'île Jan-Mayen, nous avons dû pénétrer dans un cratère effondré, avant de pouvoir nous assurer que c'était bien de la poussière et non de la fumée qui s'en échappait. Cette île déchiquetée, stérile et presque sans traces de neige, est curieuse, surgissant isolée au milieu de la mer, colorée par les tufs rouge brique et les scories jaunâtres. Nous en prenons de nombreuses photographies dont une, notamment, qui prouve, non seulement l'habileté de l'artiste qui accompagnait Dumont d'Urville, dont nous avons le dessin devant les yeux, mais encore qu'aucune modification ne s'est produite depuis le passage de l'*Astrolabe* et de la *Zélée*.

Puisque l'île Joinville est inaccessible pour nous, je me décide à me rabattre sur la baie de l'Amirauté, refuge des phoquiers d'autrefois et qui fut ces dernières années, et peut le devenir à nouveau, une des stations de baleiniers. En dehors des observations de physique du globe et d'histoire naturelle que nous pourrons y faire, il peut être intéressant d'y accomplir une hydrographie plus minutieuse et plus exacte que celle que pouvaient faire jusqu'à présent ces expéditions industrielles. Par un temps toujours magnifique, qui permet à Bongrain de relever les terres et d'en prendre des vues de côté, nous longeons le sud de l'île Saint-Georges et, à 4 h. 30 du soir, nous pénétrons dans la baie de l'Amirauté.

Kodak. L'île Bridgman. Cl. Charcot.

Le fond de cette vaste baie, qui forme une sorte de bras de mer ouvert au S.-E., se divise en deux profonds culs-de-sac découpés et pittoresques, encadrés de glaciers et de montagnes très abruptes. Celui du N.-O. est divisé lui-même en deux chenaux étroits par une île très élevée. Pour le moment nous pénétrons dans le cul-de-sac du N.-E.; les iceblocs provenant des falaises de glace sont assez nombreux, mais s'écartent devant nous, poussés par le vent de N.-E. qui commence à souffler assez fort. Nous cherchons un mouillage et tout d'abord, à une distance de 50 mètres à peine d'une grande plage, dont nous espérions voir la pente se prolonger doucement vers le large, nous sondons et trouvons 150 mètres d'eau. Enfin, au fond du cul-de-sac, dans un endroit bien abrité, nous trouvons au pied d'un glacier des fonds de vase de bonne tenue variant de 7 à 20 mètres et nous mouillons par 10 mètres.

Nous pouvons réveillonner tranquillement et l'arbre en carton, qui repose depuis l'an dernier dans sa caisse, est de nouveau sorti et paré de tous ses petits bibelots qui ravissent les hommes.

25 décembre. — Noël! Jour de souvenirs, de pensées qui vont au loin et cherchent à s'imaginer ce qui se passe au delà des mers! Ici le vent de N.-E. a repris et le temps est gris et nuageux. Chacun de notre côté nous débarquons aux points qui nous intéressent pour entreprendre nos travaux habituels.

Il y a un drôle de son qui se produit et qui ressemble singulièrement à la sirène d'un navire éloigné. Nous l'avions déjà entendu à Pendulum Cove, mais bien que je sois persuadé qu'il provient du bord, nous ne pouvons en découvrir l'origine. L'illusion est si forte que les hommes, à plusieurs reprises, viennent m'affirmer qu'il s'agit d'un navire en détresse et me demandent d'aller à son secours. Tous les raisonnements ne parviennent pas à les persuader de leur erreur et je finis par en envoyer quelques-uns à terre qui, n'entendant plus rien alors que le bruit persiste pour ceux qui sont à bord, reviennent enfin convaincus.

26 décembre. — Le temps est redevenu beau et, tandis que Bongrain et Boland vont de cap en cap dans une norvégienne faire des stations hydrographiques, j'appareille avec le bateau pour la baie à proprement parler.

Gourdon et Senouque sont débarqués sur une plage de la côte Est, puis

Pl. As-de-Trèfle.   La baie de l'Amirauté.   Cl. Godfroy.

Gain sur la côte Ouest, près d'une rookerie où il trouve plus de 20.000 papous; avec le *Pourquoi-Pas?* nous faisons une série de sondages et un bon dragage par 400 mètres de fond. Nous rembarquons à la fin de la journée tous nos camarades et nous venons reprendre notre mouillage après avoir abandonné l'arbre de Noël sur une pointe où il se dresse fièrement... en attendant que le vent le renverse.

27 décembre. — Nous avons quitté le cul-de-sac du N.-E. pour aller explorer celui du N.-O. Le vent est d'abord très fort du N.-O., mais tourne bientôt à l'E.-N.-E. pour souffler par très grosses rafales. Cette partie de la baie de l'Amirauté est particulièrement pittoresque, avec de hautes montagnes à coloration noire, dégarnies de neige et séparant de majestueux glaciers. Une grande et haute île, elle aussi presque totalement sans neige, occupe, ainsi que je l'ai dit, le centre de cette branche de la baie dont le fond se termine par deux anses arrondies, bordées de hauts glaciers et séparées par un grand promontoire rocheux. Les plages sont assez nombreuses et des cadavres de baleines en grande quantité attestent que les baleiniers ont autrefois travaillé par ici.

Par une soixantaine de mètres, nous faisons un dragage et dès le début le dynamomètre annonce, ou que le chalut est accroché ou qu'il contient un gros poids. La journée se passe presque entièrement à le relever. Nous nous apercevons, dès qu'il commence à sortir de l'eau, que le filet est rempli, non seulement d'animaux, mais de vases, de graviers et de roches. A tout prix nous voulons sauver le contenu et, si c'est possible, le filet lui-même.

Nous le hissons avec difficulté, en prenant d'infinies précautions; pour diminuer son poids énorme nous l'arrosons avec la manche, enlevant ainsi beaucoup de vase et lorsque, renforcé par une série d'élingues, nous parvenons à le soulager un peu hors de l'eau, je fais passer le grand canot au-dessous et on y laisse retomber le chalut. L'embarcation coule presque sous son poids, mais la belle récolte est sauvée et promet du travail au laboratoire.

Nous mouillons à 300 mètres de l'île par 25 mètres de fond et Gourdon, parti en norvégienne, revient chargé d'échantillons minéralogiques intéressants et de beaux cristaux.

30 décembre. — Nous venons de subir ici un formidable coup de vent d'E.-N.-E. L'eau du chenal, soulevée en tourbillons de poussière par les rafales, enveloppait le bateau. Nous avons un peu chassé, mais l'ancre a fini par tenir lorsque le bateau s'est trouvé débordé de la pointe de l'île.

En cet endroit les rafales nous assaillaient des deux bords à la fois et le malheureux bateau ne savait plus de quel côté s'éviter. Nous ne pouvions pourtant pas trop nous plaindre, car l'endroit où nous étions était le mieux abrité de cette partie de la baie de l'Amirauté et, de plus, notre chaîne me semblait un peu soulagée par le courant qui agissait en sens contraire du vent.

A grand'peine pendant les accalmies nous avons pu sauver le précieux contenu de la drague confié au grand canot et entreprendre des excursions très fructueuses, surtout pour le géologue enchanté de son séjour.

A 1 h. 30 le temps ayant une meilleure apparence, nous avons appareillé et à 2 heures nous étions en route pour le large, faisant un levé sous vapeur, des stations d'hydrographie et des sondages. A 5 h. 30 nous étions en dehors de la baie ressentant après avoir contourné les rochers sur lesquels le *Telefon* s'était échoué une assez forte houle de l'Est mais sans vent. Cependant, dans la soirée, celui-ci se met à souffler du N.-O.

amenant une brume intense. Nous avons pu toutefois nous rendre compte, en passant à peu près sur son soi-disant emplacement, que Middle Island n'existe pas. Déjà en nous dirigeant vers la Terre de Joinville, il nous avait bien semblé que ce qui avait pu être pris pour une île n'était autre qu'un promontoire de l'île Greenwich, maintenant nous avons acquis la certitude corroborant les assertions de l'expédition Nordenskjöld, que cette île doit être définitivement rayée de la carte. J'ignore qui le premier l'a cartographiée, mais elle se trouve notamment sur la carte de George Powell datée de 1822 (1), tandis que Bellingshausen en 1821 ne l'a pas placée sur la sienne (2). Dumont d'Urville, puis Nordenskjöld et enfin les baleiniers ont affirmé qu'elle n'existe pas ; cependant, malgré ces assertions, elle continue pour une raison ignorée à figurer énorme sur l'édition la plus récente de la carte de l'Amirauté anglaise.

31 décembre. — Vent du N.-E., brume et pluie, qui ne nous empêchent pas de sonder ; enfin une légère éclaircie se produit qui nous permet d'atterrir sur Déception et de reprendre dans la soirée notre mouillage à Pendulum Cove.

6 janvier 1910. — Avant notre départ pour les Shetland, M. Andresen m'avait fait espérer qu'il pourrait nous donner, si nous repassions, encore une trentaine de tonnes de charbon. Malheureusement, en vérifiant ses soutes, il s'est aperçu qu'il ne pouvait plus en disposer ; c'est un contre-temps qui m'ennuie un peu, mais cependant je ne puis regretter la dépense de ces jours derniers, tant les résultats de notre dernière navigation ont été fructueux.

Le 1er janvier a été célébré suivant nos habitudes et les Norvégiens, qui ce jour-là ont pris vingt-quatre heures complètes de repos, n'ont cessé de tirer des coups de canon, dont le bruit était répercuté par les échos de l'île.

Nous avons été retenus ici de nouveau par un affreux mauvais temps. Le vent cette fois a soufflé un peu de toutes les directions, variant du S.-O. au N.-O. puis au N.-E. pour s'établir enfin au N.-O. Malgré nos deux ancres, nous avons été entraînés en dehors de Pendulum Cove et nous nous sommes trouvés ainsi dangereusement près de la côte, par une mer assez grosse. Nous n'avons pu nous maintenir qu'en faisant tourner la machine.

Ce matin il faisait calme, et malgré la brumaille et une neige abondante, nous avons appareillé. Après avoir, en passant, donné quelques caisses d'essence au *Gobernador Bories* et embarqué nous-mêmes une barrique d'huile, je serre la main une dernière fois à ces aimables gens et à 10 h. 30 nous sortons de Déception.

(1) *Antarctica, loc. cit.*, p. 96.
(2) *Atlas de Bellingshausen.*

Je considère la possibilité d'avoir pu nous ravitailler en charbon à l'île Déception comme une des principales causes de la réussite de l'Expédition ; nous le devons à l'obligeance extrême d'Andresen et à la grande générosité de la Sociedad Ballenera Magellanes. Nos compatriotes, MM. Blanchard et Detaille, établis à Punta-Arenas, et qui sont d'importants actionnaires de cette Compagnie, avaient su intéresser leurs collègues à notre œuvre ; qu'ils soient une fois de plus assurés de ma sincère et profonde reconnaissance.

Le S.-O. se lève et souffle assez fort, retardant un peu notre marche, mais il dissipe la brume et la neige et nous voyons simultanément

Plaque Lumière — La sortie de Déception. — Cliché Gain.

toutes les îles avoisinantes ; Smith, Low, Hoseason, Brabant, Gand, etc... Nous mangeons la galette des Rois, dont la fève est remplacée par un caillou ramassé dans la drague à la Terre Alexandre-Ier.

7 janvier. — Le vent continue à souffler fort du S.-O., c'est-à-dire plein debout, mais le temps est clair, les terres seules restent embrumées. La nuit a été dure, non pas tant par la force du vent, mais par la mer hachée qui imprime au navire des mouvements désordonnés. Nous faisons à peine deux nœuds. Dans l'après-midi, pour économiser le charbon et ménager la machine qui fatigue sans beaucoup de profit, je fais établir la voilure et mettre à la cape. Avec Gourdon nous avons été seuls à déjeuner.

8 janvier. — Vers 11 heures la nuit dernière, le vent est tombé tout

à fait, puis après un peu de brume, le N.-E. a commencé à souffler, tandis que le baromètre baissait. La neige tombe, le temps est bouché, le thermomètre marque + 1°. La mer devient rapidement grosse. Mais nous sommes vent arrière en bonne route, le cap au S.-O. avec toute la voilure dont nous pouvons disposer sur le bateau et la machine stoppée. Le hasard veut que nous nous trouvions à peu près à la place où était le *Français* à la même date il y a cinq ans, mais le coup de vent N.-E. était alors beaucoup plus fort et au lieu de fuir devant lui, nous cherchions péniblement à le remonter.

A 9 heures le vent calmit, je fais mettre le cap un peu plus au Sud et tourner la machine.

Les malades sont encore assez nombreux au carré, mais néanmoins après le dîner, nous faisons une partie de dominos, avec Godfroy, Gain

Kodak. Sur la lisière de la banquise. Cliché Charcot.

et Liouville, nous livrant à une véritable séance d'équilibre, pour ne pas perdre nos pièces.

9 janvier. — Brume pendant la nuit avec calme qui nous oblige à marcher à petite vitesse. Au matin, le N. E. se remet à souffler avec son accompagnement habituel de boucaille et tourne bientôt au coup de vent. Rouch a pu cependant faire un bon sondage, mais avec la très grosse mer, en remontant le fil, nous en avons perdu 1.200 mètres, et nous avons également perdu ce même jour deux lochs enregistreurs.

Volontairement, pour ne pas repasser par le chemin déjà parcouru, nous naviguons bien au large de la côte. Autour de nous, volent de nombreux albatros, des amiraux, des malamoques et des damiers. Nous sommes de nouveau à la voile seule, et le bateau bien appuyé roule moins.

10 janvier. — Le N.-E. souffle toujours aussi fort avec neige, brume et boucaille. Si on pouvait voir un peu plus loin devant soi, je considérerais qu'il fait beau, puisque nous marchons bien, mais il faut veiller avec la plus grande attention. A 3 h. 30 à bâbord, j'aperçois dans la brume un iceberg qui dessine sa forme bleutée dans l'atmosphère grise, puis nous rencontrons toute une série de petits bourguignons et enfin du drift-ice abondant qui précède du pack-ice en apparence très dense. Malheureusement, nous distinguons si peu devant nous, qu'il est difficile de se rendre compte de ce que nous pouvons faire avec cette glace et pour le moment nous devons nous contenter de l'élonger. A 4 heures, nous trouvant dans une espèce de bouillie glaciaire qui brise complètement la mer, nous stoppons et en sondant nous trouvons 455 mètres. Nous devons être par 69° de latitude sud, encore 10 milles et nous aurons atteint la latitude extrême d'Evensen. Par temps clair nous devrions avoir une vue intéressante sur la Terre Alexandre-1er.

11 janvier. — Je ne veux pas quitter cette région avant d'avoir pu profiter d'une éclaircie pour voir autour de nous, et j'ai fait mettre en

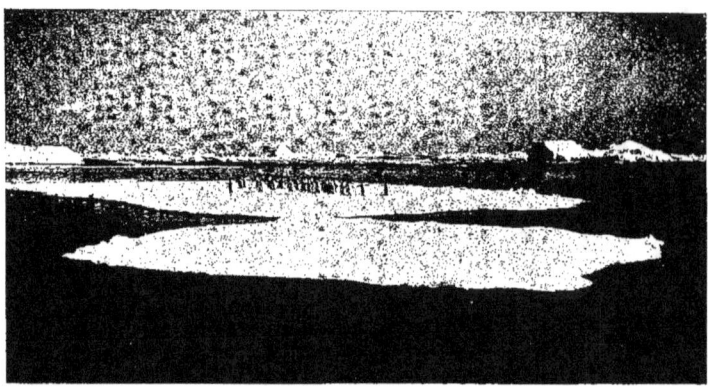

Plaque As-de-Trèfle.   Pingouins en bande sur un floc.   Cliché Gain.

panne sous petite voilure. Je m'attends en effet, après ce coup de vent de N.-E. au moins à quelques heures de temps clair et je l'ai annoncé aux camarades qui conservent cependant un visage sceptique. Nous restons ainsi doucement balancés au milieu de petites glaces sous la neige qui ne cesse de tomber, recouvrant le bateau d'un joli manteau blanc, mais rendant le pont dangereusement glissant. Tout près de nous, dans l'imposant silence de la nuit, j'entends des glaces qui s'entre-choquent agitées par la houle, produisant comme le murmure lointain d'une grande ville au fond d'un vallon. C'est la voix de l'Antarctique qui, elle aussi, sait avoir sa douceur.

Dans la matinée, quelques courtes éclaircies que j'attendais avec impatience se sont produites. Du haut du nid-de-corbeau, il me semble voir dans le S.-E. quelque chose de bizarre : est-ce un iceberg, est-ce autre chose que je n'ose formuler? je n'en parle à personne tellement j'ai peur de m'être trompé et de nouveau l'horizon se couvre. Profitant du calme, et pour tromper mon impatience, qui grandit jusqu'à devenir de l'angoisse, je fais armer le youyou qui ramène en plusieurs voyages environ une tonne de débris d'icebergs que nous envoyons à la chaudière pour faire de l'eau. A midi enfin, le temps claircit tout à fait, j'examine anxieusement l'horizon ; au loin dans la banquise apparaît la Terre Alexandre-Ier sous un angle nouveau, qui permet à Bongrain de compléter sa carte, mais plus près, j'ai retrouvé ce que j'avais vu le matin et ma conviction est faite. Cependant je ne veux en parler à personne avant d'avoir acquis une certitude absolue et indiscutable.

Je fais remettre la machine en route et au grand étonnement de tous, contrairement aux décisions antérieures, je fais gouverner à l'Est. J'entends même quelques petites critiques qui autrement seraient peut-être fondées, mais qui ne peuvent maintenant que me faire sourire. Je déjeune rapidement pour n'éveiller l'attention de personne et je remonte m'installer dans le nid-de-corbeau avec mes jumelles. Il n'y a plus de doute, ce ne sont pas des icebergs qui dressent là-bas leurs sommets pointus vers le ciel, mais une terre ! une terre nouvelle, une terre que l'on voit nettement à l'œil nu, une terre bien à nous ! Il faut avoir vécu ces mois d'attente et d'inquiétude, de crainte de l'insuccès, de désir de bien faire, de volonté de rapporter à son pays quelque chose d'important, pour comprendre tout ce que contiennent ces deux mots, que je me répète à voix basse, une *terre nouvelle !* J'appelle dans les barres de perroquet Bongrain qui est de quart et je lui passe mes jumelles, en le priant de ne pas dire à haute voix ce qu'il va voir : il ne trouve d'ailleurs qu'un seul mot : « Oh ! ».

Nous avançons et maintenant je puis avouer ma découverte qui amène presque tout le monde d'un saut sur le pont. Nous relevons deux hauts massifs montagneux d'où émergent les roches noires et entre eux un massif plus petit, le tout semblable d'aspect à l'île Adélaïde ou à la Terre Alexandre-Ier, sortant d'une grande calotte de glace qui paraît s'étendre fort loin à l'Est et à l'Ouest nettement séparé cependant de la Terre Alexandre-Ier dont elle est au Sud. Il me semble que quelques hauts sommets se dessinent à l'horizon, passant derrière Alexandre-Ier dans la direction de la Terre Fallières, mais n'en ayant pas l'absolue certitude, je préfère ne pas les faire porter sur la carte.

La Terre Charcot relevée du Nord. (Vue de côte de M. Bongrain.)

J'ai donc la conviction que la Terre Fallières se continue vers l'Ouest, soit par des terres, soit tout au moins par un archipel et nos sondages joints à ceux de De Gerlache qui n'a pas vu ces terres, parce qu'il est entré dans la banquise plus à l'Ouest, pouvaient le faire prévoir. Le beau temps nous permet de prendre des observations et de bien situer notre découverte par 77° longitude ouest et 70° de latitude sud.

Il y a peu de chances que nous puissions atteindre ces terres, cependant je ne puis céder au désir de les approcher et nous nous lançons dans le pack, oubliant une fois de plus notre avarie de l'avant. Le pack

Plaque Lumière. Nous allons chercher Cliché Caio.
un phoque de Ross sur la banquise de la Terre Charcot.

est formé de floes si grands et si épais, soudés par une bouillie glaciaire telle que nous ne parvenons même pas à les bouger et malgré la voile et la vapeur réunies, nous n'avançons pas de 20 mètres à l'heure. Après quatre heures de cette marche énervante pendant laquelle le bateau fatigue énormément, nous apercevons un phoque de Ross sur la banquise. C'est un spécimen qui manque à nos collections ; à tout prix il faut nous l'assurer. Liouville, Godfroy et Jabet, armés de fusils, se postent sur l'avant et à 30 mètres on fusille la pauvre bête. Avec une norvégienne halée sur les glaçons, nous allons chercher et ramener notre victime mais nous sommes obligés d'abandonner un autre phoque de la même espèce, trop éloigné pour que le bateau, déjà solidement coincé dans les glaces, puisse en approcher.

Il est inutile de persister dans notre tentative de marche en avant. Avec les plus grandes difficultés, toujours sous voile et sous vapeur, tandis que l'équipage armé de perches pousse de toutes ses forces réunies pour écarter les glaces, nous cherchons à regagner la lisière. A un moment, le bateau engagé dans de gros iceblocs qui s'agitent sous l'effet de la houle s'échoue sur un pied d'iceberg, nous ne pouvons faire agir la machine sans risquer de briser notre hélice et ça n'est qu'après une heure de travail avec les perches que nous parvenons à sortir de notre dangereuse position.

Enfin, nous retrouvons une mer plus libre et nous suivons vers l'Ouest la lisière de la banquise, tandis que la brume, de nouveau, nous cache notre découverte (1).

Pl. As-de-Trèfle.   Capture d'un phoque de Ross dans la banquise.   Cl. Godfroy.

12 janvier. — Nous avons suivi la lisière de la banquise toute la nuit, ce qui nous a mené au sud du 70° degré, c'est-à-dire à un petit record de latitude, étant donnée la longitude où nous sommes. Ce qu'il y a de vraiment intéressant, c'est

---

(1) A mon retour en France, en parcourant un intéressant travail publié pendant mon absence par le savant géographe américain Edwin Swift Balch, je fus désagréablement surpris, je l'avoue, en voyant figurer sur la carte de l'Antarctique au sud-ouest de la Terre Alexandre, une petite île marquée Smiley. Bien que cette île fût notablement plus au sud que la terre relevée par nous, et qu'à côté du nom Smiley se trouvait un ?, j'étais en droit de craindre que M. E. S. Balch avait, pendant notre expédition, trouvé un document certifiant cette découverte du baleinier américain, que j'ignorais, par conséquent. J'étais tout prêt, sans discussion, à m'incliner devant les faits et je me serais consolé en confirmant la découverte de Smiley. J'écrivis dans ce sens à M. E. S. Balch, qui, avec son obligeance accoutumée et sa grande impartialité, me répondit par une lettre, dont je crois, vu l'autorité incontestée de son signataire, devoir publier le passage suivant qui met bien les choses au point et amena chez moi un soupir de soulagement.

« Il n'y a pas le plus petit doute que toutes vos découvertes soient bien à vous et à vous tout seul. Nous ne savons presque rien de Smiley, simplement ce qui est cité par Wilkes et Maury et que j'ai mentionné dans l'*Antarctica*. J'ai trouvé l'île Smiley sur un globe « fabriqué » par Gilman Joslin à Boston et « édité » par Charles Copley à Washington en 1852. J'ai marqué ce nom sur ma carte, parce que cette partie de l'Antarctique nous était alors inconnue. Il aurait pu y avoir une île, il est évident que c'est une erreur. Si Smiley était allé où vous êtes allés, on aurait marqué une côte, pas une île.

Cette erreur sera probablement survenue de la façon suivante : le cartographe aura eu quelques indications vagues; il aura entendu quelque chose de Smiley, et il aura marqué cette île un peu au hasard. Il est très possible que Smiley ait vu la Terre Alexandre. Les anciens phoquiers sont allés quelquefois très loin faire leur maudit commerce de destruction des pauvres phoques à fourrure.

Ainsi, vous êtes certainement en droit de dire que vous êtes le premier à avoir vu la Terre

que notre route, en même temps qu'elle est un peu plus au Sud actuellement, se dirige à peu près parallèle à celle de De Gerlache, de sorte que nos sondages viennent ainsi ajouter leur valeur aux siens. Nous sommes également au sud du trajet effectué par Bellingshausen.

La banquise, tout au moins dans cette région limitée, s'étend moins au Nord que dans les années 1821 et 1898.

La lisière de la banquise présente de profondes indentations qui, dans son ensemble, doivent lui donner l'aspect d'une énorme scie, mais sa direction générale est actuellement Ouest. Sa configuration la rend identiquement semblable à celle que nous avons trouvée au large de la Terre Alexandre-Ier et de nos terres nouvelles et elle est parsemée d'icebergs et d'iceblocs qui par leur nombre et leurs caractères, sont également identiques. Je reste persuadé que si nous étions favorisés

L'Antarctique Sud-Américain
avant l'expédition du *Français*.

L'Antarctique Sud-Américain
après l'expédition du *Français*.
(1905)

L'Antarctique Sud-Américain après
l'expédition du *Pourquoi-Pas?*
(1910)

Les progrès accomplis dans l'Antarctique Sud-Américain.

Charcot. C'est ainsi que je veux que cette terre soit baptisée et j'espère que vos compagnons auront baptisé de ce nom les nouvelles terres. En tout cas, j'écrirai Terres Charcot dans tout ce que je publierai dorénavant et j'ai remarqué que quand un géographe de chambre a le bon droit pour lui, en fin de compte, c'est lui qui l'emporte... »

D'autres s'étant joints à M. Edwin Swift Balch, j'ai cru devoir céder à leurs aimables instances et c'est sous le nom de Terre Charcot que cette terre figure sur la carte qui accompagne ce livre, mais je désire qu'il reste bien entendu que c'est le nom de mon père, le professeur Charcot, qui a tant fait pour la science française, qui est ainsi mis en avant, et nullement le mien.

par un temps clair, nous verrions encore des terres. Malheureusement il est loin d'en être ainsi, le N.-E. souffle depuis le matin accompagné de grains de neige et de brumaille qui nous forcent à marcher le plus doucement possible. Dans l'après-midi, le vent tourne au Nord modéré. Espérant une éclaircie, je fais stopper, mais en vain; nous en profitons néanmoins pour sonder et effectuer deux dragages qui nous permettent de rapporter entres autres choses quelques échantillons de roches.

13 janvier. — N.-E. le matin avec brumaille et très violents grains de neige. Nous continuons notre route, suivant toujours la banquise dont nous distinguons la ligne qui se détache au-dessous de la muraille

Un dragage avec la petite drague.

grise formée par la brume comme un vaste trottoir de marbre blanc, jalonné par les icebergs qui se dressent en superbes monuments de même substance. Quelques-uns détachés flottent au large. Nous traversons aussi rapidement que nous permettent nos moyens cette région où la *Belgica* dériva longtemps, prise dans la glace pendant l'hiver. Les grandes indentations se présentent toujours, mais la direction générale est maintenant N.-O.

Dans l'après-midi, le vent souffle faible du N.-N.-E., le soleil se montre un peu, et l'horizon claircit du côté du large, mais la banquise reste toujours enveloppée par la brume.

Vers 2 heures, nous stoppons et commençons un tour d'horizon pour régler nos compas, mais le soleil se cache de nouveau et nous empêche de terminer cette opération. Le soir, le N.-E. recommence à souffler fort et le ciel se charge dans le vent. Jusqu'à présent, nous avons été à l'abri de la mer, protégés contre elle par la banquise; c'est à peine, même, si la houle se faisait sentir, mais maintenant, nous commençons de nouveau à rouler.

14 janvier. — Le vent de N.-E. est assez fort toute la matinée et toute la journée, accompagné de grains de neige. C'est la digne suite du détestable hiver dont nous avons tant souffert. Si ce n'était pas pour le jour continu, nous ne pourrions certes deviner dans quel mois nous nous trouvons. Nous sondons toujours aussi régulièrement que les circonstances de la navigation nous le permettent et, cette nuit, vers 9 heures, en dépit de la houle et du vent, nous avons pu mener cette opération à bien en nous mettant sous le vent de deux grands icebergs. Nous avons trouvé 3.030 mètres et, malgré les mauvaises conditions, nous n'avons perdu que 15 mètres de fil qui se sont accrochés, comme cela arrive malheureusement souvent, dans le bois mâché de l'avarie de notre avant.

Pl. Lumière.   La bobine   Cl Senouque.
d'enroulement de la drague.

Cette navigation dans la brume, le long de cette banquise, est affreusement monotone; les oiseaux, cependant, sont assez nombreux et quelques baleines plongent autour de nous, mais nous ne voyons pas un seul pingouin empereur qui manque à nos collections et que la *Belgica* rencontra en abondance. La banquise semble nous conduire maintenant directement au point où Bellingshausen a placé l'île Pierre-Ier; nous sommes entre la route de ce navigateur, qui était sensiblement plus au Nord que la nôtre, et la dérive de la *Belgica*, qui fit passer ce navire à environ un degré et demi au Sud de cette île.

Les icebergs deviennent de plus en plus nombreux; il y en a de superbes et, comme malgré la grande quantité qu'il nous a été donné d'en voir depuis notre arrivée dans l'Antarctique, nous ne sommes pas tous blasés sur leur merveilleuse architecture, je passe tout près de quelques-uns pour permettre de les photographier. La mer, avec un sourd fracas, brise sur leurs bases, envoyant quelquefois son écume à de prodigieuses hauteurs, d'autres fois envahissant les grottes qui résonnent, puis se

Kodak. Sur la lisière de la banquise. Cliché Charcot.

vident avec le bruissement d'un torrent. La mer puissante et les monstrueux icebergs sous le ciel gris et bas, se livrent à leurs jeux de géants, se caressant ou se heurtant, et, au milieu de ces prodigieuses manifestations de la nature qui ne sont pas faites pour l'homme, nous nous sentons simplement tolérés, bien qu'une sorte d'intimité se soit créée entre nous et nos hôtes superbes.

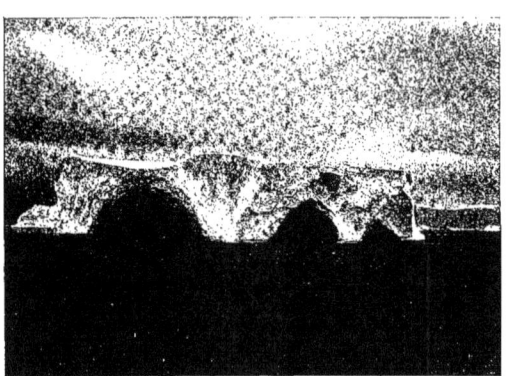

Pl. Lumière.   Iceberg tabulaire avec grottes.   Cl. Godfroy.

Vers 5 heures du soir apparaît un chaos inexprimable de ces monstres de glace, les uns couchés, les autres brisés comme après une formidable lutte; au large, de tous côtés, d'autres, groupés comme des spectateurs ou des forces attendant leur tour d'entrer en lice, montrent leurs formes blanches, et, au fur et à mesure que nous remontons plus haut dans la mâture, élargissant notre horizon, d'autres et encore d'autres se dressent, nous encerclant d'une barrière en apparence infranchissable. Dans la brume qui se déchire à 1 ou 2 milles de nous, apparaît brusquement une énorme masse noire enveloppée de nuages; c'est l'île Pierre-Ier, découverte par Bellingshausen et que nous sommes les premiers à avoir revue depuis

Pl. Lumière.   Accumulation d'icebergs.   Cl. Godfroy.

ce grand navigateur. C'est le 11 janvier 1821 que cette île fut découverte et, pendant plusieurs années, avec la Terre Alexandre-Ier, elles restèrent comme les terres les plus Sud connues de l'hémisphère austral. Bellingshausen, qui l'avait aperçue en venant du S.-O. et ne put en approcher par suite des glaces, lui assigna 9 milles environ de longueur, 4 milles de large et 4.000 « pieds » de hauteur.

Les circonstances déplorables où nous nous sommes trouvés, à la fin de la journée, ne nous ont pas permis d'ajouter quoi que ce soit à la description de Bellingshausen; nous ne pouvons, en affirmant sa découverte, qu'admirer la précision des observations de cet amiral russe, à une époque où les instruments de navigation étaient encore si peu précis (1).

La distance qui nous sépare de Pierre-Ier est très faible et le drift-ice très lâche, mais les icebergs sont, par contre, nombreux et serrés; nous cherchons, néanmoins, à nous en rapprocher et pénétrons dans les glaces. Rouch essaye de sonder, mais les morceaux de glace agités par la houle cassent son fil; d'autres sondages pratiqués plus tard à environ 6 milles, donnent 1.400 mètres sans trouver de fond, de sorte qu'on peut dire, sans exagérer, que l'île surgit de l'Océan, d'autant plus que De Gerlache, à un degré et demi au Sud d'elle, a trouvé 1.148 mètres.

Le temps devient extrêmement menaçant, le vent soufflant en ouragan du S.-E. accompagné de brume et d'une tempête de neige qui cache tout. Notre situation devient dangereuse et nous sommes menacés de tous côtés par les icebergs qui se dressent autour de nous. Nous n'avons même pas la ressource de mettre à la cape, il faut chercher à nous écarter à tout prix et nous échapper du cercle qui se rétrécit autour de nous. C'est le cœur gros que nous nous éloignons,

La Terre Pierre-Ier d'après l'Atlas de Bellingshausen (1881).

(1) Nous sommes heureux, grâce à l'extrême obligeance du général de Schokalsky, président de la Société Impériale de Géographie de Saint-Pétersbourg, de pouvoir donner la vue de côte prise par l'artiste qui accompagnait cette expédition mémorable. Nous avons nettement vu, nous-mêmes, la calotte de glace qui se trouve sur la gauche du dessin et la haute falaise qui se dresse au-dessus d'elle.

mais, dans l'imminence du danger, nous n'avons pas le temps d'exprimer des regrets.

Cette nuit est rendue affreuse par la violence du vent, la mer est énorme et tourmentée au milieu des icebergs qui se renvoient la houle et l'épaisse brume vient encore se compliquer de gros grains de neige.

Nous nous écartons d'abord de la terre, en prenant le vent par le travers, puis la mer devenant trop grosse, nous laissons porter vent arrière.

A sec de toile, la machine à toute vitesse pour pouvoir gouverner plus rapidement, nous fuyons sans savoir même où nous allons avec la seule préoccupation d'éviter un abordage.

D'abord les choses marchent à peu près bien, les icebergs que nous rencontrons sont grands et suffisamment espacés pour pouvoir manœuvrer à temps, mais au bout de quatre heures, dans la mer bouillonnante, se dressent de tous côtés des icebergs et des iceblocs. Les hommes à courts intervalles doivent se succéder à la barre, tellement la manœuvre continuelle

Pl. Lumière.　　Iceberg tabulaire avec base ouvragée.　　Cl. Godfroy.

est éreintante. Je me sens comme entraîné par un torrent invisible dans un gouffre noir, dont j'ignore quelle sera la fin ; sans quitter le porte-voix, je hurle des ordres qui se contredisent ; nous naviguons dans un couloir tortueux, encombré de gros blocs qu'il faut éviter à tout prix ; de la brume, au fur et à mesure que nous avançons, surgissent des icebergs puis d'autres encore et la notion des plans disparaissant dans cette atmosphère chargée, nous ignorons si même un passage s'ouvrira devant nous. La préoccupation se transforme en une sorte de griserie ; nous ne nous rendons plus compte du danger et notre course, que le moindre choc, la plus petite erreur de jugement, peuvent transformer en catastrophe, devient un sport. Passerons-nous, ou ne passerons-nous pas ? et toujours le torrent nous entraîne ; les hauts icebergs dont nos vergues semblent frôler les parois nous dominent et les plus petits dansent devant le bateau qui passe. Comme nous et avec nous, les heures fuient et dans l'inconnu la course folle se poursuit ; en ce moment, la chose la plus bizarre, la plus étrange se serait dressée devant moi, qu'elle ne m'eût pas étonné, mais ce ne sont toujours que des masses blanches et des barrières qui se détachent du fond noir, qui grandissent, d'où la mer jaillit en hautes gerbes dont les embruns retombent sur le bateau puis qui s'évanouissent derrière nous.

Tout d'un coup, devant moi, le gouffre noir devient brillant et doré, éblouissant de clarté, augmentant le fantastique étrange et inquiétant, mais donnant l'impression d'entrer au paradis après être sorti de l'enfer ! Cette clarté est tout simplement produite par l'iceblinck d'une large plaque de drift-ice et dès que nous pénétrons dans les petites glaces, la mer se calme et le sourd roulement des glaces est comme un silence reposant après le fracas des vagues brisant au pied des icebergs.

Ce drift-ice est rapidement traversé, la tempête souffle toujours, mais le temps claircit et les icebergs deviennent plus rares. Je me jette pour deux heures sur ma couchette, et en me réveillant je me demande si cette navigation étrange n'a pas été un rêve.

15 janvier. — Le vent continue toujours très fort, la température est à 0° ; la mer est énorme, les icebergs sont encore un peu nombreux mais faciles à éviter avec le temps maintenant très clair. La machine est stoppée et nous marchons à la voile seule. Pour gagner au vent dans la soirée nous mettons la machine en route et marchons voile et vapeur au O.-S.-O. puis au S.-O.

16 janvier. — A partir de minuit le vent souffle modéré du S.-E. et bientôt il fait un temps radieux admirablement clair. Il y a toujours beaucoup d'icebergs, quelques-uns très beaux et très grands, mais ils sont relativement assez espacés et ne sont pas gênants. Nous jouissons tous de ces heures de soleil, les premières depuis si longtemps, et il nous semble que nous sortons enfin d'une cave.

A midi, la banquise parsemée d'une grande quantité d'icebergs, se dresse devant nous, nous sommes par 69° 12' de latitude.

Nous faisons un tour d'horizon pour régler nos compas et un sondage qui nous donne 4.000 mètres de fond. La banquise forme une grande pointe qui s'avance vers le Nord, continuée par un amas d'icebergs, prolongée encore plus au Nord par l'iceblink que nous connaissons si bien maintenant et qui n'augure rien de bon.

A 4 heures du soir, le vent se lève modéré du N.-E. puis tourne au N.-O. amenant la brume qui va en s'épaississant jusqu'à nous empêcher de voir à plus de 30 mètres. Je fais régler le nombre de tours de la machine de façon à tenir le bateau debout au vent tout juste gouvernant, et c'est ainsi que nous passons, protégés par la Providence au milieu des dangers. De temps à autre, un petit glaçon se présente brusquement devant nous, passe le long du bord et disparaît aussi rapidement ; quelquefois ce sont de grandes masses, dont une extrémité est déjà cachée dans la brume, avant que nous ne distinguions l'autre et le silence est tel et si impressionnant dans cette ouate humide, que nous parlons nous-mêmes à voix basse. Enfin à 3 heures du matin le rideau se lève et nous nous apercevons que tout en dérivant, nous avons traversé les icebergs de la pointe Nord de la banquise. Tout le gréement du bateau est englobé dans une coque de glace d'un ou deux centimètres d'épaisseur et il est totalement impossible de faire courir les manœuvres.

Libois est très fatigué, nous sommes même obligés de lui ordonner le repos. Frachat, très courageusement, propose de le remplacer pour la chauffe, mais, peu habitué à ce travail, il ne pourra le continuer longtemps. Beaucoup d'hommes sont pâles, et l'hiver, si pénible, a un peu altéré toutes les santés. Mais Godfroy, surtout, recommence à m'inquiéter, il a une mine affreuse et se traîne plutôt qu'il

Plaque As-de-Trèfle.   Iceberg tabulaire et iceblink.   Cliché Godfroy.

ne marche ; il ne veut pas se plaindre, mais je me rends bien compte qu'il est de nouveau atteint de scorbut. En ce qui me concerne, depuis le départ de Petermann, ma santé est toujours la même ; je ne puis faire un effort sans éprouver des étouffements et des palpitations et, pour monter dans la mâture, ce qui m'arrive plus de vingt fois par jour, je dois me reposer fréquemment, mais cela a pu marcher ainsi jusqu'à présent et, puisque cela n'empire pas, il n'y a aucune raison pour m'en préoccuper.

17 janvier. — Vents modérés du N.-E. au N.-O., souvent très faibles. Thermomètre 0°.

Nous suivons toujours la lisière de la banquise qui est très compacte et dans laquelle il serait à peu près impossible de naviguer. Les contours nous font faire des routes diverses, mais qui nous maintiennent à quelques milles au sud du 69ᵉ degré.

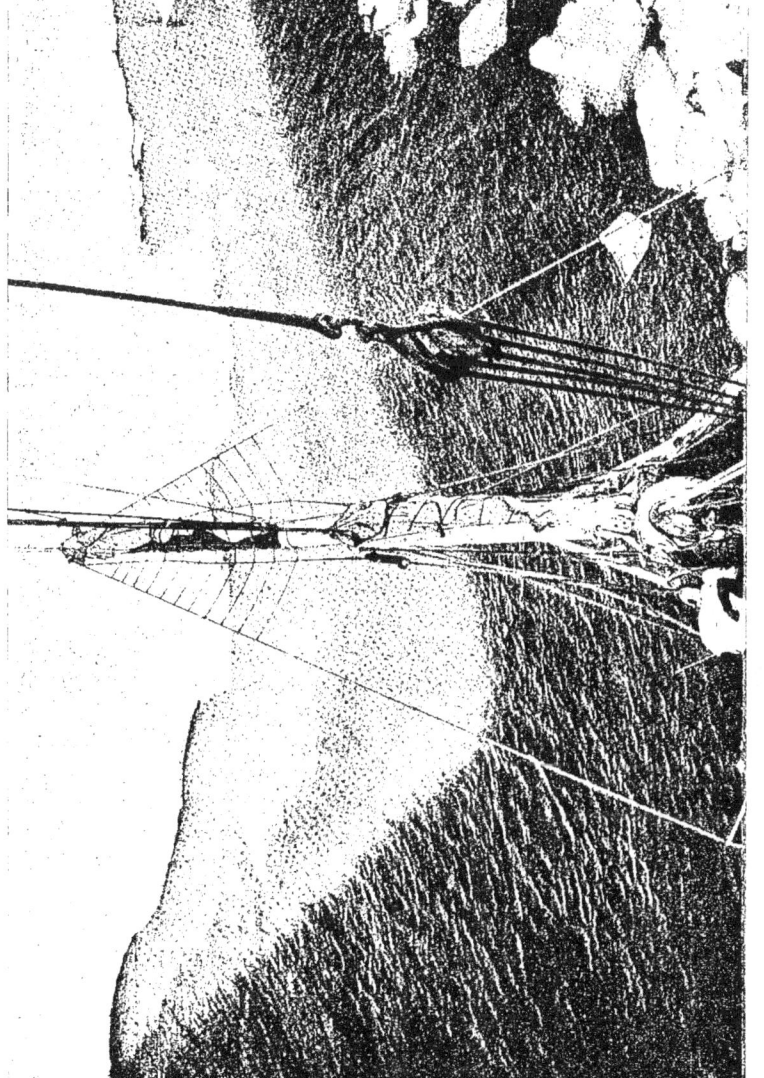

Le *Pourquoi-Pas?* attaquant un grand floe.

Les bancs de brume sont extrêmement fréquents et nous empêchent de voir les indentations de la banquise généralement formée de glaces petites et lâches, que nous pourrions traverser facilement et qui nous permettraient de gagner au plus court. Cependant, l'iceblink, malgré la brume, nous donne d'utiles indications.

Comme dans la soirée d'hier, un épais brouillard nous enveloppe pendant quelques heures et se complique d'une abondante chute de neige en gros flocons serrés. Sans trop savoir où nous allons, nous traversons un assez fort pack.

18 janvier. — Le temps est brumeux le matin et les vents sont légers du Nord au N.-O., mais bientôt le soleil brille et le ciel devient très beau et très clair dans le Sud.

Pl. As-de-Trèfle.   En pleine banquise.   Cl. Godfroy.

Notre route s'est inclinée pendant ces dernières heures vers le S.-O. Par la même latitude de 70°, nous avons passé la longitude où Knox, commandant un des navires de l'expédition de Wilkes, fut arrêté par les glaces le 22 mars 1839. Il raconta qu'il avait vu à cet endroit une haute barrière infranchissable, impression qui, je le suppose, doit être attribuée à un effet de mirage. C'est à la même longitude, mais à 50 milles plus au Sud, que la *Belgica* s'échappa de la banquise après son long hivernage en 1899.

Fréquemment, il nous faut naviguer dans les glaces, nous frayant brutalement notre chemin, puis, un grand espace d'eau libre s'ouvre devant nous; nous sommes maintenant à la longitude où Cook, le grand navigateur anglais, atteignit, le 30 janvier 1774, par 106° 54′ ouest (Greenwich) la latitude de 71° 10′ Sud qui, pendant longtemps, ne fut pas dépassée. Au même endroit, nous nous sommes arrêtés à la banquise à 70° 30′ Sud. Je crois pouvoir affirmer qu'il nous eût été alors facile, en piquant directement dans les glaces, de faire une soixantaine de milles qui nous eussent permis d'annoncer que nous avions dépassé la latitude de Cook, mais cette petite satisfaction nous aurait coûté beaucoup de temps et surtout beaucoup de charbon et, de même que volontairement Bellingshausen traversa les routes de Cook, jugeant qu'il serait plus profitable pour la science de continuer vers l'Est, volontairement, à notre tour, nous continuâmes vers l'Ouest. Il est intéressant, toutefois, de noter que nous avons trouvé au même endroit que Cook une profonde entaille dans la banquise et qui n'est certainement pas une simple indentation due aux vents dominants, comme celles que l'on rencontre sur toutes les lisières. Mon impression que la terre n'est pas loin persiste toujours et j'y vois une preuve de plus dans l'accumulation des icebergs et des ice-blocs.

Nous stoppons pour accoster un gros débris d'iceberg que je fais amarrer au bateau; quelques hommes vont dans le youyou en briser des morceaux que nous embarquons et qui sont envoyés pour faire de l'eau douce dans le serpentin de la chaudière. Enfin, nous descendons le filet vertical du Prince-de-Monaco à 1.000 mètres et le résultat de cette pêche est un des meilleurs de toute la campagne.

Dans la banquise, les tabulaires sont de taille colossale, l'un d'eux, en parti-

Pl. As-de-Trèfle.   Icebergs et iceblink.   Cl. Godfroy.

culier, est certainement le plus grand que j'aie jamais vu, ce qui coïncide bien avec la description de Cook, qui s'étonne devant les dimensions des icebergs qu'il a rencontrés à cet endroit.

19 janvier. — Cette nuit, le baromètre a beaucoup baissé, l'apparence du temps était mauvaise, et le bateau a été secoué par une grande houle. Le coup de vent ainsi annoncé n'a pas tardé à se faire sentir et, tout de suite, s'est mis à souffler très fort du N.-E. Nous étions en mauvaise posture, car, en dehors des très nombreux icebergs que nous avions à éviter, la banquise se trouvait sous le vent, s'inclinant vers le N.-E., très au loin, comme ne nous l'annonçait que trop bien l'iceblink. Avec la mer qu'il faisait alors, il eut été désastreux d'être jeté dans ce pack-ice en mouvement formé de grands floes épais et de débris d'icebergs et, coûte que coûte, il fallait remonter dans le vent. En louvoyant sous vapeur, nous y parvenons, mais nous sommes obligés, à chaque instant, de forcer notre route dans de la grosse glace de dérive et de donner ainsi de grands chocs qui me font trembler pour notre avant si fortement avarié et que nous n'avons guère ménagé. La présence de la glace de dérive, même en petite quantité, empêche toujours la mer de briser, même pendant les plus violentes tempêtes, en créant de grandes zones de calme, mais elle n'empêche nullement la houle et les morceaux secoués et s'écrasant les uns contre les autres, deviennent de terribles adversaires pour le navire qui s'y trouve engagé.

Il semble que la banquise soit en train de se refermer à l'entrée de la baie où nous avions pu pénétrer et lorsque nous avons franchi l'étroit passage, nous nous sommes trouvés dégagés, mais, dans une mer très grosse et très tourmentée. Heureusement le bateau se comporte admirablement bien, il est cependant évident que nous ne pouvons pas nous vanter d'habiter une maison tranquille.

20 janvier. — Le coup de vent a diminué graduellement de force pendant la nuit, pour tourner au S.-E. après une série de très courts petits grains de grésil. Le baromètre a monté aussitôt, le thermomètre descendant à — 2°. Dès 4 heures du matin, j'ai fait établir toute la voilure et gouverner à l'Ouest du monde; nous sommes par 68°32' de latitude Sud, et nous parcourons ainsi, à la vitesse de 8 nœuds, une région qui n'a jamais été explorée.

En effet Cook, pour atteindre sa haute latitude, suivit, en venant du 64° degré, une route directement Sud, puis remonta droit au Nord; Bellingshausen, puis Biscoe venant de l'Ouest, arrêtés par les glaces, naviguèrent, le premier par 63° et 64° de latitude Sud, le second par 65°. Nous sommes donc à plus de 3° au Sud de nos devanciers et bientôt nous pourrons descendre plus bas que le 69ᵉ degré.

La mer est belle, mais les icebergs sont innombrables et augmentent encore au fur et à mesure que nous avançons. Depuis quelques jours j'avais voulu, pendant mes quarts seulement, m'astreindre à les compter, mais j'ai dû renoncer à cet exercice, ayant atteint en quarante-huit heures le chiffre respectable de 5.000.

La question charbon commence de nouveau à m'inquiéter ; il est impossible de songer, même une seconde, à naviguer à la voile seule au milieu de ces icebergs qui sont tellement tassés que nous sommes obligés à chaque instant de modifier notre route pour les éviter, et notre provision s'épuise graduellement. Il nous faut toujours en conserver un peu en vue de la très longue traversée que nous avons devant nous pour rentrer dans le monde civilisé, et enfin il n'y a pas dans cette région la possibilité de prendre du lest pour remplacer le poids qui diminue au fur et à mesure de la consommation. J'ai fait descendre à fond de cale tout ce que j'ai pu, mais je ne vois plus rien de disponible. L'état de santé général m'inquiète également, la mine de Godfroy est de plus en plus mauvaise, bien qu'il persiste à ne pas vouloir se plaindre et à continuer à faire son service, et les figures de beaucoup s'allongent. Il nous faudrait de la viande fraîche, mais malgré tous nos efforts nous n'avons pu capturer aucun des phoques que nous rencontrons sur les glaces; il faudrait aussi du repos pour les malades et même parmi les mieux portants il y a des symptômes trop évidents de lassitude. Cependant je veux persister encore, nous sommes dans une région totalement inconnue et si intéressante !

21 janvier. — Vents de S.-S.-E. légers avec beau temps le matin,

Plaque As-de-Trèfle.   Toujours des icebergs.   Cliché Gain.

mer plate, ciel clair sauf à l'horizon. A midi brume et temps couvert, puis de nouveau à 6 heures temps assez clair avec vent de S.-S.-E. modéré. Le thermomètre descend à — 3° la nuit, pour remonter à + 3° dans la journée.

Pendant toutes les heures de nuit nous avons gouverné au S.-O. et ce matin, du nid-de-corbeau, j'aperçois la banquise à tribord s'étendant jusqu'au N. 10° E. Peu de temps après elle apparaît devant nous. Nous gouvernons au Sud et dépassons le 70ᵉ degré, arrêtés encore cette fois par les glaces, ayant donc pénétré dans une vaste baie formée par la banquise.

Nous avons atteint une latitude inespérée dans cette région et nous continuons à la suivre. Enfin dans l'après-midi, par 118°50 de longitude Ouest, bloqués par les glaces, nous stoppons et nous nous amarrons à un gros icebloc pour faire de l'eau douce suivant le procédé déjà employé.

Rouch sonde pendant ce temps et ne trouve que 1.040 mètres fond de roche. Il y a donc de grandes chances pour que la terre ne soit pas loin de nous et peut-être avec un temps plus clair, la verrions-nous ! En tout cas la banquise et les icebergs présentent toujours les mêmes caractères, l'eau a la même coloration; il n'y a dans mon esprit aucun doute, la terre ne peut être loin et ce sondage s'ajoutant à ceux de De Gerlache plus à l'Est et à la découverte de notre nouvelle terre, semblent bien affirmer la réunion de la Terre Fallières à celle d'Édouard-VII. Que ne donnerais-je pour être ici avec des pleines soutes de charbon, un bateau intact, un équipage bien portant, au début d'une campagne !

A 6 h. 15 nous appareillons et parvenons, non sans quelques difficultés et quelques gros chocs à sortir des glaces qui nous enferment dans la baie de la banquise.

Pl As-de-Trèfle. Un sondage à la machine Lucas. Cl. Godfrey.

22 janvier. — Le temps est toujours beau, le vent bien établi au Sud. A minuit le ciel était superbe et le soleil s'est couché en conservant au-dessus de l'horizon la moitié de son disque; c'est le demi-soleil de minuit.

Avec toutes voiles dessus, faisant 8 nœuds 7, nous gouvernons à l'Ouest, puis un peu au N.-O., suivant la direction générale de la banquise. Les icebergs, loin de diminuer en nombre, semblent au contraire devoir augmenter.

A 2 heures, du haut de la mâture que je ne quitte guère, je vois une longue bande de glace de dérive formée de blocs extrêmement épais et la banquise à l'horizon se dirigeant vers le N.-O.

Nous voulons stopper et mettre en panne sous le vent de la bande de glace de dérive, mais la machine n'obéit pas à temps et le bateau pénètre dans les grands floes dont quelques-uns s'élèvent à 5 mètres au-dessus du niveau de l'eau surplombant les parois du bateau ; ils sont heureusement légers et formés de glace molle et nous nous dégageons facilement. Pendant que Rouch sonde à 2.310 mètres, sans trouver de fond, nous cherchons à tuer des phoques qui dorment sur les floes,

Phoques sur les dernières glaces.

Plaque A. de Treille. Cliché Godfroy.

mais les embarcations ne peuvent arriver à pénétrer dans la glace épaisse, et si nous les tirions du bateau cela serait un meurtre inutile.

A mon grand regret il faut revenir vers le Nord ; trop d'arguments plaident en faveur du retour. J'avais décidé de persister vers l'Ouest jusqu'à ce que nous rencontrions les glaces et maintenant elles nous barrent la route. J'ai longtemps pensé que si Bellingshausen et Biscoe avaient été arrêtés tellement plus au Nord que nous, c'était par une banquise en dérive comme celle que l'on doit franchir pour atteindre la Terre Victoria, mais cependant la très grande quantité d'icebergs que nous rencontrons plaideraient en faveur d'un ou de deux hivers un peu exceptionnels dans cette région, dont nous avons pu profiter, et qui en dispersant une grande portion de la banquise ont ainsi mis en liberté les icebergs qu'elle tenait emprisonnés. Cependant, si la première hypothèse était la bonne, nous aurions encore à lutter avec les glaces et le peu de charbon qui nous reste serait indispensable pour les franchir.

Je ne devrais cependant pas me laisser aller aux regrets stériles. Pendant cette seconde campagne d'été qui vient ajouter ses découvertes et ses observations à celles de la première et de l'hivernage, nous avons atteint le 124e degré de longitude Ouest en naviguant presque tout le temps entre le 69e et le 70e degré de latitude, quelquefois même plus au Sud. Malgré les très mauvaises conditions où nous l'avons fait, aucun accident n'est arrivé, nous avons accompli notre programme et nous avons fait de notre mieux ! Adieu vat !

25 janvier. — Nous faisons bonne route sur la Terre de Feu. Depuis le 22, nous sommes favorisés par des petits vents qui du S.-O. ont tourné à l'E.-S.-E., amenant un très beau temps clair, la température restant entre 0° et 2°. Par 67° nous avons dû traverser une bande de pack-ice assez épais, s'étendant à perte de vue à l'Est et à l'Ouest ; est-ce ce pack-ice remontant encore un peu plus au Nord qui aura arrêté Bellingshausen ? Les icebergs très tassés au Sud sont maintenant disséminés. Il y a ici une ligne de démarcation très nette, derrière laquelle ils ont été en diminuant de plus en plus ; depuis ce matin nous n'en voyons même aucun. Avec la voilure nous marchons à 8 nœuds. La houle est assez forte mais le soleil brille et tout l'équipage se met avec ardeur à faire la toilette du bord. Notre brave bateau est évidemment dans un état qu'on peut appeler glorieux puisqu'il résulte des combats qu'il a dû livrer, mais je veux, quand nous arriverons en pays civilisé, qu'il soit propre, et qu'on se rende compte, que loin de vouloir poser pour des gens qui ont peiné, nous cherchons à dissimuler les traces de nos luttes. Toute la peinture de la coque est partie, le bois est à nu, mais de ce côté nous ne pouvons rien faire pour le moment. A l'intérieur la peinture des pavois et des

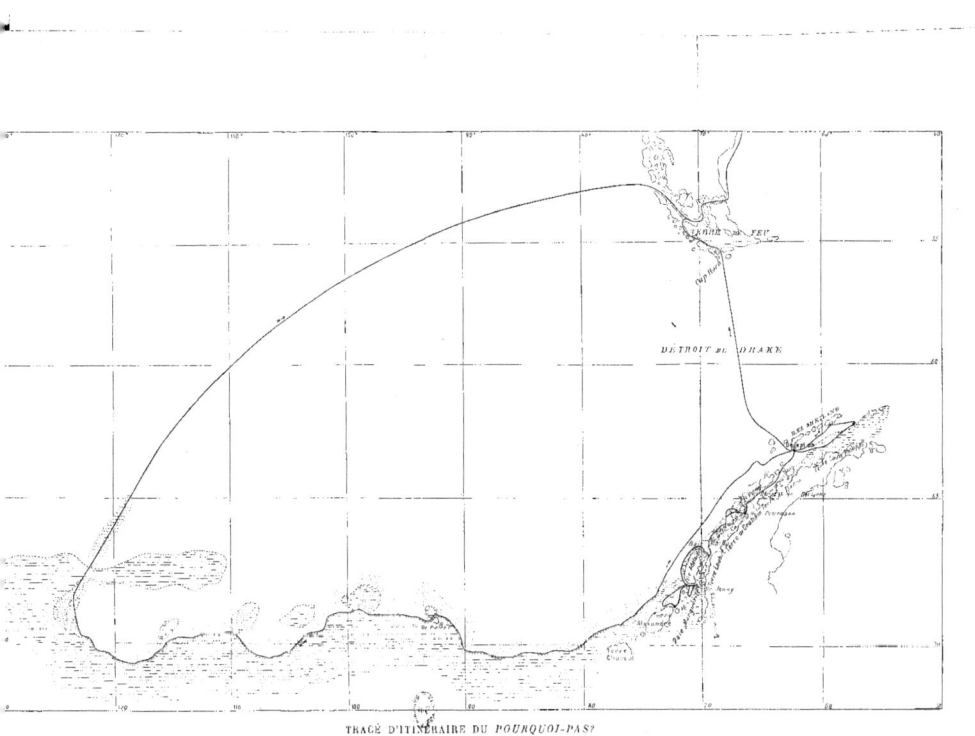

TRACÉ D'ITINÉRAIRE DU *POURQUOI-PAS?*
LEVÉ FAIT PAR M. BONGRAIN

Kodak.   Quelques hommes de l'équipage regardant jouer les chiens et les chats nés dans l'Antarctique.   Cliché Charcot.

roofs est dans un triste état, nous commençons à la gratter et à la nettoyer. Enfin nous nous mettons à astiquer le peu de cuivre que nous avons à bord et bientôt notre plaque « Honneur et Patrie » flamboie sous les rayons du soleil.

Par 66° 15' de latitude Sud et 118° de longitude Ouest nous avons mis en panne et sondé, trouvant 5.100 mètres, il y a donc en cet endroit une fosse profonde.

Maintenant que nous avons définitivement mis le cap au Nord, Godfroy

Plaque As-de-Trèfle.   Iceberg tabulaire avec arche.   Cliché Gain.

m'avoue, comme je le supposais bien, qu'il a les jambes très enflées depuis une dizaine de jours.

26 janvier. — Coup de vent du O.-S.-O. au O.-N.-O., avec ciel tantôt clair, tantôt couvert, la température étant + 5°. A vrai dire, c'est l'anémomètre qui me permet de dire que nous subissons un coup de vent, car le bateau se comporte tellement bien, que cette navigation est agréable ; à la voile seule nous faisons nos 9 nœuds.

Nous laissons à tribord un iceberg et quelques débris de glace ; c'est le premier que nous revoyons depuis hier, peut-être est-ce bien le dernier. A 11 heures maintenant il fait nuit ; la lune, que nous n'avions pu voir depuis si longtemps, avec les jours de vingt-quatre heures et qui est actuellement pleine, se lève, brillante et superbe comme pour nous souhaiter un bon retour dans le monde habité.

29 janvier. — Décidément, depuis le 26, nous sommes rentrés dans la zone des vents d'Ouest. Nous avons eu à subir un fort coup de vent de O.-S.-O. avec temps couvert et boucaille qui nous a fait marcher rapidement; puis le vent a tourné au S.-O. q. Ouest avec de courtes éclaircies. Enfin, de nouveau aujourd'hui le temps est très beau avec un vent modéré de O.-S.-O. La mer est extrêmement grosse, mais le *Pourquoi-Pas ?* s'en soucie peu, il s'élève admirablement à la lame et taille bonne route. On dirait que lui aussi sent l'écurie.

Hier, une bande de dauphins a accompagné le bateau ; Liouville les a reconnus pour appartenir à une espèce jusqu'ici sans description systématique, mais notés et très exactement dessinés par le Dr Wilson, zoologiste de la Discovery, qui les a rencontrés également dans ces mers du Sud.

Le nettoyage à bord continue.

31 janvier. — Il y a trois jours le vent a calmi, tournant au N.-O. et nous avons dû orienter au plus près faisant toujours bonne route sous voile et vapeur.

Le thermomètre est graduellement remonté à — 8°. Le baromètre s'est ensuite mis à baisser et nous avons attrapé un fort coup de vent du N.-N.-O. au N.-O. accompagné de pluie et de brume. La mer est très grosse venant par le travers, mais le bateau se comporte toujours admirablement, n'embarquant pas une seule goutte d'eau et dépassant 9 nœuds avec toute sa voilure dessus, sauf les perroquets. A cette allure, nous devrions entrer demain dans le détroit de Magellan.

1er février. — Pendant la nuit, en plein coup de vent, toutes voiles dessus, nous avons fait nos 10 nœuds, malheureusement le vent augmente de violence et la brume s'ajoute à la pluie. On ne voit pas à plus de 200 mètres. D'après l'estime, nous devrions être à 11 heures du matin sur les « Évangélistes », îlot rocheux à l'entrée du détroit de Magellan et qui porte un phare, mais, à 10 h. 30, la brume devient si épaisse que cela serait une folie de continuer et force nous est de virer de bord et de tâcher de nous écarter de la côte. La mer est énorme. Notre situation est très mauvaise, car si le vent tourne à l'Ouest, nous risquons d'être jetés à la côte. A 1 heure une éclaircie se produit et Bongrain peut faire une droite de hauteur ; presque en même temps un profil de falaise qui doit être le cap Pillar se dessine dans la brume et le vent tourne au O.-N.-O. La terre est toute proche et le courant nous drosse rapidement dessus, il nous faut à tout prix doubler le cap Pillar et cela n'est pas facile avec la mer qui règne et le vent qui souffle. Je donne l'ordre à la machine de marcher à toute puissance et de prendre des dispositions pour caler les soupapes ; en même temps nous faisons toute la voilure possible, mais un foc est arraché en le hissant. La côte sort du manteau de brume qui l'enveloppait et se découvre tout près de nous, sinistre et terrible, la mer brisant sur les « rochers des Apôtres », mais le *Pourquoi-Pas?* est un rude bateau; petit à petit il gagne au vent lentement et à 4 h. 30, avec un soupir de soulagement, je « laisse arriver » dans le détroit de Magellan. A 7 heures nous entrons et mouillons dans la baie Tuesday ; c'est justement aujourd'hui Mardi (1).

Nous avons fait une traversée superbe, mettant dix jours à venir de la banquise ici. Cette nuit je me déshabille enfin pour me coucher. La deuxième Expédition Antarctique française est terminée. Si nous avons des malades à bord, cependant, grâce au ciel, il ne manque personne à l'appel.

Et maintenant, dans quelques jours, qu'allons-nous apprendre à Punta Arenas, où nous attendent des lettres ! à l'autre bout du télégraphe, qui en quelques heures nous réunit aux nôtres, que va être la réponse à ma dépêche ?

Pl. As-de-Trèfle.   Cap au Nord.   Cl Godfroy.

Volontairement, en plein bonheur, j'ai quitté les miens, pour faire ce que je considérais comme mon devoir, que vais-je retrouver ?

Ce que j'éprouve pour moi-même, je le ressens pour les vingt-neuf autres qui se sont joints à moi et maintenant que le grand effort est achevé je me demande s'il paie toutes les angoisses qui ont entouré notre absence, et si j'avais vraiment le droit et la mission de les faire naître ? Mais mes yeux se portent sur la devise de la dunette qui, bien que par une fausse honte nous ne voulions pas toujours l'avouer, nous a tous poussés et soutenus dans cette aventure, et là-haut se détachant sur le ciel, battant au vent, le pavillon de notre bateau me répond *Pourquoi-Pas?*

J'étais décidé, pour la santé des hommes, à n'arriver à Punta Arenas qu'après nous être un peu refaits et reposés dans le détroit de Magellan, nous pouvions trouver là en effet suffisamment de gibier et de poisson frais. La baie Tuesday me paraissait un excellent endroit, mais la violence des rafales, les grands fonds et la tenue insuffisante nécessitant de fré-

(1) Tuesday en anglais signifie mardi.

quentes manœuvres m'ont obligé à aller mouiller dans l'excellente petite rade de Puerto Gallante. Nous y trouvions installés un Autrichien et un Chilien, qui font le commerce d'échange avec les fœgiens et qui purent nous donner de la viande fraiche, des œufs et de la salade.

Le 11 février nous arrivons à Punta Arenas. En rade le steam launch *Laurita* nous attendait, ramenant à bord tous les amis venus quatorze mois auparavant nous souhaiter bon voyage ; un seul manquait, hélas ! le « Père Poivre » qui avait terminé sa carrière de brave Français courageux, souriant et bon !

Dans cette ville chilienne, nous reçûmes un accueil charmant. Notre consul, M. Blanchard dont on est heureux et honoré d'être l'ami, en nous ouvrant sa maison, nous fit goûter d'avance les joies de la vie de famille, affirmant une fois de plus sa réputation de bonté et de générosité. Le gouverneur, M. Chaigneau, nous fit comprendre que les protestations d'amitié d'un haut fonctionnaire chilien ne sont pas de vaines paroles. Nous vécûmes là avec nos excellents amis MM. Detaille, Adriasola, Rocca, Beaulier, Bonvalot, Grossi, Baylac et tant d'autres, des journées charmantes. La petite colonie française nous fêta comme elle l'avait fait au départ, rivalisant avec tous les habitants pour nous prouver leur sympathie. Punta Arenas restera inoubliable dans le souvenir de nous tous.

De toutes les parties du monde, des dépêches de félicitations nous prouvèrent que nos efforts étaient appréciés et reconnus. J'avais cru n'avoir fait que de mon mieux, j'ai dû me persuader que nous avions bien fait, mais une fois de plus j'en reporte le mérite sur ceux qui m'accompagnèrent.

Quelques semaines après, nous arrivions à Montevideo où nous fûmes obligés de faire une longue escale ; l'accueil que nous y avons reçu ne nous l'a point fait regretter. En entrant dans le port, le croiseur anglais *Améthyst*, commandé par le capitaine Webb, nous signale « félicitations et bienvenue » et les compatriotes du capitaine Scott et de Sir E. Shackleton nous montrèrent que « l'entente cordiale » n'avait en rien diminué pendant notre absence. Antonio Lussich et son cousin, les directeurs de la grande société de sauvetage, auxquels l'humanité et le commerce maritime doivent tant et dont j'avais eu le bonheur de faire la connaissance, sept ans auparavant, lors du passage du *Français*, le Dr Visca, qui fut un élève de mon père, nous reçurent avec une générosité et une cordialité qui créent d'indissolubles liens d'amitié et de gratitude. L'état du *Pourquoi-Pas ?* nécessitait des réparations immédiates dont l'exécution me préoccupait à tort : je reçus, en effet, la visite de M. A. Amiot, ingénieur directeur de l'Entreprise française du Port de

Montevideo, qui venait mettre à notre disposition les puissants moyens de cette entreprise, dont les admirables travaux font le plus grand honneur à notre pays, à leur directeur surtout, M. Sillard, devenu depuis un ami qu'on ne peut oublier, et à tous les ingénieurs, MM. Caubios, Plazonich et Muller. Quelques mois après, M. Amiot succomba en pleine tâche ; son souvenir est de ceux qui ne s'effacent pas ; bien placé parmi ses collaborateurs à cette grande œuvre française, c'était le type de l'énergie intelligente, sachant cacher sous une brusquerie affectée l'enthousiasme et la bonté. Il a disparu, mais son souvenir restera dans nos cœurs.

Grâce à la générosité et à l'activité de nos compatriotes de l'Entreprise française du Port de Montevideo et de A. Lussich, le *Pourquoi-Pas ?* sortit de cette ville réparé et pimpant comme un joli yacht, se dirigeant sur Rio de Janeiro.

Déjà, dans la ville que nous venions de quitter, la réception de M. de Lisboa, ministre du Brésil en Uruguay, nous avait fait pressentir l'accueil qui nous attendait dans la grande République Sud-Américaine mais qui dépassa même nos prévisions. Notre ami, M. Boudet, consul de France et toute la sympathique colonie française du Brésil nous reçurent à bras ouverts ; le capitaine de corvette Barros Cobra, un enthousiaste de la première heure de l'Expédition, dont l'affectueux dévouement ne s'est jamais démenti, a failli nous faire oublier avec les habitants et le gouvernement de ce grand et généreux pays que l'on nous attendait avec impatience en France.

A Pernambouc les autorités, notre ami Sampaio Feraz, les ingénieurs du port, MM. Barbière, Béraud, Rouberol et Baudin ne voulurent pas que notre dernière escale dans l'Amérique du Sud nous laissât le moins bon souvenir.

Notre traversée de ce port aux Açores par la route des voiliers qui se rendent en Europe fut longue et fastidieuse, mais à Punta Delgada la réception que nous ménageaient le gouverneur, M. Luis Bettencourt de Medeiros e Comara, le savant commandant Alfonso Chaves et notre vice-consul, M. A. Ferin eut vite fait de nous la faire oublier. Le Portugal, qui compte parmi ses gloires les plus grands explorateurs du monde, a bien voulu honorer par son accueil à leur première escale dans un port européen, de modestes explorateurs français.

Je ne pouvais oublier que le petit port de Saint-Pierre à Guernesey avait été pour nous un refuge que nous n'eûmes pas à regretter pendant la tempête qui nous avait assaillis à notre départ de France. Je voulais aussi dans cette île, où nous devions trouver un accueil touchant, nettoyer et repeindre le *Pourquoi-Pas ?* pour qu'il puisse arriver en

France après son dur travail propre et joli. C'est là où, après environ deux ans d'absence, je retrouvais les miens et en quelques instants, peines et préoccupations s'effacèrent comme par enchantement.

---

4 juin 1910. — A 10 heures du soir, hier en rade du Havre, nous avons échangé les signaux habituels avec le pilote qui est ensuite monté à bord et à 11 heures nous avons mouillé, pour attendre la marée. L'ancre, pour la première fois depuis deux ans, mordait en terre française.

A 4 heures du matin, nous appareillons. Le hasard veut que j'aie le dernier quart à la mer de l'Expédition. Il fait gris, et il tombe une petite pluie fine. Voici Trouville, la côte si jolie de Villerville, puis Honfleur, la petite ville vieillotte et pittoresque aux maisons grises, où la présence d'un vapeur semble un anachronisme. Les grandes prairies où paissent les bestiaux se déroulent, puis des coteaux boisés d'arbres à la verdure reposante, des châteaux, des villas, des fermes coquettes ; le soleil maintenant dissipe la pluie et les taches colorées des fleurs des champs et des bouquets d'arbres fruitiers émaillent le fond mouvementé de verdure, où les eaux du fleuve se frayent un passage. Nous pénétrons dans le cœur de la France ; la nature même est élégante, et l'intervention de l'homme dans les constructions les plus infimes n'a fait que lui donner un coup de pinceau qui augmente sa grâce toute de goût et de délicatesse. Un coude de la Seine nous cache la mer, notre hôte depuis de si longs mois ; de plus en plus nous nous enfonçons dans l'idéal paysage, le plus beau du monde, celui qui fait palpiter le cœur, non sous la violence des émotions angoissantes qui arrachent des cris, mais avec les soupirs de la saine jouissance devant la perfection.

Mes yeux viennent de contempler le grandiose et inoubliable spectacle des formidables glaces de l'Artarctique, les falaises et les montagnes magnifiques dans leur sauvagerie du détroit de Magellan, le décor merveilleux de la baie de Rio, les splendeurs de la végétation tropicale, les Açores riantes, mais maintenant c'est bien la « doulce France » la belle France et nous y entrons par la route qui tout naturellement doit mener aux grandes villes, berceaux de l'art et de la science élégante sans pédanterie, où le courage est gai, le travail souriant.

Pendant cette matinée de retour, dans ma solitude sur la passerelle du *Pourquoi-Pas?* qui vient de parcourir le monde dans toute sa longueur, j'ai senti plus que jamais combien elle est belle cette France, combien elle mérite d'être aimée, d'être servie au prix même des plus grands sacrifices ! d'un sourire elle m'a largement payé de toutes mes peines.

8 heures. — Le pavillon monte à la corne lentement, le matelot qui le hisse doit sentir comme moi; le bleu, le blanc et le rouge se développent et claquent à la brise, complétant le merveilleux décor qui semble s'éclairer d'un éblouissement nouveau. Machinalement, tout seul, pour moi-même, je me suis découvert devant cet emblème ; au diable les raisonnements, la recherche du pourquoi des sentiments ; les excuses que par une fausse pudeur on donne à ses actes, c'est la Patrie ! et voilà tout !

A Duclair, nous mouillons. Seules les familles de mes camarades ont été prévenues de cette escale que je veux ignorée, pour qu'en dehors de la foule et des réceptions officielles dans le calme délicieux de ce petit coin tranquille, ils puissent retrouver et presser dans leurs bras celles qui ont vécu tant de mois d'inquiétude et de crainte.

Le *Pourquoi-Pas ?* à Duclair.

Enfin, le 5 juin, à 2 heures précises, le *Pourquoi-Pas ?* escorté de deux torpilleurs envoyés au-devant de lui, par l'amiral Boué de Lapeyrère, ministre de la Marine, que je ne remercierai jamais assez de son bienveillant et affectueux intérêt (1), de nombreux yachts et des bateaux de touristes, arrivait à Rouen. Pendant la montée de la Seine, de tous les villages, de toutes les maisons pavoisées partaient des cris de bienvenue, mais la magnifique réception que nous réservait Rouen était inattendue et nous sera un impérissable souvenir ; nous avons senti vibrer les cœurs de toute la population de cette belle et illustre ville, qui dans un enthousiasme ému a su prouver qu'elle savait apprécier les œuvres scientifiques et désintéressées et récompenser l'effort de ceux qui cherchent à les accomplir.

Cette fête touchante avait été organisée par la Société Normande de Géographie; que MM. Leblond et Monflier, président et secrétaire général de cette société, ainsi que tous ses membres, reçoivent ici l'expression de ma profonde gratitude.

---

(1) L'amiral Boué de Lapeyrère, commandant alors la division de l'*Atlantique*, avait été le premier à accueillir le *Français* lors de son retour à Buenos-Ayres en 1905. (Voir *Le Français au Pôle Sud*).

Le gouvernement s'était fait représenter par l'amiral Fournier, le ministre des Affaires étrangères par M. Pavie, ministre plénipotentiaire, le ministre de l'Instruction Publique par M. Rabot, le ministre de la Marine par M. le lieutenant de vaisseau Dumesnil, le Muséum par le professeur Joubin, S. A. S. le Prince de Monaco, par le lieutenant de vaisseau Bourée, la Société de Géographie de Paris par M. de Margerie, l'Institut Océanographique par M. Mayer, qui nous remit une superbe médaille au nom de cet Institut. Le choix même de ces représentants, chefs, maîtres, savants et amis qui travaillèrent tant à l'organisation de

L'arrivée à Rouen (5 Juin 1910).

la Mission, ne pouvait que nous prouver davantage la sympathie que l'on voulait nous témoigner (1).

M. Paul Doumer, « le père de l'Expédition », président de son comité d'organisation, qui avait été le dernier à me souhaiter bon voyage au départ du Havre, fut le premier à m'accueillir à Rouen et en me serrant la main, il sut me faire comprendre qu'il ne regrettait pas l'inlassable intérêt qu'il nous avait toujours témoigné. L'amiral Fournier remit à tout

---

(1) Je ne puis terminer ce livre sans assurer tout particulièrement d'une affectueuse reconnaissance mes maîtres et amis MM. Joubin et Rabot qui, de loin comme de près, ont été, ainsi que MM. G. Deschamps et C. Boyn, les appuis éclairés de l'Expédition et de son chef et qui ont veillé sur ses intérêts avec la précieuse amitié que je mets à l'épreuve depuis de si nombreuses années. C'est également à Rouen que j'eus la joie de retrouver mon ancien collaborateur le capitaine au long cours R. Rallier du Baty, revenant avec son frère et quatre hommes de son expédition si hardie et si belle aux îles Kerguélen à bord d'un voilier de 40 tonneaux.

l'équipage, au nom du gouvernement, une médaille d'honneur qui est bien à sa place sur les poitrines de ces braves gens.

La Mission fut reçue par M. Leblond, député et maire de Rouen, assisté de toute la Municipalité à l'Hôtel de Ville, puis à la Société de Géographie et enfin après un magnifique banquet à la Chambre de Commerce par M. le sénateur Waddington, président de celle-ci, qui me présenta une magnifique médaille en souvenir de cette belle journée.

Le lendemain, à son arrivée à Paris, la Mission de nouveau fut reçue à la gare par M. Bayet, directeur de l'Enseignement supérieur, représentant le ministre de l'Instruction publique, M. le professeur Edmond Perrier, membre de l'Institut, directeur du Muséum et S. A. I. le Prince Roland Bonaparte, membre de l'Institut, président de la Société de Géographie.

Et maintenant le *Pourquoi-Pas ?* se repose à Rouen dans la verdure du joli port des yachts où son fondateur, M. Depeaux, lui donne aimablement et généreusement l'hospitalité. Sa coque est encore toute couturée des cicatrices glorieuses de la lutte qu'il a victorieusement soutenue, mais il est prêt à porter de nouveau le point d'interrogation dans les régions inconnues et à affronter fatigues et dangers pour l'honneur de la Science Française.

FIN

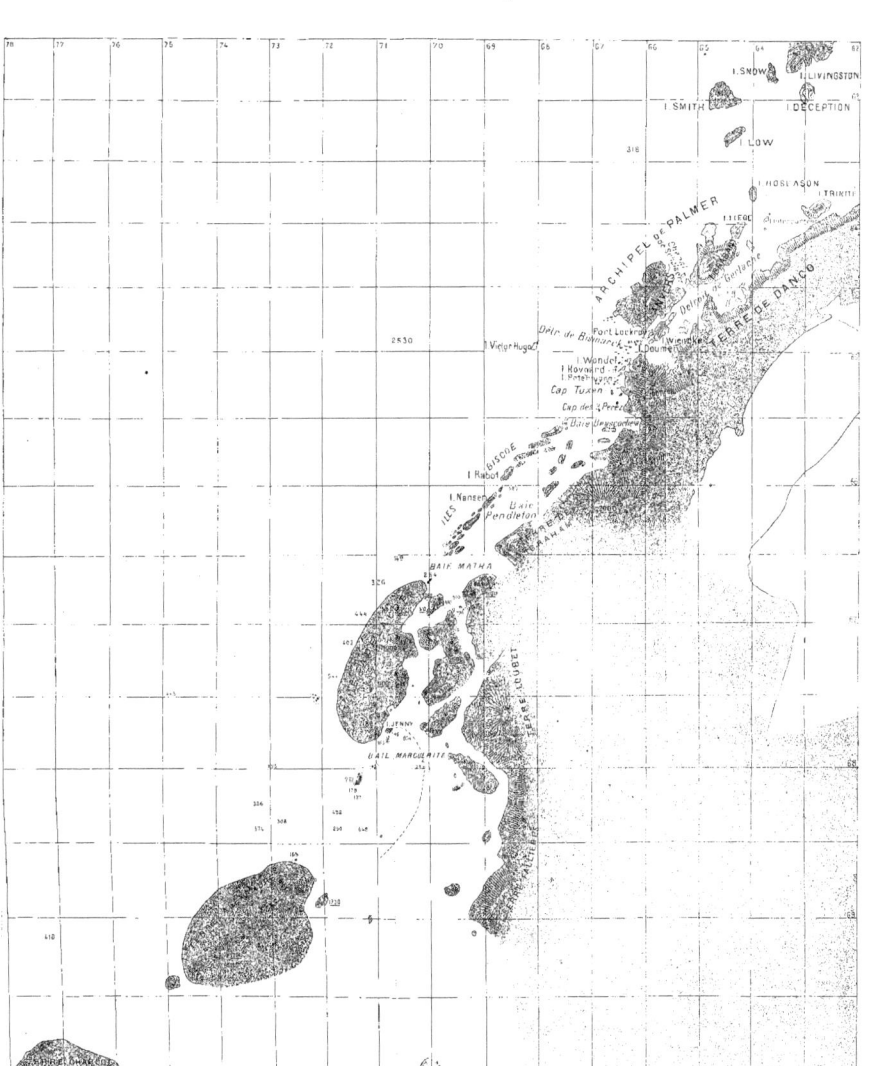

CARTE PROVISOIRE DE L'ANTARCTIQUE SUD-AMÉRICAINE
D'APRÈS LE LEVÉ FAIT PAR M. BONGRAIN

APPENDICE

RAPPORTS MENSUELS

SUR LES TRAVAUX SCIENTIFIQUES EXÉCUTÉS PAR LES MEMBRES
DE L'ÉTAT-MAJOR DANS L'ANTARCTIQUE (1).

I

RAPPORT SUR LES TRAVAUX D'HYDROGRAPHIE

OBSERVATIONS PENDULAIRES, ASTRONOMIQUES ET SISMOGRAPHIQUES

Par M. BONGRAIN

CAMPAGNE D'ÉTÉ. 1908-1909. — 1° Hydrographie. — Déterminé à la mer la longitude de l'île Snow (Shetland du Sud).

Transport de temps de Punta-Arenas à l'île Déception, de Déception à l'île Petermann, de Petermann à l'île Jenny, de l'île Jenny à Petermann.

Hydrographié la côte ouest de la Terre de Graham, du 66° de latitude Sud au 69° 30′ de latitude Sud.

2° Mesures pendulaires. — Exécuté neuf mesures pendulaires avec trois pendules Sterneck aux points suivants : La Plata, Punta-Arenas, île Déception, Port-Lockroy, île Jenny.

Une série de mesures de gravité par la méthode Mohn (baromètre-hypsomètre) dans la baie Matha.

FÉVRIER 1909. — Montage du sismographe. — La première opération effectuée fut celle du montage de la cabane démontable et du sismographe, opération terminée le 6 février. Du 6 au 9, réglage du sismographe ; le 10, première courbe enregistrée dans de bonnes conditions.

Un décalage persistant et périodique des aiguilles fut constaté et attribué, après vérification, aux variations de température. Un thermomètre enregistreur est actuellement dans la cabane et révèle des différences journalières de 40°C. L'enregistrement n'en souffre

---

(1) Ces rapports rédigés mensuellement en cours d'expédition ont été publiés au retour, par l'Académie des sciences, avec une préface de M. le professeur Joubin, trois cartes et le rapport du Dr Charcot. (Rapports préliminaires sur les travaux exécutés dans l'Antarctique, par la mission commandée par le Dr Charcot 1908 à 1910. Paris 1910. Gauthier-Villars.)

pas au point de vue de la sensibilité de l'appareil, mais donne, suivant les heures, des obliques ou des normales au déroulement.

Aussitôt que la pendule du Service hydrographique a pu être installée, je l'ai mise en fonction sur l'électro du sismographe avec contact aux heures et aux minutes. Rien à dire à ce sujet, sauf que la pendule étant encore en réglage, on doit s'attendre à quelques pannes.

2° LUNETTE MÉRIDIENNE. — La cabane, commencée le 15 février, est à peu près achevée aujourd'hui ; il lui manque un remblayage intérieur et quelques haubans. Le pilier fait d'un gros tuyau à égout cimenté rempli de cailloux et de terre, et recouvert d'une plaque de marbre cimentée, offre toutes les garanties de stabilité ; des lectures de niveau d'heure en heure, pendant quarante-huit heures, nous ont assurés du fait.

Un portique en madriers de $0^m,05$ sur $0^m,10$, cimenté sur le rocher, a servi de support aux pendules : 1° Havelk, mise en fonction la première. Aucun incident en réglage, temps sidéral. 2° Pendule du sismographe ; nous a causé beaucoup d'ennuis, l'échappement étant assez faussé. Elle ne possédait plus ni poids ni balancier ; tout a dû être fait par les moyens du bord, ainsi que les contacts électriques sur les heures et les minutes. Marche à peu près normalement. En réglage pour le poids et le balancier, temps moyen. 3° Pendule Auricoste, donna quelques ennuis au début, les aiguilles frottant sur le cadran. Marche actuellement dans d'assez bonnes conditions ; en réglage, temps sidéral.

Je [fis ensuite une installation microphonique de fortune pour transmettre l'heure du bord sans transporter les chronos. Ce dispositif fonctionne au delà de toute espérance.

Vint ensuite le chronographe monté hier et vérifié aujourd'hui au passage méridien du Soleil.

J'ai dû abandonner l'idée d'installer une mire méridienne, n'ayant pu trouver sur la ligne Nord-Sud deux rochers distants de 60 mètres, distance focale de ma lentille. Deux soirées d'étoiles sont maintenant nécessaires pour le calage de la lunette dans le méridien, et les observations proprement dites pourront être commencées.

3° OBSERVATIONS. — Le temps couvert de ce mois a limité les observations astronomiques. Deux horizons artificiels et un réglage d'astrolabe ont pu être effectués. Je compte dès à présent, débarrassé de la question de l'installation, pouvoir commencer l'hydrographie.

MARS 1909. — 1° HYDROGRAPHIE. — Les opérations de mesure de la base, repérée par des plaques de plomb portant la croisée de deux traits à angle droit, ont donné les résultats suivants, toutes réductions effectuées :

Première mesure : $455^m,65468$;
Deuxième mesure : $455^m,65270$;
La moyenne : $455^m,65369$ a été adoptée.

La triangulation des environs a été poussée aussi loin que les circonstances l'ont permis, c'est-à-dire jusqu'aux îles Argentines et au cap des Trois-Perez.

Les observations de lunette méridienne ont été commencées avec des azimuts variant de 6 à 8 secondes.

Les pendules n'ont eu qu'un arrêt provenant d'un défaut de remontage et leur marche est satisfaisante.

L'astrolabe à prisme seul a révélé un grave défaut provenant d'une mauvaise construction de l'objectif, qui donne plusieurs images d'intensité différente. Nous avons essayé de remédier à ce défaut en diminuant son diaphragme, mais naturellement aux dépens de la clarté. On ne peut plus guère compter observer que des étoiles de 4e ou 5e grandeur au plus. Nous chercherons néanmoins dans une nuit claire à déterminer la latitude exacte à la seconde de notre point, mais en cherchant une région du ciel particulièrement riche en étoiles brillantes.

2° SISMOGRAPHIE. — Les variations de température jusqu'à $40°$ C., enregistrées dans la cabane, rendent forcément assez irrégulier le fonctionnement de l'appareil. De fréquents calages sont nécessaires de quatre à cinq fois par jour.

Nous avons enregistré une tempête sismique, un mouvement et de nombreux frémissements.

La pendule électrique d'enregistrement du temps marche normalement.

AVRIL 1909. — HYDROGRAPHIE. — Nous avons construit séparément en projection plane : la baie Matha, la baie Marguerite et la Terre Alexandre. Sur ces plans, nous avons relevé les coordonnées d'environ 200 points principaux ; nous les avons transformés en coordonnées de Mercator, et placé sur une projection réduite, à la même échelle que la Carte de l'expédition précédente, tous les points, les origines étant celles propres à chaque plan. Le raccordement nous paraît donner toute satisfaction, ainsi que plusieurs vérifications nous ont permis de le constater. Cette Carte, qui va du cap Waldeck-Rousseau à l'extrémité sud de ce que nous avons vu de la Terre Alexandre, comprend 4° de latitude et 8° de longitude, et fait suite exactement à la Carte de M. le lieutenant de vaisseau Matha.

OBSERVATIONS ASTRONOMIQUES. — Le mauvais temps en a réduit le nombre.

Le froid dilatant l'armature du réticule donne un certain mou aux fils de la lunette méridienne ; cependant, en tenant le réticule au chaud dans l'intervalle des observations, nous avons obtenu des résultats satisfaisants. Les distances des fils sont naturellement prises avant et après l'observation.

SISMOGRAPHE. — Fonctionnement régulier, surtout depuis que la neige recouvre la maison.

MAI 1909. — HYDROGRAPHIE. — Le mauvais temps persistant n'a permis de déterminer qu'une fois l'heure. La seule occultation prédite par la *Connaissance des Temps* et qui aurait pu être observée n'a été en réalité qu'une appulse à 10, du bord lunaire. Il faut donc forcément attendre, pour les culminations lunaires et les mesures pendulaires, une période plus calme.

Un incident d'une origine inconnue s'est produit aux horloges, les arrêtant toutes les trois. La pendule du sismographe a repris sa marche, la pendule Havelk a encore des irrégularités ; quant à la pendule Auricoste, malgré un démontage et changement d'huile complet, elle a encore refusé de marcher plus de 6 heures.

SISMOGRAPHE. — Fonctionnement normal. Frémissements nombreux dans les abaissements de température.

JUIN 1909. — OBSERVATIONS ASTRONOMIQUES. — Le mauvais temps n'a permis de faire que peu de chose de ce côté. Les pendules refusent toujours de marcher par suite du givre et des contractions.

MESURES PENDULAIRES. — J'ai profité de l'impossibilité où j'étais de travailler dehors pour réduire mes observations pendulaires. Les chiffres que je donne sont sujets à une légère modification, par suite de l'étalonnage du retour à Paris :

	Valeurs de g.	
Observatoire de La Plata	— 9,79823	Sterneck
Punta-Arenas (Salésiens)	— 9,81251	»
Ile Déception (Pend. Cove)	— 9,82209	»
Port-Lockroy (I. Goudier)	— 9,82260	»
Baie Matha (Lion)	— 9,8237	P. en mer
Baie Marguerite (I. Jenny)	— 9,82472	Sterneck

SISMOGRAPHE. — Fonctionnement normal.

JUILLET 1909. — ASTRONOMIE. — Deux culminations lunaires seulement ont pu être prises : leurs résultats sont bons.

PENDULE. — La première série de mesures pendulaires a été effectuée dans d'assez bonnes conditions. Le chiffre trouvé pour la pesanteur est $g = 9{,}82392$.

Une deuxième série sera refaite aux premiers beaux jours.

SISMOGRAPHE. — Fonctionnement régulier. Rien à signaler.

AOUT 1909. — Astronomie-Hydrographie. — Déterminé la latitude de l'île Petermann par neuf séries d'observations, méthode Talcott à la lunette méridienne.

La latitude moyenne obtenue est 65° 10′ 34″ S.

La latitude adoptée primitivement (par des hauteurs circumméridiennes au sextant) avait donné 65° 10′ 40″ S.

Une occultation a pu être observée le 28, dont le résultat (approché) est satisfaisant.

L'hydrographie n'a malheureusement pas fait beaucoup de progrès.

Je pense qu'il nous sera possible de publier une Carte détaillée du cap Cloos au cap Tuxen. Au delà, il nous faudrait une station à l'île Darboux et l'autre à l'île Berthelot. Je ne pourrais sans cela que donner des positions approximatives.

Sismographe — Bon fonctionnement. Nous continuons à enregistrer des périodes de petits frémissements plus faibles qu'en automne.

SEPTEMBRE 1909. — Astronomie-Hydrographie. — Une occultation observée : bons résultats.

Continué le relevé de la côte.

Pendule. — Effectué avec des dispositions un peu différentes une série de douze pendules ; les résultats sont en cours de calcul.

Sismographe. — Une panne due à un fort dégel a nécessité un démontage complet : bon fonctionnement. Une tempête sismique.

OCTOBRE 1909. — Hydrographie-Astronomie. — Continué les stations et commencé leur calcul. La station de Le Myre de Vilers a pu être effectuée et nous a reliés à l'île Wandel. Observé une culmination lunaire. Bons résultats.

Sismographe. — Fonctionnement normal. Deux tremblements de terre observés ; l'un au loin, l'autre régional.

NOVEMBRE 1909. — Traversée de l'ile Petermann a l'ile Déception. — L'enregistrement du sismographe a été poursuivi jusqu'au 15 novembre.

L'hydrographie de la région d'hivernage a été calculée et terminée.

Nous possédons à l'heure actuelle les Cartes suivantes :

1° De l'île Déception au 70° degré de latitude Sud ;

2° Du 66° au 70° degré de latitude Sud, partie ouest de la Terre de Graham ;

3° De l'île Wandel aux dernières terres visibles de notre station d'hivernage ;

4° De l'île Wandel au cap des Trois-Perez.

Les vues de côtes de toute cette région sont complètes.

Deuxième traversée de l'ile Petermann a l'ile Déception. — Un deuxième transport de temps a été effectué dans de très bonnes conditions entre ces deux points.

Ile Déception. — Le sismographe fonctionne depuis le 1er décembre.

Une détermination pendulaire est en train.

La Carte de *l'anse des Baleiniers* est faite et sondée.

CAMPAGNE D'ÉTÉ. 1909-1910. — Hydrographie. — Placé les rochers Austin.

Placé l'île Bridgman.

Relevé et placé la côte sud de l'île King George.

Levé le plan d'Admiralty Bay.

Levé le plan de Port-Foster (île Déception).

Levé et construit le plan de détail de l'entrée de Port-Foster et de l'anse des Baleiniers.

Placé approximativement la terre découverte au sud de la Terre Alexandre et terminé cette dernière.

Tracé la limite de la banquise le long de notre parcours.

Pris autant de vues de côtes qu'il a été possible.

Pendule. — Exécuté une deuxième mesure complète à l'île Déception dans l'anse des Baleiniers.

Sismographe. — Le sismographe a été installé à terre à l'île Déception et a donné des résultats intéressants.

M. Bongrain.

II

RAPPORT SUR LES TRAVAUX CONCERNANT LES MARÉES

L'HYDROGRAPHIE CÔTIÈRE ET LA CHIMIE DE L'AIR

Par R. GODFROY

DÉCEMBRE 1908 ET JANVIER 1909. — Marées. — Dès l'arrivée au mouillage de Pendulum Cove (île Déception) le marégraphe enregistreur Favé a été immergé. Il a fonctionné pendant la durée de notre séjour à Pendulum Cove (23-25 décembre 1908).

Il en a été de même à Port-Lockroy où l'étalonnage de l'instrument a été scrupuleusement vérifié (27-30 décembre 1908).

Pendant le premier séjour du *Pourquoi-Pas ?* à Port-Circoncision (île Petermann), le marégraphe a fonctionné du 4 au 11 janvier 1909. Une échelle de marée pendant le même temps a permis de faire des lectures directes. Un trait-repère a été gravé dans la paroi rocheuse de l'anse.

Sous l'île Jenny (baie Marguerite), après avoir trouvé un emplacement convenable, nous avons mis le marégraphe en fonction. Une échelle de marée installée auprès de celui-ci fut enlevée deux jours après par la mer (27-20 janvier 1909).

Ces stations, largement espacées en latitude du 63e au 68e degré, permettront, par la comparaison des courbes de marées qui y ont été enregistrées avec nos résultats d'hivernage à Port-Circoncision, de trouver de quelle façon se propage l'onde générale de la marée en cette région de l'Antarctique. Nous nous proposons de calculer ultérieurement, pour Port-Circoncision, la marée aux dates correspondant à nos séjours aux différents points cités ci-dessus, ce qui nous permettra de connaître simultanément l'état de la marée à Port-Circoncision et en chacun de ces lieux, et nous donnera les éléments nécessaires au tracé des lignes cotidales.

Hydrographie côtière. Topographie. L'anse de Pendulum Cove a été levée pendant notre séjour à l'île Déception.

Port-Circoncision a été levé et sondé au début du mois de janvier 1909.

Chimie de l'air. — Le 28 décembre 1908, une prise d'air a été faite sur l'îlot Goudier à Port-Lockroy.

Le 15 janvier 1909, en mer, entre l'île Adélaïde et la Terre Alexandre, on a recueilli de la neige qui a été traitée suivant les procédés indiqués par M. Muntz.

Le 16 janvier 1909, devant la Terre Alexandre, une prise d'air a été faite.

Le 22 janvier 1909, contre la banquise côtière de la Terre Alexandre, une prise d'air a été faite.

De la neige a été recueillie et traitée le 28 janvier sous l'île Jenny (baie Marguerite).

FÉVRIER 1909. — Marées. — Le 3 février, dès l'arrivée à Port-Circoncision, le marégraphe enregistreur Favé a été mis en fonction. Il a fonctionné pendant toute la durée du mois d'une façon ininterrompue et sans aucun incident.

Le 5 février une échelle de marée verticale a été établie solidement contre un rocher presque vertical sur la rive nord de l'anse du *Pourquoi-Pas?* un barrage le protégeant du choc des glaces. Elle a été repérée par rapport à un trait horizontal gravé dans le rocher à côté d'elle.

Des lectures horaires ont été faites depuis quotidiennement pendant le jour.

Le 23 février, une seconde échelle a été fixée auprès de la première contre la paroi du rocher incliné de 20′ environ sur la verticale, puis repérée.

Le marégraphe enregistreur Richard a été installé le 10 février dans la cabane du sismographe et mis en fonction le 11. Le 21, il a cessé de fonctionner. Ramené à bord il a été placé dans l'abri de navigation, le tube descendant le long de la coque dans un tuyau destiné à le protéger des chocs, le crapaud reposant sur le fond. Il n'a pas encore été remis en fonction.

Le dépouillement, la correction et le tracé des courbes de marée du mois sont au courant jusqu'au 20.

CHIMIE DE L'AIR. — Aucune prise d'air ou de neige n'a été faite dans le courant du mois.

HYDROGRAPHIE CÔTIÈRE. SONDAGE. — L'entrée du port d'hivernage a été sondée le 7 février.

MARS 1909. — L'enregistrement des marées s'est continué sans interruption pendant la durée du mois de mars, le fonctionnement du marégraphe Favé n'ayant encore donné lieu à aucun incident.

Le marégraphe enregistreur Richard a été mis en fonction le 30 mars, après modifications. Le cylindre enregistreur grand modèle a été remplacé par un cylindre petit modèle tournant en une semaine au lieu de 24 heures, ce qui convient beaucoup mieux à la faible amplitude des marées observées. Le crapaud, immergé à 2 mètres environ, repose sur un rocher près du bord. Le mouvement enregistreur a été placé dans l'abri de navigation.

Le dépouillement, la correction et le tracé des courbes de marées sont au courant jusqu'au 21 mars inclus.

CHIMIE DE L'AIR. — Une prise d'air a été faite le 24 mars à la colline des Mégalestris.

Dans le courant du mois on a recueilli deux fois de l'eau de pluie, le 20 et le 24 mars. Cette eau a été traitée immédiatement suivant la méthode indiquée par M. Muntz.

AVRIL 1909. — MARÉES. — Le marégraphe Favé a continué sans interruption ni incident à enregistrer les marées.

Le marégraphe Richard a eu un fonctionnement parfait pendant le mois.

A partir du 16 avril, la mer ayant commencé à geler dans le port, l'échelle de marée verticale a été supprimée. Les lectures directes ont été faites depuis sur l'échelle inclinée fixée à la paroi du rocher.

Le dépouillement, la correction et le tracé des courbes de marées sont au courant pour le mois. A l'heure actuelle, 3 mois complets d'observations continues de marées sont acquises.

CHIMIE DE L'AIR. — Aucune prise d'air n'a été faite dans le courant du mois.

TOPOGRAPHIE. — Le levé détaillé de toute la côte de la partie Est de l'île Petermann a été fait par 22 stations au théodolite.

Un plan complet des installations de l'expédition au poste d'hivernage a été levé et construit, et la minute en est actuellement terminée.

MAI 1909. — MARÉES. — La banquise disloquée par le mauvais temps interdisant l'approche de l'échelle des marées et celle-ci étant quelquefois couverte de neige, les observations directes n'ont pu être faites au début du mois aussi souvent que les jours précédents. Le 8 mai, le marégraphe Favé, qui avait été entraîné par la glace, a été retrouvé à plusieurs mètres de son point de mouillage. Le mécanisme était avarié. Il a été réparé aussitôt et l'appareil est de nouveau prêt à fonctionner.

Le 9 mai, la banquise mise en mouvement par la houle a réussi à arracher l'échelle de marée sans qu'il eût été possible de l'en empêcher. A partir de ce moment nous avons été privés d'échelle et réduits comme observations directes à noter les heures de passage au repère, ce qui fut d'ailleurs suffisant pendant cette période passée sans l'échelle, étant donné le parfait fonctionnement du second marégraphe enregistreur.

Le 24 mai, nous avons installé sur la banquise même un nouveau système d'échelle, dont l'idée nous a été suggérée par la lecture d'une description d'un système assez analogue installé à bord de la *Discovery*.

L'échelle, soutenue par un trépied, suit les mouvements de la banquise en hauteur et par conséquent du niveau de l'eau. Un curseur pesant court le long de cette échelle, retenu à un fil dont le courant, par un renvoi de poulies, descend s'amarrer au fond de l'eau sur des gueuses. Le curseur marque ainsi sur l'échelle la hauteur de la marée. Pour traverser la banquise, le fil passe dans un tube de $2^m,20$ de long, rempli de pétrole pour empêcher qu'il gèle ou soit pris dans la glace.

Cette nouvelle échelle a été repérée dès sa mise en fonction. Elle fonctionne tout à fait bien.

Le marégraphe enregistreur Richard a eu un fonctionnement parfait pendant le mois

CHIMIE DE L'AIR. — Le 30 mai nous avons recueilli de la neige qui, fondue, a été traitée pour sa préparation en vue de la détermination des composés nitrés et de l'ammoniaque qu'elle contient.

JUIN 1909. — MARÉES. — Le marégraphe enregistreur a normalement et parfaitement fonctionné pendant le mois de mai.

Dans la nuit du 15 au 16, houle produite par une violente tempête de N.-E. ayant brisé la glace; l'échelle de marée installée sur la banquise est devenue inutilisable. Depuis cette époque les lectures directes ont été faites par rapport au repère en mesurant à l'aide d'un mètre la hauteur du niveau au-dessus ou au-dessous du trait gravé dans le rocher. Nous disposons à l'heure actuelle de 155 jours d'observations continues qui ont été réduites en ordonnées horaires.

CHIMIE DE L'AIR. — Une prise d'échantillon d'air a été effectuée à 10 heures du soir le 19 juin à l'Observatoire météorologique de la colline des Mégalestris.

JUILLET 1909. — MARÉES. — L'enregistrement s'est poursuivi correctement jusqu'au 15 du mois. A cette date, le tube de l'appareil Richard s'est rompu ; cet accident a mis momentanément l'enregistreur hors d'usage. Le marégraphe Favé mouillé aussitôt assura l'enregistrement. Le 21, la houle ayant rompu la banquise autour du bord, il nous fallut, pour sauvegarder l'appareil, le remonter à bord. Pendant l'opération la maille supérieure de sa chaîne s'étant brusquement cassée sans raison apparente, il retomba à l'eau par 9 mètres de fond. Le 26 juillet, nous pûmes le retrouver et le relever. Il n'avait pas grand dommage et l'enregistrement de la marée s'était parfaitement poursuivi. Privés momentanément du marégraphe, nous avons fait pendant une journée complète des observations directes horaires, puis l'appareil enregistreur Richard étant réparé fut remis à l'eau. Il a fonctionné d'une façon peu satisfaisante jusqu'au 31 où, à la suite d'une nouvelle réparation, il a repris son bon fonctionnement normal. Le marégraphe Favé a été remis en état.

Il est possible que la période de 4 jours comprise entre le 27 et le 31 soit inutilisable, ce que nous saurons dès que le dépouillement des courbes sera achevé. S'il y a interruption de ce fait dans l'enregistrement continu de la marée, la série ininterrompue relevée jusqu'ici comprend 180 jours d'observations.

CHIMIE DE L'AIR. — Nous avons traité une première fois le 13 juillet, une seconde fois le 26, en vue de la détermination des composés nitrés et de la quantité d'ammoniaque de l'eau provenant de la fusion de la neige recueillie ces mêmes jours où elle fut précipitée.

AOUT 1909. — MARÉES. — Le marégraphe enregistreur Richard, qui fonctionnait d'une façon peu satisfaisante depuis le début du mois, a cessé l'enregistrement le 12 août. De ce fait, les observations de marées ont été interrompues.

Nous disposons donc de 190 journées complètes d'observations continues à Port-Circoncision du 3 février au 12 août 1909.

Chimie de l'air. — Dans le courant du mois, nous avons recueilli de la neige tombée le 17 août et le 24 août. L'eau provenant de la fusion de cette neige a été traitée selon la méthode indiquée par M. Muntz et a donné les échantillons n°s 8 et 9.

SEPTEMBRE 1909. — Marées. — Le dépouillement de toutes les courbes d'enregistrement de la période d'observations et les moyennes quotidiennes ont été achevés dans le courant du mois et nous avons commencé immédiatement l'analyse harmonique de ces observations. La glace s'étant brisée autour du bord, nous avons pu relever le marégraphe Richard et commencer à le réparer. Il sera mouillé de nouveau, aussitôt après sa remise en état.

Chimie de l'air. — Les 5 et 21 septembre, recueilli de la neige venant de tomber, qui a été aussitôt traitée suivant la méthode ordinaire en vue de la détermination future des composés nitrés et de la quantité d'ammoniaque qu'elle contient.

OCTOBRE 1909. — Marées. — Après réparations et remise en état complète, le marégraphe enregistreur Richard a été remis en fonction le 20 octobre. Son fonctionnement ne laisse pas à désirer depuis. Une échelle de marée a été installée près du bord le 22 et aussitôt repérée par rapport au trait-marque. Le travail d'analyse de la période précédente se poursuit.

Chimie de l'air. — Nous avons recueilli de la neige le 5 octobre et le 25 octobre. Le traitement indiqué de l'eau de fusion nous a fourni les groupes d'échantillons 12 et 13. Le 12 octobre nous avons recueilli dans un icebloc terreux de la terre glaciaire.

Topographie. Sondages. — Le levé topographique de l'île Petermann et des ilots qui la prolongent vers le Sud a été achevé dans le courant du mois. La minute de la Carte en est actuellement achevée.

85 stations, dont 66 au théodolite, ont fourni la matière de ce travail.

NOVEMBRE 1909. — Marées. — L'enregistrement des marées s'est poursuivi jusqu'au 22 novembre à Port-Circoncision ; à cette date le marégraphe enregistreur et l'échelle de marée ont été rentrés en vue du prochain appareillage.

Dès l'arrivée à Port-Foster (île Déception) le marégraphe enregistreur Favé a été mis en fonction.

A Port-Circoncision auront été faites : 225 journées d'observations en trois séries continues : la première de 8 jours, la seconde de 185 jours, la dernière de 32 jours.

Chimie de l'air. — Prise d'air n° 7 le 4 novembre. Prise d'échantillons d'eau météorique le 4 novembre.

Sondages. — Dans le courant du mois, les côtes ouest et nord-ouest de l'île Petermann ont été sondées.

DÉCEMBRE 1909. — JANVIER 1910. — Marées. — Enregistré à l'aide du marégraphe enregistreur Favé une série d'observations continues de 16 jours à l'anse aux Baleiniers, dans l'île Déception, du 29 novembre au 15 décembre 1909 ; ce qui permettra de calculer les constantes harmoniques de ce lieu.

Enregistré à l'aide du même appareil 2 jours de marée à Admiralty Bay (île du Roi Georges) du 25 au 27 décembre 1909.

Constitution chimique de l'atmosphère. — Effectué des prises d'air : le 2 décembre 1909 (n° 8), le 13 janvier 1910 (n° 9), le 21 janvier 1910 (n° 10), le 23 janvier 1910 (n° 11), en mer pour diverses latitudes.

Recueilli et traité suivant les modes opératoires indiqués de l'eau de pluie et de neige les 2 décembre 1909 (n° 15) (île Déception), le 5 janvier 1910 (n° 16) (île Déception), 11 janvier 1910 (n° 17) (en mer), 18 janvier 1910 (n° 18) (en mer).

Sondages. — Aidé M. l'enseigne de vaisseau Bongrain à sonder les différentes baies où mouilla le *Pourquoi-Pas ?* durant cette dernière campagne d'été.

Godfroy.

III

RAPPORT SUR LES TRAVAUX DE MÉTÉOROLOGIE

ÉLECTRICITÉ ATMOSPHÉRIQUE, OCÉANOGRAPHIE PHYSIQUE

Par M. J. ROUCH

CAMPAGNE D'ÉTÉ. 1908-1909. — MÉTÉOROLOGIE ET OCÉANOGRAPHIE PHYSIQUE. — Les observations météorologiques furent prises toutes les quatre heures et plus souvent pendant la navigation et dans les cas intéressants. La partie la plus saillante fut dix-huit jours d'observations continues dans la région comprise entre l'île Adélaïde et la Terre Alexandre.

Au point de vue océanographique, mentionnons que 59 sondages ont été faits suivant l'itinéraire du bateau, c'est-à-dire sur le plateau continental de la Terre de Graham et de la Terre Alexandre.

Des prises de température de l'eau de mer ont été faites toutes les quatre heures à la surface, et à chaque station de sondage au fond de la mer.

97 échantillons d'eau de mer ont été récoltés pour en déterminer la densité dans le premier port qui nous offrira les commodités nécessaires. Plusieurs échantillons de 1 litre ont été recueillis pour des analyses plus complètes.

Enfin six dragages ont été faits avec le bateau par des profondeurs allant jusqu'à 500 mètres. Plusieurs autres dragages furent faits avec la vedette dans les différents chenaux de la Terre de Graham et dans la baie de Déception.

FÉVRIER 1909. — ORGANISATION DU SERVICE MÉTÉOROLOGIQUE. — Le mois de février a été particulièrement consacré aux installations des divers appareils qui doivent fonctionner pendant l'hivernage.

A partir du 15 février, nous avons eu normalement en service :

Dans l'abri du bord : un thermomètre enregistreur grand modèle, un hygromètre enregistreur grand modèle, deux thermomètres ordinaires à mercure, un thermomètre à maxima, un thermomètre à minima.

Dans l'abri supérieur : un thermomètre enregistreur petit modèle, un hygromètre enregistreur petit modèle, un thermomètre ordinaire à mercure, deux thermomètres à minima, un thermomètre à maxima.

Sur les rochers des Megalestris : un sunshine recorder Richard, un actinomètre Bellani totalisateur.

Sur un rocher, près de la cabane de la lunette méridienne : un actinomètre à lectures directes.

A bord : la girouette inscrivante et son chronographe, le baromètre marin, un enregistreur barométrique grand modèle, un enregistreur barométrique petit modèle, le pluviomètre.

Dans un abri spécial : trois thermomètres pour la température du sol à 0 mètre, 1 mètre et 2 mètres.

Tous ces instruments ont fonctionné d'une façon normale, sauf le chronographe dont le circuit électrique a manqué plusieurs fois. Un étalonnage des baromètres a été fait à l'aide de l'hypsomètre, et leur correction respective s'est trouvée n'avoir pas changé malgré les nettoyages répétés que nécessita une oxydation du mercure tout à fait anormale. Le zéro des différents thermomètres a été aussi vérifié avant leur mise en service. Tous les instruments enregistreurs ont fonctionné simultanément dans l'abri du bord pendant une semaine, afin d'avoir leur étalonnage respectif.

Les observations de ces divers instruments ont été organisées de la façon suivante :

Rosselin fait trois fois par jour les lectures du pluviomètre.

Nozal lit une fois par jour les thermomètres du sol et prend la température de l'eau de mer.

Je fais moi-même, entre 3 heures du matin et minuit, cinq observations complètes à l'abri du bord. Une fois par jour vers 9 heures du matin, je fais une observation complète à l'abri supérieur, et je lis l'actinomètre totalisateur Bellani ; j'en profite pour changer la feuille du sunshine.

Une fois par jour je fais une lecture des quatre baromètres Fortin, afin de leur comparer le baromètre marin que je lis à bord à chaque observation, et j'observe l'actinomètre de Montsouris à lecture directe.

Jusqu'ici, par suite du fonctionnement convenable des enregistreurs, ces observations ont suffi pour faire les corrections d'ailleurs presque constantes de leurs courbes. Mais il est certain que si par suite de la neige, du froid ou pour toute autre cause, les enregistreurs se mettaient à fonctionner d'une façon imprécise ou douteuse, nous serions forcés de faire des lectures plus fréquentes. Actuellement, dans mon journal météorologique, je n'ai qu'une lacune vers 4 heures du matin, au seul point de vue de l'état apparent du temps (ciel couvert, pluie, neige, etc.). Je pense que l'homme de quart peut noter cette apparence d'une façon suffisamment précise. Les observations simples ont d'ailleurs été faites assez soigneusement jusqu'ici, sauf peut-être par les bâbordais, qui montrent parfois une timidité ou une répugnance vraiment inexplicable, à noter ces phénomènes.

Principaux résultats météorologiques du mois de février. — J'ai eu le bonheur jusqu'ici, depuis le départ de Punta Arenas, de pouvoir réduire les courbes des enregistreurs et d'avoir déjà une série de chiffres définitifs et les principales moyennes calculées. J'ai d'ailleurs été aidé dans ce travail par Nozal qui a réduit les feuilles du sunshine et calculé pour chaque jour la fraction d'insolation. La collaboration de Rosselin a été abandonnée et j'ai fait moi-même toutes les autres réductions et tous les calculs de moyenne.

La pression atmosphérique moyenne réduite à zéro et au niveau de la mer (mais comme il est coutume, corrigée de la pesanteur normale) est pour le mois de février de 739^{mm},82. Le jour maximum a été le 4, avec une moyenne de 750^{mm},51 ; le jour minimum, le 15 avec 728^{mm},32. La première fut une journée presque calme, avec un petit vent de N.-E. La deuxième une journée de petits coups de vent de N.-E. La température et les humidités moyennes de ces deux journées sont respectivement + 1,49 ; 75,7 ; + 1,11 ; 90,0. Le maximum absolu a été 753, le minimum absolu 722,9.

Les moyennes horaires montrent une marée diurne ayant une amplitude de 0^{mm},5 dont le maximum serait à 4 heures du soir et le minimum à minuit. La température moyenne du mois a été de +1°,383, la journée la plus chaude fut le 28 février où la moyenne atteignit le chiffre extraordinaire de +5°,02, suivie d'ailleurs de près par le 20 février où la moyenne fut de +4°,89. Ces deux journées ont été caractérisées par une prédominance de vent de N.-E. assez fort. La journée la plus froide fut le 1er février qui donne une moyenne de —1°,02. C'était une journée à pression barométrique normale, et prédominance de vents de S.-E.

L'heure la plus chaude de la journée est 4 heures du soir et la plus froide 1 heure du matin ; l'amplitude est de 2°,30.

Le maximum horaire fut + 7°,8 le 20 février, le minimum horaire — 4°,8 le 9 février.

Nous avons eu seulement, dans tout le mois, quatre jours où la moyenne fut au-dessous de 0.

L'humidité relative moyenne est 81,52, la journée la plus humide étant le 21 février (90,1) et la plus sèche le 7 (66,9). Le minimum horaire est de 50 le 7 février. L'heure la plus sèche est 2 heures de l'après-midi, la plus humide 2 heures du matin.

Les calmes ont donné un total de 262 heures. Le vent le plus fréquent est le N.-E. (198 heures), puis le Nord (117 heures). Le vent d'Est qui n'a soufflé que six heures a la plus forte intensité moyenne : 4,8 de l'échelle de Beaufort. Le N.-E. a une force moyenne de 3,8. Le vent le moins fréquent est le N.-O. (4 heures) et le plus faible comme intensité moyenne le Sud (0,9). Il y a eu treize journées de neige et quatre de pluie. Quoique la nébulosité moyenne n'ait pas encore été calculée, il semble qu'il y ait eu une assez forte majorité de ciel couvert. Depuis le 15 février, la fraction d'insolation a été très minime et n'a jamais atteint un dixième.

Au point de vue actinométrique, je n'ai pas encore assez de chiffres pour pouvoir les comparer entre eux.

Les thermomètres du sol, observés une fois par jour, montrent qu'à 2 mètres d'une façon constante, la température du sol est plus chaude de $0°,1$ qu'à la surface.

La température de l'eau de mer varie très peu et ses variations paraissent être la conséquence des variations du dégel et des glaces de dérive. Je ne pense pas que dans la position très abritée que nous occupons on puisse tirer des lois nettes.

Tous les résultats donnés ici sont, bien entendu, ceux qui résultent des observations faites à l'abri du bord. Les courbes de l'abri supérieur ne serviront qu'à faire des comparaisons.

Nous avons pu, en outre, recueillir pendant les coups de vent, ou les situations atmosphériques intéressantes, de nombreuses courbes de statoscope et de baromètre à grande amplitude, qui paraissent montrer que très souvent l'atmosphère est secouée de véritables vagues, à ondulation régulière de période trop longue pour qu'on puisse les attribuer uniquement aux rafales. Le dépouillement de ces courbes est trop minutieux et demande trop de temps pour être entrepris dès maintenant.

ÉLECTRICITÉ ATMOSPHÉRIQUE. — Les électromètres enregistreurs de Mascart appartenant à la Marine sont arrivés en très mauvais état : l'un, le 272-2, avait le support de ses quadrants complètement brisé ; l'autre, quoique encore utilisable, présente une telle dissymétrie dans sa boîte à quadrants qu'il a perdu beaucoup de sa précision primitive. Quoi qu'il en soit, nous avons pu depuis le 12 février avoir des courbes du gradient potentiel à 5 volts près. Leur examen définitif ne sera entrepris que plus tard, mais à première vue il semble que le champ électrique est bien plus fort et plus troublé que ne le laissaient supposer les mesures directes faites jusqu'ici.

L'installation de tous ces appareils m'a forcé à négliger en partie, pendant la première moitié du mois, mes recherches sur l'ionisation et la radioactivité. Le nombre des ions positifs a été toujours trouvé plus grand que le nombre des ions négatifs (contrairement aux résultats obtenus précédemment) et la radioactivité de la neige, sur laquelle *a priori* étaient basées maintes théories électriques, a toujours été trouvée nulle.

MARS 1909. — INSTALLATIONS DIVERSES. — L'observatoire de la colline des Mégalestris a été complété, le 5 mars, par l'installation de la girouette inscrivante et de son chonographe, d'un baromètre Fortin et d'un baromètre enregistreur, dans la maison démontable transportée de Wandel.

Au sommet de la colline de l'île, installé l'anémomètre Robinson à compteur totalisateur, un thermomètre à maximum et un thermomètre à minimum. Malheureusement la tempête du 15 mars a brisé l'anémomètre qui n'a pu être réinstallé au sommet, après un étalonnage nouveau, qu'à la fin du mois. Les appareils ont fonctionné d'une façon normale ; on a suivi la routine des observations absolument comme le mois dernier.

PRINCIPAUX RÉSULTATS DU MOIS. — La pression atmosphérique moyenne a été de $739^{mm},95$. Le jour maximum a été le 29 avec une moyenne de $758^{mm},2$, le minimum le

1er, avec une moyenne de 724mm,3. L'amplitude moyenne d'une journée est 7mm,3. L'amplitude maximum a été observée le 30; 23mm,6. L'amplitude minimum, 0mm,9 a eu lieu dans la journée du 7. Le maximum absolu du mois est 760mm,2 le 29 ; le minimum 720mm,7 le 1er. L'amplitude du mois a donc été de 39mm,5. Les moyennes horaires ont montré une marée diurne d'amplitude 0mm,9 et absolument inverse de celle du mois de février, c'est-à-dire que le maximum aurait lieu vers 1 heure du matin et le minimum vers 5 heures du soir.

La température moyenne a été de + 0°,96. La journée la plus chaude fut le 1er mars, où la moyenne atteint le chiffre tout à fait remarquable de +5°,95, suivie d'ailleurs d'assez près par le 30, où la moyenne fut de +4°,92.

L'amplitude moyenne d'une journée est 4°,4. L'amplitude maximum fut 8°,1 le 30, l'amplitude minimum, 1°,3 le 7. Le maximum absolu du mois fut +8°,5 le 1er, le minimum absolu —3°,9 le 28. L'amplitude du mois est donc 12°,5. Nous avons eu seulement 10 jours où la moyenne a été inférieure à 0°.

L'humidité relative moyenne est 84,28 ; la journée la plus humide a été le 26 (96,0), la moins humide le 1er (64,9). Le minimum du mois a été 57 le 1er, et l'amplitude du mois 43.

Le mouvement total du vent n'a pas été définitivement calculé. Mais, d'après les tableaux d'observations, il apparaît que les calmes ont été bien moins fréquents que le mois précédent, les vents dominants étant toujours le N.-E. et le N.-N.-E.

La nébulosité moyenne a été de 8,3. Nous n'avons pas eu une seule journée sans nuages, tandis que 11 jours ont été complètement couverts.

Nous avons eu 10 jours de pluie et 19 de neige ; le total des précipitations étant 33mm,7.

D'une façon constante la température du sol est au-dessus de 0° à une profondeur de 2 mètres.

L'étude des coups de vent a été poursuivie à l'aide du statoscope et du thermomètre à grande échelle, pendant l'excursion du 16-18 mars sur le glacier de la Terre de Graham, des observations très intéressantes de baromètre et de thermomètre ont été faites par MM. Godfroy et Gain.

Le fonctionnement des appareils d'électricité atmosphérique a été satisfaisant. La réduction des courbes n'a pas encore été faite.

AVRIL 1909. — La routine des observations a continué comme le mois précédent. Jabet, Boland et Nozal font les observations de minuit à 6 heures du matin.

L'anémomètre Richard, dont l'axe avait été brisé par le coup de vent du 29 mars, a pu être remis en marche le 9 avril.

PRINCIPAUX RÉSULTATS. — La pression atmosphérique moyenne réduite à zéro et au niveau de la mer a été 736mm,92. Le jour maximum fut le 10 (748mm,1), le jour minimum le 18 (721mm,68). L'amplitude du mois est de 32mm,1, de 752mm,0 à 719mm,9. La température moyenne a été —5°,03. Le jour maximum fut le 1er : + 1°,11 ; le jour minimum le 26 : —14°,03. L'amplitude du mois est 21°,1, de +3°,9 à —17°2. L'humidité moyenne est 85,3. Le jour le plus humide a été le 12 : 99,5 ; le moins humide le 26 : 67,4.

Les calmes ont été moins fréquents que les mois précédents ; les vents du S.-O. commencent à prendre une place importante dans le pourcentage.

Il est tombé 32mm,3 de précipitation, et nous avons eu 22 jours de neige. La nébulosité moyenne est cependant assez faible : 7,0. Huit jours n'ont présenté aucune éclaircie.

MAI 1909. — Malgré des avaries fréquentes et de toutes sortes les éléments météorologiques n'ont subi aucune discontinuité.

Plusieurs modifications ont été apportées aux anémomètres et à la fin du mois nous avions, sur la colline des Mégalestris, la girouette anémomètre Richard dont le compteur de tours a été simplifié par la suppression de l'amortisseur, un anémomètre Robinson à contact électrique et enregistreur.

La hauteur de l'antenne de l'électricité atmosphérique a été portée, le 10 mai, à 0^m,80, afin de pouvoir lui mettre un couvercle-abri plus grand que le précédent.

J'ai constaté que la glycérine exposée à l'air s'hydrate ici avec beaucoup de facilité et les changements moléculaires qui se produisent à sa surface rendent le zéro de l'électromètre aussi peu stable que lorsque l'aiguille trempait directement dans l'acide sulfurique. En versant goutte à goutte et plusieurs fois par semaine de l'alcool à la surface de la glycérine, j'ai pu rendre à cette surface son homogénéité et obtenir un zéro aussi stable qu'en France.

La routine des observations a continué toutes les deux heures. Je fais moi-même huit observations par jour; Jabet, Boland font les quatre observations de minuit à 6 heures du matin.

La réparation qu'il a fallu faire aux instruments nous a mis en retard dans le dépouillement des observations. Cependant, dès maintenant, on peut dire que la pression moyenne du mois a été environ 738,3 et la température — 5°,1.

JUIN 1909. — Sauf l'anémomètre Richard et l'électromètre, les instruments ont fonctionné d'une façon normale. Afin d'enregistrer d'une façon continue la vitesse du vent, on a installé à bord un Robinson à contact électrique. Les pannes de l'anémomètre de la colline sont ainsi moins importantes. Les anémomètres ont été mutuellement étalonnés par une semaine de fonctionnement simultané sur la passerelle. Nous avons perdu une semaine d'enregistrement de thermomètre et d'humidité à l'abri supérieur, par suite du chasse-neige intense qui a accompagné le coup de vent du milieu du mois.

Les appareils d'électricité atmosphérique ont eu leurs avaries ordinaires : défaut d'isolement du support par suite de condensations, du givre ou de la neige, étouffement du radium par le verglas, pertes de l'électroscope quand la neige pénètre dans la cabane, toutes choses qu'il est difficile de combattre. On perd environ deux jours par semaine, les autres paraissent tout à fait satisfaisants.

Les moyennes du mois n'ont encore été calculées que d'une façon provisoire, car il s'est glissé dans nos calculs une erreur pas encore retrouvée. La pression barométrique moyenne a été 739^{mm},4. La température moyenne, —6°,5.

JUILLET 1909. — La routine des observations a continué comme le mois précédent, ainsi que le fonctionnement des appareils enregistreurs ordinaires. A signaler deux avaries assez graves : le compteur de l'anémomètre Richard n'engrène plus ; cette avarie met définitivement cet appareil hors de service; il a été remplacé par un anémomètre Robinson. La cuvette du baromètre Fortin appartenant au Bureau des Longitudes a été fendue ; choc ou froid? Ce baromètre continue à fonctionner normalement, mais son transport sera probablement impossible.

RÉSULTATS PRINCIPAUX. — La pression atmosphérique moyenne a été 738^{mm},65.

La température moyenne, —6°,79, allant des extrêmes +3°,7 et —23°,9.

L'humidité relative moyenne a été 82,08.

La vitesse du vent : 25^m,2 à la seconde. La vitesse maximum pendant une heure a été de 119 kilomètres à l'heure.

L'*électricité atmosphérique* a donné des résultats aussi satisfaisants que les mois précédents.

AOUT 1909. — La routine des observations a continué comme les mois précédents. Les résultats ont pu être réduits et tabulés comme à l'ordinaire. La pression barométrique moyenne a été 736,6. La température moyenne a été —5°7. La moyenne horaire du vent a atteint 30 kilomètres à l'heure.

SEPTEMBRE 1909. — La routine des observations a continué comme pendant les mois précédents. A signaler une interruption dans les observations du thermomètre du sol à 2 mètres due au gel de l'instrument au fond du tube.

Ce mois a été particulièrement fructueux grâce aux très intéressantes observations que Gain a pu faire pendant le raid Gourdon à des altitudes atteignant souvent 1.000 mètres et dans des conditions qui permettront la comparaison continuelle avec nos propres observations à bord.

Au point de vue océanographique, une série de températures d'eau de mer a pu être prise dans le chenal jusqu'au fond.

Les principaux résultats sont :

Pression barométrique moyenne, 739^{mm},18, allant de 765^{mm},1 à 705^{mm},1, soit une amplitude de 60^{mm}.

Température moyenne, —5°,90. Le 7 septembre, avec sa moyenne de —19°,20, est la journée la plus froide que nous ayons eue.

La moyenne vitesse du vent a été 25 kilomètres à l'heure.

OCTOBRE 1909. — La routine des observations bihoraires a continué comme les mois précédents, le fonctionnement des enregistreurs a été normal. La pression barométrique moyenne a été 742^{mm},27. La température moyenne a été —2°,43. La nébulosité moyenne a été 8. La vitesse moyenne du vent a été de 22 kilomètres.

NOVEMBRE 1909. — La série des observations à l'île Petermann et environs immédiats a été considérée comme close le 23 novembre 1909, c'est-à-dire que nous avons réuni un total de 317 jours d'observations continues au même point.

Dès maintenant cette série d'observations est tabulée et moyennée. La pression barométrique moyenne de novembre a été 740^{mm},56. La température moyenne, — 1°,13. La pression barométrique moyenne de l'année a été 739^{mm},985 ; la température moyenne de l'année, —2°,795.

DEUXIÈME CAMPAGNE D'ÉTÉ. 1909-1910. — MÉTÉOROLOGIE. — Les observations météorologiques ont continué toutes les deux heures en mer et aux mouillages jusqu'au retour au détroit de Magellan.

Ces observations n'ont pas encore pu être dépouillées en séries qui doivent être les plus intéressantes, soit une quarantaine de jours dans l'île Déception, et toutes les observations faites au-dessous du cercle polaire.

OCÉANOGRAPHIE PHYSIQUE. — Des sondages ont été faits en mer et dans les baies où le bateau a mouillé (Port-Foster et baie de l'Amirauté) ; quelques sondages faits dans le détroit de Bransfield complètent les données acquises jusqu'ici. Un sondage de 2.500 mètres au large de l'île Brabant nous permet de tracer d'une façon plus précise les isobathes au large de la Terre de Graham. Des sondages au-dessous du cercle polaire complètent la Carte de *Belgica*.

Enfin deux sondages, l'un de 4.300 mètres par 69°,5, l'autre de 5.100 mètres par 66°, révèlent l'existence d'une fosse nouvelle.

Plusieurs échantillons d'eau de mer ont été prélevés pour la détermination de chloruration à la surface, et jusqu'à 1.000 mètres de profondeur.

Des prises de températures, faites toutes les deux heures en surface, et quelquefois en profondeur permettront de tracer une Carte thermique de la région.

Six dragages ont été faits avec le bateau et un filet vertical a été envoyé jusqu'à 1.000 mètres.

J. ROUCH.

IV

RAPPORT SUR LES TRAVAUX DE MAGNÉTISME TERRESTRE

ACTINOMÉTRIE ET PHOTOGRAPHIE

Par M. A. SENOUQUE

PHOTOGRAPHIE. — Pendant la navigation et les levers hydrographiques faits sous vapeur, les vues de côtes ont été prises avec un objectif de 205^{mm} de foyer monté sur une chambre 13×18 tenue à la main. A terre, cet objectif était placé sur une chambre métallique rigide nivelée, constituant un photothéodolite avec lequel on a obtenu dix tours d'horizon, ainsi répartis :

Ile Déception	4	tours d'horizon
Ile Petermann.	3	» »
Ile Jenny	2	» »
Baie Matha	1	» »

En montant sur la chambre du photothéodolite un téléobjectif donnant des images correspondant à un foyer de 60 mètres, on a obtenu des clichés détaillés des côtes situées à 20 milles de la station d'hivernage, des montagnes et des glaciers inaccessibles.

Les animaux qui s'altèrent et qui perdent leurs formes naturelles dans les fixateurs histologiques ont été photographiés aussitôt après leur prise, avec une chambre verticale munie d'un objectif de 120^{mm} de foyer pouvant donner un agrandissement de quatre fois. Cet appareil a été aussi employé pour photographier la cristallisation de la banquise et les cristaux de givre.

Au cours de la campagne d'été et pendant l'hivernage, on a obtenu environ 150 clichés scientifiques.

CAMPAGNE D'ÉTÉ. 1908-1909. — MAGNÉTISME. — Au cours de la campagne d'été, les trois éléments du champ terrestre ont été mesurés dans quatre stations : à l'île Déception, à l'île Petermann, à l'île Jenny et dans la baie Matha.

FÉVRIER 1909. — MAGNÉTISME. — L'Observatoire magnétique a été construit au sud de Port-Circoncision sur un sol stable, formé par des débris de rochers. Cette construction, commencée le 5 février, a été terminée le 12. Les enregistreurs Mascart ont été placés ensuite sur leurs bâtis de bois préalablement orientés dans le méridien magnétique et, à partir du 21, les enregistrements photographiques des variations de D, de H et de Z se sont faits régulièrement.

Malgré les doubles parois de la cabane, les thermomètres des cages du bifilaire et de la balance ont enregistré des variations de température de plus du 10° pendant les journées où le soleil était visible. L'effet de cette double paroi est cependant très appréciable, car un thermomètre enregistreur placé dans une cabane à parois simples a donné des variations de près de 40°. Ces variations de température donnent une très grande importance à la connaissance des coefficients de température des barreaux aimantés. Deux expériences ont été déjà faites dans ce but, les 21 et 27 février, en chauffant l'intérieur de la cabane avec un poêle à pétrole et en déterminant, pendant le refroidissement, les valeurs absolues de la composante horizontale et de l'inclinaison.

La valeur angulaire du millimètre de la courbe du déclinomètre a été déterminée le 26 février et les échelles des courbes du bifilaire et de la balance ont été mesurées à l'aide du barreau déviant les 21 et 27 février.

On a déterminé deux fois les valeurs absolues de la composante horizontale et de l'inclinaison pour étalonner le zéro des courbes de H et de Z. Deux séries de trois observations de la composante horizontale ont donné les valeurs suivantes :

	H^1	H^2	H
25 février	0,24685	0,24684	0,24683
27 février	0,24706	0,24702	0,24697

Ces observations sont tout à fait satisfaisantes, puisque les plus grands écarts des déterminations ne dépassent pas 0,00009 C. G. S.

L'inclinomètre à induction, relié à un galvanomètre d'Arsonval, a donné pour I :

27 février . . . . 60°33′,4

les plus grands écarts des points ne dépassant pas 0′,25.

Les roches de l'île Petermann présentent presque toutes une légère aimantation, dont la direction sera déterminée ultérieurement.

ACTINOMÉTRIE. — Il n'y a eu qu'une seule journée de ciel absolument pur pendant le mois de février. Des observations faites avec l'actinomètre de Michelson, le 7 février, ont donné des résultats tout à fait inattendus. On a enregistré un maximum de variation de $1^{cal},52$, le soleil étant à 30° au-dessus de l'horizon. L'atmosphère est donc beaucoup plus transparente qu'en France et qu'à Buenos-Aires où l'on n'a enregistré que $1^{cal},29$ lorsque le soleil se trouvait à plus de 60°.

MARS 1909. — L'enregistrement des variations des éléments magnétiques a été interrompu du 20 au 25 pour effectuer le nettoyage complet du mouvement d'horlogerie de la pendule. On a remonté ce mouvement en supprimant complètement les mobiles de la minuterie afin de diminuer les frottements inutiles.

La valeur absolue de la déclinaison a été déterminée les 4 et 26 mars; l'inclinaison a été observée le 2, et l'on a mesuré la valeur de la composante horizontale le 28.

L'étalonnage des échelles des trois enregistrements a été fait le 3.

Une excursion faite sur le glacier du Milieu pour rechercher des lieux facilement accessibles, où l'on pourrait faire des observations sur les variations du champ terrestre en fonction de l'altitude, n'a donné que des résultats peu encourageants. Il faudra probablement se contenter de faire de nombreuses observations dans deux stations ayant entre elles une différence de niveau d'au moins 500 mètres. Ces observations pourront peut-être se faire au Pic du glacier suspendu ou au Diamant.

ACTINOMÉTRIE. — Le 29 mars on a fait des observations simultanées de la radiation solaire, avec l'actinomètre de Michelson, celui de Montsouris et l'actinomètre totalisateur de Belloni; le maximum de la radiation solaire a été de $0^{cal},970$, le soleil étant à une hauteur de 15° environ.

AVRIL 1909. — MAGNÉTISME. — On a déterminé la valeur absolue de la déclinaison le 19 avril; la composante horizontale a été observée le 20 et l'inclinaison a été mesurée le 21.

Les magnétomètres ont enregistré une forte perturbation dans la nuit du 25 au 26. Pendant cette perturbation, une faible lueur aurorale ressemblant à l'arc crépusculaire était visible à l'horizon sud magnétique.

ACTINOMÉTRIE. — La radiation solaire a été observée avec l'actinomètre Michelson les 7, 15, 16, 22, 25 et 26 avril. Ces observations ont donné les résultats suivants :

	Hauteur du Soleil.	Cal.
7 avril	18	1,22
15 »	15	1,14
16 »	14	1,12
22 »	12	1,17

MAI 1909. — MAGNÉTISME. — L'étalonnage des échelles des trois magnétomètres enregistreurs a été fait le 21 mai avec le barreau déviant.

On a mesuré l'intensité horizontale du champ terrestre le 8 mai. Le 21, l'inclinaison a été observée avec l'inclinomètre à induction et, le 24 mai, on a déterminé la valeur absolue de la déclinaison. Il y a eu une très forte perturbation magnétique du 14 au 17.

JUIN 1909. — MAGNÉTISME. — Les magnétomètres enregistreurs ont fonctionné régulièrement.

La composante horizontale a été déterminée le 3 juin : on a observé la déclinaison le 23 juin et, le 28, on a fait deux déterminations de l'inclinaison.

JUILLET 1909. — MAGNÉTISME. — Le coefficient de température du barreau du bifilaire a été déterminé deux fois, les 16 et 28 juillet.

On a mesuré l'intensité du champ horizontal le 8 juillet et la déclinaison a été observée le 18.

AOUT 1909. — MAGNÉTISME. — L'inclinaison a été mesurée le 10 août. La déclinaison a été observée le 13 et l'on a déterminé la valeur de la composante horizontale le 30 août.

ACTINOMÉTRIE. — La radiation solaire a été mesurée le 12 août de 9 heures à midi. Le maximum a été de $1^{cal}, 04$. Montage et réglage du spectroscope à réseau.

SEPTEMBRE-OCTOBRE 1909. — MAGNÉTISME. — Les enregistreurs n'ont fonctionné régulièrement que jusqu'au 18 septembre. A cette date, la pendule Mascart a refusé tout service et elle a été remplacée le 6 octobre par un cylindre Richard donnant à la feuille sensible un déplacement horaire de 15^{mm}.

Les éléments absolus du champ terrestre ont été déterminés les 16, 18 et 27 octobre. Les échelles des ordonnées de H et de Z, ainsi que les coefficients de température de ces deux magnétomètres ont été mesurés le 28 octobre.

A. SENOUQUE.

V

RAPPORT SUR LES TRAVAUX DE GÉOLOGIE ET DE GLACIOLOGIE

Par M. le Dr E. GOURDON

CAMPAGNE D'ÉTÉ. DÉCEMBRE 1908-JANVIER 1909. — Géologie. — Le 22 décembre 1908, nous atterrissons à l'île Smith. Un temps clair nous permet d'en bien apercevoir la configuration du côté de l'Est ; cette côte est bordée par une haute falaise de glace, tout comme le versant occidental que nous avons suivi il y a cinq ans. L'île est surmontée d'un énorme massif hérissé de pics escarpés et neigeux. Ce n'est que de loin que nous apercevons l'île Snow, terre basse, couverte d'une calotte de glace, et l'île Livingstone prolongée au S.-E. par une langue basse de neige dominée à l'Ouest par deux hauts sommets entièrement blancs. Ces îles sont entourées d'une multitude de roches et d'écueils, parfois à de grandes distances. L'une d'elles, Sail Rock, se dresse même tout à fait au large, en plein détroit de Bransfield.

L'île Déception, où nous avons passé trois jours, a déjà été fréquemment visitée. Sa forme absolument circulaire, enfermant ce curieux Port-Foster, qui ne communique avec la mer que par une passe de 600 mètres, sa constitution entièrement volcanique, ses larges espaces dépourvus de neige, ses intercalations de lits de glace et de lits de cendres, ses matériaux meubles qui modifient sans cesse sa configuration, en font une des îles les plus intéressantes de la région. Comme signe d'activité volcanique actuelle, je n'ai trouvé que les sources thermales qui se font jour au niveau de la mer à Pendulum Cove et dans l'anse des Baleiniers. Dans la première localité leur température était de 68° C.; en outre, en plusieurs endroits au-dessus de Pendulum Cove, à environ 200 mètres d'altitude, j'ai rencontré un sol chaud. La région que j'ai parcourue aux environs de Pendulum Cove est formée par des tufs jaunes, surmontés généralement de monceaux de cendres et de lapili ; les fragments de lave, les ponces, les scories sont en abondance. Des coulées de lave basaltique se rencontrent en maints endroits. L'anse de Pendulum Cove, très profonde au temps de Foster (1829), est aujourd'hui presque entièrement comblée par la cendre ; plus au Nord des lagunes qui communiquaient autrefois avec la mer en sont maintenant séparées ; dans l'intérieur, de petits lacs circulaires ont été formés par le barrage des vallées. Les falaises de tufs présentent de nombreux phénomènes d'érosion éolienne ; souvent elles sont recouvertes d'efflorescences salines. Des sondages effectués dans Port-Foster semblent indiquer un renouvellement du fond.

La traversée du détroit de De Gerlache, les séjours à Port-Lockroy, aux îles Wandel et Petermann ne m'ont rien donné de nouveau au point de vue géologique, ayant visité ces régions en détail il y a cinq ans; j'y ai toutefois récolté un grand nombre d'échantillons pétrographiques, en m'attachant surtout à l'étude des altérations des roches.

Une excursion avec la vedette aux environs de l'île Berthelot a permis deux atterrissages sur la Terre de Graham, au sud du cap Tuxen. On y retrouve les diorites injectées de filons diabasiques signalées plus au Nord. Le séjour à l'île Jenny ne m'a donné comme échantillons que ceux de cette petite île et un bloc de l'île Léonie, située dans le voisinage ; il n'a pas été effectué de débarquement sur le continent. L'île Jenny, qui a moins de quatre milles de plus grand diamètre, est formée par une montagne demi-circulaire dépassant 500 mètres de hauteur, en grande partie dépouillée de neige ; de loin, elle présente l'aspect d'un cratère égueulé. Ses flancs sont abrupts, souvent même verticaux, ses crêtes aiguës et très délitées. Un long talus d'éboulis remplit l'échancrure et descend vers l'Est. Un petit glacier se rencontre à mi-hauteur de cette pente. Un *piedmont-glacier* gît sur la côte nord. Tout le reste du rivage est formé par des éboulis ; à l'Est et au Sud court une ceinture de galets. L'accident le plus curieux de cette côte est une vaste terrasse absolument plane, légèrement inclinée au Nord, longue de 700 à 800 mètres du côté de l'Est, entièrement constituée par des galets et élevée d'une vingtaine de mètres au-dessus de la mer. Elle a tous les caractères d'une ancienne ligne de rivage. La roche est granitoïde, de couleur assez foncée, traversée par de nombreux et épais filons volcaniques ; certains de ces filons sont une diabase verdâtre ; d'autres, de teinte brune, se rapprochent des basaltes et contiennent des zéolites ; quelques-uns, isolés de la roche encaissante, forment de véritables dyckes.

Du continent, que nous avons suivi d'assez loin, je rapporte l'impression qu'il est comparable à la Terre de Graham dont il n'est que la continuation vers le Sud : chaînes alpestres au profil accidenté qui serrent la côte de près, chenaux allongés du N.-E. au S.-O. détachant un chapelet d'îles grandes et petites, profondes indentations échancrant le rivage de baies nombreuses. Les roches semblent appartenir à la série granitique, des tons gris-clair rappellent les diorites de la Terre de Graham, quelques falaises rosâtres le granite du cap Rasmussen et du cap des Trois-Perez. Dans la partie la plus voisine de l'île Jenny, le flanc montagneux présente des stratifications ondulées et sensiblement horizontales ; je n'en ai malheureusement aucun échantillon.

Les montagnes de la Terre Alexandre paraissent avoir la même constitution ; cependant, dans les prolongements de la chaîne dirigée vers le S.-O. on remarque quelques formes de table.

Le pourtour de la baie Matha, surtout au N.-E. et à l'Est, est bordé par une haute muraille à arête sensiblement horizontale, qui fait songer au rebord d'un plateau ; la partie sud est découpée et dominée par des chaînes qui rejoignent celles de la baie Marguerite. Deux débarquements sur des îlots m'ont donné, l'un une diorite quartzifère, l'autre une brèche volcanique ; cette dernière roche est remarquable par les stries glaciaires gravées à sa surface.

GLACIOLOGIE. — Fin décembre 1908, nous avons trouvé le détroit de Bransfield et le détroit de De Gerlache entièrement libres ; les icebergs y étaient même rares.

Les îles Smith et Livingstone, dans les Shetland du Sud, présentent des fronts de glacier aussi importants que ceux du continent : la glaciation atteint, dès cette latitude, une intensité considérable. L'île Snow, basse, est recouverte d'une calotte complète de neige.

L'île Déception est remarquable, au contraire, par les grands espaces dépourvus de neige ; la température élevée que l'on trouve par endroits dans le sol joue peut-être un rôle, mais la disparition de la neige tient surtout à la présence de roches friables et de cendres, qui, soulevées par le vent, se répandent à la surface du névé et activent sa fusion. De véritables glaciers on ne peut guère citer que ceux du Mont Pond qui se déversent de chaque côté du mont ; une particularité intéressante de ce glacier est l'abondance des cendres qui le recouvrent sur de grandes étendues et forment souvent des lits intercalés entre les couches de glace. A notre passage Port-Foster était complètement libre de glaces.

A Port-Lockroy et à Wandel, la glaciation de l'année nous a paru moins intense que celle d'il y a cinq ans. Au contraire, sur les montagnes, la constance des lignes de neige nous a frappés. A Petermann, les baies de l'Est, qu'autrefois nous avions trouvées occupées par la glace, étaient libres au 1er janvier 1909.

Le 4 janvier, au cours d'une reconnaissance en vedette, nous trouvons entre le cap Tuxen et l'île Berthelot une banquise en voie de désagrégation et quelques jours après, le *Pourquoi-Pas ?* la traversait. Plus au Sud, une banquise compacte résista plus longtemps.

Dans la baie Matha, nous avons rencontré de grands *floes* provenant d'une banquise qui occupait encore une partie du fond de la baie.

La baie Marguerite, dans sa majeure étendue, était occupée par une banquise complètement unie, épaisse de 2 à 3 mètres, dont le bord détachait constamment de larges floes. Près la côte, nous avons assisté au vélage d'un icebloc, que nous avions pu examiner et mesurer auparavant, et entourer de sondages ; il s'est brisé en plusieurs morceaux au moment du vélage.

Devant la Terre Loubet, il n'y avait ni banquise fixe, ni *pack*, simplement un assez grand nombre d'icebergs. Au contraire, au sud de la baie Marguerite, le continent était bordé par une banquise unie, de plusieurs milles de large, rejoignant celle de la Terre Alexandre-Ier.

La Terre Alexandre, défendue par une épaisse banquise, avait une ceinture de *floes* d'une épaisseur de plusieurs mètres, qui paraissait s'étendre loin dans l'Ouest. Sur cette terre, les glaciers descendant des montagnes se réunissent à leur pied pour former, comme à la Terre Loubet, une vaste terrasse glaciaire en pente vers la mer, où elle se termine par un front vertical de grande hauteur.

FÉVRIER 1909. — GÉOLOGIE. — L'île Lund-Petermann ayant été visitée par nous, au cours de l'expédition de 1904, mes observations nouvelles n'intéressent que des phénomènes de détail.

Dans la partie sud, j'ai retrouvé la diorite quartzifère, qui constitue la majeure partie de cette terre ; de beaux filons andésitiques, de couleur vert foncé, tranchant vivement sur le fond clair de la roche. Leur épaisseur varie de quelques centimètres à 2 mètres : ils sont particulièrement abondants sur la partie S.-O. de l'île ; leur direction générale est sensiblement S.-O.-N.-E.; ils plongent à peu près verticalement. Je me suis attaché à recueillir comme échantillons ceux qui permettent d'étudier les contacts et les altérations de la roche.

Sur les grèves, on rencontre de nombreux blocs errants soit autochtones, soit étrangers. Parmi ces derniers dominent les micaschistes, les quartzites et du granit rose.

Sur un îlot situé au sud de Lund, j'ai noté un filon andésitique de plus de 3 mètres d'épaisseur ; cet îlot a la même constitution que le sud de l'île Lund. Une excursion dans le chenal de Lemaire a permis de récolter quelques échantillons de diorite sur la côte de la Terre de Graham.

GLACIOLOGIE. — Depuis notre premier passage du mois de janvier et pendant tout le mois de février, l'ablation glaciaire a atteint une intensité qui semble exceptionnelle. La limite de la banquette de glace a beaucoup reculé ; les roches se découvrent sur de grandes étendues. Les colorations dues aux algues sont très intenses (rouges et vertes) et très répandues. Les fronts des glaciers de la Terre de Graham et des îles de nos parages débitent une multitude de blocs.

La banquise que nous avions rencontrée au delà du cap Tuxen, en janvier, a totalement disparu. La formation de la glace de mer a été très rare, encore était-elle due à la présence d'eau douce provenant de la fusion des glaçons.

Les icebergs observés dans notre voisinage étaient dans un état de désagrégation avancée et plusieurs fois se sont démolis sous nos yeux. Les icebergs tabulaires n'ont été notés qu'en très petit nombre. Au large de l'île Lund, les petites glaces sont presque absentes et les icebergs sont en nombre assez restreint pour que la mer paraisse extrêmement libre.

MARS 1909. — GÉOLOGIE. — Cette période a été marquée par un certain nombre de reconnaissances exécutées le long de la côte et sur la Terre de Graham. Le 6 mars, au cap des Trois-Perez, j'ai constaté la présence d'un granit rose, caractérisé par des intrusions nombreuses de roches diabasiques et formant au-dessus du cap une masse de plusieurs centaines de mètres de hauteur ; des filons plus récents recoupent tout l'ensemble. La baie Beascochea semble présenter sur la côte sud un granit analogue, à en juger par la teinte claire rosée, aperçue de loin. Le 10 mars, j'ai recueilli en place un granit semblable au cap Rasmussen, et dans la chaîne montagneuse qui s'en détache vers l'Est, au moins jusqu'à une quinzaine de kilomètres vers l'intérieur, point extrême que nous ayons atteint. Un peu plus au Nord, les chaînes sont formées par une diorite très altérée, traversée par des filons andésitiques.

GLACIOLOGIE. — Les reconnaissances effectuées sur les glaciers de la Terre de Graham jusqu'à une quinzaine de kilomètres vers l'intérieur ont permis d'en faire un croquis sommaire, de relever leur direction, de noter l'étendue de leur bassin d'alimentation. Avec l'aide de MM. Godfroy, Gain et Senouque, j'ai disposé sur le glacier, dit du *Milieu*, une série de 20 piquets placés dans un alignement repéré sur le rocher. L'observation de ces jalons, après un certain laps de temps, permettra de mesurer la marche et la vitesse du glacier. Ce glacier, large de 3 kilomètres environ, long de 7 ou 8 kilomètres, n'a qu'une alimentation assez faible ; il est en pente douce et très uni dans sa moitié supérieure ; il descend ensuite en pente rapide, avec de nombreuses crevasses, vers le chenal de Lemaire. Une autre série de piquets a été placée sur l'île Lund même, sur la base de M. Bongrain.

Pendant le mois de mars, le front des glaciers de la Terre de Graham a subi une ablation intense, couvrant le chenal de petits débris que le courant entraînait en général vers le Nord. Quelques icebergs ont également passé dans le chenal. Une multitude d'autres ont stationné ou ont dérivé sur la côte ouest de l'île Lund. Les floes aperçus ont été assez rares.

AVRIL 1909. — GÉOLOGIE. — Visite de la presqu'île ouest de l'île Petermann et récolte d'échantillons de roches : granit gris traversé par quelques filons diabasiques, roches polies, parfois altérées et recouvertes de pyrites, de chalcopyrite, plus rarement d'atacamite.

GLACIOLOGIE. — Excursion, en compagnie de Gain et Senouque, sur le glacier du Milieu (Terre de Graham), 7 et 9 avril. Le 8, à midi, nous atteignons l'altitude de 900 mètres ; le glacier tourne ensuite vers le S.-E., en s'élevant en pente douce. Toute la distance parcourue est une douce déclivité peu crevassée et accessible à des traîneaux. Seul le mauvais temps nous a obligés à faire demi-tour ; une reconnaissance plus complète exigerait plusieurs jours ; un dépôt pourrait être installé près de notre station extrême.

Le 15 avril, les baies se couvrent de jeune glace. Le 26, examiné la glace de la banquise du port, épaisseur totale $0^m,25$ à $0^m,30$. Cette glace est formée de deux couches très distinctes : une inférieure (glace de mer), constituée par des lamelles planes disposées verticalement, épaisses de $0^m,10$ à $0^m,12$; l'autre est une glace bulleuse, opaque, épaisse de $0^m,10$ à $0^m,15$.

AOÛT 1909. — GLACIOLOGIE. — Le chenal, pris le 12, a été dégagé quarante-huit heures après. Le 28 août, il se couvre de nouveau de jeune glace.

Le 30, sondage de la glace qui couvre le port : épaisseur totale $0^m,35$. A la partie supérieure, une épaisseur de $0^m,17$ est formée de neige congelée ; on trouve alors de l'eau, puis une couche de $0^m,18$ de glace transparente ; tout à fait à la partie inférieure, une couche de glace en lamelles verticales. En dehors du port, la glace formée par la congélation d'une bouillie de neige et de glace, a une épaisseur de $0^m,12$.

SEPTEMBRE 1909. — Le 6 septembre, le chenal se prend entre le cap Tuxen et l'île Wandel. Cette banquise est formée de petits glaçons soudés entre eux et recouverts de neige. Les icebergs emprisonnés sont peu nombreux. En quelques jours cette banquise devient praticable, elle se désagrège le 20 septembre.

Le 18 septembre, départ avec cinq compagnons, pour reconnaître le glacier du Milieu et chercher à son extrémité supérieure un passage vers l'intérieur. Ce raid a duré quinze jours ; l'altitude atteinte a été environ 1.000 mètres.

D'abondantes chutes de neiges, la brume et de fréquents ouragans ont rendu l'ascension des traîneaux longue et pénible. Finalement, le 28 septembre, nous nous sommes heurtés à une muraille montagneuse, inaccessible, qui a mis un terme à notre marche et nous a empêchés de reconnaître plus avant la constitution du pays ; par suite, l'hypothèse de l'existence d'un inlandsis reste dans le doute. L'arête horizontale de la chaîne, disposition qu'on retrouve dans le détroit de De Gerlache, au fond de la baie Beascochea et de la baie Matha, permet de supposer qu'on a affaire au rebord d'un plateau.

Le glacier du Milieu est remarquable par la rareté de ses crevasses, sauf dans sa partie inférieure, sur une distance d'un kilomètre à partir de la mer. L'alimentation est relativement faible et purement locale.

Je n'ai pu récolter aucune roche, mais de l'analogie d'aspect que présentent celles que j'ai recueillies au Tranchant et au cap Rasmussen avec celles que j'ai pu considérer à distance, je puis conclure à des formations dioritiques et granitiques.

OCTOBRE 1909. — Géologie. — Recueilli des échantillons de roches en place sur l'îlot de la Glacière, à la pointe ouest de l'île Petermann et à la pointe ouest de l'île Howgard.

Recueilli des blocs errants sur les plages de Petermann, à découvert lors des grandes marées de la fin du mois.

Le 12 octobre, récolte de sédiments sur un icebloc dans le chenal, à hauteur de Petermann.

Glaciologie. — Pendant tout le mois, le chenal a été encombré d'un *pack* dense, dont les mouvements peu étendus étaient limités par deux banquises, l'une à hauteur de la pointe sud de l'île Wandel, l'autre à hauteur du cap Tuxen ; dans ce *pack*, deux ou trois icebergs seulement ; ses glaçons étaient formés en grande partie par de la neige tassée et pouvaient facilement être perforés avec un bâton.

A l'ouest de Lund et à perte de vue, la banquise ininterrompue est couverte d'une grande épaisseur de neige ; souvent le bâton traverse facilement la banquise, mais celle-ci est partout praticable en ski.

Expériences sur la congélation de l'eau de mer.

NOVEMBRE et DÉCEMBRE 1909. — Géologie et Glaciologie. — Le mois de novembre, à Petermann, a été marqué par un dégel actif qui, en découvrant les roches, nous a permis de repérer les affleurements et de noter les filons. L'enneigement, comparé à celui d'il y a cinq ans, était considérable : des tranchées nous ont montré que l'accroissement de neige sur notre presqu'île avait été d'environ 2 mètres depuis le mois de mars. Au contraire, la glaciation était inférieure à celle de 1904 : la plupart des baies étaient libres, ce qui nous a permis de recueillir à marée basse quelques blocs errants de roches intéressantes. Pendant tout le mois, le chenal de Lemaire a été encombré de *pack*. A l'Ouest, la banquise s'étendait à perte de vue vers le large ; de nombreux sondages lui ont attribué près de la côte, de 1^m,50 à 2 mètres d'épaisseur. Formée presque exclusivement de neige, elle était molle. La débâcle a eu lieu le 18 novembre.

Le 17 novembre, visite de l'île Vedel et des îles Le Myre de Vilers ; récolte d'échantillons de roches. Au départ, le 25 novembre, nous avons trouvé le chenal de Lemaire absolument obstrué par des glaces amoncelées, puis un pack très lâche entre l'île Wandel et Port-Lockroy, ce dernier occupé par une petite banquise ; enfin, le détroit de De Gerlache et celui de Bransfield entièrement libres ; les icebergs étaient même rares.

Dans Port-Foster, un reste de banquise obstruait les baies ; il s'est désagrégé dans la première quinzaine de décembre.

Le séjour à Port-Foster a été mis à profit pour visiter l'île Déception dans sa partie voisine de l'entrée. La falaise Est de l'entrée est formée de tufs jaunes ; la pointe Ouest, plus basse, montre sous des tufs analogues une coulée de lave au niveau de la mer ; outre la coulée et les tufs, on remarque souvent une couche de plusieurs mètres d'une roche rouge, qui ressemble à de la brique pilée.

Au fond de l'anse des Baleiniers (côte ouest de Port-Forster), des sources thermales (50° C.) sortent au niveau de la mer.

Au nord de cette anse, s'élève, entre deux falaises de tufs, un énorme culot de lave, qui représente peut-être un ancien évent volcanique. Le tout est surmonté de collines de cendres, de lapilli, de ponces, de scories et de gros blocs de lave. De nombreux échantillons ont été recueillis. Plus au Nord, le glacier qui descend du Mont Pond présente de curieuses intercalations de lits de cendres dans la glace.

La rive ouest de Port-Forster est suivie par une coulée de lave qui paraît être descendue de la montagne située au-dessus. Les tufs affleurent fréquemment à travers les monceaux de cendres et de débris qui forment une série de collines le long de la côte ; entre ces collines et la montagne s'étage tout un chapelet de petits lacs de barrage, en général circulaires, recouverts de glace et de neige. A la pointe Est de l'île Déception, s'élève une haute falaise surplombante de tufs ; un rocher en forme d'arche, détaché en mer, est de même formation. Un peu au sud-ouest de ce point, j'ai rencontré plusieurs coulées de lave.

CAMPAGNE D'ÉTÉ. 1909-1910. — Les deux séjours à l'île Déception (28 novembre-22 décembre et 31 décembre 1909-6 janvier 1910) ont été mis à profit pour visiter tout le pourtour du lac intérieur et plusieurs points de la côte extérieure. Partout, j'ai recueilli les mêmes matériaux volcaniques signalés dans les rapports précédents : tufs, laves, scories, cendres. Nulle part, je n'ai rencontré de roches granitoïdes en place, seulement quelques galets sur les plages extérieures. J'ai relevé avec soin tous les affleurements des coulées que j'ai rencontrées, de façon à pouvoir en dresser une carte à peu près complète ; il en a été de même pour les fumerolles qui semblent avoir diminué depuis le temps de Foster : leur température a été trouvée de 89°C. Il faut d'ailleurs se mettre en garde contre l'indication de fumerolles vues de loin ; souvent l'évaporation intense de l'humidité contenue dans les cendres ou bien un léger chasse-neige simulent parfaitement des colonnes de fumée.

Un court débarquement à l'île Bridgman m'a permis de recueillir sur la petite plage située au Sud-Est une belle lave riche en olivine, des scories d'une teinte rouge brique, ainsi qu'un galet de granit. L'île, dont le navire a fait le tour à petite distance, paraît formée de tufs jaunâtres traversés par quelques coulées.

L'île du Roi-Georges où nous avons visité la baie de l'Amirauté, a fourni de nombreux échantillons de roches volcaniques. La principale est un tuf de couleur foncée dans lequel on rencontre des nodules de quartz, de calcédoine et de zéolites ; ces nodules, dans la partie ouest de la baie, atteignent jusqu'à 50 mètres de grand diamètre.

Il me reste à citer un dragage, effectué le 12 janvier par 70°13' de latitude, qui a rapporté de nombreux et gros blocs de roches ; parmi eux, un granit à grands micas, que je n'avais pas encore rencontré.

GLACIOLOGIE. — Une curieuse formation glaciaire a été observée au sommet du Mont Pond (île Déception) et sur toutes les pointes voisines ; c'est une sorte de chapeau en chou-fleur, qui surmonte la calotte glaciaire et dont la constitution semble en rapport avec l'importance des vents d'Ouest.

Au cours de la navigation, la limite du pack a été notée, ainsi que la nature des *floes*, leur consistance, leur étendue, leur densité, de même aussi que la fréquence des icebergs, leur volume et leurs caractères.

E. GOURDON.

VI

RAPPORT CONCERNANT LES TRAVAUX DE ZOOLOGIE

Par M. le Dr Jacques LIOUVILLE

Le présent rapport rend compte des opérations concernant les travaux dont j'ai pris la responsabilité depuis l'arrivé du *Pourquoi-Pas?* dans l'Antarctique, jusqu'au mois de février 1909. Ces opérations, complétées par des observations faites à bord et sur rade de Port-Forster (ile Déception, Shetland du Sud), se composent surtout de dragages effectués soit en vedette, au moyen de la petite drague n° 2 levée à bras, soit à bord, avec les grands chaluts levés au treuil.

Ci-jointe la nomenclature des animaux observés ou recueillis, suivie de la liste des dragages :

I. Mammifères. — Cétacés *(Balænopteridae, Ziphiinae et Delphinidae)*, *Balænoptera musculus, Balænoptera borealis, Megaptera longimana, Hyperoodon rostratus, Orca gladiator*, Pinnipèdes *(Phocidae)*, *Leptonychotes Weddelli, Lobodon carcinophagus*.

    II. **Poissons**, *Notothenia. Trematomus, Cryodaco*.
   III. **Tuniciers**, *Ascidies simples et composées, Salpes, Pyrosomes, Botrilles*.
   IV. **Mollusques**, *Gastéropodes, Nudibranches et Lamellibranches*
    V. **Vermidiens**, *Brachiopodes et Bryozoaires*.
   VI. **Vers**, *Turbellariés, Némertes et Chétopodes*.
  VII. **Cœlentérés**, *Hydrozoaires, Anthozoaires et Cténophores*.
 VIII. **Protozoaires**, *Boues à Protozoaires*.

Liste des dragages de la première campagne d'été.

N° du dragage.	Date.	Fond.	Température de l'eau du fond.	Instrument employé.	Position.
1	23 décembre 1908.	35ᵐ R.V.S		Drague II (Vedette)	Au fond de Port-Foster. (ile Déception)
2	24 »	36ᵐ Gr		Drague II (Vedette)	Côte W. Ile Déception.
3	26 »	129ᵐ V	+0,55	Chalut II (à bord)	Chenal de Roosen.
4	28 »	30ᵐ R	0,0	Drague II (Vedette)	Chenal Peltier.
5	29 »	92ᵐ V.Gr	—3,01	Chalut II (à bord)	Chenal Peltier.
6	13 janvier 1909.	254ᵐ R	—1,18	Chalut I (à bord)	Baie Marguerite (entrée).
7	16 »	250ᵐ R	+1,6	Chalut I (à bord)	3 milles Terre Alexandre.
8	20 »	200ᵐ R.V.Gr		Chalut I (à bord)	Baie Marguerite (milieu).
9	21 »	230ᵐ S.R	+0,5	Chalut II (à bord)	L—68°00' Sud. G—72°40' W. Paris.
10	22 »	297ᵐ R.V	+0,6	Chalut I (à bord)	L—68°35' Sud. G—72°40' W. Paris.
11	1er février 1909.	380ᵐ V.Gr	+1,0	Chalut I (à bord)	L—66°50' Sud. G—69°30' W. Paris.

Les fonds observés ont été les suivants : gravier (Gr.), petit gravier, cailloux; roches (R.); vase (V) grise, bleue, gris-verdâtre; sable vert (S.). Il en a été conservé un échantillon.

Parasitologie. — Des vers *(Hirudinées* et *Nématodes)* et des *Crustacés inférieurs* sur les *Poissons*.

FÉVRIER 1909. — Les premiers jours de l'hivernage ont été occupés en partie à la transformation du laboratoire. Les instruments et le matériel n'ayant plus à redouter les effets du roulis, sont disposés d'une façon plus conforme aux nécessités des recherches. Il en est fait une nomenclature. Cependant l'équipage procède à la confection d'une tente sur l'arrière du navire, qui permet aux zoologistes d'étendre leur domaine au delà des limites, vraiment trop étroites du laboratoire, tout en restant à l'abri.

Plusieurs Mégaptères sont observés le 2, l'un en particulier à 50 mètres du bateau. Il en sera de même presque chaque jour, dans le chenal.

Le fond de l'anse est exploré avec M. Godfroy; il s'y trouve, outre la roche qui en forme le principal, des cailloux en abondance vers l'extrémité ouest, et, par endroits, même de la vase. Noté sur celle-ci un passage de Patelles formant un sillon profond à bords découpés à pic, en forme d'U très caractéristique, mais trop profondément situé sous l'eau pour en prendre l'empreinte ou la photographie.

Le 6, recueilli, vers le nord de l'île, de grosses touffes d'algues contenant de nombreux organismes (Crustacés, Mollusques, Némertes) et une colonie flottante d'Ascidies, qui sont fixés les jours suivants.

Le 9, dix-huit Poissons, appartenant aux genres *Notothenia* et *Trematomus*, sont apportés au laboratoire, où ils sont examinés attentivement au point de vue parasitologique. Certains organes sont conservés, après dissection, pour des recherches ultérieures d'anatomie comparée.

Le 10, capture analogue d'un gros *Notothenia*, qui est l'objet d'une préparation spéciale les jours suivants.

Le 13, collection des Invertébrés développés dans les algues rapportées le 8 et mises à reposer dans une baille d'eau pour provoquer la sortie des Mollusques, des Crustacés et des Vers recueillis les jours précédents, au fur et à mesure de leur apparition à la surface de l'eau.

Le 16, rapporté d'une ascension de la petite montagne de l'île une ample moisson de lichens, mousses, algues et larves de Diptères trouvées dans de petites mares stagnantes sur le sommet. On apporte au laboratoire, dans la soirée, deux blocs de tubes d'Annélides agglomérés, vides de leurs hôtes, mais contenant plusieurs Mollusques Gastéropodes de petite taille et des fragments de Nudibranches.

Le 17, excursion à l'île Booth-Wandel. Sur la petite grève de l'île, au Sud, grande quantité de Mollusques Gastéropodes et Bivalves, toujours accompagnés de Vers plats du genre *Planaria*. Rapporté une assez grosse récolte et un squelette de *Manchot Adélie* bien préparé.

Sur la route du retour, tué un Léopard de mer *(Hydrurga leptonyx)*, qui fut ramené à l'île Petermann. Il y fut tué pendant ce temps un Phoque de Weddel par M. Bongrain, ce qui fournit deux spécimens à étudier en même temps au laboratoire. Le 18, photographies détaillées des deux animaux par M. Senouque.

Les peaux des *Phoques* dépouillés sont étendues au vent et grattées.

Le 20, le tour de l'île est fait en norvégienne et toutes les petites anses sont sommairement explorées. Cette excursion, faite avec les sous-officiers, rapporte au laboratoire des Mollusques, un bel exemplaire de Crustacé Isopode, de nombreux petits Crustacés, des Échinodermes, un Cormoran, des Vers Nématodes, des Insectes avec leurs larves écloses au milieu d'algues filamenteuses dans des flaques d'eau douce, des Arachnides d'un rouge vif et un beau Phoque de Weddell, à pelage couleur ardoise.

Le 22, excursion à l'île Booth-Wandel. Trouvé sur la petite grève sud à marée basse les mêmes espèces que le 17 et de plus un bec de Céphalopode. Aperçu au retour un Léopard de mer.

Le 25, la tente étant définitivement installée et le laboratoire pouvant un peu s'étendre sur l'arrière, il est procédé à un nouveau rangement du matériel zoologique à cet endroit et aussi à une revue des instruments métalliques dont le matelot Dufrèche assurera l'entretien. Des filets sont préparés par lui pour tremper les carcasses des Vertébrés dont les squelettes sont conservés, afin d'en détacher plus facilement les parties molles. L'alcool est renouvelé, les tubes et flacons contenant les collections sont visités. Le 26, on continue ces opérations. Le 27, ouverture des Phoques, plusieurs organes, en excellent état, sont mis en boîte : langue, reins, pénis du Phoque Léopard, rate du Phoque de Weddel.

Le 28, nettoyage des crânes des trois *Phoques* terminé dans l'après-midi.

MARS 1909. — **Mammifères**. A. CÉTACÉS. — Les derniers jours de ce mois, la seule bonne observation d'*Orques (Orca sp?)* depuis l'hivernage a été faite. Une horde de huit individus soufflant et faisant route vers le Sud, à 500 mètres environ du poste d'hivernage. Depuis, ces animaux n'ont point été vus.

Les *Mégaptères (Megaptera longimana)* semblent avoir abandonné le chenal et ne se trouvent qu'à de rares exceptions au large dans la mer qui baigne la côte ouest de l'île Petermann.

Les *Baleinoptères (Balænoptera musculus)* toujours aussi nombreux autour de cette île. Cependant, il s'en rencontre moins peut-être dans le chenal qui la sépare de la terre montagneuse à l'Est. Au Sud, vers les îlots des Phoques, à l'Ouest et au Nord, ce Cétacé continue à se montrer rarement seul, le plus souvent par couples, quelquefois par groupes de trois.

Il faudra voir au retour si les prélèvements de plankton faits, pour la plupart, au milieu du chenal en question ne marqueraient pas une cause du départ de *Megaptera longimana* et de la rareté des *Balænoptera musculus* dans ces parages.

Les *Hyperoodons (Hyperoodon rostratus)* m'ont été signalés. Deux fois la présence de ce Cétacé a été rapportée au laboratoire, mais sans que la forme caractéristique de son crâne ait été remarquée. Dans ces conditions, il serait prudent de ne tenir compte que de la communication faite par M. Gain, qui attribue à cette espèce l'individu sur lequel l'avant d'une embarcation où il se trouvait a touché.

B. PINNIPÈDES. — *Leptonychotes Weddelli*. — Trois individus tués. Les crânes de ces animaux et une peau ont été conservés pour la collection.

Lobodon carcinophaga. — Deux Crabiers tués. Les crânes et les peaux conservés pour la collection. Un Crabier, trouvé mort près de la cabane magnétique, a été autopsié et son crâne conservé.

Hydrurga leptonix. — Un individu femelle tué. Crâne et peau conservés pour la collection, ainsi qu'un embryon d'environ deux mois trouvé dans son utérus. C'est le premier spécimen de fœtus de Léopard de mer qui sera ramené en Europe.

De ces divers animaux, les préparations suivantes ont été faites : deux langues de Phoques de Weddell, quatre yeux et un larynx de cette espèce ; un cœur, un larynx et deux yeux de Crabiers. En outre, diverses pièces squelettiques, mises au jour par le dégel autour de la cabane magnétique, atteignent en mars le nombre de 23. Parmi celle-ci, un exemplaire de toute rareté s'est trouvé : l'humérus gauche, siège d'une ostéite déformante, avec exostose envahissant toute la diaphyse et n'épargnant que les surfaces articulaires. Une pareille pièce n'a pas encore été signalée dans les collections de pathologie animale (animaux antarctiques). L'autopsie du Crabier trouvé mort n'a révélé aucune lésion pouvant expliquer cet accident. Les veines mésentériques seules étaient congestionnées et donnaient à la masse viscérale, par transparence du méso et de l'épiploon, une teinte violet foncé anormal. L'autopsie a été grossière et l'examen du cerveau n'a pu être fait.

Il est à regretter qu'un superbe exemplaire d'*Hydrurga leptonix*, tué sur un floe, ait dû être trop légèrement amarré au prochain îlot devant la menace du temps qui ne permettait pas de le ramener à bord par les moyens de la norvégienne et, malgré les recherches faites par le Commandant avec la vedette, à deux reprises, qu'on n'ait pu retrouver ce magnifique échantillon.

Poissons. — Trente exemplaires du genre *Notothenia* et du genre *Trematomus*. Aucun *Draco*.

INVERTÉBRÉS. — **Vers.** — Une *Némerte*.

Parasitologie. — Nombreux *Nématodes* dans le foie des Poissons et l'intestin des *Phoques*. Ce dernier recèle aussi des nids de *Cestodes*, dont l'un forme avec ses cysticerques et ses formes adultes sur la même pièce, un splendide numéro de la collection.

Tous ces animaux ont été préparés par nous et la plupart photographiés avec grand succès par M. Senouque.

AVRIL 1909. — **Mammifères.** A. Cétacés. — Point observé ni entendu parler ce mois-ci d'*Orques* ni d'*Hypéroodons*.

Megaptera longimana et *Balænoptera musculus* observés à plusieurs reprises, tantôt l'animal isolé, le plus souvent par couples et toujours au nord de l'île Petermann. Du point le plus culminant de l'île, bonne observation le 15 avril d'une paire de *Baleinoptères* flottant parallèlement sur l'eau et conservant cette position durant environ deux heures.

B. Pinnipèdes. — Deux individus (femelles) tués. Les crânes conservés pour la collection. L'un des spécimens ouvert sur place, présentait un utérus gravide avec fœtus femelle d'environ 5 mois, de 37 centimètres de long. Le fœtus conservé dans l'alcool, après prélèvement du sang artériel, pour faire des frottis ; l'autre spécimen, considérablement amaigri, présente une grande dilatation de l'estomac, lequel est rempli d'un liquide grisâtre sans odeur, avec un obstacle en arrière du pylore, causé par la présence d'une tumeur parasitaire (*voir* Parasitologie). Un bras, une main et une queue (squelettes) ont été préparés pour la collection.

Observé à la fin du mois sur la glace de mer au Nord de la station d'hivernage un jeune mâle dont l'aspect rappelait à s'y méprendre, pour certains caractères, les traits d'*Hydrurga*, allongement du cou, grosseur de la tête, pelage gris ardoise à taches blanches. Disparition rapide en présence des observateurs (non habituel au Phoque de Weddell). Est-ce un métis ?

Lobodon carcinophagus. — Quatre individus tués. Pour la collection, deux crânes et une peau. Parmi ces animaux, observation d'un couple (mâle et femelle) de taille nettement plus grande que les autres, revêtus d'un pelage gris souris uniforme, sans tache aucune. La houle et la fragmentation de l'icefloe sur lequel ils ont été tués n'ont pas permis de rapporter ces très curieux échantillons. Le même jour, dix individus de même espèce, mais de variété ordinaire (couleur crème) observés surtout sur des glaçons tabulaires élevés de 1 mètre à 2 mètres au-dessus du niveau de la mer. Même observation le 7 ; le saut est de $1^m,30$ au-dessus de la mer. Un bras et une main (squelette) ont été préparés pour la collection.

Hydrurga leptonix. — Aperçus le 18, le 19 et le 20, ces animaux, une fois de plus, apparaissent en série d'animaux isolés, comme des êtres de passage. Deux ont été vus le 18 par le matelot Dufrèche et par moi. Le 19, un individu est venu faire un trou dans la glace, tout auprès du bateau : il a pu être photographié par le Commandant et par M. Senouque. Le 20, un spécimen de belle taille a été vu dormant sur la glace de mer au nord de l'île. Les constatations auxquelles nous avons dû nous borner au cours de ce mois, alors que nous eussions préféré des captures, s'expliquent par l'état de la mer, couverte depuis trois semaines par une glace trop jeune pour qu'on s'y aventure. Si des Phoques s'y rencontrent pourtant, c'est en des points où elle est plus épaissie, au voisinage de rochers, par exemple, ou dans de petites anses du rivage.

Poissons. — Dix exemplaires de *Notothenia*. L'état de la mer, qui ne permet plus le passage des embarcations et qui n'offre pas encore une couche de glace assez résistante pour la marche, s'oppose à la pêche au moyen de trous. Cette classe, comme celles des Invertébrés, a donc cessé d'être étudiée en avril.

Parasitologie. — Des prélèvements aseptiques de matières fécales, dans l'intestin de *Leptonychotes Weddelli* femelle, ont été faits sous la direction du Commandant et les matériaux ont été conservés en tubes scellés pour l'étude ultérieure. Des frottis de matière fécale sur lame sont, les uns, fixés dans l'alcool, les autres à sec.

Une tumeur, non suppurée, de la grosseur d'une orange, sous la couche inférieure du pylore a été trouvée chez *Leptonychotes Weddelli* femelle. Ouverte au sommet, elle fourmillait de Cestodes serrés dans la région cervicale en un nœud compact. Une loge inférieure était pleine d'œufs et de cysticerques. L'animal considérablement amaigri, était en état d'atrophie musculaire et laissait voir, sous la peau, les saillies de l'épine iliaque antéro-supérieure. De nombreuses et belles photographies de ces pièces ont été faites par M. Senouque.

MAI 1909. — **Mammifères.** A. Cétacés. — Ils sont toujours peu nombreux autour du point d'hivernage et trop difficiles à observer pour en faire la détermination spécifique. On entend leur souffle assez souvent du côté où la mer n'est pas prise, et si l'on cherche alors à les apercevoir, on n'y réussit pas toujours.

B. Pinnipèdes. — *Leptonychotes Weddelli.* — Trois individus mâles tués. Les peaux et les crânes de ces animaux ont été conservés pour la collection. Il a été prélevé de la matière fécale dans leur intestin grêle pour faire des frottis.

D'autres *Phoques* ont été aperçus à diverses reprises sur la banquise à trop grande distance pour être atteints et rapportés au moyen d'une embarcation, lorsque la glace n'était pas solide. Dès que la surface fut prise, on aborda les animaux à pied, mais sans aucune sécurité.

La collection de pièces anatomo-pathologiques s'est enrichie d'un spécimen fort intéressant ; une tumeur de l'estomac siégeant à droite vers le centre de la petite courbure entre le cardia et le pylore. Cette tumeur, d'origine parasitaire, était comprise dans un épaississement considérable de la muqueuse gastrique formant une enclave circulaire de tissu lardacé blanchâtre, très dur (rappelant par sa consistance la surface de section, dure, d'apparence fibreuse, sans suc au raclage, que présentent les squirrhes du sein) et circonscrivant un noyau nécrosé d'œufs d'odeur infecte. La présence d'œufs de *Nématodes* et de formes adultes écarte l'hypothèse du cancer. Dix préparations ont été faites de cette pièce. La tumeur parasitaire a été préalablement photographiée par les soins de M. Senou, d'abord entière et vue de face, puis fendue. Ce qu'il en reste a été conservé dans l'alcool.

JUIN 1909. — **Mammifères.** A. Cétacés. — Toujours quelques apparitions de Cétacés à la lisière de la banquise, particulièrement au Nord et à l'Ouest de l'île Petermann, où, jusqu'ici, il reste de la mer libre. Sitôt que la glace disparaît entre l'île Hovgard et le poste d'hivernage on note des individus qui sondent et respirent au voisinage du chenal (consulter au retour les prises de plankton). Ceux-ci appartiennent toujours aux Balœnoptéridés. Sur trois observations de ce mois, deux se rapportent nettement à l'espèce *Balœnoptera musculus* et l'autre, très probablement, à *Megaloptera longimana*.

B. Pinnipèdes. — Plusieurs observations de *Phoques* sur la banquise à des distances permettant difficilement d'identifier les espèces et sur une glace trop mince pour qu'on s'y aventure. Tué un *Leptonychotes Weddelli* de grande taille, le plus gros que nous ayons observé au cours de cette campagne. Inscrit à la collection sous le n° 13, qui désigne sa peau et son crâne. Plusieurs crânes de *Leptonychotes*, immergés dans des filets au commencement d'avril, sont examinés ce mois-ci. Les petits Arthropodes marins les ont parfaitement dépouillés des parties charnues mais les sutures osseuses se sont disjointes. Il a été obtenu de la sorte deux excellentes préparations des os du nez avec les nombreux replis et les volumineux cornets de l'ethmoïde intacts (malheureusement les dents sont tombées à travers les mailles du filet).

JUILLET 1909. — **VERTÉBRÉS**. — **Mammifères**. A. Cétacés. — Mêmes observations que le mois précédent. Des apparitions en plus grand nombre sont signalées au laboratoire par des témoins étrangers, particulièrement au cours des dernières journées du mois (*cf.* Coïncidences météorologiques dans *Journal du Commandant* et *Observations météorologiques* de M. Rouch).

B. Pinnipèdes. — Il semblerait, à voir le nombre de Phocidés grimpés à terre pendant le mois de juillet, que ces animaux, après avoir quelque temps déserté nos parages, reviennent fréquenter notre poste d'hivernage. Tous appartiennent à l'espèce *Leptonychotes Weddelli* et nous n'avons à signaler ni *Crabiers*, ni *Léopards* depuis le commencement du mois de mai. Six individus ont été sacrifiés. L'un d'eux n'a fourni que son crâne à la collection, le reste de sa dépouille ayant été utilisé pour les besoins du bord. Les autres étaient deux mâles et deux femelles. Parmi ceux-ci, le laboratoire a prélevé et préparé : cinq crânes, trois larynx avec langues, deux peaux (une mâle et une femelle) un squelette femelle entier.

L'une des femelles était pleine et portait un fœtus mâle de 101 centimètres de long, de l'apex de la mâchoire à la naissance de la queue apparente. Ce fœtus, assez voisin du terme de la vie fœtale, était couvert de poils longs, soyeux, ondulés où dominaient les éléments blancs : ses yeux étaient ouverts. Il a été pris par M. Senouque trois photographies de cet exemplaire : le corps en entier, la tête avec la gueule ouverte (pour prolifération de germes dentaires et sillons gingivaux), la main montrant les longs poils et les ongles primitifs caractérisés par leur longueur, leur courbure et leur extrémité arrondie. Ce fœtus a été conservé dans le formol, après ouverture du péritoine et injection conservatrice dans l'œsophage et le poumon.

INVERTÉBRÉS. — **Cœlentérés**. — Une *Méduse* d'environ 60 centimètres de diamètre, présentant les caractères de la classe des *Acraspèdes* et appartenant probablement à la famille des *Cyanéides (Couthouya)* est rapportée le 25 Juillet dans un tel état de morcellement qu'il n'en peut rien être préparé d'autre qu'un fragment du bord marginal et des portions de tentacules (formol).

Parasitologie. *Vers*. — Nématodes trouvés dans la substance cérébrale adhérant à un crâne de *Phoque Weddell*, qui trempait dans l'eau, le long du navire.

AOUT 1909. — **VERTÉBRÉS**. — **Mammifères**. A. Cétacés. — Mêmes observations que le mois précédent.

Le 2 et le 3 deux apparitions sont signalées : la première de deux individus dont un *Balænoptera musculus* bien observé, et la seconde observation portant sur ce même animal (par M. Gain). Ces trois animaux ont émergé dans le chenal entre notre poste d'hivernage et le glacier en face, le long de celui-ci.

B. Pinnipèdes. — A plusieurs reprises, des *Phoques* ont été vus, appartenant toujours au genre *Leptonychotes Weddelli* (sauf celui qui est venu nager autour du bateau deux nuits de suite et qui n'a pu être déterminé dans l'obscurité). Un soir cet animal a fait entendre de petits gémissements qui ont signalé sa présence ; le lendemain il a fait surgir sa tête hors de l'eau.

Une grosse femelle pleine, tuée le 2, portait dans son utérus un fœtus femelle d'environ 1 mètre de long, qui fut conservé selon la même méthode que l'exemplaire du mois précédent. On y a joint le cordon ombilical et ses annexes, le placenta, l'amnios et le chorion. Le spécimen semble bien être au même terme de la vie fœtale que le précédent.

Du méconium a été prélevé dans son rectum et conservé en tube scellé. Outre cet exemplaire, il a été préparé pour le laboratoire un squelette entier de *L. Weddelli* femelle, un squelette de queue de *Phoque de Weddell*, femelle, avec la dernière lombaire et le sacrum. Il a été pris par les soins de M. Senouque une série de photographies d'anatomie comparative : un squelette de queue de *Phoque de Weddell*, une photographie de maxillaires inférieurs comparés (*Leptonychotes Weddelli* et *Lobodon carcinophagus*), une photographie des voûtes palatines comparées des mêmes animaux.

Poissons. — Un exemplaire de *Trematomus Hanseni*, dont la peau est envahie par une formation pathologique (parasitaire) est conservé dans l'alcool. Cette altération s'étend depuis le milieu du corps jusqu'à la naissance de la queue. J'en ai pris un dessin détaillé que j'ai peint d'après nature. M. Senouque a photographié l'animal entier, puis la région envahie seule et agrandie.

Cœlentérés (?). — Sous la passerelle jetée entre le pont du bateau et le sol de l'île, observé la nuit des animaux phosphorescents, malheureusement impossibles à capturer. Leur luminosité difficile à évaluer à environ 3 mètres de distance, me semble un peu trop intense pour être attribuée à des Noctiluques ou aux Copépodes lumineux remarqués par M. Gain dans ses prises de plankton. On pourrait peut-être attribuer ce phénomène à ceux recueillis sous le n° 130.

SEPTEMBRE 1909. — 1. **Mammifères.** A. Cétacés. — Pas d'observations.

B. Pinnipèdes : Leptonichotes Weddelli. — Une femelle pleine avec nouveau-né, observée et photographiée.

Lobodon carcinophagus. — Une femelle pleine et son fœtus. Peaux et squelettes. Un adulte. Un mâle. Crâne et peau. Trois têtes coupées et conservées dans formol. Plusieurs individus observés.

Hydrurga leptonyx. — Un individu signalé.

II. **Poissons** et **Invertébrés.** — Pas de documents nouveaux.

III. **Photographies.** — Du Commandant : *Leptonychotes Weddelli*. Femelle avec son petit.

De M. Senouque : Plusieurs clichés de *Lobodon*.

De M. Godfroy : *Bryozoaires, Alcyonaires* et autres *Invertébrés* de la campagne d'été, en flacons. Entre autres, des *Vermidiens* (*Cephalodiscus sp. ?*).

OCTOBRE 1909. — **VERTÉBRÉS** — 1. **Mammifères.** A. Cétacés. — Pas d'observations.

B. Pinnipèdes : Hydrurga leptonyx. — Une femelle pleine avec fœtus à terme. Conservé la tête femelle adulte en formol.

Lobodon carcinophagus. — Femelle pleine avec fœtus à terme. Squelette du fœtus. Tête adulte de mâle dans formol.

II. **Poissons.** — Pas d'observations.

INVERTÉBRÉS. — La collection s'est enrichie des spécimens suivants :

Mollusques (*Chitons, Patelles, Cténobranches*, divers *Gastéropodes*).

Vers (*Polychètes, Planaires, Turbellariés, Nématodes* libres, etc.).

Cœlentérés (*Méduse Acraspède* et *Coralliaires*).

Tuniciers : *Bryozoaires*.

Parasitologie. — Un fœtus d'*Hydrurga leptonyx* (méconium, paroi intestinale, sang). Un fœtus de *Lobodon carcinophagus* (méconium, paroi intestinale, sang, lait).

Contenu intestinal et paroi intestinale de *Leptonychotes Weddelli, Lobodon carcinophagus, Hydrurga leptonyx*.

NOVEMBRE 1909. — Les travaux de ce mois se répartissent sur trois périodes, comprenant :

1° Les derniers jours d'hivernage à l'île Petermann (du 1er au 25 de ce mois);

2° La traversée de l'île Petermann à l'île Déception (du 25 au 27) ;

3° Les premières observations du séjour à l'île Déception.

C'est de beaucoup jusqu'ici le mois le plus riche en matériaux zoologiques.

VERTÉBRÉS. — 1. **Mammifères.** A. Cétacés. — Le 7 et le 11, plusieurs observations de Cétacés (sp. ?) soufflant à la surface de la mer libre autour de l'île, sont rapportées au laboratoire par des observateurs divers. Des apparitions sont notées au départ du poste d'hivernage dans le chenal de Lemaire. Rien dans le chenal Peltier, chenal de Roosen et détroit de De Gerlache. Quelques apparitions de *Megaptera* (*longimana ?*) assez lointaines, mais vers 200 mètres du bateau à bâbord aperçu les souffles d'une horde de trois petits Cétacés, peut-être *Hyperoodon* (sp. ?) par le travers du détroit de Schollaert. Depuis l'arrivée à Déception, très nombreux cadavres de Cétacés capturés par les baleiniers norvégiens et exploités à bord des fondoirs sur rade de Port-Foster (Yankee Harbour). Les seules espèces notées, soit sur rade, soit au cours des sorties sont : *Balænoptera musculus*, *Megaptera longimana*, *Balænoptera borealis*.

B. Pinnipèdes : Hydrurga leptonyx a été vu a deux reprises, nageant à peu de distance de la côte est de l'île Petermann.

C. Lobodon carcinophagus. — Cette espèce revient en grand nombre. Tué onze individus à Petermann. Conservé cinq crânes, quatre estomacs (dont deux avec leur contenu dans le formol), une rate, un foie, une anse intestinale, une peau. Observé une peau malade sur un adulte tué le 19 (fragment en alcool).

D. Leptonychotes Weddelli. — Moins nombreux que l'espèce précédente. Tué deux individus à l'île Petermann et un à l'île Déception. Conservé un estomac en formol.

E. Indéterminés. — Un troupeau de 50 animaux sur la banquise au nord de l'île Petermann, aperçu au loin, est signalé le 7.

II. **Poissons**. — Trois exemplaires de *Notothéniidés*, dragués le 26 à Port-Lockroy.

Notes prises le 2 novembre en vérifiant la collection des Vertébrés de la saison 1908-1909 jusqu'à la fin de l'hivernage.

1° L'exemplaire n° 1 (*Leptonychotes Weddelli* embryon) est endommagé par la fuite de l'alcool hors du récipient de métal manipulé sans soins et heurté dans la soute;

2° Le squelette de la queue de *Lobodon carcinophagus* nouveau-né, placé avec les autres préparations anatomiques non sèches, sur l'arrière du navire, a disparu dans la nuit du 1er au 2 novembre ;

3° La caisse de poissons faite avec du fer-blanc (en l'absence de zinc à bord) a laissé fuir son alcool : trois exemplaires de *Trematomus* inutilisables. Plusieurs autres endommagés.

INVERTÉBRÉS. — La collection s'est enrichie d'un grand nombre d'exemplaires :

I. **Cœlentérés**. — Parmi les spécimens fournis par les dragages du 9 et du 18 : *Alcyonium gelatinosum* et divers individus fixés sur le thalle de *Kallymenia*. Autres exemplaires dont des *Coralliaires* provenant des récoltes faites à marée basse les 15 et 16 à Petermann et le 26 à Port-Lockroy, où d'autre part le dragage XV fournit des *Actinies* parasites sur coquilles de *Mollusques*.

II. **Vers**. — Les basses marées des 1er, 15 et 16, à l'île Petermann ont fourni des *Dendrocèles*, des *Annélides polychètes* libres et tubicoles, des *Triclades*, des *Nématodes*, des *Némertiens*, des *Serpules*, des *Géphyriens*, des *Planaires* et une ponte indéterminée de larves à 7 paires d'appendices ciliés. Les autres individus ont été rapportés par les dragages des 17, 18 et 27.

III. **Mollusques**. — Les spécimens ont été recueillis aux mêmes dates que ci-dessus (cf. *Vers*) et par le dragage du 10. Ils se composent de *Gastéropodes amphineures* et *Lamellibranches*. La récolte à terre du 26 permet d'observer que le littoral de Port-Lockroy abonde en *Lamellibranches* bivalves formant un véritable gravier rose sous les roches à marée basse, d'où un facies littoral contrastant par sa richesse avec la pauvreté du poste d'hivernage. Le dragage du même jour fournit trois espèces de *Gastéropodes* nouveaux, dont deux *Nudibranches* et un à coquille spiralée associé à une *Actinie symbiotique*.

IV. **Tuniciers et Vermidiens**. — Les exemplaires ont été recueillis dans les mêmes conditions et aux mêmes dates que les *Vers* et les *Mollusques* (cf. *Vers* et *Mollusques*). Ils se rattachent aux genres *Botrillus*, *Ascidia*. Plusieurs Bryozoaires. Les premiers figurent aux dragages du 10, du 12 (fixés sur fragments de *Kallymenia*, du 18 et du 26, esp. nouvelles). Bryozoaires à chaque dragage et à chaque marée. Plusieurs exemplaires de ceux-ci, séchés sur la pierre de soutien ou conservés dans l'alcool, figurent dans la collection.

Parasitologie. — Constaté le 8, en ouvrant quatre estomacs de *Lobodon carcinophagus* jeunes mâles et femelles, qu'ils contenaient tous des *Euphausia*, mais pas un parasite.

Recueilli de nombreux ectoparasites de Cétacés, tous sur *Megaptera longimana* et appartenant à l'embranchement des *Arthropodes*. Parmi ceux-ci, deux espèces de *Cirrhipèdes* et deux variétés de Cyames.

Documents photographiques. — M. Senouque a bien voulu prêter son concours au laboratoire pour les photographies suivantes :

Le 13, estomac de *Leptonychotes Wedelli*; le 6, ensemble de *Cœlentérés*.

Vers et Tuniciers fixés sur une roche et photographiés avec l'objectif binoculaire de la loupe Zeiss.

Diverses photographies de Cétacés morts et de l'exploitation industrielle de ces animaux.

CAMPAGNE D'ÉTÉ. 1909-1910. — Le présent Rapport concerne les opérations faites à bord du *Pourquoi-Pas ?* depuis son départ de l'île Déception (Shetland du Sud) jusqu'à la fin du mois de janvier 1910. Elles sont arrêtées entre le 55e et le 50e degré de latitude Sud, zone considérée comme la limite des glaces flottantes en janvier par les publications les plus récentes. C'est la limite conventionnelle que nous adopterons provisoirement entre la faune antarctique et la faune subantarctique, quitte à modifier plus tard cette répartition des espèces animales.

Elle est à peu près d'accord avec l'isotherme de l'eau de mer dans la région que nous avons traversée, à la période où nous l'avons fait. De sorte que cette démarcation semble satisfaisante pour séparer artificiellement les espèces abyssales, bathypélagiques et planktoniques.

Du 20 décembre au 28 janvier, le *Pourquoi-Pas ?* est allé de l'île Déception (Shetland du Sud) à l'île du Roi-Georges (idem) puis est retourné à l'île Déception, et enfin est parti vers le Sud jusqu'au 71e degré, d'où il est remonté au Nord, faisant route vers l'ouest du cap Horn.

VERTÉBRÉS. — I. **Mammifères.** A. Cétacés. — Pendant le séjour de l'île Déception, deux chasses faites avec des baleiniers norvégiens de la Cie Ballenera Magellanes, ont permis un examen plus rapproché des trois baleinoptères communs dans la région :

Balænoptera musculus, Balænoptera borealis, Megaptera longimana.

La fréquence de cette dernière espèce, beaucoup plus abondante que les autres jusqu'en décembre, semble décroître pendant notre séjour, tandis que les captures de *B. borealis* et surtout de *B. musculus* augmentaient au grand profit des industriels.

Ces trois espèces ont de nouveau été rencontrées pendant le reste de la campagne d'été, ainsi que celles dont les noms suivent :

Hyperoodon rostratus, Globicephalus (melas ?), Lagenorhynchus (var.), Œphalorhynchus (var.), Orca gladiator, Orca (var.), et un *Dauphin*, jusqu'ici sans description systématique, mais noté et très exactement dessiné par M. le Dr Wilson, zoologiste de la *Discovery*.

B. Pinnipèdes. — Aux trois espèces jusqu'ici rencontrées : *Hydrurga leptonyx* (aperçu une fois), *Leptonychotes Weddelli* (abondant dans les Shetland du Sud) *Lobodon carcinophagus* (seul représenté des trois sur la lisière de la banquise du Sud et rencontré au large), est venu s'ajouter *Ommatophoca Rossi*, complétant ainsi la série des *Phoques* antarctiques désirée par l'Expédition.

La peau, le squelette entier, le larynx avec la trachée, le cœur et l'aorte, le rein, l'uretère, la vessie et le pénis, ainsi que des anses appartenant aux trois principaux segments de l'intestin, ont été conservés. Des frottis de sang et de matière fécale ont été pris. Les yeux sont préparés à part. L'animal adulte a été tué sur un floe, le mardi 11 janvier. Un autre a été observé le même jour, également seul.

II. **Poissons.** — *Notothenia, Trematomus, Cryodraco* sont les genres les plus abondamment représentés (le dragage XVI donne jusqu'à 32 *Trematomus*). Le dernier l'est sous forme de six individus adultes dont plusieurs femelles à qui le frai a été retiré pour le fixer à part. Plusieurs formes de poissons abyssaux, jusqu'alors inconnus, ont été ramenés par le filet vertical, en état médiocre. Il convient d'y ajouter quelques types de formes subantarctiques, dont la chologie devra être étendue.

INVERTÉBRÉS. — Les *Invertébrés* forment un groupe représenté par un nombre d'espèces si considérable qu'il dépasserait le cadre de cette courte note si l'on en voulait donner le détail, tant les opérations de la campagne d'été 1909-1910 ont été fructueuses. Ils forment, d'ailleurs, la matière de la deuxième partie du Rapport préliminaire sur les travaux du laboratoire, qui sera publié au retour.

Les *Tuniciers*, les *Mollusques*, les *Vermidiens*, les *Vers*, les *Coelentérés* et les *Protozoaires* de la boue sont tous représentés dans les opérations faites à bord et dont le tableau est figuré plus loin. Ces opérations ont consisté en une série de dragages avec les chaluts n°ˢ 1 et 2 et en un coup de filet vertical (filet bathypélagique à grande ouverture du Prince de Monaco) qui, pour la première fois, fonctionnait dans l'Antarctique. Ainsi qu'il fallait s'y attendre, cet excellent instrument a fourni les résultats les plus nouveaux et les plus intéressants. C'est le travail le plus original de la partie biologique dont j'ai été chargé d'assurer l'étude.

Opérations ayant fourni les Poissons et les Invertébrés.

N° du dragage.	Date.	Fond.	Température de l'eau du fond.	Instrument employé.	Position.
16	9 décembre 1909	150ᵐ Vase compacte	10,03	Chalut n° 2	Ile Déception (Shetland du Sud). Milieu du cratère, en face Pendulum Cove.
17	26 »	420ᵐ Vase Cailloux	+ 0,3	Chalut n° 1	Ile du Roi Georges (Shetland du Sud). Milieu de la Baie de l'Amirauté.
32	» »	Au mouillage		Nage	»
18	27 »	75ᵐ Cailloux Vase	+ 0,2	Chalut n° 1	Ile du Roi Georges (Shetland du Sud). Partie Ouest de la Baie de l'Amirauté.
33	» »	Au mouillage		Nage	»
19	19 janvier 1910	460ᵐ Vase Sable, cailloux		Chalut n° 2 brisé	70°10′ Lat. O. et 80°50′ Long. W. Paris. Lisière de la banquise.
20	12 »	»		Chalut n° 1	
1	18 »	950ᵐ		Filet bathypélagique à grande ouverture.	69°15′ Lat. et 108°5′ Long. W. Paris.

Les températures non indiquées seront ultérieurement communiquées par M. l'Enseigne de vaisseau Jules Rouch.

Une exploration côtière d'une partie du littoral appartenant à la baie de l'Amirauté dans l'île du Roi-Georges (Shetland du Sud) a fourni les mêmes espèces qu'à Petermann *mais avec tous les individus de taille plus grande*.

Les Vers chétognathes, genre *Sagitta*, et les Annélides polychètes transparents et phosphorescents formaient la partie la plus abondante de la récolte opérée par le filet vertical, sans compter les Arthropodes qu'a recueillis M. Gain. Il s'y trouvait aussi un petit poisson téléostéen.

N.-B. — La situation du laboratoire, placé tout au voisinage de la machine, a eu l'inconvénient d'y rendre les manipulations difficiles pendant la marche du navire à cause de la chaleur qui a provoqué la macération des poissons dans l'alcool, bien que celui-ci ait été plusieurs fois renouvelé.

VII

RAPPORT SUR LES TRAVAUX DE ZOOLOGIE ET DE BOTANIQUE

Par M. L. GAIN

CAMPAGNE D'ÉTÉ. 1908-1909. — DÉCEMBRE-JANVIER. — ZOOLOGIE. — Nous donnons, dans ce Rapport, une simple énumération des observations et des récoltes effectuées pendant la première campagne d'été.

Oiseaux. — Nous avons trouvé les nids de :

Pygoscelis papua, adeliae, Megalestris Mac-Cormicki, Antarctica, Phalacrocorax atriceps, Sterna vittata, Larus dominicanus, Oceanites oceanicus.

Afin de vérifier si les mêmes oiseaux reviennent chaque année faire leurs nids sur les mêmes roches, nous avons mis une série de bagues de différentes couleurs aux oiseaux suivants :

A Port-Lockroy, 28 décembre 1909 :

Pygoscelis papua (adultes) : 50 bagues vertes. — *Phalacrocorax atriceps* (adultes) : 10 bagues brunes. — *Phalacrocorax atriceps* (jeunes) : 10 bagues roses.

Ile Petermann (Lund), 12 janvier 1909 :

Pygoscelis adeliae (adultes) : 50 bagues violettes. — *Pygoscelis adeliae* (jeunes) : 75 bagues jaunes. — *Pygoscelis papua* (adultes) : 20 bagues brunes. — *Pygoscelis papua* (jeunes) : 20 bagues roses. — *Phalacrocorax atriceps* (adultes) : 3 bagues bleues. — *Phalacrocorax atriceps* (jeunes) : 5 bagues vertes.

Collection. — Mise en peau de :

Deux *Megalestris Mac-Cormicki* (mâle et femelle), un *Meg.* jeune. — Un *Sterna vittata* adulte, jeune. — Un *Larus dominicanus* jeune. — Deux *Ossifraga gigantea* (femelles). — Un *Daption capensis* mis en alcool. — Six poussins de *Pygoscelis papua* ; trois poussins de *Phalacrocorax atriceps.* — Deux poussins de *Pyg. Adeliae.* — Cinq poussins de *Sterna vittata.* — Trois poussins de *Megalestris Mac-Cormicki.*

Embryologie. — Un embryon de *Pygoscelis adeliae.* — Huit embryons de *Pygoscelis papua.* — Un embryon de *Phalacrocorax atriceps.* — Neuf embryons de *Larus dominicanus.* — Treize embryons de *Megalestris Mac-Cormicki.* — Vingt-cinq embryons de *Sterna vittata.* — Un embryon de *Oceanites oceanicus.* — Œufs de : Adélie, Papou. Mouette. Megalestris, Sterne, Procellaire.

Faune terrestre. 1° *Diptères.* — Nous avons trouvé des Diptères (*Belgica antarctica*) et des larves de Diptères en grande quantité (Iles Wiencke, Port-Lockroy. Booth-Wandel, Petermann).

On les rencontre sous les pierres, entre les coquilles de patelles, apportées sur les rochers par les Oiseaux *(Larus),* parmi les mousses, dans les endroits humides. Trouvé les pontes de ces insectes à l'île Petermann.

2° *Collemboles.* — Rencontrés dans presque tous les débarquements ; dans les mêmes endroits que la *Belgica antarctica.*

3° *Acariens*. — Plusieurs espèces d'Acariens terrestres, parmi les mousses, lieux humides, sous les pierres.

Océanographie. —*Dragage I*. — Lat. 62°55′ Long. O. 62°55′, 23 décembre 1908, 35 mètres, roche, vase, sable. Au fond de Port-Foster, île Déception. Drague n° 2, vedette.

Stellerides, Echinides, Holothuries, Ophiures; ceux-ci représentés par de très nombreux individus.

Dragage II. — 24 décembre 1908, 36 mètres ; petit gravier, vase. Le long de la côte Ouest de l'île Déception, dans Port-Foster. Drague n° 2, vedette. Echinides, Stellerides.

Dragage III. — 26 décembre 1908, 129 mètres ; cailloux, roche, vase gris verdâtre. Température de l'eau au fond — 0°,55. Chalut n° 2, chenal de Roosen au nord de l'îlot de Casabianca. Ophiures, Stellerides, Crinoïdes, Spongiaires, Décapodes, Amphipodes, Isopodes, Pycnogonides.

Dragage IV. — 28 décembre 1908, 30 mètres ; roches et gravier. Température de l'eau au fond 0°,0. Drague n° 2 (brisée) vedette ; chenal Peltier le long de l'île Wiencke, près de l'îlot situé au sud de la pointe P. Curie.

Echinides, Spongiaires.

Dragage V. — 29 décembre 1908, 92 mètres ; vase grise, gravier. Température de l'eau au fond, 0°,1. Chalut n° 2. Chenal Peltier, entre l'îlot Goetschy et l'île Doumer.

Stellerides, Echinides, Holothuries, Ophiures, Crinoïdes, nombreux Spongiaires, Isopodes, Amphipodes, Schizopodes, Pycnogonides.

Dragage VI. — Lat. 67°43. Long. Ouest 70°45′42″, 15 janvier 1909 ; 254 mètres ; roche, gravier. Température de l'eau au fond, — 1°,18. Chalut n° 1 (Brisé). Entrées de la baie Marguerite, entre l'île Jenny et la Terre Adélaïde.

Stellerides, Echinides, Holothuries, Ophiures, Crinoïdes, quelques Spongiaires, Amphipodes, Décapodes, Pycnogonides.

Dragage VII. — Lat. 68°34′ environ. Long. Ouest 72°5′ environ, 16 janvier 1909 ; 250 mètres ; roche. Température de l'eau au fond, — 1°,6. Chalut n° 1. Près de la Terre Alexandre-Ier.

Les espèces draguées sont presques identiques à celles du dragage VI.

Dragage VIII. — 20 janvier 1909, 200 mètres ; roche, gravier, vase. Chalut n° 1 ; Baie Marguerite.

Même nature que le dragage VI ; nombreux Echinodermes, Spongiaires, Amphipodes, Schizopodes, Décapodes, Pycnogonides.

Dragage IX. — Lat. 68°00′5″. Long. Ouest 70°2′ W P.; 21 janvier 1909 ; 230 mètres ; sable vert et roche. Température de l'eau au fond + 0°5.

Chalut n° 2. Au sud de l'île Jenny. Echinides, Stellerides, Holothuries, Spongiaires, Pycnogonides, Décapodes, Amphipodes.

Dragage X. — Long. 72°40′ W P. Lat. 68°35′5″. 22 janvier 1909 ; 297 mètres ; roche, vase bleue. Température de l'eau au fond + 0°,6. Chalut n° 1. Près de la Terre Alexandre-Ier. Stellerides, Echinides, Ophiures, Holothuries, nombreux Spongiaires, Pycnogonides, Décapodes, Amphipodes.

Dragage XI. — Lat. 66°50′5″. Long. 60°30′ W P. 1er février 1909, 380 mètres ; vase grise, gravier. Température de l'eau au fond + 1°,0. Chalut n° 1. Baie Matha. Un Echinide, un Ophiure, Décapodes.

Plankton. — Il a été fait quinze pêches de plankton de surface (Port-Lockroy, chenal Peltier, chenal de Lemaire, en face de la Terre Alexandre, baie Marguerite, baie Matha, et deux pêches de plankton de profondeur, l'une de 90 mètres à la surface (baie Marguerite), l'autre de 150 mètres à la surface (baie Matha).

Botanique. — 1° **Algologie**. — Algues récoltées à Déception, Port-Lockroy, au cap Tuxen, à l'île Jenny, et dans les différents dragages.

Les Chlorophycées sont surtout représentées par des *Cladophora*, *Enteromorpha*.

Phéophycées : Ectocarpacées, Laminariacées, Fucacées.

Floridées : Gélidiacées, Corallinacées, Céramiacées, Gigartinacées, Plocamiées.

A maintes reprises, nous avons vu la neige rouge et la neige verte.

2° **Lichens, mousses, hépathiques, phanérogames**, récoltés dans les régions antarctiques aux stations suivantes :

Ile Déception, 23 et 25 décembre 1908.

Ile Wiencke (Port-Lockroy) 28 décembre 1908.

Ile Booth-Wandel, 30 décembre 1908 et 3 janvier 1909.

Ile Petermann (Lund), 1, 4, 5 et 10 janvier 1909. Mousses fertiles, *Aira antarctica*.

Ile Berthelot (récolte faite par M. Gourdon). *Aira antarctica* en fleurs.

Cap Tuxen (Terre de Graham), 8 janvier 1909. Quelques mousses fertiles.

Ile Jenny (baie Marguerite), 15 et 30 janvier 1909. Mousses fertiles, touffes d'*Aira antarctica* en fleurs, *Colobanthus crassifolius* en fleurs.

Ile Léonie (baie Marguerite), 17 janvier 1909. Mousses fertiles, *Aira antarctica*.

Fond de la baie Marguerite, 24 janvier 1909.

La plupart des lichens sont fructifiés.

FÉVRIER 1909. — ZOOLOGIE. — **Oiseaux**. — Depuis que nous sommes au poste d'hivernage, nous avons continué les observations sur différents oiseaux vivant sur l'île Petermann : *Pygoscelis adeliae, Pyg. papua, Phalacrocorax atriceps, Sterna vittata, Larus dominicanus, Megalestris antarctica, Oceanites oceanicus, Ossifraga gigantea* (de passage).

Tous ces Oiseaux, en dehors de l'*Ossifraga*, ont fait leurs nids en divers endroits de l'île.

A la collection, un embryon, trois fœtus et six poussins d'*Oceanites oceanicus*. Les deux derniers œufs de *Pygoscelis papua* datent du 7 février : l'un était frais, l'autre renfermait un jeune fœtus.

Tous les Oiseaux préparés ont été disséqués. Il a été trouvé fort peu de parasites ; les seuls rencontrés jusqu'à présent sont des Aptères (parasites sur les jeunes *Sterna vittata*), des Nématodes et des Cestodes (estomac de *Pygoscelis papua* et *Phalacrocorax atriceps*). Dans l'estomac de deux Cormorans, trouvé deux Isopodes, parasites des Poissons capturés pour leur nourriture.

Liste des oiseaux préparés : *Pygoscelis adeliae*, un adulte, quatre jeunes ; *Pygoscelis papua*, un adulte, quatre jeunes ; *Sterna vittata*, un adulte, deux jeunes ; *Megalestris antarctica*, sept adultes, cinq jeunes ; *Phalacrocorax atriceps*, un adulte, six jeunes ; *Oceanites oceanicus*, deux adultes ; *Ossifraga gigantea*, deux adultes.

Echinodermes. — Jusqu'à présent, les Échinodermes récoltés aux alentours de Petermann, dans la zone littorale et côtière (partie supérieure), se rapportent à quatre espèces : un Échinide, trois Stellerides.

Arthropodes. — A. *Terrestres*. Les mousses sont peuplées de nombreux Acariens, représentant trois ou quatre espèces :

Collemboles très nombreux entre les pierres, sous les mousses. Diptères représentés par la *Belgica antarctica* et la *Jacobsiella magellanica*. Larves de Diptères en quantité dans de petites mares et sur les mousses humides. Nous avons trouvé les petites mares du sommet de l'île peuplées de très nombreux Phyllopodes : femelles nombreuses, mâles rares. Il a été conservé des Phyllopodes vivants, dans l'espoir d'étudier l'année prochaine les larves et l'éclosion des œufs.

B. *Marins*. — Les Crustacés marins récoltés durant ce mois sont des Copépodes et des Acariens vivant parmi les Diatomées et les Algues filamenteuses fixées sur les rochers dans les petites mares découvrant à marée basse, des Isopodes et Amphipodes, des Schizopodes (*Euphausia*) et des Décapodes, ainsi que les nombreux petits Crustacés du plankton.

OCÉANOGRAPHIE. — **Plankton**. — Le plankton est très abondant dans les régions antarctiques ; Diatomées en quantité, Copépodes, larves de Crustacés, Protozoaires en sont les principaux représentants. Nous avons fait le 1er février, dans la baie Matha, des pêches successives de plankton de profondeur de 150 mètres à la surface. Ces pêches de plankton de profondeur seront continuées au poste de l'hivernage mais étant obligés de fabriquer pour le filet Nansen un appareil de fortune portatif, léger et petit, avec 150 mètres de fil, pouvant être placé, selon les circonstances, dans un canot ou sur la glace, ces pêches ne commenceront qu'au mois de mars et seront renouvelées deux ou trois fois par mois. Il a été fait huit pêches de plankton de surface.

BOTANIQUE. — C'est en février que la végétation antarctique atteint son maximum d'intensité. L'*Aira Antarctica* est en pleine floraison : on la trouve en nombreux exemplaires sur presque tous les rochers de l'île. Nous n'avons pas rencontré ici le *Colobanthus crassifolius*, var. *brevifolius* Engler, trouvé par M. Turquet, naturaliste de l'expédition du *Français*, au cours d'un débarquement à la baie Biscoe. Par contre, durant la campagne de janvier, nous avons eu la bonne fortune de le trouver en touffes assez nombreuses, parmi les mousses, sur les rochers de l'île Jenny (par 68° environ de latitude Sud).

Mousses nombreuses. Peu, par rapport à celles trouvées plus au Sud, sont en fructification. Les îles Argentines, que nous avons visitées au commencement de février, ont une végétation abondante ; les pentes regardant le Nord sont tapissées d'une couche presque continue de mousses, espèces identiques à celles de Petermann.

Lichens. — Peu de genres et d'espèces. Individus très abondants, presque tous ceux récoltés sont fertiles.

Algues. — Les algues trouvées aux environs de Port-Circoncision sont des *Cladophora*, *Ectocarpus*, *Lessonia*, *Gracilaria*, *Phaeoglossum*, *Himantothallus*, *Desmaretia*, *Plocamium*.

Diatomées d'eau douce et marine. — Par suite du dégel qui s'est produit presque sans arrêt durant le mois de février, la neige rouge et la neige verte ont pris une grande extension. Toutes les parties basses de l'île où la surface de la neige est dégelée sont couvertes d'une couche d'algues vertes unicellulaires, de même les parois de glace qui bordent la côte. La neige rouge couvre presque toute la surface de l'île, lui donnant une teinte rose pâle qui, par endroits, à cause de l'abondance des algues, passe au rouge écarlate.

Il a été récolté de ces algues et nous avons essayé leur conservation avec les liqueurs nutritives suivantes :

Solution potassique.		Solution calcique.	
Eau distillée	972^g,5	Eau distillée	972^g,5
AzO^3K	20	$(AzO^3)^2Ca$	} aa 10
SO^4Mg	} aa 2,5	(AzO^3K)	
KCl		SO^4Mg	} aa 2,5
PO^4K^2		KCl	
Fe^2Cl^6	traces	$(PO^4,2H^4Ca)$	
		Fe^2Cl^6	traces.

(Solutions 20 fois trop fortes.)

Ces cultures étant faites depuis peu, nous ne pouvons encore connaître le résultat.

MARS 1909. — ZOOLOGIE. — **Oiseaux**. — Les Oiseaux qui avaient établi leurs nids sur l'île ont abandonné leurs rookeries. Les *Sternes* sont en mer. Les *Megalestris* et les *Larus* restent le long de la côte, à la recherche des cadavres d'Oiseaux et de Phoques.

Les rookeries d'Adélies sont abandonnées. Les jeunes ont atteint la taille des adultes, leur mue est terminée, ils vont à la mer. Ils sont partis vers le 15 mars. La mue des adultes a commencé en février et s'est continuée en mars ; le 29, elle était terminée. La mue des *Papous* a débuté en mars. Elle continue actuellement. Les jeunes sont allés à la mer vers le milieu du mois.

Nous avons commencé la préparation de squelettes d'Oiseaux, secondé dans ce travail par le matelot Dufrèche, précieux garçon de laboratoire.

Collection. — Deux crânes de *Megalestris antarctica*, deux crânes de *Pygoscelis Adeliae*, un crâne d'*Ossifraga gigantea*, un squelette de *Pygoscelis papua* un squelette de *Pygoscelis adeliae*, un *Ossifraga gigantea* mis en peau, quatre *Larus dominicanus* (jeunes) mis en peau.

Malheureusement, les Oiseaux préparés se tachent pendant le séchage, à cause de l'eau qui, malgré le taud recouvrant le pont arrière du bateau, passe au travers ; à cause aussi de la fumée provenant de la forge et de la graisse de phoque servant au chauffage de l'eau.

Parasitologie. — Cestodes sur le mésentère d'un *Larus dominicanus*.

Arthropodes. — Dans une excursion aux petites îles au sud de Petermann, nous avons trouvé les flaques d'eau douce peuplées de nombreux *Eucopépodes*, *Phyllopodes* toujours en quantité. *Eucopépodes* et *Phyllopodes* sont morts à la fin de mars.

Océanographie. — **Plankton.** — Il a été fait deux pêches de plankton de profondeur de 140 mètres à la surface, le 2 et le 19 mars. La comparaison de ces deux pêches nous a permis de constater une énorme diminution dans le plankton du 19 mars ; la différence est surtout très marquée pour le plankton habitant les profondeurs de 80 mètres à la surface. Cette diminution semble coïncider avec la rareté des Cétacés à cette époque, au voisinage de l'île. Le mauvais temps, le vent, les glaces nous ont empêché de faire des pêches de nuit.

Botanique. — Sur la Terre de Graham au sommet du mont Tranchant (500 mètres environ) la végétation est représentée par quelques lichens et deux mousses, l'une d'elles fertile. Dans une excursion à la baie Biscoe, nous avons trouvé au cap des Trois-Perez l'*Aira antarctica* et le *Colobanthus crassifolius*. Leur présence a encore été constatée sur les rochers du cap Rasmussen, ainsi que sur la côte N.-O. de l'île Petermann. Le *Colobanthus crassifolius* et l'*Aira antarctica* semblent donc avoir, sur la partie ouest de la Terre de Graham, une aire de dispersion assez considérable, puisque nous avons eu la bonne fortune de les rencontrer aux principaux débarquements, du 65e au 68e degré de lat. Sud. La neige rouge et la neige verte sont toujours en quantité. Les cultures commencées en février semblent ne donner de bons résultats que pour les algues vertes.

AVRIL 1909. — Avril fut un mois de transition. Dès les premiers jours, par suite de la baisse de la température, le chenal s'est couvert de jeune glace empêchant toute circulation sur mer, jusqu'à ce que, sous l'influence d'un froid plus vif, il se forme une banquise assez forte nous permettant de nous livrer à des pêches, des prises de plankton de profondeur et une récolte d'animaux marins. A terre, les chutes de neige ont couvert tous les rochers ; plus de végétation.

Zoologie. — **Oiseaux.** — Les Oiseaux qui habitaient l'île ont, peu à peu, déserté leur séjour d'été pour aller passer l'hiver en des régions plus clémentes. La mue des Papous s'est terminée dans les premiers jours d'avril ; jeunes et adultes sont partis. Les Adélies rencontrés font partie de petites troupes de passage qui restent quelques heures sur l'île, soit pour se reposer d'un long voyage, soit, lorsque les rafales de neige sont très fortes, pour attendre le beau temps : un jour où le chasse-neige était violent, nous avons trouvé une troupe d'une dizaine d'individus dont plusieurs étaient complètement recouverts par la neige.

Plus de Procellaires, plus de *Megalestris*. Très rarement, un de ces derniers passe rapidement, faisant route vers le Nord. Les Sternes sont rares. Encore quelques *Larus* et quelques Ossifrages en quête de nourriture. A plusieurs reprises, nous avons vu des Ossifrages blancs ; malheureusement plus farouches que les autres, nous n'avons pu les approcher.

Deux Oiseaux sont, au contraire, depuis qu'il fait froid, plus nombreux. Ce sont les *Pagodroma nivea* et les *Chionis alba*. On voit voler les *Pagodroma* dans le chenal en assez grand nombre les jours de vent, surtout lorsque les plaques de glace laissent entre elles des chenaux d'eau libre. Les Pétrels de neiges sont venus du Sud ; sans doute, la banquise y est-elle compacte, par suite la nourriture moins facile à trouver. Aussi, les *Pagodroma* affectionnent-ils la lisière de la banquise, là où la glace est toujours abondante, mais là aussi où les flaques d'eau libre, leur permettant d'y trouver la nourriture, sont nombreuses.

Les *Chionis* sont les premiers trouvés à Petermann, ils affectionnent particulièrement les abords du bateau.

Collection. — Un jeune *Pygoscelis adeliae*, sept jeunes *Sterna vittata*, un jeune *Sterna vittata* (alcool), un *Chionis alba*, deux *Pagodroma nivea*, un idem dans l'alcool, un squelette de *Pygoscelis papua*, un squelette de *Pygoscelis adeliae*.

Parasitologie. — Aptères trouvés sur le *Pagodroma nivea*.

Sang. — Prises de sang, sur un *Pygoscelis papua*, un *Pygoscelis adeliae*, un *Larus dominicanus*, un *Sterna vittata*. Il a été fait pour chaque individu : 1° une numération des hématies ; 2° fixation de sang à l'acide osmique ; 3° préparation de sang sur lame desséchée.

Microbiologie. — Frottis sur lame du contenu de l'intestin. Conservation d'excréments en tubes scellés. Fixation au sublimé de parois du tube digestif de *Pygoscelis adeliae*, *Pagodroma nivea*, *Chionis alba*.

Océanographie. — **Plankton.** — La glace de mer qui entoure le bateau étant assez solide pour s'y aventurer, nous avons fait deux pêches de plankton de 9 mètres (profondeur maximum de Port-Circoncision) à la surface.

MAI 1909. — Zoologie. — **Oiseaux.** — Les Oiseaux sont de plus en plus rares. Plus de *Pygoscelis papua*, *Megalestris antarctica*, *Oceanites oceanicus*. Seulement, quelques Cormorans aperçus au début du mois. De temps en temps, quelques Sternes : surtout, des Goélands dominicains et des Ossifrages. Les petites troupes de passage des *Pingouins Adélies*, assez communs encore au début du mois, sont maintenant de plus en plus rares. Il a passé, à plusieurs reprises, des *Thalassœca antarctica* et quelques *Damiers*, surtout lorsque le chenal était, en partie, libre de glaces. Les Oiseaux les plus communs, en ce moment, sont les Pétrels des neiges *(Pagodroma nivea)*, et les becs-en-fourreau (*Chionis alba*).

Nous avons vu, dans la première quinzaine du mois, des quantités de *Pétrels* de neiges venant du Sud. Il n'est pas de jour, maintenant, sans qu'on en voie passer d'un vol rapide autour du bateau. Les becs-en-fourreau ne sont pas farouches : il en reste toujours autour de Port-Circoncision. En quête de nourriture, ils se posent le plus souvent près des cadavres de Phoques. Dans une promenade sur la banquise, nous avons vu les *Chionis* se nourrir des matières fécales d'un Pinnipède. Les excréments de ces animaux, et les très rares cadavres qui se trouvent sur la banquise doivent être toute leur nourriture pendant les mois d'hiver.

A la collection : quatre *Pygoscelis adeliae*, un *Chionis alba*, jeune, un *Pagodroma nivea*, adulte, deux *Pagodroma nivea*, jeunes, cinq *Chionis alba*, adultes.

Oiseaux conservés pour l'étude anatomique et le squelette : un jeune *Sterna vittata*, quatre jeunes *Pagodroma nivea*, un *Pygoscelis adeliae*, un *Chionis alba*.

Parasitologie. — Les *Pagodroma nivea* ont, en général, de nombreux parasites externes des Aptères) localisés dans la région céphalique, principalement autour du bec. Nous avons aussi trouvé des Aptères sur un *Chionis alba*.

L'estomac d'un autre *Chionis* renfermait quelques Nématodes.

L'intestin des Adélies que nous avons préparé contenait, outre les Schizopodes et surtout les Décapodes, une quantité assez considérable de petits Poissons (une cinquantaine chez l'un) ; malheureusement, leur état de conservation ne permettait aucune détermination certaine. Nous avons aperçu à deux reprises ce petit Poisson, long de $0^m,05$ à $0^m,08$, nageant à la surface de l'eau sous la glace.

Plankton. — Le chenal de Lemaire, pris en partie vers la fin d'avril, s'est débloqué au commencement de mai, par suite des coups de vent successifs et du dégel. Il en a été de même de la banquise autour du bateau et, le 12, il était possible de sortir en embarcation. Nous en avons profité pour faire, à 300 mètres environ au large de Petermann, en face des rookeries, diverses pêches de plankton de profondeur, entre 140 mètres et la surface. Plankton peu abondant ; les Diatomées sont de moins en moins nombreuses ; on trouve surtout des Copépodes, quelques larves et infusoires. Nous avons constaté une transparence de l'eau de 23 mètres.

Par la suite le chenal s'est, de nouveau, comblé de glaces ; avec le froid et le calme de la seconde quinzaine de mai, la banquise s'est reformée et, dans les derniers jours, elle était assez résistante pour s'y aventurer. Nous avons fait le 31 mai des pêches de plankton de jour et de nuit (140 mètres à la surface). Les différences sont peu marquées entre les deux ; les Copépodes dominent, de plus en plus ; les Diatomées sont très réduites ; beaucoup de débris.

JUIN 1909. — **Ornithologie**. — Pétrels des neiges nombreux, surtout les jours de vent. Au milieu du mois, pendant une très forte tempête de N.-E., il y en avait un grand nombre autour du bateau ; ils étaient alors si peu farouches qu'il fut possible d'en prendre plusieurs à la main.

A plusieurs reprises, il est venu des troupes d'Adélies sur l'île, lorsque le chenal était en partie libre de glaces.

Des *Chionis*, des *Larus*, des Ossifrages.

Pendant les coups de vent, des *Damiers* et des *Thalassœca antarctica*. Quelques Cormorans sont passés au-dessus de l'île.

A la collection : A. 1 *Ossifraga gigantea*, 1 jeune *Larus dominicanus*, 9 *Pagodroma nivea*, 3 *Chionis alba*, 5 *Pygoscelis adeliae*.

B. Conservés pour les études anatomiques et le squelette : 1 jeune *Larus dominicanus*, 4 *Pagodroma nivea*.

Le contenu de l'estomac des derniers Adélies préparés renfermait des quantités de petits Poissons, rendus malheureusement méconnaissables par suite de la digestion.

Parasitologie. — Tous les Pétrels des neiges capturés avaient dans la région céphalique de nombreux Aptères. Nous avons trouvé chez l'un d'eux des Nématodes parasites dans l'intestin.

Aptères parasites chez deux *Chionis* et deux *Larus*.

Microbiologie. — Il a été fait pour les études microbiologiques des prises d'excréments, et des fixations des parois du tube digestif de *Pygoscelis adeliae*, *Larus dominicanus*, *Pagodroma nivea*.

Sang. — Numération des globules, fixation du sang de *Pagodroma nivea*.

Océanographie. — Nous n'avons pu faire ce mois-ci qu'une seule pêche de plankton de profondeur, de 140 mètres à la surface. Plankton très réduit, Diatomées rares ; surtout des Copépodes, quelques larves de Crustacés, quelques Protozoaires (Infusoires en particulier).

JUILLET 1909. — **Océanographie**. — Juillet a été très défavorable aux études océanographiques. La banquise, se formant et se disloquant dans la première moitié du mois, les vents violents de N.-E. dans la seconde moitié ont beaucoup gêné les études sur mer.

Il a été fait (26 juillet) des pêches de plankton de profondeur (140 mètres à la surface). Le plankton est toujours très réduit, représenté surtout par des Copépodes, des larves de Crustacés, quelques Protozoaires et de rares Diatomées. Il a été constaté une transparence de l'eau de 27 mètres.

Nous avons rencontré dans une autre sortie de nombreux fragments de Méduses flottant à la surface de la mer, fragments dont certains atteignaient des dimensions de $0^m,50$ à $0^m,60$ de largeur ; les tentacules, de couleur brune, avaient une grande longueur. Dans leur voisinage volaient de nombreux Pétrels du genre *Thalassœca* (*Th. antarctica* Gm.). Nous avons constaté, par la suite, que les Damiers bruns faisaient, de ces Méduses, le principal élément de leur nourriture.

Ornithologie. — Nous avons toujours vu, soit dans le chenal, soit sur l'île, des petites troupes de Pingouins Adélie. Le 25, plusieurs de ces Oiseaux vinrent aux rookeries, cherchant déjà des petits cailloux, comme s'ils allaient faire leurs nids, mais ils ne restèrent pas sur l'île. Le 27, vu des centaines d'Adélies sur les petites îles au sud de Petermann.

Le premier Papou nous a été signalé par Dufrèche le 29 juillet. Cette espèce n'avait pas été vue depuis avril, époque à laquelle ces Oiseaux abandonnèrent leurs rookeries.

A plusieurs reprises, des Cormorans sont passés au-dessus de Petermann.

Le 12, le commandant aperçut un vol d'une centaine d'individus.

Toujours quelques Goélands dominicains et Pétrels géants attirés par la nourriture que leur procurent les déchets du bord et les cadavres d'Oiseaux et de Phoques. Il en est de même de nombreux Pétrels des neiges et de becs-en-fourreau qui ne quittent plus les abords du bateau.

Depuis que le chenal est libre de glaces, les Pétrels antarctiques (*Thalassœca antarctica*) sont nombreux. Mais ils se tiennent toujours en mer, ne se posent jamais sur les rochers du rivage.

A la collection : A. Dix *Pygoscelis adeliae*, un *Pagodroma nivea*, six *Thalassœca antarctica*, deux *Chionis alba*.

B. Conservés pour les études anatomiques et le squelette : Un *Larus dominicanus* (jeune), trois *Thalassœca antarctica*, trois *Chionis alba*.

Parasitologie. — Aptères trouvés sur un *Pagodroma nivea*, deux *Chionis alba*, deux *Thalassœca antarctica*.

Microbiologie. — Il a été fait des frottis de prises d'excréments et des fixations des parois des tubes digestifs d'un *Chionis alba* mâle et de deux *Thalassœca antarctica* mâles.

Sang. — Nous avons fait des prises de sang de *Thalassœca antarctica*.

AOUT 1909. — Zoologie. **Ornithologie.** — Les *Pétrels* des neiges et les becs-en-fourreau sont toujours nombreux autour du bateau. Ces derniers ont établi leur campement à la pointe nord de Port-Circoncision sur les banquettes de glace côtière abritées par la corniche de neige, qui, à cet endroit, tombe en volute de la falaise.

Un homme de l'équipage nous a remis un *Pagodroma nivea* à une patte. L'atrophie complète du membre doit être due à un accident survenu pendant la vie embryonnaire.

Thalassœca communs les jours où le chenal est libre.

Au commencement d'août, des petites troupes d'Adélies sur l'île. Le 5, il a été vu un Papou.

Le 6 août, il est passé dans le chenal plusieurs troupes de Pingouins Papous qui descendaient vers le Sud. Une centaine d'individus ont atterri sur l'île ; malheureusement, la nécessité de viande fraîche pour les besoins du bord a rendu leur sacrifice obligatoire. L'arrivée de ces Oiseaux coïncide avec une longue période de vents de N.-E. de températures élevées. Le 13, disparition complète des Pingouins ; il n'en est pas revu avant le 30. Cette disparition coïncide avec une période de températures plus basses et une accumulation de glaces dans les parages de Petermann.

Les cadavres des Papous laissés sur l'île ont attiré de nombreux Goélands dominicains et Pétrels géants. Parmi ceux-ci, nous avons trouvé et tué un Pétrel blanc.

A plusieurs reprises, des vols de bandes nombreuses de Cormorans. Nous avons vu souvent des individus isolés.

Collection : *Pagodroma nivea*, 6 ; *Pygoscelis papua*, 8 ; *Thalassœca antarctica*, 3 ; *Ossifraga gigantea* (blanc), 1 ; *Chionis alba*, 5 ; *Larus dominicanus*, 2 ; Squelettes d'*Ossifraga gigantea*, 2.

Parasitologie. — Aptères en grand nombre sur les *Pagodroma nivea* et certains *Chionis alba*. Nous en avons aussi trouvé sur deux *Larus* et deux *Pétrels* géants. Surtout localisés parmi les plumes de la région céphalique.

Acariens sur les petites plumes du menton de deux *Chionis* et quelques individus sur un *Pagodroma*.

Des Cestodes en petite quantité dans l'intestin des Pétrels des neiges. Chez quelques-uns de ces Oiseaux, il y avait un seul parasite. Le Ténia atteint jusqu'à 30 centimètres de long.

Enfin, les parasites les plus nombreux nous ont été fournis par le *Pygoscelis papua*. Nous avons examiné les Oiseaux tués le 6 août (environ 60). Tous sans exception avaient, en quantité le long de l'intestin antérieur et moyen, de nombreux kystes dus aux embryons d'un Ténia qui, ayant pénétré dans la profondeur des parois intestinales, s'y sont développés pour donner naissance à des cysticerques. Chaque kyste renferme plusieurs larves indépendantes les unes des autres.

La larve nous semble formée d'une tête globuleuse à 4 ventouses, d'un corps postérieur. Sa longueur est de 25 millimètres à 30 millimètres au maximum.

Jamais, chez les Pingouins Adélies, nous n'avons trouvé de Cestodes, soit à l'état larvaire, soit à l'état adulte. Le *Papua* semble donc être l'hôte destiné à héberger cette première forme du développement du ver.

Pour activer son évolution, le cysticerque ne pourra subir aucune modification nouvelle, tant qu'il restera enfoui dans l'intestin du *Papua*. Il devra donc passer dans l'intestin d'un être capable de l'héberger.

Notre compagnon de laboratoire M. le Dr J. Liouville, chargé de l'étude des Pinnipèdes, a trouvé chez ceux-ci, et principalement chez les *Phoques* de Weddell, des Ténias en abondance. Or ces Mammifères mangent des Pingouins ; les plumes découvertes dans leur tube digestif l'ont démontré.

Peut-être donc, d'une part, ces larves trouvées chez les Papous, d'autre part, ces Cestodes adultes rencontrés chez les Phoques seraient-ils les deux formes évolutives de la même espèce ? Les anneaux de Ténias remplis d'œufs seraient évacués avec les matières fécales du Phoque, répandues, soit sur la neige, soit dans la mer. Pour se développer, les œufs n'auraient qu'à être ingérés par les Pingouins Papous.

Microbiologie. — Il a été fait des frottis des prises d'excréments et des fixations des parois du tube digestif de : un *Pygoscelis papua*, un *Ossifraga gigantea* blanc, un *Chionis alba*.

Sang. — Numération des globules et prises de sang d'un *Chionis alba*.

Océanographie. — Les tempêtes continuelles du Nord-Est, l'encombrement du chenal par les glaces, les jours de calme, nous ont empêché de faire des prises de plankton de profondeur. Au commencement du mois, une seule pêche de plankton de surface entre les îles Petermann (Lund) et Krogmann (Howgard).

SEPTEMBRE 1909. — Zoologie. — Très peu d'eau libre en septembre. Une énorme accumulation de glaces vers le large et dans le chenal de Lemaire.

Les *Thalassœca* ont disparu de bonne heure.

Peu à peu, les *Chionis alba* et surtout les *Pagodroma nivea* diminuent en nombre autour de notre poste d'hivernage.

Le 5 septembre, M. Bongrain nous a rapporté avoir vu un *Thalassœca* légèrement plus grand que le *Th. antarctica* et de couleur générale grise. Nous croyons reconnaître, d'après la description qui nous a été faite, le *Thalassœca (Priocella) glacialoide*.

Quelques Pingouins Adélies et *Papua*, en troupes plus nombreuses, vers la fin du mois.

Nous avons aperçu le premier Sterne le 5 Septembre.

Les Cormorans ont déployé une grande activité ; ils ont été vus fréquemment, en troupes nombreuses, volant en triangle, à peu de distance de la banquise, puis se dispersant soudain à l'approche de la côte, pour venir se reposer et repartir quelques heures après.

Les 1, 2, 3 septembre, vols d'une vingtaine de Cormorans.

Le 5, nous avons observé un vol de 196 oiseaux, venant de la direction de l'île Krogmann (Howgard). Ils se sont reposés près des cairns de l'île Petermann, à l'abri du vent de S.-O.

Il y avait la moitié de jeunes, facilement reconnaissables à la teinte brunâtre des plumes du front, du vertex, de l'occiput, du derrière du cou et du manteau, à la huppe peu développée, aux caroncules rudimentaires, aux paupières d'un gris foncé bleuâtre. L'autre moitié était composée d'adultes mâles et femelles ; les mâles différaient des femelles en ce qu'ils avaient un plumage plus brillant, des paupières d'un bleu plus intense, les caroncules à la fois plus développées et d'un rouge orangé plus vif, une huppe plus fournie et plus longue ; ces Cormorans repartaient le soir même dans la direction de Krogmann (Howgard).

D'autres vols ont été vus le 11, le 26.

Le 28, M. le Dr Liouville, qui avait bien voulu se charger de nos observations pendant notre absence (du 18 septembre au 2 octobre, nous sommes allé en reconnaissance sur la Terre de Graham), a étudié, dans tous ses détails, un vol d'environ 200 Cormorans.

La seule observation biologique faite par nous sur le glacier de la Terre de Graham, est le passage d'un Larus dominicanus au sommet d'une montagne, à environ 1.300 mètres d'altitude et à une distance de 10 kilomètres de la mer.

Collection. — Deux *Pygoscelis papua* (mâle et femelle).

Parasitologie. — Aptères parasites, principalement de la région céphalique d'un *Chionis alba*.

Larves de Cestodes trouvés dans l'intestin de Papous.

Invertébrés. Echinodermes. — Deux Stellerides récoltés par le matelot F. Guéguen.

OCTOBRE 1909. — Nous sommes rentré le 2 octobre du glacier de la Terre de Graham.

Octobre a vu revenir la plupart des Oiseaux qui font leur nid dans les régions antarctiques.

Nous avons profité des flaques d'eau libre, accessibles, qui se sont produites dans le chenal de Lemaire au commencement du mois, pour faire du plankton.

Une série de fortes marées basses et le dégagement, par des glaces, de certaines petites plages de l'île de Petermann, nous ont permis de faire quelques recherches zoologiques et botaniques.

Cormorans. — Comme en septembre, nous avons aperçu, dans la première semaine d'octobre, un vol de Cormorans, qui, chaque jour, au même moment, arrivait du Nord, pêchait dans une flaque d'eau libre, puis repartait vers la même direction.

Le 7, un couple de Cormorans revient à son ancien nid à l'île Petermann. L'été dernier, parmi les rookeries d'Adélies, étaient trois couples de Cormorans ; le 12 janvier, nous avions mis une bague bleue au tarse droit de chaque femelle. Or, la femelle du couple revenu le 7 octobre portait une bague bleue au tarse droit. Il est donc possible de conclure que les mêmes Cormorans font, d'une année à l'autre, leurs nids aux mêmes endroits.

Le 18, dans une promenade à l'île Booth-Wandel, nous sommes allé à la rookerie de Cormorans ; il y avait là environ 400 oiseaux, jeunes et adultes. Seuls, ceux-ci sont accouplés ; la plupart refont leur nid. Les jeunes se tiennent à l'écart.

Mouettes. — Dès les premiers jours du mois, les *Larus* sont nombreux dans le chenal, autour de Petermann ; on les voit, par couples, se poser sur les rochers.

Sternes. — Le 7, nous avons aperçu cinq Sternes ; peu à peu, ils augmentent en nombre et, à la fin d'octobre, la rookerie du sud de l'île se compose d'une centaine d'individus.

Megalestris. — Le 23, le chauffeur Guéguen nous annonce avoir vu le premier *Megalestris* ; quelques jours après, nous en apercevons, rôdant autour des rookeries de Pingouins Adélies.

Rarement et isolément sont passés quelques *Pagodroma nivea*, *Thalassœca antarctica*, *Chionis alba*.

Papous. — Le 3, une troupe de 70 Papous campe sur l'île ; elle disparait le lendemain.

Il n'en est plus revu avant le 29 novembre, date à laquelle ils reviennent à leur rookerie.

Le 31, nous retrouvons au tarse de l'un d'eux une bague brune, mise par nous en janvier. Donc, comme pour le Cormoran, les mêmes Papous reviennent d'une année à l'autre aux mêmes rookeries.

Pingouin Adélie. — En allant le 18 à l'île Booth-Wandel, nous avons aperçu, dans l'eau libre qui se trouvait au nord de l'île, deux nombreuses troupes de Pingouins Adélies. Aucun Oiseau sur les rookeries.

A l'île Petermann, le premier Pingouin Adélie aperçu sur la rookerie date du 12 octobre ; il y en avait 2 le 15, 4 le 19, 5 le 20.

Ce n'est vraiment qu'à partir du 22 qu'ils arrivent : il y en 33. Les autres jours, nous en comptons :

96 le 23,	281 le 26,	696 le 29,
147 le 24,	387 le 27,	852 le 30,
194 le 25,	448 le 28,	1152 le 31.

Ils arrivent les uns après les autres, par petites troupes, vont directement à un certain rocher, ou même s'arrêtent sur la neige, là où en été la roche était à découvert, et commencent leur nid presque aussitôt. Alors, les querelles renaissent, les droits de propriété suscitent de nombreuses batailles.

Premiers appariements, le 28.

Le 26, il est passé, dans la matinée, une armée de 3.000 à 4.000 Pingouins Adélies, qui, ayant à leur tête une avant-garde d'une centaine d'individus, se sont dirigés par la banquise vers le cap Tuxen ; sans doute, étaient-ce les Pingouins de la rookerie des îles Jalours.

Océanographie. — **Plankton**. — Nous avons fait des pêches de plankton de surface, le 3, le 4 et le 7 ; une pêche de profondeur de 140 mètres à zéro le 7. La caractéristique de celle-ci est la réapparition des Diatomées.

Zoologie et Botanique (algologie). — Nous avons profité des marées basses et du dégagement des petites plages voisines de Port-Circoncision, pour faire à plusieurs reprises (7, 10, 16, 30, 31 octobre) des récoltes de plantes et d'animaux marins.

En général, la faune côtière est très pauvre. A première vue, on aperçoit une plage de rochers et de gros galets, dont la surface est polie par le frottement continuel des glaces ; rien ne peut y vivre.

Mais dans les fentes des rochers, entre les cailloux ou à leur face inférieure, il y a une faune spéciale qui, si elle renferme d'assez nombreux individus, est réduite à peu d'espèces. Sept ou huit espèces de Spongiaires, trois de Stellerides (dont deux *Odontaster*), l'*Echinus margaritaceus* qu'on retrouve en très grande quantité dans toute la région littorale, une Holothurie ; parmi les Crustacés, les principaux sont des Copépodes, des Amphipodes et des Isopodes ; une espèce très commune de Pycnogonide. Certains Spongiaires et quelques Isopodes nous paraissent nouveaux.

En outre, quelques Cœlentérés, de nombreuses colonies de Bryozoaires ; parmi les Vers, des Turbellariés, Némertes, Nématodes et Annélides polychètes; chez les Mollusques, quelques Gastéropodes et Lamellibranches.

Comme la faune, la flore est aussi pauvre. Partout, l'influence de la glace se fait sentir ; seuls les endroits abrités sont recouverts d'algues.

On trouve alors quelques Chlorophycées, des *Enteromorpha* ; parmi les Phéophycées *Asperococcus*, dans les fentes des rochers et quelques touffes de *Desmarestia* ; parmi les quelques Floridées, ce sont les Gigartinacées qui dominent.

Puis, une formation abondante de Corallinacées ; *Lithophyllum* et *Lithothamnion*.

Nous avons préparé plusieurs spécimens des différentes espèces rencontrées.

NOVEMBRE 1909. — En novembre, commence la ponte de la plupart des Oiseaux antarctiques.

Nous avons profité des jours de calme où le chenal était libre de glaces pour faire des dragages du plateau continental, sur la côte Nord et Est de Petermann. La côte Ouest étant encombrée par la banquise et les floes, nous n'avons pu draguer de ce côté.

Zoologie. — **Oiseaux**. — *Pygoscelis adeliae*. — Les Adélies continuent à arriver pendant les premiers jours du mois. Nous en comptons 1.295 le 1er novembre, 1.575 le 3, 1.850 le 6. La rookerie se compose environ de 2.000 individus.

Les premiers œufs sont trouvés le 9 novembre, il y en a 10 le 13, 34 le 16, 71 le 17, 76 le 19, 134 le 20, 189 le 21, 122 le 22, 135 le 23, 240 le 24, 205 le 25. Il est probable que ces chiffres sont inférieurs au nombre d'œufs pondus.

Chaque jour, sur un coin de rookerie réservé à cet effet, les œufs nouvellement pondus étaient marqués ; nous avons pu, de la sorte, jusqu'au jour du départ de Petermann, former plusieurs séries complètes d'embryons du premier au onzième jour d'incubation.

Pour compléter cette série, nous avons essayé de faire couver les œufs en nous servant d'une étuve mise obligeamment à notre disposition par le Commandant.

Nous avons retrouvé plusieurs Adélies ayant des bagues violettes au tarse droit. Ces bagues avaient été mises par nous en janvier 1909 aux oiseaux adultes ; aux jeunes, avaient été mises des bagues jaunes ; or, aucune de ces dernières n'a été retrouvée. Il est donc admissible de penser que les jeunes s'accouplent seulement à la fin de leur seconde année, et ne reviennent aux rookeries que cette seconde année. Les adultes, comme nous l'avons constaté pour les Cormorans, reviennent chaque année aux mêmes rookeries et, de plus, aux mêmes emplacements de la rookerie : les Oiseaux possesseurs de bagues avaient, en effet, leurs nids sur les mêmes rochers.

Pygoscelis papua. — Les Papous, qui ont fait leur apparition le 29 octobre, augmentent jusque vers le 10. Il y en a 39 le 1, 71 le 3, 81 le 4, 95 le 5, 101 le 8, 112 le 9. Le premier œuf date du 18 ; il en est pondu 7 le 22, 8 le 23, 12 le 24, 8 le 25.

Nous retrouvons huit Oiseaux adultes ayant des bagues brunes au tarse droit ; il n'en est retrouvé aucun jeune (bagues roses).

Pygoscelis antarctica. — Un jeune, vu le 15 sur les rookeries d'Adélies ; une petite troupe aperçue le 24 dans le chenal.

Cormorans. — Un seul nid sur l'île Petermann. Le premier œuf est pondu le 22, le second, le 25.

Sternes. — Le 15, nous visitons les rookeries ; les nids sont faits, mais pas encore d'œufs.

Le 21, nous trouvons 11 œufs, 8 le 23.

Les *Megalestris* et les *Mouettes* sont nombreux ; les nids sont à peine commencés.

Le premier *Procellaire* est aperçu le 23.

Il est passé à plusieurs reprises des *Damiers* dans le chenal.

Le *Pourquoi-Pas ?* est parti de l'île Petermann le 25 au soir. Nous rencontrons quelques Pingouins Adélies et Papous sur les floes.

Le 26, en passant devant Port-Lockroy, tandis que le bateau drague, nous allons aux rookeries. Les Papous s'installent, peu de nids sont terminés ; une quarantaine d'œufs seulement, sur 2.000 ou 3.000 individus. Nous avons aperçu deux Papous ayant des bagues vertes (adultes).

Chez les Cormorans, nous avons retrouvé 9 adultes (sur 10 marqués) ayant des bagues brunes. Les nids avaient 2 et 3 œufs.

Nous avons trouvé quelques nids de *Larus dominicanus*, ayant des œufs.

Nombreux sont les Damiers autour de nous, dans le détroit de De Gerlache. Ils augmentent en nombre à notre approche de l'île Déception, où on les trouve par milliers. *Priocella (thalassœca) glacialoïdes, Oceanites oceanicus, Ossifraga gigantea, Larus dominicanus* sont aussi très nombreux.

Rencontré un *Prion desolatus*.

Aux Pingouins Adélies et aux Papous devenus rares ont succédé les Antarctiques.

Ile Déception. — 28 novembre. Excursion sur les rochers de l'entrée de Port-Foster : sur ces rochers, formés de cendres agglomérées, de débris volcaniques, la végétation est seulement représentée par quelques lichens et deux mousses. Une rookerie d'environ 500 Sternes habite le sommet, à 150 mètres d'altitude.

Les damiers nichent le long des falaises, en des endroits peu accessibles : la plupart des nids sont encore vides : nous avons trouvé 4 œufs.

Visité, dans la soirée, une rookerie d'Antarctiques composée d'environ 15.000 à 20.000

individus. Malheureusement, ces Oiseaux ont été rendus très peureux par les trop fréquentes visites des baleiniers : tous les œufs avaient été pris.

Collection. — *Caption capensis*, un mâle. — *Pygoscelis papua*, sept mâles, une femelle. — *Pygoscelis antarctica*, un jeune mâle (11 mars). — *Phalacrocorax atriceps*, quatre femelles, deux mâles, un jeune mâle (11 mois).

Conservation dans le sel. — *Pygoscelis papua*, un mâle, une femelle. — *Pygoscelis adeliae*, un mâle, une femelle. — *Pygoscelis antarctica*, un jeune (11 mois). — *Phalacrocorax atriceps*, un mâle. — *Larus dominicanus*, un jeune mâle (11 mois). — Conservation de l'appareil génito-urinaire de *Ossifraga gigantea* (mâle).

Appareils génitaux de *Pygoscelis papua* (mâle et femelle) et *Pygoscelis adeliae* (femelle).

Fragment du foie de : Adélie, Papou, Antarctique, Cormoran, Ossifrage, Damier. Fixation au liquide de Boin, conservation en alcool.

Recherches microbiologiques. — Prises d'excréments et fixation des parois de l'appareil digestif de : Adélie, Papou, Ossifrage, Damier.

Embryologie. — *Pygoscelis adeliae*. — Plusieurs séries d'embryons jusqu'au onzième jour d'incubation.

Nous avons conservé 16 œufs dans l'étuve pour essayer de les faire couver. Deux d'entre eux, retirés après 10 et 15 jours d'incubation, semblent donner de bons résultats.

Pygoscelis papua. — Deux séries d'embryons des 7 premiers jours d'incubation, 9 œufs mis dans l'étuve.

Pygoscelis antarctica. — 6 embryons âgés de 1 à 9 jours environ (île Déception).

Phalacrocorax atriceps. — Quinze embryons provenant des œufs récoltés au passage à Port-Lockroy : de 5 à 15 jours environ d'incubation.

(Dix œufs ont été mis dans l'étuve à l'île Petermann).

Sterna vittata. — Un embryon de 9 jours provenant de l'étuve. Vingt-deux embryons provenant des œufs récoltés le 28, sur l'île Déception : jusqu'aux 18 ou 20 premiers jours d'incubation.

Œufs. — Conservé des séries d'œufs de :

Pygoscelis adeliae : première, deuxième et troisième pontes : 60 œufs.
Pygoscelis papua : première, deuxième et troisième pontes : 16 œufs.
Phalacrocorax atriceps : 3 œufs.
Sterna vittata : 4 œufs.
Larus dominicanus : 2 œufs.

Parasitologie. — Conservation de 10 appareils digestifs de *Pygoscelis papua* pour l'étude des kystes intestinaux.

Des appareils digestifs de *Pygoscelis antarctica*, qui offrent les mêmes caractères de parasitisme que ceux des Papous.

Aptères trouvés parmi les plumes de la région céphalique de *Ossifraga gigantea*, *Daption capensis*.

Acariens : deux Ixodes trouvés sur *Phalacrocorax atriceps*.

Nématodes : provenant de l'estomac de *Phalacrocorax*.

Océanographie. — 1er novembre. Recherche d'animaux sur les plages voisines de Port-Circoncision (île Petermann).

7. Nous avons fait un essai de dragage entre Petermann et les îlots du Sud, par des fonds ne dépassant pas 25 mètres. Nous avons dû cesser le dragage, par suite d'une panne de la vedette. La drague n'a remonté que quelques Oursins du genre *Echinus*, des galets, avec une espèce de Floridée.

9. *Dragage*. XII. — Une série de petits dragages entre 15 mètres et 40 mètres le long de la côte de Petermann au sud de Port-Circoncision. La faune, dans cette région supérieure du plateau continental, est tout à fait pauvre ; il faut en chercher la principale raison dans les glaces qui raclent, rabotent à tout moment le fond. La faune et la flore se localisent dans de petites cuvettes ou entre les rochers, ou encore sous les cailloux. Même

espèce d'*Echinus*, une espèce de Stelléride, quelques fragments de Spongiaires. Mêmes algues Floridées, quelques fragments de *Desmarestia*.

15. M. Liouville m'a rapporté quelques Echinodermes et Crustacés trouvés à marée basse sur une plage de l'île.

17. Une série de 4 dragages (dragages XIII *a*, *b*, *c*, *d*) faite avec le grand canot le long de la côte Nord-Est de l'île Petermann, entre Krogmann (Howgard) et Petermann dans le chenal de Lemaire :

XIII *a*. Fonds passant de 70 mètres à 40 mètres ; vase et petits cailloux. Quelques Stellérides, Ophiures, Echinides.

XIII *b*. Fonds passant de 30 mètres à 15 mètres ; roche. La drague a remonté des Oursins (*Echinus*) et des fragments de *Desmarestia*.

XIII *c*. Fonds de 80 mètres à 50 mètres ; roche, cailloux. Une Étoile de mer, de même espèce que celle trouvée par M. Bongrain, par 7 mètres de fond, le long de la côte de l'île Jenny (baie Marguerite). Floridées toujours nombreuses, algues calcaires.

XIII *d*. 60 mètres à 50 mètres de fond ; roche, cailloux (*Echinus margaritaceus*), Floridées, fragments de *Desmarestia*,

18 novembre. Une série de trois dragages (dragages XIV *a*, *b*, *c*) :

XIV *a*. Fonds de 50 mètres à 80 mètres : *Echinus* et *Odontaster*. Roche, cailloux.

XIV *b*. Fonds de 50 mètres à 70 mètres. La drague a remonté un caillou sur lequel nous avons trouvé plusieurs espèces de Spongiaires, quelques Crustacés. Cailloux tapissés de Corallinacées. Roche, cailloux.

XIV *c*. Fonds de 60 mètres à 40 mètres. *Echinus*, *Odontaster*, des Floridées. Roche.

26 novembre. Dragage XV, fait à Port-Lockroy sur un fond de 60 mètres à 70 mètres ; vase et cailloux.

Parmi la quantité d'animaux ramenés par le chalut, nous avons trouvé une dizaine d'espèces d'Amphipodes, des Isopodes, un Cumacé, plusieurs espèces de Spongiaires. Parmi les Stellérides et les Holothuries, deux espèces incubatrices. Plusieurs des animaux préparés nous semblent nouveaux.

BOTANIQUE. — Nous avons préparé une série d'algues récoltées à l'île Petermann et à l'île Déception.

Mousses et Lichens provenant de l'île Déception.

CAMPAGNE D'ÉTÉ. — DÉCEMBRE 1909, JANVIER 1910. — ZOOLOGIE. — **Ornithologie**. I. — *Ile Déception*. — Pendant notre séjour à l'île Déception, chaque fois que le temps l'a permis, nous avons fait des excursions sur l'île.

Le 2 décembre, nous trouvons 200 œufs sur les rookeries de *Pygoscelis antractica* de Port-Foster. Les œufs, en général, de petite taille, proviennent tous de troisième ou quatrième pontes.

3. Recherche d'œufs de Damiers, sur les rochers de l'entrée de Déception. Le nid est une légère dépression dans le terrain ; il contient un seul œuf généralement. Rapporté dix-huit œufs, dont dix mis à couver dans l'étuve.

4. Excursion sur les rochers de l'entrée Ouest de l'île Déception ; rookeries d'Antarctiques, Papous, *Larus*, Damiers ; quelques *Chionis*. Nous avons trouvé une rookerie d'une cinquantaine de *Catarrhactes chrysolophus* ; chaque nid contenait un œuf.

6. Pendant une chasse à la Baleine, à bord du baleinier *Almirante Uribe*, nous avons vu de nombreux *Daption capensis*, *Priocella glacialoïdes*, *Oceanites oceanicus*, *Ossifraga gigantea*, quelques *Thalassœca antarctica*, un *Prion desolatus* et un *Phœbetria fuliginosa*.

7 et 15. Nous sommes allés à une rookerie située sur la côte sud-est de Déception, dans le détroit de Bransfield. Il y a là des Pingouins à crête et des Pingouins antarctiques. Ceux-ci, au nombre d'environ 50.000, ont deux œufs dans chaque nid ; nous trouvons quelques poussins nouvellement éclos.

La rookerie des *Catarrhactes chrysolophus* se compose de 1.500 individus ; elle est située au milieu des Antarctiques avec lesquels ces oiseaux semblent vivre en bons termes. Un œuf dans chaque nid.

Beaucoup de *Megalestris* aux alentours des rookeries; ils passent leur temps à se battre entre couples, et à voler les œufs des Antarctiques.

M. Senouque a bien voulu nous accompagner pour prendre diverses vues cinématographiques des scènes de rookeries : nous l'en remercions vivement.

Excursion sur la côte Ouest de Déception, il s'y trouve une grande rookerie d'Antarctiques, de plus de 50.000 individus. Deux œufs par nid : beaucoup sont éclos.

22. Recherche d'œufs à la rookerie de Sternes de Pendulum Cove. Un jeune poussin dans un nid, un autre poussin fut tué devant nous par un *Larus dominicanus*.

II. — *Détroit de Bransfield, îles Bridgman, du Roi Georges*. — 23. Au départ de Déception, dans le détroit de Bransfield, les *Daption capensis, Priocella glacialoïdes, Oceanites oceanicus* sont nombreux. Dans la soirée, en longeant le pack, deux *Pagodroma nivea* et quelques *Pygoscelis adeliae*.

24. Ayant débarqué sur l'île Bridgman, M. Godfroy nous rapporte avoir vu de nombreux Sternes et des *Chionis*, Oiseaux qui doivent avoir leurs nids sur cette île. Sur la plage, quelques Adélies et Papous.

A l'entrée Est de la baie de l'Amirauté (Ile du Roi Georges), sur un îlot, rocheux, nous apercevons des rookeries de *Pygoscelis adeliae* et de *Phalacrocorax atriceps*. Sur l'île, couchés sur la neige, une centaine d'Ossifrages dont deux individus blancs.

Megalestris, Larus, Sternes, Damiers sont nombreux.

Le long de la côte Ouest de la baie deux rookeries de *Pygoscelis adeliae*.

25. Dans une excursion à l'île du Roi Georges, nous trouvons une rookerie de Sternes à 200 mètres d'altitude. Beaucoup de nids sont vides; dans les autres, il y a un ou deux œufs.

26. Débarquement aux rookeries de la côte Ouest de l'intérieur de la baie de l'Amirauté. Il y a là environ 20.000 Pingouins Adélies et 200 Papous ; les jeunes ont de deux à quatre semaines. *Megalestris* nombreux.

2 janvier 1910. A notre retour de l'île Déception, Jabet, les matelots F. Guéguen et Thomas nous rapportent un *Diomedea exulans* qu'ils ont tué dans Port-Foster.

CAMPAGNE D'ÉTÉ. — Au départ de Déception, *Priocella*, Damiers, Ossifrages, Procellaires, un Fuligineux et deux Albatros gris.

En longeant l'île Low, nous apercevons deux rookeries, que nous croyons être des rookeries de *Pygoscelis antarctica*.

En faisant route vers le Sud, quelques oiseaux des baleines (*Prion desolatus*) s'ajoutent aux oiseaux précédemment nommés.

Le 10 janvier, par la latitude de la Terre Alexandre-Ier, une bande de Sternes vient voler autour du bateau.

En faisant route vers le Sud et l'Ouest, les Damiers sont nombreux; quelques Albatros fuligineux. Des Pétrels des neiges annoncent l'approche de la banquise.

Le 11, par 69°14' lat. Sud et 78°10' long. Ouest nous apercevons un *Phoque* de Ross, à l'intérieur de la banquise. Quelques Adélies sur les flocs.

Les jours suivants, en longeant la banquise vers l'Ouest, entre le 68e et le 70e degré de lat. Sud, les oiseaux rencontrés sont surtout : *Pagodroma nivea, Thalasseca antarctica, Priocella glacialoïdes*, quelques *Oceanites oceanicus* et *Prion desolatus*, des bandes de Sternes. Les Adélies sont rares.

A aucun moment nous n'avons vu trace de l'*Aptenodytes Forsteri*.

Quelques *Phœbetria fuliginosa, Diomedea*, deux *Ossifraga gigantea*.

Le 22 janvier, nous mettons le cap au Nord. Les oiseaux deviennent alors de moins en moins nombreux.

Le 23 (64° lat. Sud environ midi), les *Thalasseca antarctica* ont disparu. Les Oiseaux des Baleines augmentent, quelques Albatros.

Peu à peu, il ne reste plus que des Oiseaux des Baleines (*Prion desolatus*) avec quelques Albatros.

COLLECTION. — I. Préparation de :

Pygoscelis antarctica, 6 ♀, 6 ♂.
Catarrhactes chrysolophus, 6 ♂, 5 ♀.
Megalestris, 2 ♀.
Oceanites oceanicus, 1 ♂.
Priocella glacialoïdes, 1 ♂.
Ossifraga gigantea, 1 ♂.
Diomedea exulans, 1 ♀.

Nous craignons que tous les Oiseaux préparés au cours de notre navigation dans l'Antarctique ne soient abîmés par suite de la grande humidité et de la poussière de charbon qui régnaient dans les soutes.

II. Oiseaux conservés pour l'étude anatomique et la préparation du squelette :

Pygoscelis antarctica, 2 ♂, 1 ♀.
Catarrhactes chrysolophus, 1 ♂, 1 ♀.
Megalestris, 1 ♂, 2 ♀.
Larus dominicanus, 1, 1.
Daption capensis, 1 ♀.
Ossifraga gigantea, un jeune.
Larus dominicanus, une jeune.
Sterna vittata, 1 ♂, 2 ♀.

III. Systèmes nerveux de :

Catarrhactes chrysolophus, 2 ♂.
Megalestris, 2 ♂, 1 ♀.
Larus dominicanus, 1 ♂, 1 ♀.
Sterna vittata, 1 ♂, 1 ♀.
Ossifraga gigantea, 1 ♀.
Daption capensis, 1 ♀, 1 ♂.
Priocella glacialoïdes, 1 ♂, 1 ♀.
Chionis alba, 1 ♀.

IV. Foie et rate de :

Pygoscelis adeliae, antarctica.
Catarrhactes chrysolophus.
Megalestris.
Sterna vittata,
Ossifraga gigantea.
Oceanites oceanicus.
Daption capensis.
Priocella glacialoïdes.
Diomedea exulans.
Chionis alba.

V. Prises de sang de :

Daption capensis.
Priocella glacialoïdes.

VI. Pour les études microbiologiques, frottis, conservation des parois du tube digestif de :

Catarrhactes chrysolophus.
Priocella glacialoïdes.
Diomedea exulans, Megalestris.
Sterna vittata.

VII. Conservation d'œufs de :

Catarrhactes chrysolophus, 12 ; Larus dominicanus, 4 ; Daption capensis, 8.

VIII. Embryologie.

Les œufs de *Pygoscelis adeliae* mis à couver en novembre, ne sont pas allés au delà du quinzième jour d'incubation.

Les œufs de *Pygoscelis papua* n'ont pas couvé.

Pygoscelis papua, un embryon, huit poussins âgés d'une à quatre semaines.

Pygoscelis adeliae, deux embryons (couveuse), dix poussins âgés d'une à quatre semaines.

Pygoscelis antarctica, trente-huit embryons aux différents âges d'incubation.

14 poussins (première semaine).

Catarrhactes chrysolophus, vingt-sept embryons.

Sterna vittata, quatorze embryons aux différents âges de l'incubation (plusieurs obtenus par la couveuse).

Quatre poussins (première semaine).

Larus dominicanus, six embryons.

Megalestris, douze embryons, un poussin.

Daption capensis, neuf embryons obtenus par la couveuse.

Parasitologie. — Le 1ᵉʳ décembre, nous avons examiné les appareils digestifs de vingt-deux *Pygoscelis antarctica*. Vingt et un avaient ou avaient eu des kystes d'origine parasitaire, ressemblant à ceux trouvés chez les Papous. Ces kystes étaient généralement moins nombreux.

Cestodes trouvés dans l'intestin antérieur de *Pygoscelis antarctica*, *Priocella glacialoïde*, *Daption capensis*, dans le mésentère d'un *Megalestris antarctica*.

Un Ixode en mauvais état sur *Diomedea exulans*, nombreux Aptères sur le même Oiseau, deux Aptères trouvés sur un *Pygoscelis antarctica*.

OCÉANOGRAPHIE. — *Dragage XVI.* — 9 décembre 1909. Ile Déception, Milieu de Port-Foster ; par 150 mètres ; vase. Chalut n° 2 ; température de l'eau de mer — 1°,3 ; quantité d'Ophiures (2 sp.), quelques Échinides et un Spongiaire (aucune Holothurie).

Dragage XVII. — 26 décembre 1909. Milieu de la baie de l'Amirauté (île du Roi Georges) (Shetland du Sud) ; par 420 mètres de fond ; vase, cailloux ; chalut n° 1, Température de l'eau de mer $+ 0°,3$. Surtout caractérisé par l'abondance des Pycnogonides (une dizaine d'espèces), nombreuses Ophiures ; quelques Stellérides, Crustacés, Isopodes, pas de Spongiaires. Le chalut rapporte plusieurs Céphalopodes.

Dragage XVIII. — 27 décembre 1909. Anse ouest de la baie de l'Amirauté (île du Roi Georges), 75 mètres, vase grise et cailloux. Chalut n° 1. Température de l'eau de mer $+0°,2$. Le chalut, à cause de la grande quantité de cailloux, vase et animaux dragués, n'a pu être ramené à bord ; il a fallu en vider le contenu dans des bailles versées ensuite sur le pont.

La plupart des animaux dont nous avons à nous occuper sont abimés, écrasés par la pression ; quelques Échinides, des Stellérides, des Ophiures, des Crinoïdes en très mauvais état, quelques Spongiaires dont un exemplaire de $0^m,60$ de haut, sur $0^m,40$ de large ; plusieurs espèces de Pycnogonides ; quelques Isopodes, des Schizopodes.

Ce dragage est caractérisé par l'abondance des Ascidies, Actinies et de nombreux bouquets de Brachiopodes.

Dragages XIX et XX. — 12 janvier 1910. Par 70°10' lat. Sud et 80°50' long. Ouest en bordure de la banquise ; vase sableuse, nombreux cailloux, 460 mètres de fond.

Dragage XIX. — Chalut n° 2, fond du chalut enlevé ; dans les mailles, quelques Ophiures et Schizopodes.

Dragage XX. — Chalut n° 1 ; presque tous les animaux dragués sont en mauvais état, écrasés par les cailloux ; très pauvre en individus et en espèces ; un Spongiaire, quelques Ophiures, deux Stellérides, deux Échinides dont un Oursin cordiforme, quelques Schizopodes et un Isopode.

Dragage XXI. — 18 janvier 1910. Filet pélagique à grande ouverture, 2 heures de l'après-midi.

De 950 mètres à la surface. Par (L. 69°15' S.; G. 108°95' WP.)

Une quantité de Crustacés (Copépodes très nombreux) plusieurs espèces de Vers, nombreuses *Sagitta*, quelques Salpes, un Poisson.

Plankton. — Quatre pêches de plankton de surface.

BOTANIQUE. — 2 décembre 1909. Excursion algologique à la plage de l'anse des Baleiniers (île Déception). Peu d'espèces, très nombreux individus. *Enteromorpha*, quelques *Cladophora* et *Asperococcus*, Gigartinacées.

17. M. Bongrain nous rapporte une *Lessonia* et quelques Floridées trouvées à l'entrée de l'île Déception.

25. Ile du Roi Georges (Shetland du Sud), Admiralty bay : mousses et lichens trouvés sur un Nunatak à 350 mètres d'altitude : nombreuses *Usnea* formant un tapis presque continu sur les pierres.

26. *Aira antarctica* en quantité sur les rochers situés près des rookeries d'Adélies, au voisinage de la pointe intérieure Ouest de la baie de l'Amirauté ; mousses et lichens nombreux.

30. Nous avons trouvé sur l'île de l'anse Ouest de la baie de l'Amirauté quelques touffes d'*Aira antarctica* et de rares spécimens de *Colobanthus crassifolius*. Quelques mousses.

L. GAIN.

TABLEAU DES PRINCIPAUX SONDAGES

SITUATION géographique	COORDONNÉES	PROFONDEUR en mètres	NATURE du fond
Au N. des Iles Shetland.	L = 62°35'S. G = 63.45 W Gr.	2800 Pas de fond.	
Entre Iles Smith et Low.	L = 62.45 S. G = 62.12 W Gr.	690	
Détroit de Bransfield.	L = 63.45 S. G = 61.10 W.	1320	
Id.	L = 62.30 S. G = 57.15 W.	1400	
Id.	A 1 mille à l'est de l'I. Bridgman.	600	
Id.	L = 62.05 S. G = 57.05 W.	620	
Id.	L = 62.10 S. G = 58.34 W.	560	
Id.	L = 62.41 S. G = 59.35 W.	1440	
Id.	L = 62.56 S. G = 60.10 W.	1030	
Ile Déception.	Au milieu de Pt. Foster.	170	Vase.
Baie de l'Amirauté.	Au milieu de la Baie.	420	Vase.
Id.	Au milieu de la Passe.	510	Vase.
Détroit de De Gerlache.	L = 64.33 S. G = 62.40 W.	710	
Id.	Chenal de Roosen au Nord de l'Ile Casabianca.	130	Vase et cailloux.
Id. (Chenal Peltier).	Près de la falaise de l'Ile Wiencke.	144	Vase.
Id.	Au milieu.	93	Vase et gravier.
Au large de la T. de Graham et des T. au Sud	L = 66.17 S. G = 66.10 W.	600 Pas de fond.	
Id.	L = 67.50 S. G = 68.32 W.	164	
Id.	L = 68.08 S. G = 69.10 W.	180	Roche.
Id.	L = 67.10 S. G = 69.20 W.	400	Vase.
Id.	L = 66.55 S. G = 69.02 W.	445	Vase.
Id.	L = 66.42 S. G = 68.40 W.	330	Roche.
Id.	L = 66.35 S. G = 68.15 W.	150	Roche.

TABLEAU DES PRINCIPAUX SONDAGES (Suite)

SITUATION géographique	COORDONNÉES	PROFONDEUR en mètres	NATURE du fond
Baie Matha.	L = 66°40′S. G = 67.42 W.	268	Roche et vase.
Id.	L = 66.55 S. G = 67.10 W.	200	Vase.
Id.	L = 66.47 S. G = 67.40 W.	235	Vase.
Id.	L = 66.50 S. G = 67.12 W.	560	Roche.
Au large des Iles Biscoe.	L = 65.30 S. G = 66.30 W.	400	
Chenal de Lemaire.	Entre Howgard. et T. de Graham.	340 Pas de fond.	
Id.	Entre Howgard et Petermann.	82	Roche.
Id.	Entre Petermann et T. de Graham.	276	Roche.
Baie Marguerite.	Entre Ile Jenny et Terre Adélaïde.	254	Roche.
Id.	Entre Ile Jenny et Ile Léonie.	63	Vase et sable.
Au large de la T. de Graham et des T. au Su	L = 68.10 S. G = 69.10 W.	109	Roche.
Id.	L = 68.15 S. G = 69.28 W.	480	Roche.
Id.	L = 68.20 S. G = 69.42 W.	250	Roche.
Id.	L = 68.20 S. G = 69.40 W.	196	Roche.
Id.	L = 68.18 S. G = 69 25 W.	640	Roche et vase.
Id.	L = 67.46 S. G = 68.24 W.	190	Roche.
Id.	L = 67.50 S. G = 68.08 W.	860	Roche.
Id.	L = 68.01 S. G = 68.00 W.	230	Roche et sable.
Id.	L = 68.30 S. G = 70.07 W.	180	Roche.
Id.	L = 68.31 S. G = 70.07 W.	58	Sable vaseux.
Id.	L = 68.35 S. G = 70.17 W.	166	Roche et sable.
Id.	L = 68.32 S. G 70.16 W.	325	Vase et sable.

TABLEAU DES PRINCIPAUX SONDAGES (Suite)

SITUATION géographique	COORDONNÉES	PROFONDEUR en mètres	NATURE du fond
Au large de la T. de Graham et des T. au Sud	L = 68°31′ S. G = 70.16 W.	280	Vase et roche.
Id.	L = 68.20 S. G = 70.29 W.	310	Roche.
Id.	L = 68.16 S. G = 70.54 W.	325	Roche et vase.
Id.	L = 68.20 S. G = 71.01 W.	570	Roche.
Id.	L = 68.08 S. G = 69.12 W.	265	Vase et gravier.
Id.	L = 67.20 S. G = 69.29 W.	545	Vase.
Au large.	L = 63.25 S. G = 63.55 W.	320	
Id.	L = 64.55 S. G = 68.30. W.	2500	
Id.	L = 68.55 S. G = 74.30 W.	455	Roche.
Id.	L = 69.10 S. G = 76.20 W.	535	Vase et cailloux.
Id.	L = 69.14 S. G = 76.10 W.	410	Roche.
Id.	L = 69.40 S. G = 78.10 W.	540	Roche.
Id.	L = 70.10 S. G = 78.30 W.	485	Roche et vase.
Id.	L = 69.10 S. G = 86.25 W.	3030	
Id.	Au Nord de l'Ile Pierre-Ier, à 6 m. environ.	1400 Pas de fond.	
Id.	L = 69.20 S. G = 99.49 W.	4350	
Id.	L = 69.15 S. G = 105.45 W.	4050	Vase.
Id.	L = 70.05 S. G = 118.50 W.	1040	Roche.
Id.	L = 68.20 S. G = 122.00 W.	2340 Pas de fond.	
Id.	L = 66.15 S. G = 118.00 W.	5100	

MÉTÉOROLOGIE

MOIS	PRESSION barométrique (+ 700mm)			TEMPÉRATURE			HUMIDITÉ		TENSION de vapeur d'eau			VENT						NÉBULOSITÉ			JOURS de précipitation
	Moy.	Max.	Min.	Moy.	Max.	Min.	Moy.	Min.	Moy.	Max.	Min.	vitesse en km Moy.	Max.	Résultante	Jours de coups de vent	Jours de vent +de 40k	Pourcentage Calme	Moy.	Jours >8/10	Jours <2/10	
Décembre (5 j.)	47.42	50.5	44.3	+1.04	5.0	−1.1	80.4	60	3.96	4.9	2.7	11.5	35	N 45 E	0	0	37	8.2	3	0	3
Janvier (13 j.)	41.04	44.9	33.2	+1.59	4.8	−0.8	87.8	60	4.50	5.4	3.6	5.2	60	N 39 E	1	1	54	9.5	12	0	13
Février	39.82	53.0	22.9	+1.38	8.1	−4.8	81.5	49	4.11	5.6	2.5	9.8	45	N 31 E	0	3	35	7.8	18	2	19
Mars	39.95	60.2	20.7	+0.96	8.6	−3.9	84.3	57	4.12	5.5	3.0	16.3	74	N 41 E	5	12	35	8.5	21	0	25
Avril	36.92	52.0	19.9	−5.03	3.9	−17.2	85.3	43	2.86	4.9	0.7	13.3	60	N 81 E	1	5	27	7.0	14	3	20
Mai	38.31	62.5	15.2	−5.14	3.6	−15.8	88.4	65	2.94	4.8	1.1	12.3	56	N 14 E	0	9	35	8.5	23	1	27
Juin	39.39	57.5	11.8	−6.46	2.0	−16.5	85.4	44	2.51	4.5	1.2	15.9	65	N 24 E	4	11	28	7.7	18	1	18
Juillet	38.65	58.2	19.1	−6.79	3.7	−23.9	82.1	45	2.40	4.9	0.6	25.2	119	N 47 E	11	17	17	7.8	19	0	25
Août	36.63	54.6	19.0	−5.66	3.6	−22.1	82.3	45	2.61	4.7	0.7	29.8	115	N 35 E	12	22	12	8.0	21	1	21
Septembre	39.18	65.1	5.1	−5.90	4.2	−20.8	88.0	58	2.88	4.8	0.7	24.1	98	N 23 E	12	17	26	8.7	24	0	23
Octobre	42.37	56.3	26.7	−2.42	6.4	−17.7	86.2	49	3.40	4.8	1.1	22.1	74	N 24 E	9	20	23	8.7	24	0	25
Novembre (26 j.)	40.56	54.4	27.3	−1.13	6.2	−15.4	83.5	47	3.55	5.0	1.5	17.2	69	N 28 E	4	10	27	8.0	18	0	18
Année (317 jours)	730.57	65.1	5.1	−2.785	8.6	−23.9	84.59	43	3.33	5.6	0.6	16.9	119	N 35 E	59 =19%/	127 +40%/	28	8.1	215 −68%/	8 = 3%/	240 −76%/

APPENDICE 425

ROSE DES VENTS (Fréquence en millièmes. — Vitesse en kilomètres a l'heure)

SAISONS		N.	NNE.	NE.	ENE.	EST	ESE.	SE.	SSE.	SUD	SSW.	SW.	WSW.	W.	WWW.	NW.	NNW.	CALME
Été (1104 heures)	F.	0.130	0.075	0.192	0.038	0.010	0.001	0.017	0.004	0.006	0.018	0.055	0.018	0.012	0.002	0.006	0.008	0.407
	V.	13.4	14.0	18.8	24.9	17.3	6.0	10.2	10.0	5.4	8.8	6.9	6.7	5.7	4.0	6.9	15.4	
Automne (2208 heures)	F.	0.058	0.140	0.139	0.057	0.010	0.006	0.028	0.017	0.062	0.038	0.042	0.024	0.028	0.001	0.007	0.019	0.325
	V.	18.4	24.3	22.5	35.3	9.0	6.2	7.5	9.8	13.3	19.2	22.5	20.1	14.6	5.0	8.7	12.4	
Hiver (2208 heures)	F.	0.081	0.194	0.459	0.034	0.012	0.005	0.030	0.030	0.061	0.067	0.038	0.020	0.019	0.001	0.019	0.029	0.188
	V.	24.0	37.7	47.7	69.3	10.5	10.4	10.1	12.6	12.8	22.9	14.3	17.8	10.0	9.7	18.0	23.2	
Printemps (2088 heures)	F.	0.066	0.226	0.112	0.002	0.017	0.002	0.015	0.018	0.074	0.050	0.033	0.029	0.021	0.002	0.011	0.039	0.264
	V.	26.8	36.1	46.0	18.8	10.3	8.0	11.0	11.6	15.7	18.2	16.7	19.2	17.7	8.0	15.2	23.2	
Année (7608 heures)	F.	0.086	0.170	0.145	0.032	0.010	0.004	0.024	0.019	0.063	0.017	0.040	0.023	0.021	0.002	0.012	0.026	0.280
	V.	21.5	30.1	36.1	43.8	11.0	8.0	9.4	12.2	13.8	19.7	16.1	17.7	12.3	7.2	14.6	20.0	

ROSES DE LA PRESSION BAROMÉTRIQUE, DE LA TEMPÉRATURE ET DE L'HUMIDITÉ

	CALME	NORD	NE.	EST	SE.	SUD	SW.	W.	NW.
Pression barométrique	741.93	39.24	37.92	36.00	39.42	38.20	38.88	36.14	40.84
Température	— 4.32	— 2.53	— 1.21	— 2.37	— 8.57	— 8.03	— 6.15	— 2.96	2.17
Humidité relative	85.9	86.8	78.8	75.4	84.5	85.7	86.0	88.0	90.4

CHAMPS ÉLECTRIQUES EN VOLTS PAR MÈTRE, PAR BEAU TEMPS

1909	FÉVRIER	MARS	AVRIL	MAI	JUIN	JUILLET	AOUT	SEPTEMBRE	OCTOBRE	NOVEMB.
Volts	288	220	156	126	98	131	151	159	148	158

TABLE DES MATIÈRES

	Pages
PRÉFACE	v
AVANT-PROPOS	1

INTRODUCTION

Pourquoi faut-il aller dans l'Antarctique? — Le choix de la région que nous voulions explorer. — Le lancement. — La préparation de l'Expédition. — Le *Pourquoi-Pas ?* — Vêtements, matériel et vivres. — L'état-major et l'équipage. — Du Havre à Punta-Arenas 3

JOURNAL DE L'EXPÉDITION

PREMIÈRE PARTIE. — Été 1908-1909

De Punta-Arenas à l'Ile Déception. — Les baleiniers de l'île Déception. — Les phoquiers du commencement du XIXe siècle. — Ravitaillement en charbon. — Le détroit de De Gerlache. — Port-Lockroy. — Excursion en vedette. — Wandel. — Le *Pourquoi-Pas ?* en danger à Port-Charcot. — Découverte de Port-Circoncision. — Quatre jours en vedette sans vivres. — Le *Pourquoi-Pas ?* échoué. — Enfin à flot ! — La baie Pendleton. — La baie Matha. — L'île Adélaïde et la Terre Loubet. — La baie Marguerite et l'île Jenny. — La Terre Alexandre-Ier. — La Terre Fallières. — Un iceberg qui chavire. — Excursion sur la banquise. — Tempêtes sur la lisière de la banquise. — Impossibilité d'hiverner ici. — Exploration de la baie Matha. — Les îles Biscoe. — Arrivée à l'île Petermann 23

DEUXIÈME PARTIE. — Automne — Hiver — Printemps 1909

L'Ile Petermann. — Nos installations. — Excursions aux îles Argentines et à Wandel. — Démontage et remontage de la maison de Wandel. — Un léopard de mer. — Les phoques de l'Antarctique. — La neige verte et rouge. — Amusements du Mardi-Gras. — Excursion dans la baie Beascochea. — Petits raz de marée. — Ennuis avec les chaînes. — Excursions sur le glacier. — Mauvais temps continu. — Iceblocs dangereux dans l'anse. — Maisons de neige. — Ouragans et neige. — Service d'hiver. — Bienfaits et méfaits du confort. — Notre vie journalière. — Les fêtes. — Le Sporting Club Antarctique. — 25 de Mayo. — Promenades sur la banquise. — Patinage sur la mer. — Les pétrels des neiges. — Le gouvernail arraché par les glaces. — La maladie des conserves. — Encore des raz de marée. — Le 14 et le 15 juillet. — Réparation du gouvernail. — Nouveaux barrages. — La banquise envahit le large. — Psychologie. — Traitement du scorbut par la viande de phoque. — Un phoque d'un jour. — Le raid Gourdon. — Encore le scorbut. — Retour des cormorans. — Armement du bateau. — Le gouvernail est remonté. — Excursions sur la banquise. — Retour des Pingouins. — Difficultés pour remplir la chaudière. — OEufs de pingouins. — Fête du Brésil. — On largue les dernières amarres. — Adieu, Petermann 143

TROISIÈME PARTIE. — Été 1909-1910.

De Petermann à l'Ile Déception. — Les baleiniers. — L'histoire du naufrage du *Telefon*. — La chasse à la baleine. — Ravitaillement en charbon. — Mauvais temps continuel. — Les Shetland du Sud. — Ile Bridgman. — La baie de l'Amirauté. — De nouveau en route vers le Sud. — Terre nouvelle. — La lisière de la banquise. — Pierre Ier. — Tempête parmi les icebergs. — Toujours la banquise. — Mers nouvelles. — En route vers le Nord. — Le cap Pillar. — De Punta-Arenas à Rouen. 303

RAPPORTS MENSUELS des Travaux exécutés dans l'Antarctique par MM. BONGRAIN, ROUCH, GODFROY, GOURDON, GAIN, LIOUVILLE et SENOUQUE. 371

9986. — Paris. — Imp. Hemmerlé et Cie. — 10-10.